崂山方志文化系列丛书

崂山碑记辑注

青岛市崂山区档案馆
中共青岛市崂山区委党史研究中心
青岛市崂山区地方史志研究中心 编

寿杨宾 辑注

中国海洋大学出版社
CHINA OCEAN UNIVERSITY PRESS
·青岛·

崂山方志文化系列丛书

游崂指南

寿杨宾　辑注

青岛市崂山区档案馆
中共青岛市崂山区委党史研究中心　编
青岛市崂山区地方史志研究中心

中国海洋大学出版社
CHINA OCEAN UNIVERSITY PRESS
·青岛·

崂山觀日出記
崂山在即墨縣東南七十
里史稱秦始皇自琅琊北
至勞盛山說者謂盛即成
山勞則今所謂崂山者是
也山三面環海上有獅子

图书在版编目(CIP)数据

崂山碑记辑注 / 青岛市崂山区档案馆，中共青岛市崂山区委党史研究中心，青岛市崂山区地方史志研究中心编. ——青岛：中国海洋大学出版社，2021.11

ISBN 978-7-5670-2941-5

Ⅰ. ①崂… Ⅱ. ①青… ②中… ③青… Ⅲ. ①碑刻-汇编-崂山 Ⅳ. ①K877.42

中国版本图书馆 CIP 数据核字(2021)第 201357 号

LAOSHAN BEIJI JIZHU

崂山碑记辑注

出版发行	中国海洋大学出版社		
社　　址	青岛市香港东路 23 号	**邮政编码**	266071
出 版 人	杨立敏		
网　　址	http://pub.ouc.edu.cn		
电子信箱	zwz.qingdao@sina.com		
责任编辑	邹伟真	**电　　话**	0532-85902533
印　　制	青岛泰兴印刷有限公司		
版　　次	2021 年 11 月第 1 版		
印　　次	2021 年 11 月第 1 次印刷		
成品尺寸	185 mm × 260 mm		
印　　张	20		
字　　数	336 千		
印　　数	1~800		
定　　价	108.00 元		

发现印装质量问题，请致电 0532-83831618，由印刷厂负责调换。

编 委 会

写在前面

龚自珍《说碑》曰："庙有碑，系牲牷也，刻文字非古也。墓有碑，穿厥中而以为窆也，刻文字非古也。刻文字矣，必著族位；著族位矣，必述功德。夫以文字著族位，述功德，此亦史之别子也。"今可见之历代石碑，绝大多数是刻文字的，人视若珍宝，皆因其为"史之别子也"。事实如此，碑记者，石头上的文字，石头上的诗韵，石头上的记忆，石头上的历史，石头上的传统，石头上的文明，石头上的文化传承。崂山碑记或可追溯至先秦。岁月如梭，时不我待。时空湮灭，风雨剥蚀。战火焚烧，灾难涤荡。文庙宫庵，仙居洞府。有无无有，存者了了。宇庙碑碣，景点刻石。千年百年，留者几何？然亦因时因人，试看远而至曲阜孔碑，近而及平度大泽山碑林，不由感慨不已。

民国《胶澳志》有云：崂山"得名甚古，而金石传于世者独希。清人孙星衍撰《寰宇访碑录》，赵之谦撰《补寰宇访碑录》，于即墨未有所得。意者偏在一隅，传者少而搜访维艰耶。崂山寺观以及悬崖古洞，不乏古人摩勒，乃以代远年湮，渐就磨灭，或为苔藓封掩不可辨识。今夏修志，原议雇二拓手，入山寻拓。嗣以四郊多垒，又逢霖雨为灾，中途折回。时不我予，是固非仓猝间所可求也。"非无能，是知难而退，是心有余而力不殆。非急功而近利，实是一大工程，非有时间、人力、资金难以克成。不唯是时，此前此后，莫不如是。

仅以碑记而言，溯至万历、乾隆、同治《即墨县志》所辑碑记虽不多，也实不易。万历《即墨志》所辑北宋即墨知县孙彭年撰《童府君祠记》，是为崂山存世最早的碑文。而黄肇颚撰《崂山续志》《崂山艺文志》、李寅宾《马山志》、周宗颐《崂山太清宫志》、周至元《崂山志》等对众多碑文的留世，无疑是功不可没。特别是黄肇颚撰《崂山续志》《崂山艺文志》，碑记亦是其重要内容，其收罗之时长、收罗之丰硕，令后人惊异；收罗之艰辛、收罗之深广，令今人汗颜！一介儒士，隐身华严庵，驻之十年许，以一己之力，做前人未竟之事，实应大大地点赞之，深深地敬佩之。

崂山碑记，撰者有儒为释道撰的，有释为道撰的。撰立者，有朝廷重臣，如元朝尚书王思诚，明朝太子太师兵部尚书黄嘉善、山东巡抚刘谨、莱州知府薛承范、大儒蓝章；有明朝四大名僧之一的憨山，清朝名道烟霞散人蒋清山。难得的是当地在任知县，北宋朝孙彭年，元朝达鲁花赤普颜不花，明朝许铤，清朝尤淑孝、刘无息、欧阳大勋、秦赐九等，均撰过碑记。特别是有的是“御制”“敕谕”性质的，如万历十四年（1586）《海印寺颁经谕文石碣》、万历十五年（1587）《御制圣母印施佛藏经跋碑》、万历二十八年（1600）《敕谕碑文记》《颁布道经谕文碣》(或名《明神宗皇帝敕谕和敕谕碑记》) 等，那是明廷的声音，历千山万水，遥至偏在海隅的崂山，树碑立石，可知其山高水深矣。

所谓“史之别子”，是不同时期的记录，不同时期的理念，不同时期的思维；所谓“史之别子”，是回顾是追溯，也是扬弃和传承。崂山碑记之文化传承，换言之表现在崂山文明的传承，儒道释都有很深的表现。

以童恢为例。《后汉书·童恢传》：“童恢，字汉宗，琅邪姑幕人，少仕州郡为吏。”汉灵帝时，司徒杨赐“闻其执法廉平”，召为属官。灵帝光和四年(181)，杨赐被罢官，“恢独诣阙争之”。光和五年（182）冬，杨赐复为太尉，童恢“除不其令，耕织种收，皆有条章，一境清净，牢狱连年无囚”，勤于政事，体恤民情，政绩卓著。后童恢擢升丹阳太守。元朝秦裕伯《九贤祠颂》赞之：“古城不其，东汉县令，姑幕童恢，忠孝廉平，信及猛虎，有诏褒荣，擢居郡府。” 万历《即墨志》云：“民作歌谣，立庙祀之。”乃至当代县志、区志、市志亦不乏记载，这自然是一种传承。

而石头上的传承，即碑记之传承，亦具有别种风韵和光彩。以童恢庙碑记为例，其存世碑记最早的可能是北宋即墨知县孙彭年所撰《童府君祠记》，二是元皇庆二年（1313），全真教华山派道士进住为道教庙宇，改名通真宫，正殿主祀仍为童恢像。时立碑，碑文已佚。三是元延祐《重修童真宫碑》，碑文由即墨知县达鲁花赤普颜不花撰，今已佚。四是清康熙《重修童府君庙碑》，碑文由即墨进士周毓正撰。五是清嘉庆八年（1808）《童公庙碑》，碑文由即墨知县彭泽人欧阳大勋撰。六是清道光二十年（1840）《童公庙碑》，碑文由即墨知县广西桂林进士秦锡九撰。

当然，“史之别子”不仅是碑记。还有吉金、摩崖、石碣等类，均堪为崂山之瑰宝。言至此，不仅想到周至元编著的《崂山志》之记载：“晋烟台顶题名　顶在石院村东三里，崖上镌：‘高阳刘初孙、魏世渊晋太安二年’十余字。此乃崂山石刻之最古者。旁又有平原朱泰武、羌公烈题名，岁月亦同。”晋太安二年（302），距今1700余年，崖上刻石存至今，确为珍奇。据王集钦追忆，20世纪20年代，《胶澳志》主撰袁荣叜等两先生，“曾入山一年，寻得崂山刻石碑记共242处，拓片200余帧，存山大教授黄公渚先生处，拟编入《胶澳志》，后未果。……黄先生殃，珍藏之拓片亦失散……”所幸1979年，青岛市委成立“崂山风景点恢复领导小组”，一批专家和有志之士热忱参与其事，利用四年时间，初步查得残存摩岩刻石及题刻121处，增补刻石106处，合得227处。实也不易，功在后世。

多少年来，人们越接触崂山，越能感觉崂山之灵动、崂山之壮阔、崂山之深沉，崂山给历史留下了多少动人魂魄的故事，给儒道释者无穷无尽的追寻和遐想……

有幸为崂山史之别子效微薄之力，尽以寸心，不胜感慨和欣慰。

只要是写作，不当之处难免，请方家读者不吝赐教。

寿杨宾

2021年3月12日于青岛荣馨苑

辑注说明

一、古人耸立之崂山碑，留存至今可谓凤毛麟角，但志书等录存者在在有之。本辑注原则上以尚存碑或以最早见之著述录存为底文，与其他文本校核注之，孰是孰非、孰对孰错、孰有孰无，方家自有定评。但对底文明显错误之处予以勘正。

二、崂山碑记，从地域上是即墨崂山，大崂山也。为弘扬崂山的儒学传承起见，亦收录了《重建文宣王庙学碑铭》等宋元明清即墨县城文庙碑记。

三、诸家录存碑记，不免题异，不免句异字异，不免衍缺字句，不免有错讹，或校勘或注解或存疑，以便参阅比较。

四、原则上对底文和各校本中所有繁异体字规范化，采用简化字，一般不作校注。

五、碑记之断句、标点符号，尽管诸本会有不同，辑注原则不动。非无心，是无力亦非必须也。但对异甚、误甚者予以勘正，一般不做说明。

六、凡孤本无对照文，不画蛇添足，不敢想当然，一般仅作注释。

七、校勘中对非正式出版的文本网开一丝，如对碑记有整句整段遗漏者等，校勘时一般忽过不提。

八、采辑中对碑记文所谓佚者亦不敢忽略，列表示之，一是展示崂山碑记历史文化之一斑，二是以期抛砖引玉，望有意外收获。

九、崂山碑记辑注，辑不易，校注亦难。错讹疏忽在所难免，谨求教于方家读者，恳请批评指正。

目 录

四、清代崂山碑记

一、宋代崂山碑记

北宋《童府君[1]祠[2]记》[3]

孙彭年[4]

府君姓童，讳恢，字汉宗，姑幕人。贤行绝等。后汉司徒杨赐知其名，辟之。尝为不其县[5]令。不其地渐海卤，民性犷愎，不修礼让，沿世多故寇，襄射讼，襄息无由屯庾[1]，杼轴[6]空七八。乃邑当时益号难治也。府君廉平自任，赏罚序信，奸宄凶暴，以法禁戢，鳏寡贫穷，以恩抚字[7]，徭役简约，劝课勤笃，整坏就完，移恶趋善，翕然[8]化行，遂成乐土。先是，境内有虎食人，大为民害。一日置机具，生获二虎。府君咒之曰："天生万类，惟人为贵。虎食六畜，□食人[2]。王法杀人者死。若食人者，当服罪。"其一虎应咒而垂头战惧[3]，似服辜，则杀之。一虎吼跃，意为非辜，则释之。自是[4]不复有虎害，从而民心无老幼咸重信，咸服府君之德愈甚焉。既汉朝廷褒政提郡[9]，不其民感怀遗爱，置祠于劳山下，殆今祀之。噫！凡为政者，莫不廉平用情乱法将快己。欲如是，则信单户孤民亦莫能服，况暴虎耶。得不思而已。彭年与府君相隔千余年后，得邑于斯，□想风迹[10]，增慕无极。虑时耻绵[5]，失传本末，因为庙记。

校勘：

[1] 屯庾　《青岛历代方志集成·万历〈即墨志〉》为"囤庾"。"屯"作"囤"，为是。囤庾，意为囤积储存谷物。

[2] □食人　《青岛历代方志集成·万历〈即墨志〉》“□”字不清难辨，疑为“还”字。

[3] 战惧　《青岛历代方志集成·万历〈即墨志〉》为“战怖状”。“惧”作“怖状”，为是。

[4] 自是　《青岛历代方志集成·万历〈即墨志〉》为“自后”，“是”作“后”。

[5] 虑时耻绵　《青岛历代方志集成·万历〈即墨志〉》为“虑时眇绵”。“耻绵”作“眇绵”，为是。眇绵，亦作眇緜，可释为幽远、高远、辽远。宋苏辙《超然台赋》：“奏丝竹之愤怨兮，声激越而眇緜。”

注释：

1. 童府君　即童恢。《后汉书·童恢传》：“童恢，字汉宗，琅琊姑幕人，少仕州郡为吏。”东汉灵帝时，司徒杨赐“闻其执法廉平”，召为属官。灵帝光和四年（181），杨赐被罢官，“恢独诣阙争之”。光和五年（182）冬，杨赐复为太尉，童恢“除不其令，耕织种收，皆有条章，一境清净，牢狱连年无囚”，勤于政事，体恤民情，政绩卓著。后童恢擢升丹阳太守。元朝秦裕伯《九贤祠颂》赞之：“古城不其，东汉县令，姑幕童恢，忠孝廉平，信及猛虎，有诏褒荣，擢居郡府。”不过，记令不其为灵帝时和县志载不同。乾隆《即墨县志》卷八：“和帝时，除不其县令。”和帝刘肇，年号永元，永元一至十六年，为89—104年。两者相差甚远。

2. 童府君祠　据王集钦《崂山古今文史论丛·栾学智〈崂山部分宫观寺院〉》记载，清乾隆年间修缮后的格局为祠分前后两院，前院祠门三间，左右耳房内彩塑高一米五的红、白立马各一匹；飨堂三间，木砖结构，硬山式建筑，内祀童恢彩色塑坐像，墙上彩绘壁画，记童恢生平及驯虎的故事；院中古柏六株，相传为建祠时所植。后院茅屋三间假童恢卧室，内设床帐被褥。院中植牡丹一株，每当阳春季节，繁花盛开，艳丽芬芳，花期月余。祠后是童恢墓，呈圆丘状，高丈余，环以砖砌花墙，墓地古柏参天，苍郁成林。墓前有两个石雕小虎和高约两米的石碑一通，碑文为：“敕封后汉不其尹童府君之墓。”

3.《童府君祠记》 祠记录自万历《即墨志》(点校本，下同)卷十《艺文》。《青岛历代方志集成·万历〈即墨志〉》、文草堂《东汉不其县令童恢历朝碑记》亦录载。

4. 孙彭年 北宋即墨县知县。万历《即墨志》卷六《职官》无载。乾隆《即墨县志》(点校本，下同)卷六《职官·官师》宋代仅记一人：“令，孙彭年。”同治《即墨县志》(点校本，下同)卷六《职官·官师》同。

5. 不其县 西汉置不其县，属琅玡郡。东汉析不其属东莱郡，不其令童恢训虎，名传天下。郑康成二度在不其山课士教学，并著书立说。晋法显海外取经泛海至崂山，长广郡太守迎其至郡治不其城，在不其传经讲道，弘扬佛法，史迹斑斑。

6. 杼轴 亦作“杼柚”。指织布机上的两个部件，即用以持纬的梭子和用来承经直线的筘，亦借指织机。《诗·小雅·大东》：“小东大东，杼轴其空。”朱熹集传：“杼，持纬者也；柚，受经者也。”

7. 以恩抚字 以恩报恩作文。

8. 翕然 形容一致。《汉书·杨敞传》：“宫殿之内翕然同声。”

9. 褒政提郡 意指褒扬其政绩，提升之为太守。

10. 风迹 意为风节、风操；政绩。宋叶适《平江县王文正公祠堂记》：“其为民补弊剔蠹，锄其悍顽，而兴作利政，以惠言之，意必有风迹可述。”

二、元代崂山碑记

元至大二年《华楼宫1玉皇洞[1]2石碑》[2]3

莱州府助缘功德主。

忠翊校尉，莱州达鲁花赤4多识德谋分[3]、娘子失里罕、男前[4]莱阳县达鲁花赤孛兰[5]奚[6]、弟那怀。

保义副尉前胶水县达鲁花赤乃满德、娘子塔失[7]孛鲁罕。

会首张妙善，男王秉道、妻冷守真，杨德甫、嫂董守真、男杨显卿、耿德真、妻刘妙坚、姜德清、妻妙真[8]。

本县助缘会首王秉道等[9]完成。

玉皇圣像[10]五尊，乞保各门永佑，平安吉祥者。

时至大二年5三月吉日。缘化道士姜志平立[11] 石匠提领6孙世昌 王仁产[12]。

校勘：

［1］玉皇洞　周至元《崂山志》为“玉皇洞前”，“洞”后衍一“前”字。

［2］《华楼宫玉皇洞石碑》　碑记录自黄肇颚《崂山续志》卷十。石碑，纵横方阔约尺余，厚二寸余。碑记格式，基本按黄肇颚《崂山续志》所示排列。民国《胶澳志》记为《玉皇洞方碑》，文仅记：“洞在翠屏岩下，前有方石，碑文刻莱州达鲁花赤多识德谋作，莱阳县达鲁花赤孛兰奚，胶水县达鲁花赤乃满德等衔名，后镌时至大二年三月吉日。”周至元《崂山志》卷六《金石志·碣》

(后简)记为《元华楼山玉皇洞前石碣》。文仅为“莱州达鲁花赤多识德谋作，莱阳县达鲁花赤孛兰奚，胶水县达鲁花赤乃满德”，衔名。青岛市史志办公室编《青岛市志·崂山志》第十章《杂记·碑记》(以下简称《青岛市志·崂山志》)、青岛市史志办公室编《崂山志》第十章《杂记·碑记》(以下简称新编《崂山志》)、任颖卮著《崂山道教史》第六章《崂山道教碑刻史料》(以下简称《崂山道教史·碑刻史料》)、邢学敏和任颖卮著《道教寻踪》第五章《崂山道教碑记》(以下简称《道教寻踪·崂山道教碑记》)亦录载，题为《华楼玉皇洞碑》。

[3] 谋分 《青岛市志·崂山志》、新编《崂山志》、《崂山道教史·碑刻史料》为“谋尔”，“分”作“尔”。民国《胶澳志》、周至元《崂山志》为“谋作”，“分”作“作”。或无“分”，“作”是“撰”之义。存疑。

[4] 男前 民国《胶澳志》、周至元《崂山志》为“男”，缺一“前”字。《青岛市志·崂山志》、新编《崂山志》、《崂山道教史·碑刻史料》《道教寻踪·崂山道教碑记》亦为“同男前”，“男”前衍一“同”字。

[5] 勃兰 周至元《崂山志》、《青岛市志·崂山志》、新编《崂山志》、《崂山道教史·碑刻史料》《道教寻踪·崂山道教碑记》为“勃蓝”，“兰”作“蓝”。

[6] 奚 周至元《崂山志》为“奚”，“奚”作“奚”。

[7] 塔失 《青岛市志·崂山志》、新编《崂山志》、《崂山道教史·碑刻史料》《道教寻踪·崂山道教碑记》为“塔夫”，“失”作“夫”。

[8] 妻妙真 《青岛市志·崂山志》、新编《崂山志》、《道教寻踪·崂山道教碑记》为“妻□妙真”，“妻”后衍一“□”。

[9] 王秉道等 《青岛市志·崂山志》、新编《崂山志》、《崂山道教史·碑刻史料》《道教寻踪·崂山道教碑记》均为“王秉道”，缺一“等”字。

[10] 玉皇圣像 《青岛市志·崂山志》、新编《崂山志》、《崂山道教史·碑刻史料》《道教寻踪·崂山道教碑记》为“玉帝坐像”。“玉皇”作“玉帝”，“圣像”作“坐像”。

[11] 姜志平立 新编《崂山志》“姜志平”，缺一“立”字。

[12] 王仁产 《青岛市志·崂山志》、新编《崂山志》、《崂山道教史·碑刻

史料》《道教寻踪·崂山道教碑记》均无“王仁产”此名。

注释：

1. 华楼宫　又称万寿宫，属全真教华山派。在华楼山王乔崮下，后为碧落岩，前临南天门，西南拥石门诸山。万历《即墨志》：“元太定二年（1325）建。”同治《即墨县志》：“在县南四十里。元泰定年建。”周至元《崂山志》：“敕建于元泰定间，中祀老君、玉皇及关帝。玉皇殿，旧在翠屏岩下，清康熙中始移建于老君殿东。”《崂山县志》：“明天顺年间（1457—1464）重修。”华楼山，万历《即墨志》记山川，崂山后即华楼山，是劳山山脉的名山。“自麓至巅十余里，山之巅有石似楼台，故名华楼崮。山上环石秀伟，峰峦叠架，又总名华楼，一名华表峰。元尚书王思诚别为十二景，各有题咏。今以景名者不止十二。抚台汝南赵公问俗即墨，取道劳山，题石华楼之右，置碑，大书‘海上名山第一’。同游巡察道古卫蔡公大书‘东海胜游’，鉴石壁上。”

2. 玉皇洞　黄肇颚《崂山续志》卷四：“洞在翠屏岩下，内供诸天神石像五。前列至大间，达鲁花赤造像题名石牌。玉皇殿旧在洞前。自道光间，移老君殿东，形势失矣。”元朝即墨县儒学教谕朱仲明《玉皇洞》诗：“石窍崆峒透上方，云封紫翠郁苍苍。谁开混沌烟霞窟，呼吸阴阳纳晚凉。”

3. 石碑　是碑纵横方阔约尺余，厚二寸余。

4. 达鲁花赤　蒙语。由成吉思汗设。成吉思汗在各城设达鲁花赤，原意为“掌印者”，即掌权者。达鲁花赤是代表军政、民政、司法的官员。后达鲁花赤成为长官和首长的通称。元朝各级地方政府均有达鲁花赤一职，中央政府一些部门亦设是职，是各级地方政府和中央有关部门的最高长官。是职均由蒙古人担任。如碑记所载莱州达鲁花赤、莱阳县达鲁花赤、胶水县达鲁花赤，即为莱州府、莱阳县、胶水县的长官。

5. 至大二年　至大，元武宗年号。至大二年，1309 年。

6. 提领　意提调带领。官名，元始置。《元史·百官志一》：“提领一员，从七品。”

元延祐四年《重修上清宫1记》[1] 2

历海诸山，峻极秀丽，为天东之具瞻[2]，经志之所载者惟崂山焉。晏谟3《齐纪》云：“太山虽云高，不如东海崂。”[3] 以其蟠根巨浸4，神龙攸居5，峰霭[4]五云6，仙灵所集，真浮世7之洞天，人间之福地也。在昔郑司农康成8，尝教授于斯[5] 9。宋初昌陵10与华盖真人11际遇，乃赐宫额曰“上清”[6]。金源氏正隆间12，重阳祖师13，自西徂东[7]，遨游海上，全真教14兴，其徒长春子邱真人15寓是，爱其青峰突兀，翠巘16峻嶒，宛若[8] 鳌负蓬瀛17，丹书刻题曰[9]“鳌山18”。赋诗云[10]：“五岳曾经四岳游，群山未必可相俦。只因海角天涯背，不得高名贯九州。”中有微旨[11] 存焉。天兴壬辰19，中原兵革，朝市悉变，宫殿皆空，皇元御宇[12] 20。大德元年21，重阳之派孙[13] 22，通玄弘教洞微大师隐真子李志明23，仗屦[14] 24西来，志趣不凡，神形卓异，以清净虚无为体[15]，以明道阐教为宗，乐木石同居，养乔松之寿25，功行内修，英华外著，道俗景仰，师而礼之者众。次第游历至此，睹其[16] 颓垣圮址，芜没于苍烟萑莽26之中，喟然叹曰：“东海名山，祖师遗迹[17]，清虚境界，岂容泯灭？非天不畀人[18]，人自弃耳！”于是，与其徒斩除荆榛[19]，采木陶土，鸠工命梓，重修殿宇，塑[20] 玄元圣祖27像，左右真仙列侍。庙庑斋堂，焕然鼎新。以居清众，澄心涤虑[21]，焚香诵经[22]，上祝国祚永延，下为生民禳襘[23] 28。一日，信士29总管干罗[24] 思武德自即墨不远数百里，踵门谒余，具道始末，且欲款石，丐文[25] 纪实。非为以传[26] 不朽，抑亦使[27] 后之人知有善人成善事，俾赞承平之化。余应之曰：“年衰识浅，笔砚生尘，觳觫30之文，不足以称扬仙烈。”固让再三，义不容却[28]。乃谓曰：“山不在高，有仙则名；境不在僻，有人则胜。时事有废兴，道心无古今。昔华盖老仙、长春真人肇基于前，今隐真子继踵于后。一[29] 朝岿然复兴，高真之宇，逸士之庐，岂无所待？方诸二贤，其揆一也。回视夸炫富贵利达者，汩没于声色畋猎31之娱，贪羡乎金玉车服之饰[30]，甘萦尘网，流沉苦海[31]，迷而不复，丧命失真之徒，岂可同日而语哉？若山海之胜势[32]，与夫云烟霞彩，变化吞吐，四时朝暮，景物无穷，寿乐在兹，仙凡路隔[33]。登览者宜自得之。此不必云[34]。”

延祐四年[32]，承务郎前江东建康道提刑按察司经历朱翚记

校勘：

[1] 《重修上清宫记》 新编《崂山志》“重地建上清宫碑”，“重修”为“重地建”，衍一“地”字，误。《崂山道教史·碑刻史料》《道教寻踪·崂山道教碑记》为“重建上清宫碑”。

[2] 具瞻 《青岛市志·崂山志》、新编《崂山志》、《崂山道教史·碑刻史料》为“首瞻”，“具”作“首”。具瞻，意为众人所瞻望。《诗·小雅·节南山》：“赫赫师尹，民具尔瞻。”

[3] 《齐纪》云：“太山虽云高，不如东海崂” “齐纪”，周至元《崂山志》、《青岛市志·崂山志》、新编《崂山志》、王集钦《崂山古今文史论丛·碑记》、《崂山道教史·碑刻史料》为《齐记》，“纪”作“记”。“太山”，周至元《崂山志》、《青岛市志·崂山志》、新编《崂山志》、王集钦《崂山古今文史论丛·碑记》、《崂山道教史·碑刻史料》为“泰山”，“太山”“泰山”古通；“崂”，古作“劳”，“崂”“劳”亦通。

[4] 峰霭 周至元《崂山志》、《崂山道教史·碑刻史料》为“峰谒”，“霭”作“谒”。王集钦《崂山古今文史论丛·碑记》为“峥霭”，“峰”作“峥”。

[5] 于斯 周至元《崂山志》为“于此”，“斯”作“此”。

[6] 曰上清 王集钦《崂山碑记佚文辑录·重修上清宫记》为“日上清”，“曰”作“日”，误。

[7] 徂东 王集钦《崂山古今文史论丛·碑记》为“往东”，“徂”作“往”。

[8] 宛若 《青岛市志·崂山志》、新编《崂山志》为“宛如”，“若”作“如”。

[9] 刻题曰 周至元《崂山志》、《崂山道教史·碑刻史料》为“刻石曰”，“题”作“石”。

[10] 诗云 周至元《崂山志》、《崂山道教史·碑刻史料》为“诗曰”，“云”作“曰”。

［11］微旨　《青岛历代方志集成·黄肇颚撰〈崂山艺文志〉卷十一》为“微意”，“旨”作“意”。

［12］皇元御宇　王集钦《崂山古今文史论丛·碑记》则为“皇无御宇”，“元”作“无”，“无”应是。

［13］派孙　《青岛市志·崂山志》、新编《崂山志》为“派□”，“孙”字阙如。

［14］仗屦　周至元《崂山志》、《青岛市志·崂山志》、新编《崂山志》、《崂山道教史·碑刻史料》为“杖屦”，“仗”作“杖”。王集钦《崂山碑记佚文辑录·重修上清宫记》为“杖履”，此“履”含义广范，此处以“屦”为确切。

［15］为体　王集钦《崂山古今文史论丛·碑记》为“为本”，“体”作“本”。

［16］睹其　新编《崂山志》、《崂山道教史·碑刻史料》、王集钦《崂山碑记佚文辑录·重修上清宫记》为“观其”，“睹”作“观”。

［17］祖师遗迹　王集钦《崂山古今文史论丛·碑记》为“袒师遗踪”，“祖”作“袒”，“迹”作“踪”，误。

［18］不畀人　《青岛市志·崂山志》、新编《崂山志》、《崂山道教史·碑刻史料》为“不卑人”，“畀”作“卑”。王集钦《崂山古今文史论丛·碑记》为“不仁”，“畀人”作“仁”。均误。

［19］荆榛　王集钦《崂山古今文史论丛·碑记》为“荆棒”，“榛”作“棒”，误。

［20］塑　周至元《崂山志》、《崂山道教史·碑刻史料》为“涂”，“塑”作“涂”，非是。

［21］涤虑　王集钦《崂山古今文史论丛·碑记》为“谒余”，大误。涤虑，意为清除烦扰，使思想清净。宋梅尧臣《和吴冲卿学士石屏》：“我归涤虑反覆思，义虽不往聊解颐。”

［22］诵经　王集钦《崂山古今文史论丛·碑记》为“颁经”，“诵”作“颁”。

［23］禳禬　王集钦《崂山古今文史论丛·碑记》为“禳会”，“禬”作

“会”。“禳禬”释义：为消灾除病而祭祀。

[24] 干罗 周至元《崂山志》、《崂山道教史·碑刻史料》为“翰罗”，“干”作“翰”。待考。

[25] 丐文 《青岛历代方志集成·黄肇颚撰〈崂山艺文志〉》《青岛市志·崂山志》、新编《崂山志》、王集钦《崂山碑记佚文辑录·重修上清宫记》为“匄文”，“丐”作“匄”。“匄”为“丐”的异体字。

[26] 非为以传 周至元《崂山志》、《崂山道教史·碑刻史料》为“非为一传”，“以”作“一”，非是。王集钦《崂山古今文史论丛·碑记》为“非以传”，“非”后缺一“为”字。

[27] 抑亦使 周至元《崂山志》、《崂山道教史·碑刻史料》为“抑且使”，“亦”作“且”。《青岛市志·崂山志》、新编《崂山志》为“抑以便”，“亦”作“以”，“使”作“便”。《青岛历代方志集成·黄肇颚撰〈崂山艺文志〉》、王集钦《崂山古今文史论丛·碑记》为“抑以使”，“亦”作“以”。

[28] 容却 周至元《崂山志》、《崂山道教史·碑刻史料》为“容辞”，“却”作“辞”。

[29] 一 《青岛市志·崂山志》、新编《崂山志》“一”前衍“开朝岿然复兴高真于前，今隐真人子继踵于后”句。更不知“开朝岿然复兴高真于前”句从何而来？似为大误。

[30] 之饰 《青岛历代方志集成·黄肇颚撰〈崂山艺文志〉卷十一》、周至元《崂山志》、《青岛市志·崂山志》、新编《崂山志》、王集钦《崂山古今文史论丛·碑记》、《崂山道教史·碑刻史料》为“之玩”，“饰”作“玩”。

[31] 流沉苦海 《青岛市志·崂山志》、新编《崂山志》、王集钦《崂山古今文史论丛·碑记》为“流枕苦宅”，“沉”作“枕”，“海”作“宅”。《青岛历代方志集成·黄肇颚撰〈崂山艺文志〉卷十一》为“流沉苦宅”，“海”作“宅”。

[32] 若山海之胜势 《崂山道教史·碑刻史料》为“或山海之盛势”。其中，“若”作“或”，“胜”作“盛”。

[33] 路隔 《青岛历代方志集成·黄肇颚撰〈崂山艺文志〉卷十一》《青岛市志·崂山志》、新编《崂山志》、王集钦《崂山古今文史论丛·碑记》为“隔

路”，二字前后颠倒。路隔，成语有“天人路隔”“仙尘路隔”等。

［34］云 周至元《崂山志》“云”后缺落款：“延祐四年承务郎前江东建康道提刑按察司经历朱罼记”。

注释：

1. 上清宫 简称上宫。全真道华山派道观。道教著名宫观。《崂山餐紫霞》引元代大学士张起岩语，“宜为仙真之窟宅，人天之洞府也。”宫祀三清玉皇，左三官，右七真。宫左石洞，镌“道山”及“毕先”字，诗所称访“道山”也。“毕先”亦疑为有道者名。上清宫宋初建，元大德元年（1297）道士李志明重建，延祐四年（1317）重修，明隆庆元年（1567）道士孙玄清复修，清末宫殿毁于山洪，由华楼宫道士刘本荣再修。上宫分前后两进庭院，前院门内东西各植古银杏一棵，枝叶繁茂，苍翠葱茏，为崂山银杏之冠，后院为正殿和东西配殿及道舍。正殿祀玉皇大帝像，左右配殿祀三清、全真七子。宫前石桥名“朝真”，宫西石桥曰“迎仙”。黄宗昌《崂山志》：“上清宫 在明霞洞下，宋建。即云岩子修真处。”云岩子，即刘志坚。鳌山卫姚竑德《游崂记略》：上清宫，“前殿祀三清，阶上有延祐间（1314—1320）达鲁花赤普颜不花撰《重修庙碑》。”

2.《重修上清宫记》 碑记录自黄肇颚《崂山续志》卷七。《青岛历代方志集成·黄肇颚撰〈崂山艺文志〉卷十一》、周至元《崂山志》《青岛市志·崂山志》、新编《崂山志》、王集钦《崂山古今文史论丛·碑记》、《崂山道教史·碑刻史料》《道教寻踪·崂山道教碑记》亦录载。此碑高丈许，原竖于上清宫宫门内东侧。

3. 晏谟 晏谟（约375—435），青州临淄人，齐相晏婴之后。东晋（317—420）地理学家，南燕（398—410）尚书。

4. 蟠根巨浸 蟠根，意根脚盘曲深固。唐杜甫《白盐诗》：“卓立群峰外，蟠根积水边。”巨浸，此指大海。唐许彬《府试莱城晴日望三山》：“盘根出巨浸，远色到孤城。”

5. 攸居 所居住的地方。《书·禹贡》：“彭蠡既猪，阳鸟攸居。”

6. 峰霭五云　一般指青、白、赤、黑、黄五种云色。此处誉崂山上聚霭五色瑞云、祥云。

7. 浮世　人间、人世。旧时认为人世间是浮沉聚散不定的。常语如：浮生若梦，人生如梦。

8. 郑司农康成　即郑玄。万历《即墨志》："字康成。高密人。少为啬夫，不乐，往来于周、秦、楚、豫之境。兼采众儒，博综六经，探讨著作，视汉诸儒可谓精勤浩瀚者矣。中经党锢，后遇黄巾，躬达三辟，门传五经，以大司农终焉。县东二十里有康成书院，遗址尚在。书带草士人多植窗前。"县志高度概括，黄宗昌《崂山志》则略详：不乐，"遂造太学受业；师事京兆第五元，通《京氏易》《公羊春秋》《三统历》《九章算术》。又从东郡张恭祖，受《周官》《礼记》《左氏春秋》《韩诗》《古文尚书》。以为山东无足问者，乃西入关，事扶风马融。融素高贵，玄在门下，三年不得见，乃使高业弟子传授玄。玄虚心寻诵，不少倦。会融集诸生考论图纬，闻玄善算，乃召见。玄因质诸疑义，问毕辞归。融曰：'郑生今去，吾道东矣。'"

9. 尝教授于斯　汉桓帝永康元年（167），时郑玄 41 岁，在外游学后归乡里。黄宗昌《崂山志》卷四："家贫，客耕东莱，教授于不其山，负笈从者数百人。"重要的是十七年后的第二次，常为记者忽略，时郑玄 58 岁。耿天勤主编《郑玄志》："中平元年（184），党禁解除，郑玄继续教授生徒和从事注经工作。在避黄巾军于不其山期间，在原筑办学处教授弟子，并倾心注疏《古文尚书》《毛诗》《论语》，还撰《毛诗谱》《仲尼弟子目录》。"郑玄在崂山不其山不仅从事教学，还从事注经，不仅对崂山儒学、对两汉儒学而言意义重大，功不下于董仲舒、王充。三国时的名士崔琰、王经、国渊、任嘏等人，皆为其门下。这期间，驻不其时间长度虽无可考，然《古文尚书》《毛诗》《论语》之注疏，《毛诗谱》《仲尼弟子目录》之撰写，断非短时间可以完成的。郑玄在崂山不其所注之经，《后汉书》亦有载，现存的有《古文尚书》《论语》。《尚书》有今、古文之别。西汉，《今文尚书》立于官学，《古文尚书》一直是私学。东汉，立于官学的《今文尚书》是欧阳氏学，《古文尚书》虽仍在民间，郑玄注疏后，在学术界影响不断扩大，到汉章帝时（76—86）得到了官方首肯。

10. 昌陵　宋太祖赵匡胤逝世后，葬于永昌陵。此“昌陵”借指宋太祖。

11. 华盖真人　华盖，指眉。《紫皇炼度玄科》：“法天象地，含阴育阳，合道成真……眉为华盖。”真人，道家、道教称“修真得道”或“成仙”之人。《庄子·天下》：“关尹、老聃乎，古之博欠真人哉！”《宋史》无传，然亦提及，《宋史·甄栖真传》：甄栖真“访道崂山，事华盖真人。”《宋史》何以不记华盖真人事迹，令人遐想。元于钦《齐乘》有记：“大劳山有上清宫，五代末华盖仙人识赵太祖于侧微，宋人为建此宫。”万历《即墨志》：“姓刘氏，蜀人，寓居于劳山。”周宗颐《崂山太清宫志》：“五代唐纪同光二年（924）甲申，道人刘若拙自蜀来劳山太清宫，访李公守中子，相谈契合，遂留住焉。自修一庵，额曰驱虎，供奉老子圣像，潜修于中。宋建隆元年（960）庚申，上闻，诏至都入觐，谈玄称旨，敕封华盖真人，留京布教。后经奏准，奉敕回山，重修本宫殿宇，永为修真之所。”

12. 金源氏正隆间　金源氏指金朝。正隆，金海陵王完颜亮年号。正隆间，正隆元年至五年，1156—1160年。

13. 重阳祖师　即王重阳，原名中孚，字允卿。祖籍陕西咸阳，累世为地方大族，后居于终南县蒋家村。曾应试科举，中而有经略天下之志。因仕途不畅，金正隆四年（1159）弃家出游，继而遇异人悟道出家。入道后改名喆，号重阳子。金大定七年（1167），离陕西至山东传道度人，全真教创始人。主要在文登、宁海、福山、登州、莱州一带活动，因王重阳在宁海自题其庵名为全真堂，故入道者都称为全真道士。金大定九年（1169）重阳携弟子马丹阳、谭处端、刘处玄、邱处机四人西归，次年一月在大梁（今河南开封）羽化。元世祖至元六年（1269）封为“重阳全真开化真君”。元武宗至大三年（1310）加封为“重阳全真开化辅极帝君”。全真道奉为“北五祖”之一。其著作有《重阳全真集》《重阳教化集》《重阳立教十五论》等。

14. 全真教　金代北方新起的道教最大宗派。始创于陕西咸阳人喆，号重阳。他自称48岁时遇仙人吕洞宾于甘河镇，授以要道口诀，遂弃家入终南山修道。大定七年（1167）焚庵东行，在山东宁海等地先后收马钰、谭处端、刘处玄、邱处机、王处一、郝大通、孙不二七大弟子，后称北七真。王喆曾在马钰家筑“全真庵”自住，是为全真名教之始。先后在文登建三教七宝会、福山建三教三光会、在蓬莱建三教玉华会、掖县建三教平等会、查山建三教金莲会，进行结社传教活动。王喆倡三教合一。以《道德经》《孝经》《般若心经》教人讽诵。又教以孝谨纯一、正心诚意、少私寡欲之理，以“明心见性”为全真。金大定九年（1169），王重阳率徒西归，解化于途中。七真继王志，至邱处机掌教时，全真以其在民众中的影响引起金朝的重视，于是全真教大兴。元代，因邱处机奉敕掌管天下出家人，全真道进入全盛时期。明代，道教分为正一、全真两大派，以炼养为主的诸派统归全真教。清代，全真教龙门派在北京白云观开坛传戒，中兴全真教。全真教分支门派甚多，影响最大的是邱处机的龙门派。

15. 长春子邱真人 即邱处机（1148—1227）。字通密，号长春子。金元代道士，道教全真道北七真之一，是全真教扛鼎人物。登州栖霞人。十九岁出家，次年拜王重阳为师，追随左右，甚契玄机。王重阳羽化后，他在陕西磻溪洞穴中住了六年，苦心修道，后又隐居龙门山。明昌元年（1190），金章宗下诏禁罢道教，邱处机于是东归栖霞。后金廷与南宋先后召之不应。元太祖召请之，邱处机毅然率弟子 18 人从莱州出发跋涉万里，两年后抵达西域大雪山。太祖问他治理天下之策，他答以“敬天爱民”；问之长生之道，答以清心寡欲为要。并进言欲统一天下者，“必在乎不嗜杀人”。他返回燕京后，太祖赐以虎符、玺书，命他掌管天下道教，从而使道教有很大的发展。太祖二十二年（1227），邱处机羽化于京，在崂山有其衣冠冢。元世祖至元六年（1269），诏赠“长春演道主教真人”；武宗至大三年（1310），加封为“长春全德神化明应真君”。

16. 翠巘 苍翠的山峰。唐杜牧《朱坡》诗：“日痕絚翠巘，陂影堕晴霓。”

17. 鳌负蓬瀛 鳌，传说中海里的大龟或大鳖。《淮南子·览里》：“于是女娲炼五色石以补苍天，断鳌足以立四极。”蓬瀛，指传说中的仙山，亦泛指仙境。即蓬莱、瀛洲。《列子·汤问》列五座仙山即有“瀛洲”。

18. 鳌山 原为宋元时俗。元宵节用彩灯叠成的山，像传说中的巨鳌形状。时邱处机改崂山为鳌山。周至元《崂山志》：邱处机“携屐云游至崂山，爱其奇秀，因更名曰鳌山。”《崂山志校注》：“金泰和五年（1205），邱处机第一次至劳山，赋诗二十一首。更‘牢山’为‘鳌山’”。其序云：“东莱即墨之牢山，三围大海，背负平川，巨石巍峨，群峰峭拔，真洞天福地，一方之胜境也。然僻于海曲，举世鲜闻，其名亦不佳。予自昌阳醮罢，抵于望城永真观，南望烟霭之间，隐隐而见。道众相邀，迁延数日而方届。遂闲吟二十首，易为鳌山，因畅道风云耳。”

19. 天兴壬辰　天兴，金哀宗第三个年号；壬辰，1232 年。翦伯赞主编《中外历史年表》：金哀宗正大九年（1232）正月，“蒙古大破金兵于钧州黄榆店，金大将死亡殆尽。金改元开兴。二月，金潼关降于蒙古。三月，蒙古攻金南京，不克，许和而退。金改天兴。……六月，金徐州军乱。七月，蒙古使至金被杀，自是和议遂绝。闰九月，金括汴京粟，百姓死亡相继，至人相食。十月，金泗州军乱。十二月，蒙古遣使于宋约夹攻金；宋遣使报聘。金帝东走，蒙古复围南京。”可见当时形势。

20. 御宇　统治天下。《南齐书·礼志下》：“方今圣历御宇，垂训无穷。”

21. 大德元年　1297 年。

22. 派孙　指王重阳的徒子徒孙。金大定七年（1167），王重阳收徒全真教初起，至元大德元年（1297）则 130 年，李志明可能是第四代、第五代传人。

23. 李志明　周至元《崂山志》：“亦全真派。大德初，杖履来崂，以清虚为体，明道为宗。见上清宫就圮，鸠工重新之。后栖明霞洞，块然自处者二十五年。年八十，步履轻健，度弟子几五百人。”《青岛市志·崂山志》详此：“号隐真子，全真道王重阳之徒孙。元大德元年（1297）应云岩子刘志坚之邀请来崂山，见上清宫院宇颓圮，荒草没径，喟然叹曰：‘东海名山，祖师遗迹，清虚境界，岂容泯灭，非天不卑人，是人自弃耳。’于是与其徒斩除荆榛，采木陶土，鸠工命梓，重修殿宇，塑造神像，使庙庑斋堂焕然一新。”

24. 仗屦　仗，似应为杖，即手杖。屦，古代用麻葛制成的一种鞋。

25. 乔松之寿　乔、松：古代传说中的仙人王乔和赤松子。指像仙人那样长寿。《汉书·王吉传》：“大王诚留意如此，则心有尧舜之志，体有乔松之寿。”

26. 萑莽　均为草，意为荒芜草地。《贞观政要集校》卷二：战乱后，“萑莽巨泽，茫茫千里，人烟断绝，鸡犬不宁，道路萧条，进退艰难。”

27. 玄元圣祖　即老子，老聃。唐以老子李耳为始祖。乾封元年（666）追尊之为太上玄元皇帝。天宝二年（743）加号“圣祖”。关于老子其人，传说纷纭，迄无定论。《史记·老庄申韩列传》：“老子者，楚苦县厉乡曲仁里人也。始姓李名耳，字伯阳，谥曰聃。周守藏室之史也。”《索隐》：“葛玄云：‘李氏女所生，因母姓也。’又云：‘生而指李树，因以为姓。’许慎云：‘聃，儿漫也，故名耳，字聃，今作字伯阳，非正也。’”《路史》：“李伯阳甫生而能语，黄面皓首，故谓之老子。”又一说：老聃即周之太史儋，或即老莱子。

28. 禳禬　为消除灾害而祭祀。出处《旧唐书·李秘传》：“黎干用左道位至尹京，尝内集众工，编刺珠绣为御衣，既成而焚之，以为禳禬。”

29. 信士　诚实可信之人。《荀子·王霸》：“人无百岁之寿，而有千岁之信士，何也？曰：以夫千岁之法自持者，是乃千岁之信士也。”

30. 骫骳　委屈；纡曲。《汉书·枚皋传》：“其文骫骳，曲随其事，皆得其意。”

31. 畋猎　打猎。《老子》第十二章：“驰骋畋猎，令人心发狂。”

32. 延祐四年　延祐，元仁宗年号。延祐四年，1317 年。

元泰定二年《聚仙宫[1]碑铭(有序)》[2]

张起岩[3]　学士

自王重阳之东也，而全真氏之教盛行。其徒林立山峙，云蒸波涌[1]，以播敷恢宏其说。于是，并海之名山胜境，半为[2] 所有。至若下插巨海，高出天半，连峰复岭，绵结环抱，蟠据[4]数百里，长松交荫，飞泉喷薄，珍草[3] 奇木，骈生[4] [5]间出，檐楹轩户[6]，隐现[5] 于烟云杳霭[7]之间；凭高引领，历览无际，使人有遗世之念，则为劳山[6] 上清宫，盖即墨为齐东饶邑，而山在邑东南[7] 五十里。陡绝入海，鲸波漭洄[8]。挟倭本[9]，引吴会[10]，顾揖莱牟[11]，襟带齐鲁[8]，风帆[9] 浪舶，瞬息千里。上清宫据山之巅[10]，又全得其盛[11]，是宜为仙真[12]之窟宅，人天之洞府也。然其地峻极，众颇以登降[12]为劳，南下转而西二十里，近山[13]之趾，始得平衍，为宫殿，为门垣，请于掌教大宗师，赐额“聚仙宫”。而[14]簪裳13之士云集，于是[15]，即山垦田，以供其饩，取材[16]以供其用。通元[17]隐真子李志明实主张是，提点王志真实纲维是。助其成者，则县尉栾克刚14也。工既告成，为塑像，又辇石欲志其迹，俾道士沈志和持书来请文。栾在胶西15为名族，尝从事山东宣阃，与余有一日之雅。计志和拔履[18]往返千余里[19]，乌乎可拒！遂即其图记以叙列之。当五代时，有华盖真人刘姓者，自蜀而来，遁迹[20]兹山。宋祖闻其有道，召至阙庭，留未几，坚求还山。敕建太平兴国院16以处之，上清、太清二宫，其别馆17也。志明18，大德初元19受华楼刘尊师20之请，爱其胜绝，奠居。又阅一纪21，其徒林志远、志全即昆嵛[21]22云霞洞延之，至，筑为环堵明霞洞23，洞在上清之岭[22]又三里许。块处24二十五年，远近信向稽首，问道者络绎相属[23]。今年八十，步履轻健。计平昔迁居四十处，度徒计[24]五百，其志行可知已！夫老氏之为道，以虚无[25]为宗，以重元[26]为门。秦汉以来，号方士25者始有神仙不死之说。若全真为教，大概务以安恬冲澹[27]，合其自然，含垢忍辱，苦心励行，持之久而行之力，斯为得之。隐真子心契道真，处于环堵26，恬然自如。不言而人自化，不动而众皆劝。是其真积之至，故能易硗确[28]27而轮奂28于斯，以为祈天命[29]之所，是则可尚也已[30]。铭曰：

兹山峻秀横天东，下插沧海高凌空，丹崖翠壁何穹窿，琼枝[31]琪树29分蒙茸[32]。明霞霁映扶桑红，灵扃太宇[33]相昭融，仙驭[34]隐见[35]空明中，鸾鹤缥缈翔天风。有客寓迹白云峰，翠华为盖冰雪容。道价辉赫闻九重30，凤书31远召来崆峒。卜基芟落荆榛丛，翚飞[36]鸟革32如神工。长春宴毕[37]留仙踪，乘云一去追无从，空余夜鹤[38]号长松，隐真学道知其宗。环堵块居神内充，志行超卓惊凡庸。谈说恳款[39]开愚聋，向风景仰众所同。善誉殷殷声隆隆，作室要嗣先人功。徒役竭蹶33惟虔共，平地突起真仙宫。隐然背负层冈雄，高门朱碧[40]环崇墉34。秘境清廓犹方蓬35，簪裳云集必敬恭。上祝国祚绵无穷，为民祈祐[41]除灾凶。占云望海元关[42]通，姑射36仙人或可逢。愿斥物厉成年丰，庙堂无事安夔龙[43]37。

校勘：

[1] 其徒林立山峙，云蒸波涌 黄肇颚《崂山续志》同。周至元《崂山志》、《崂山道教史·碑刻史料》："其徒林立，山峙、云蒸、波涌"，标点一变，义即不同。

[2] 半为 乾隆《莱州府志》为"率为"，"半"作"率"。

[3] 珍草 乾隆《莱州府志》为"玠草"，"珍"作"玠"。珍草：仙草；药草的美称。玠草与之有不同。

[4] 骈生 周至元《崂山志》、《崂山道教史·碑刻史料》为"骈山"，"生"作"山"。

[5] 隐现 《青岛市志·崂山志》、新编《崂山志》、《崂山区志》为"隐见"，"现"作"见"。

[6] 为劳山 黄肇颚《崂山续志》、《青岛历代方志集成·黄肇颚撰〈崂山艺文志〉卷十三》为"为崂之"，"劳"作"崂"，通；"山"作"之"。《崂山道教史·碑刻史料》为"有崂山"，"为"作"有"。

[7] 东南 黄肇颚《崂山续志》为"东面"，"南"作"面"。

[8] 齐鲁 乾隆《莱州府志》为"齐楚"，"鲁"作"楚"。从文意观，鲁在内陆，而倭、吴、莱牟、楚均临海，似以"楚"为是。

[9] 风帆 乾隆《莱州府志》为"风飘"，"帆"作"飘"，是。

[10] 之巅 乾隆《莱州府志》、《青岛历代方志集成·黄肇颚撰〈崂山艺文志〉卷十三》为"之岭"，"巅"作"岭"。

[11] 其盛 乾隆《莱州府志》、《青岛历代方志集成·乾隆〈即墨县志〉》、周至元《崂山志》、《崂山道教史·碑刻史料》为"其胜"，"盛"作"胜"。

[12] 登降 《崂山区志》《崂山道教史·碑刻史料》为"登涉"，"降"作"涉"。

[13] 近山 黄肇颚《崂山续志》、《青岛历代方志集成·黄肇颚撰〈崂山艺文志〉卷十三》为"近海"，"山"作"海"，误。

[14] 而 《青岛市志·崂山志》、新编《崂山志》、《崂山区志》"而"前衍一"平"字。

[15] 而簪裳之士云集，于是，即山垦田 周至元《崂山志》、《青岛市志·崂山志》、新编《崂山志》、《崂山区志》《崂山道教史·碑刻史料》作“而簪裳之士，云集于是，即山垦田”，句读均异同治《即墨县志》、黄肇颚《崂山续志》。

[16] 取材 《青岛历代方志集成·黄肇颚撰〈崂山艺文志〉卷十三》为“取村”，“材”作“村”，误。

[17] 通元 黄肇颚《崂山续志》、《青岛历代方志集成·黄肇颚撰〈崂山艺文志〉卷十三》为“通玄”，“元”作“玄”。“玄”是，李志明为通玄弘教洞微大师。

[18] 拔履 乾隆《莱州府志》、黄肇颚《崂山续志》、《青岛历代方志集成·黄肇颚撰〈崂山艺文志〉卷十三》、周至元《崂山志》、《崂山道教史·碑刻史料》均为“跋履”，“拔”作“跋”。

[19] 千余里 乾隆《莱州府志》为“余千里”，“千”“余”左右移位。

[20] 遁迹 《青岛历代方志集成·黄肇颚撰〈崂山艺文志〉卷十三》、周至元《崂山志》、《崂山道教史·碑刻史料》为“遯迹”，“遁”作“遯”。“遁”“遯”同。

[21] 昆嵛 乾隆《莱州府志》、《青岛历代方志集成·乾隆〈即墨县志〉》《青岛历代方志集成·黄肇颚撰〈崂山艺文志〉卷十三》为“崑嵛”，“昆”作“崑”。

[22] 之岭 黄肇颚《崂山续志》、《青岛历代方志集成·黄肇颚撰〈崂山艺文志〉卷十三》为“之巅”，“岭”作“巅”。

[23] 远近信向稽首，问道者络绎相属 黄肇颚《崂山续志》作“远近信向，稽首问道者络绎相属。”标点误，县志是。

[24] 度徒计 乾隆《莱州府志》为“度徒几”，“计”作“几”。

[25] 以虚无为宗 周至元《崂山志》、《崂山道教史·碑刻史料》为“以虚为宗”，少一“无”字。

[26] 重元 黄肇颚《崂山续志》、《青岛历代方志集成·黄肇颚撰〈崂山艺文志〉卷十三》为“重玄”，“元”作“玄”。重元或作重玄，指很深的哲理。

语本《老子》："玄之又玄，众妙之门。"

[27] 冲澹　黄肇颚《崂山续志》、《青岛历代方志集成·黄肇颚撰〈崂山艺文志〉卷十三》为"冲淡"，"澹"作"淡"。亦可。冲澹，意为平和，淡泊。《宋史·赵景纬传》："景纬天性孝友，雅志冲澹。"亦作冲淡，《晋书·杜夷传》："夷清虚冲淡，与俗异轨。"

[28] 硗确　《青岛历代方志集成·乾隆〈即墨县志〉卷十》为"硗桷"，"确"作"桷"。

[29] 天命　《青岛历代方志集成·乾隆〈即墨县志〉卷十·同治〈即墨县志〉卷十》《青岛历代方志集成·黄肇颚撰〈崂山艺文志〉卷十三》《青岛市志·崂山志》、新编《崂山志》、《崂山区志》《崂山道教史·碑刻史料》为"天永命"，中有一"永"字。

[30] 也已　《青岛历代方志集成·黄肇颚撰〈崂山艺文志〉卷十三》为"也巳"，"已"作"巳"。

[31] 琼枝　黄肇颚《崂山续志》、《青岛历代方志集成·黄肇颚撰〈崂山艺文志〉卷十三》为"琼林"，"枝"作"林"。

[32] 蒙茸　乾隆《莱州府志》为"蒙葺"，"茸"作"葺"。蒙葺，意覆盖。《左传·哀公三年》："蒙葺公屋。"杜预注："以濡物冒覆公屋也。"

[33] 太宇　《青岛历代方志集成·黄肇颚撰〈崂山艺文志〉卷十三》为"泰宇"，"太"作"泰"。

[34] 仙驭　黄肇颚《崂山续志》、《青岛历代方志集成·黄肇颚撰〈崂山艺文志〉卷十三》为"仙宇"，"驭"作"宇"。

[35] 隐现　黄肇颚《崂山续志》、《青岛历代方志集成·黄肇颚撰〈崂山艺文志〉卷十三》为"隐显"，"现"作"显"。

[36] 翚飞　周至元《崂山志》、《崂山道教史·碑刻史料》为"翚羽"，"飞"作"羽"。

[37] 宴毕　乾隆《莱州府志》为"晏毕"，"宴"作"晏"。

[38] 夜鹤　黄肇颚《崂山续志》、《青岛历代方志集成·黄肇颚撰〈崂山艺文志〉卷十三》为"野鹤"，"夜"作"野"。

［39］悬款　乾隆《莱州府志》为“悬欵”、周至元《崂山志》为“垦欵”。“悬”作“垦”，误。“款”作“欵”。“款”“欵”通。悬款，意悬切忠诚，亦指悬切忠诚之情。

［40］朱碧　《青岛市志·崂山志》、新编《崂山志》为“栾碧”。“朱”作“栾”，误。

［41］祈祐　周至元《崂山志》、《青岛市志·崂山志》《崂山区志》、新编《崂山志》、《崂山道教史·碑刻史料》均为“祈佑”，“祐”作“佑”。

［42］元关　黄肇颚《崂山续志》、《青岛历代方志集成·黄肇颚撰〈崂山艺文志〉卷十三》、周至元《崂山志》、《崂山道教史·碑刻史料》均为“玄关”，“元”作“玄”。元关，亦为中医言之穴位，在脐下三寸处。

［43］龙　乾隆《莱州府志》“龙”之后，尚有“泰定二年记”。泰定，元泰定帝年号，其二年即公元1325年。

注释：

1. 聚仙宫　道教宫观。黄肇颚《崂山续志》卷八：“宫居烟云涧之南，海滨古刹也。前殿祀真武，后祀老君，为九宫之一。今称韩寨观。当其初建，规模宏阔。今萧条零落，颓址败垣，无复旧观，而形势自在也。”聚仙宫，又名寒寨观、韩寨观。旧有玉皇、真武、三清诸殿，后仅存真武殿。

2.《聚仙宫碑铭（有序）》　碑铭录自乾隆《即墨县志》卷十。同治《即墨县志》、黄肇颚《崂山续志》卷八、周至元《崂山志》、《青岛市志·崂山志》《崂山区志》、新编《崂山志》、《崂山道教史·碑刻史料》《道教寻踪·崂山道教碑记》均有载。《青岛历代方志集成·黄肇颚撰〈崂山艺文志〉卷十三》录为《有元聚仙宫记》；民国《胶澳志》作《聚仙宫建修碑》，并记碑“居烟云涧之左里余”。然乾隆《莱州府志》卷十三录题为《劳山聚仙宫记》，乾隆《莱州府志》早于乾隆《即墨县志》纂修，且有即墨知县、文人学士参修府志，何至于此，待考。

3. 张起岩　字梦臣，祖籍章丘，因避宋金战乱移家禹城。生于元世祖至元二十二年（1285），逝于至正十三年（1353）。元代著名的政治家、史学家、文学家。元朝首届科举状元，延祐二年（1315）左榜进士第一名。在40年的任官生涯中，先后担任地方至中央的许多重要职务。他博学有文，善篆隶书，历任侍御史、燕南廉访使，搏击豪强，不容稍息。入翰林院为承旨，主修辽史、金史、宋史，充任总裁官。诸史修成后告老归乡，四年后病卒，加荣禄大夫，谥文穆。著有《华峰漫稿》《华峰类稿》《金陵集》等。

4. 蟠据　《青岛历代方志集成·黄肇颚撰〈崂山艺文志〉卷十三》作“蟠踞”，亦通。盘踞、占据之意。唐杜甫《病怕》诗：“出非不得地，蟠据亦高大。”宋司马光《太行》诗：“横行四极外，蟠据九河隈”。

5. 骈生　意为并立而生。明高启《送二贾君序》：“今人家有草木，骈生而秀者，犹传以为瑞。”

6. 檐楹轩户　檐楹，屋檐下厅堂前部的梁柱。唐韩愈《食曲河驿》：“群鸟巢庭树，乳雀飞檐楹。”轩户，指门户、窗户。汉王充《论衡·幸偶》：“均之土也，或基殿堂，或涂轩户。”

7. 杳霭　亦作杳蔼。云雾缥渺貌。唐韦应物《西郊游瞩》：“东风散余沍，陂水淡已绿。烟芳何处寻，杳蔼春山曲。”唐刘长卿《长沙馆中与郭夏对雨》：“云横全楚地，树暗古湘洲，杳霭江天外，空堂生百忧。”

8. 潆洄　亦作潆回。流水回旋的样子。

9. 倭本　指日本国。倭，倭国；本，日本。倭本分列并叙。《新唐书·东夷传》已单叙“日本”，不再有“倭”的名目。

10. 吴会　秦汉会稽郡治在吴县，郡县连称为吴会。《后汉书·蔡邕传》：“亡命江海，远迹吴会。”

11. 莱牟　意指山东古莱芜，古时地为莱族人和牟族人聚居地。又，《水经注》载：“《地理志》曰：‘原山，淄水所出。东北流经莱芜谷。’莱芜城在莱芜谷。”

12. 仙真　泛指长生不老、修炼得道的道士。道所谓先天得道称之为神圣，后天得道称之为仙真。

13. 簪裳　冠簪与章物。古代仕宦者所服，因以借指仕宦。其出处见五代王仁裕《开元天宝遗事·雪刺满头》：“宋璟《求致仕表》云：‘臣窃禄簪裳，备员廊庙，霜毫生颔，雪刺满头。’”

14. 县尉栾克刚　乾隆、同治《即墨县志》卷六记即墨县元朝职官：达鲁花赤、县尹、主簿以下，尉“栾克刚，胶西人。”

15. 胶西　古县名。据《胶州市志·建置》：隋开皇十六年（596）设置胶西县，治所在今高密市（胶河与墨水河之间）的南朱家庄，史称隋胶西城，俗称“朱晏城”，隋大业九年（613）胶西古城毁于战火。唐武德六年（623）撤胶西县，其地并入高密。北宋元祐二年（1087）再设胶西县，治驻板桥镇。明洪武二年（1369）再撤胶西县。后再未设。苏轼曾知密州，他在杭州赴密州任职途中，作《赴胶西途中次韵》诗：“胶西未到吾能说，桑柘禾麻不见春。不羡京尘驿马客，羡他淮月弄舟人。”

16. 太平兴国院　位于崂山仰口湾西上苑山，系宋太祖为刘若拙敕建的道场。建成于宋太宗太平兴国（976—983）间，以太宗年号命名院，可见宋廷之重视。至金章宗明昌（1190—1195）间，改称太平宫。称名太平兴国院约200年。创建后曾多次重修，为崂山最古的道观之一，尤其是由宋太祖敕建、宋太宗促成，地位更为重要，连著名的太清宫、上清宫均为其别院。

17. 别馆　正馆以外的馆舍。

18. 志明　李志明，号隐真子，全真道王重阳之徒孙。

19. 大德初元　大德，元成宗第二个年号。大德初元，即大德元年，1297年。

20. 刘尊师　即刘志坚，号云岩子。

21. 一纪　一说十二年。《国语·晋语四》狐偃曰：“蓄力一纪，可以远矣。”韦昭注：“十二年岁星一周，为一纪。”柳宗元诗：“投荒随一纪，新诏下荆扉。”

22. 昆嵛　昆嵛山。一称姑余山。在山东半岛莱阳东至荣成成山角之间。主峰亦名昆嵛山，一称泰薄顶。相传邱长春曾修道于此。

23. 明霞洞　三面奇峰矗立，其南海波荡漾；三处泉水注涌，四周古松林立；三丰洞在其上，四周刻石遍布；更有霞光绚丽变幻，不愧崂山十二景谓之“明霞散绮”。周至元《崂山志》：“在昆仑山前麓。由青山村西，上松风岭，即可望见，自下而上约里许，修篁夹径，磴道盘云，凡数百余级，成二十一折。密箐交荫，曦光不漏，人行其间，衣衫为绿，沧者谓颇似西湖之韬光。级尽，而平台出。洞隆然处绝岩下，系凿巨石而成，户牖皆备、门南开。四周峦蜂回映如屏障，山外海光明澈如镜，向下俯视，悬崖深壑，真洞天胜观。洞上镌明霞洞三字，末署大安二年。”新编《崂山志》：又名斗姆宫。在“上清宫北，昆仑山之阳玄武峰下。创建于元代。斗姆宫旧在明霞洞之上，明代隆庆年间洞欹宫倾，道士孙紫阳遂移建于洞西。”大安，金卫绍王年号。大安二年为公元1210年。而王集欲《崂山古今文史论丛》则记为洞额镌“大安辛未，传为邱长春题。”大安辛未，为1211年。

24. 块处　块，孤独貌。《楚辞·九辨》：“块独守此无泽兮”。

25. 方士　《仙佛合宗语录》：“方士者，游行十方之士也。有此二等：一者是弃俗学道修仙，诚心苦志，岩栖穴处，戒行精严，遍访仙师，而游十方，不与世人交游，不为世法染束，此仙佛真修之种子也。二者是邪道光棍……”方士，始于周时，盛于秦汉及隋唐。

26. 环堵　四周环着每面一方丈的土墙。形容狭小、简陋的居室。《礼记·儒行》：“儒者有一亩之宫，环堵之塞。”郑玄注：“环堵，面一堵也。”《淮南子·原道训》：“环堵之室，茨之以生以生茅，蓬户瓮牖，揉桑为枢。”高诱注：“堵长一丈，高一丈，故曰环堵，言其小也。”唐杜甫《寄柏学士林居》：“几时高议排金门，各使苍生有环堵。”

27. 硗确　意土地坚硬瘠薄。《东观汉记·丁綝传》：“昔孙叔敖敕其子，受封必求硗确之地。今綝能薄功微，是乡厚得矣。”《韩诗外传》卷三：“馀衍之财有所流，故丰膏不独乐，硗确不独苦。”

28. 轮奂　形容屋宇高大众多。语出《礼记·檀弓下》：“晋献文子成室，晋大夫发焉。张老曰：‘美哉轮焉！美哉奂矣！’”郑玄注：“轮，轮囷，言高大；奂，言众多。”

29. 琼枝琪树　琼树，仙树名。其枝，琼枝也。《楚辞·离骚》：“溘吾游此春宫兮，折琼枝以继佩。”琪树，仙境中的玉树。唐白居易《新乐府·牡丹芳》：“仙人琪树白无色，王母桃花小不香。”

30. 九重　天之极高处。《汉书·礼乐志》："九重开，灵之游。"唐颜师古注："天有九重"。也作"九天""九霄"。

31. 凤书　指皇帝的诏书。唐白居易《和春深》之六："何处春深好，春深学士家。凤书裁五色，马鬣剪三花。"

32. 翚飞鸟革　亦作鸟革翚飞。如同鸟儿展开双翼，羽毛五彩的野鸡展翅翱翔一般。古时形容宫室华丽，尽善尽美。《诗·小雅·斯干》："如鸟斯革，如翚斯飞。"革、翼、翚，五彩雉。言飞檐凌空，如鸟之张翼；丹青华丽，如雉之振彩。

33. 蹻蹶　意为颠仆倾跌，行步匆遽貌。

34. 崇墉　意指高墙、高城。唐杜甫《剑门》诗："两崖崇墉倚，刻画城郭状。"

35. 方蓬　传说海中二神山，方丈、蓬莱的并称。

36. 姑射　山名，神山也。庄子《逍遥游》："藐姑射之山，有神人居焉。"

37. 夔龙　神话传说中的单足神怪动物。商晚期和西周时期青铜器之装饰，夔龙纹饰是主要纹饰之一。

元泰定三年《有元故崇真利物明道真人道行碑》[1]

老氏以清静[2]无为[3]为宗，尚矣。汉文帝行其言，仁寿[4]天下。后世符祝醮祭之法立，五千言[5]之旨遂晦。凌迟至于金季，重阳王祖师出，倡全真之学，而老子谷神不死[6]守雌抱一[7]之道，得邱刘郝马[1][8]为之疏附先后，其教始盛。云岩刘尊师，实邱真君[2]所出第三传也。师讳志坚，世为博州人。弱冠[9]西事永昌王，掌鹰坊[3]，倜傥负才气，有干局[4]，不甘落人后。凡王邸将命[5]四方，多所任使，故有刘使臣之称。岁逾壮，归里舍，尝梦一髯翁曰：奚为不速去？又梦至一境，山水幽深，心悟身幻世浮，锐然弃家入道。□东平□天观[6]，郭尊师往摄衣席下，执礼甚卑，服劳维谨。郭师盼之[7]曰："闻汝善养鹰，学道亦不异是。煅去[8]生犷野性，屏去一切尘念，久久调伏[9]，自然入道。"言下有省，乃祓性除情[10]，灭膳[10]祛睡，志一而笃行之。东平密迩博州，亲友沓至，劝挽归俗。郭曰："我固知汝心坚确不移[11]，奈处此非宜[12]。"遂辞去，历邹、滕、沂、莒之郊，寻访[13]云朋，讲明心要。东至即墨之鳌山，私喜机会在是矣！即山路[14]南窝[15]石窖[16]立志，虎狼旁午[17] 11，人皆危之，曰："独不惧乎？"师曰："与物无竞，何忧何惧？"岁余，徒入奥洞。洞殊险深，非人所居，顾大树[18]，□面[19]涧，背树趺坐。稍倦，则少倚[20]树，自谓真尔怖列[21]死也耶。复移身面树背涧，夜深昏极[22]，忽坠[23]涧下，竟无[24]所损。日一粝饭，盐醯不置。身衣鹿皮，野兽杂处。雅不识书，言出理会。直述："三十二上抛家计，纵横自在无拘击。来到鳌山下死功，十年得个真气力。"[25]迁自崖山[26]，心地逾明，手饲禽鸟，与猫狎食[27]，今清虚庵是其处也。最后结茅上华楼，今碧落万寿宫是也。尝曰："纯阳师之二童，来求补[28]功行。"□明[29]，果二少年至，一钱姓、一徐姓。师曰："来自何方？欲往何所[30]？"二子再拜曰："某等杭产也。遐仰真风，愿备洒扫，请问道妙。"居亡何[31]，皆有发明。师自□[32]后，薪水舂爨 12，百需自为。或曲为代劳，师辄叱去，身[33]亲之。□廿年[34]行之不怠。尝作颂曰："先生有志不须愁，牢拴[35]意马锁猿猴。白牛常在[36]金栏里，免了[37]轮回贩骨头。"师退藏坐忘，□行[38]必践其实。静定既久，天光内映，或前知休咎，或神游四方。若此者不可殚纪[39]。洞明[40]祁真人闻之，□锡[41]云岩，玄逸张真人署为教门宗主。大德甲辰 13，今上渊潜，高师□□[42]，制赐崇真利物明道真人，仍大护其山门。一日，语众曰："尔曹勉旃[43]，善自勤修[44]，驹隙迅速，吾将逝矣。当有声大震，有鹿来迎，是其证也。"门人请末后句[45]。师曰："师真秘语，具载万策[46]，曾未一窥。我平昔[47]以诚实行真实事，尚何言哉！"俾具沐浴，栉发更衣，端坐至午夜，月朗风清，果声震鹿至，悠然而逝。容宛如生，其庶几尸解者欤！师生庚子 14 岁五月十三日，终于大德乙酉[48] 15 四月十七日子时，春秋六十有六。门人葬于凌烟崮 16。若吏若民，不期而来会葬者众。今户部侍郎王仲怿[49]，时以事过山下，拉守宰诘朝同候师。俄一道者至[50]，云："师羽化前诸官来访，惜不及会见，各宜珍重。"皆腕叹[51]，就执绋送葬而返。辽王追悼下教，俾树碑鑱铭，以昭来世。窃观师少负迈往之气，驰骋四方，一旦幡然，遁世[52]高蹈，志刚节苦，胁不沾席者逾卅年[53]，必求底于有成而后已。岂非仁者有勇，知至[54]行尽者乎！泰定改元 17 之秋，门人黄道盈稽首来请，曰：“吾师云岩殁久矣，未有铭，必待知师之道者而铭之，敢请。”辞以不能。道盈请勤[55]，不得而辞，遂案状叙以其事，为之铭曰：

道本无为，清静是则。明而诚之，复归无极。

玄圣[56]垂恻，示兹典常。其孰[57]能弘，曰惟[58]重阳。

重阳六子[59]，长春耀世。觉此来裔，三传挺秀。

厥有云岩，山居涧饮。坐究行参，守静执虚。

辟门[60]玄牝[18]，绵绵不息。默与道吻[61]，历稔[19]三十。

鹿裘棕帔，终始靡渝[62]。邈企高风，凄其天籁。

云飞碧落，月明寒濑。鳌峰峨峨，□□□□[63]。

我铭乐石[64] [20]，永久弗废[65]。

集贤大学士光禄大夫赵世延[21]撰[66]泰定三年[22]岁次丙寅正月十二日

特赐金冠金襕[67]紫服，葆元[68]崇素圆明真静大师天祐[69]道人混成子，前益都路道门提点、本宫宗门提点黄道盈

校勘：

[1] 邱刘郝马 《崂山道教史·碑刻史料》为“邱刘谭马”，“郝”作“谭”。

[2] 邱真君 周至元《崂山志》、《青岛市志·崂山志》、新编《崂山志》、《崂山道教史·碑刻史料》为“邱真人”，“君”作“人”。

[3] 掌鹰坊 万历《即墨志》、黄宗昌《崂山志》、乾隆及同治《即墨县志》均同。周至元《崂山志》、《青岛市志·崂山志》、新编《崂山志》、《崂山道教史·碑刻史料》均为“掌鹰房”，“坊”作“房”。《青岛历代方志集成·黄肇颚撰〈崂山艺文志〉卷六》为“□鹰坊”，“掌”字阙如。

[4] 干局 周至元《崂山志》、《崂山道教史·碑刻史料》为“干才”，“局”作“才”。《青岛市志·崂山志》、新编《崂山志》为“干材”，“局”作“材”。

[5] 将命 《青岛市志·崂山志》、新编《崂山志》、《崂山道教史·碑刻史料》为“交命”，“将”作“交”。

[6] □东平□天观 周至元《崂山志》、《青岛市志·崂山志》、新编《崂山志》、《崂山道教史·碑刻史料》为“就东平仙天观”，补阙“就”“仙”。

[7] 盼之 周至元《崂山志》、新编《崂山志》、《崂山道教史·碑刻史料》《道教寻踪·崂山道教碑记》为“昐之”,“盼”作“昐”。《青岛市志·崂山志》为“目兮之”,误。

[8] 煅去 《青岛历代方志集成·黄肇颚撰〈崂山艺文志〉卷六》、万历《即墨志》、周至元《崂山志》、《青岛市志·崂山志》、新编《崂山志》、《崂山道教史·碑刻史料》为“锻去”,“煅”作“锻”。

[9] 久久调伏 《青岛市志·崂山志》、新编《崂山志》、《崂山道教史·碑刻史料》《道教寻踪·崂山道教碑记》为“久之调服”,“久”作“之”,“伏”作“服”。

[10] 灭膳 《青岛历代方志集成·黄肇颚撰〈崂山艺文志〉卷六》、周至元《崂山志》、《崂山道教史·碑刻史料》为“减膳”,“灭”作“减”。

[11] 不移 《青岛历代方志集成·黄肇颚撰〈崂山艺文志〉卷六》为“不易”,“移”作“易”。

[12] 非宜 周至元《崂山志》、《青岛市志·崂山志》、新编《崂山志》、《崂山道教史·碑刻史料》为“不宜”,“非”作“不”。

[13] 寻访 《青岛市志·崂山志》、新编《崂山志》作“寻方”,“访”作“方”,误。

[14] 山路 周至元《崂山志》、《青岛市志·崂山志》、新编《崂山志》、《崂山道教史·碑刻史料》《道教寻踪·崂山道教碑记》为“山麓”,“路”作“麓”。

[15] 南窝 周至元《崂山志》、《青岛市志·崂山志》、新编《崂山志》、《崂山道教史·碑刻史料》《道教寻踪·崂山道教碑记》为“南阿”,“窝”作“阿”。

[16] 石窖 周至元《崂山志》、《青岛市志·崂山志》、新编《崂山志》、《崂山道教史·碑刻史料》《道教寻踪·崂山道教碑记》为“石窑”,“窖”作“窑”。

[17] 虎狼旁午 万历《即墨志·仙流·云岩子》为“虎狼旁舞”,“午”作“舞”。

[18] 顾大树 周至元《崂山志》、《青岛市志·崂山志》、新编《崂山志》、《崂山道教史·碑刻史料》《道教寻踪·崂山道教碑记》为“顾有大树”,衍一“有”字。

［19］□面　周至元《崂山志》、《青岛市志·崂山志》、新编《崂山志》、《崂山道教史·碑刻史料》《道教寻踪·崂山道教碑记》为“始面”，补阙作“始”。

［20］少倚　《青岛历代方志集成·黄肇颚撰〈崂山艺文志〉卷六》为“少依”，“倚”作“依”。周至元《崂山志》、《青岛市志·崂山志》、新编《崂山志》、《崂山道教史·碑刻史料》《道教寻踪·崂山道教碑记》为“稍倚”，“少”作“稍”。

［21］怖列　《青岛历代方志集成·黄肇颚撰〈崂山艺文志〉卷六》、周至元《崂山志》、《青岛市志·崂山志》、新编《崂山志》、《崂山道教史·碑刻史料》《道教寻踪·崂山道教碑记》无“怖列”之“列”字。

［22］夜深昏极　《青岛历代方志集成·黄肇颚撰〈崂山艺文志〉卷六》为“夜深□极”，“昏”字阙如。

［23］忽坠《青岛历代方志集成·黄肇颚撰〈崂山艺文志〉卷六》为“忽堕”，“坠”作“堕”。

［24］竞无　《青岛历代方志集成·黄肇颚撰〈崂山艺文志〉卷六》、周至元《崂山志》、《青岛市志·崂山志》、新编《崂山志》、《崂山道教史·碑刻史料》《道教寻踪·崂山道教碑记》为“竟无”，“竞”作“竟”，应是。

［25］“三十二上抛家计，纵横自在无拘击。来到鳌山下死功，十年得个真气力”　万历《即墨志》诗之第二句末三字为“无拘系”，击作“系”；第三句末三字为“下苦功”，“死”作“苦”；第四句末三字为“省力气”，“真”作“省”。黄宗昌《崂山志》录是诗，唯首句略异，为“三十三上抛家计”，“二”作“三”；余同万历即志。据新编《崂山志》载：刘志坚“于33岁时弃家入道”，则“三十三上抛家计”应不错。乾隆、同治《即墨县志》未录是诗。后有周至元《崂山志》、《青岛市志·崂山志》、新编《崂山志》、《崂山道教史·碑刻史料》《道教寻踪·崂山道教碑记》“无拘击”作“无拘系”，“击”作“系”；余略同碑诗。《青岛历代方志集成·黄肇颚撰〈崂山艺文志〉卷六》录是诗，唯“拘击”作“拘系”，“鳌山”作“崂山”。

［26］崖山　周至元《崂山志》、《青岛市志·崂山志》、新编《崂山志》、《崂山道教史·碑刻史料》《道教寻踪·崂山道教碑记》为“崖巅”，“山”作“巅”。

［27］与猫狎食　周至元《崂山志》、《青岛市志·崂山志》、新编《崂山志》、《崂山道教史·碑刻史料》为“如猫狎食”，“与”作“如”。

［28］求补　周至元《崂山志》、《崂山道教史·碑刻史料》无一“求”字。

［29］□明　周至元《崂山志》、《青岛市志·崂山志》、新编《崂山志》、《崂山道教史·碑刻史料》为“翌明”，补阙为“翌”。

［30］何所　《青岛市志·崂山志》、新编《崂山志》为“何处”，“所”作“处”。

［31］亡何　周至元《崂山志》、《青岛市志·崂山志》、新编《崂山志》、《崂山道教史·碑刻史料》《道教寻踪·崂山道教碑记》为“无何”，“亡”作“无”，是。

［32］自□　周至元《崂山志》、《青岛市志·崂山志》、新编《崂山志》、《崂山道教史·碑刻史料》《道教寻踪·崂山道教碑记》为“自此”，“□”作“此”，是。

［33］身　《青岛历代方志集成·黄肇颚撰〈崂山艺文志〉卷六》《青岛市志·崂山志》《崂山道教史·碑刻史料》《道教寻踪·崂山道教碑记》、新编《崂山志》为“必身”，前多一“必”字。

［34］□廿年　周至元《崂山志》、《青岛市志·崂山志》、新编《崂山志》、《崂山道教史·碑刻史料》《道教寻踪·崂山道教碑记》为“约二十年”，补阙作“约”，“廿”作“二十”。

［35］牢拴　《崂山道教史·碑刻史料》为“牢牵”，“拴”作“牵”。

［36］常在　周至元《崂山志》、《青岛市志·崂山志》、新编《崂山志》、《崂山道教史·碑刻史料》《道教寻踪·崂山道教碑记》为“常立”，“在”作“立”。

［37］免了　《青岛历代方志集成·黄肇颚撰〈崂山艺文志〉卷六》为“免使”，“了”作“使”。

［38］□行　周至元《崂山志》、《青岛市志·崂山志》《崂山道教史·碑刻史料》《道教寻踪·崂山道教碑记》为“凡行”，补阙作“凡”。

［39］殚纪　周至元《崂山志》、《青岛市志·崂山志》、新编《崂山志》、《崂山道教史·碑刻史料》《道教寻踪·崂山道教碑记》为“殚记”，“纪”作“记”。

［40］洞明　周至元《崂山志》、《青岛市志·崂山志》、新编《崂山志》、《崂

山道教史·碑刻史料》《道教寻踪·崂山道教碑记》无“明”字。

[41] □锡 周至元《崂山志》、《青岛市志·崂山志》、新编《崂山志》、《崂山道教史·碑刻史料》《道教寻踪·崂山道教碑记》为“特赐”。补阙作“特”，后“锡”作“赐”，为是。

[42] □□ 周至元《崂山志》、《青岛市志·崂山志》、新编《崂山志》、《崂山道教史·碑刻史料》《道教寻踪·崂山道教碑记》双阙补作“粹行”。

[43] 勉旃 周至元《崂山志》、《青岛市志·崂山志》、新编《崂山志》、《崂山道教史·碑刻史料》《道教寻踪·崂山道教碑记》为“勉之”，“旃”作“之”。

[44] 勤修 周至元《崂山志》、《青岛市志·崂山志》、新编《崂山志》、《崂山道教史·碑刻史料》《道教寻踪·崂山道教碑记》为“劝修”，“勤”作“劝”，误。

[45] 后句 周至元《崂山志》、《青岛市志·崂山志》、新编《崂山志》、《崂山道教史·碑刻史料》无“句”字。

[46] 具载万策 周至元《崂山志》、新编《崂山志》、《崂山道教史·碑刻史料》《道教寻踪·崂山道教碑记》为“具载方策”，“万”作“方”。《青岛历代方志集成·黄肇颚撰〈崂山艺文志〉卷六》为“具载□□”，“万策”阙如。

[47] 平昔 周至元《崂山志》、《青岛市志·崂山志》、新编《崂山志》、《崂山道教史·碑刻史料》为“平时”，“昔”作“时”。

[48] 乙酉 周至元《崂山志》、《青岛市志·崂山志》、新编《崂山志》、《崂山道教史·碑刻史料》《道教寻踪·崂山道教碑记》为“乙巳”，“酉”作“巳”。是。

[49] 王中怿 周至元《崂山志》、《青岛市志·崂山志》、新编《崂山志》、《崂山道教史·碑刻史料》《道教寻踪·崂山道教碑记》为“王仲怿”，“中”作“仲”。

[50] 至 周至元《崂山志》、《青岛市志·崂山志》、新编《崂山志》、《崂山道教史·碑刻史料》《道教寻踪·崂山道教碑记》无“至”字。

[51] 腕叹 周至元《崂山志》、《青岛市志·崂山志》、新编《崂山志》、《崂山道教史·碑刻史料》《道教寻踪·崂山道教碑记》为“惋叹”，“腕”作“惋”。

[52] 遁世 周至元《崂山志》、《崂山道教史·碑刻史料》《道教寻踪·崂山道教碑记》为“遯世”，“遯”为“遁”的繁体字，诸本不宜采用。

[53] 逾卅年 周至元《崂山志》、《青岛市志·崂山志》《崂山道教史·碑刻史料》《道教寻踪·崂山道教碑记》为“逾三十年”，“卅”作“三十”。《青岛历代方志集成·黄肇颚撰〈崂山艺文志〉卷六》为“踰卅年”，“逾”作“踰”。

[54] 知至 周至元《崂山志》、《青岛市志·崂山志》、新编《崂山志》、《崂山道教史·碑刻史料》《道教寻踪·崂山道教碑记》为“知者”，“至”作“者”。

[55] 请勤 周至元《崂山志》、《青岛市志·崂山志》、新编《崂山志》、《崂山道教史·碑刻史料》《道教寻踪·崂山道教碑记》为“请益勤”，中衍一“益”字。

[56] 玄圣 新编《崂山志》、《崂山道教史·碑刻史料》《道教寻踪·崂山道教碑记》为“玄对”，“圣”作“对”，误。

[57] 其孰 周至元《崂山志》、《青岛市志·崂山志》、新编《崂山志》、《崂山道教史·碑刻史料》《道教寻踪·崂山道教碑记》为“其就”，“孰”作“就”，非是。

[58] 曰惟 《青岛历代方志集成·黄肇颚撰〈崂山艺文志〉卷六》为“日惟”。“曰”作“日”。周至元《崂山志》、《青岛市志·崂山志》、新编《崂山志》、《崂山道教史·碑刻史料》《道教寻踪·崂山道教碑记》为“曰维”，“惟”作“维”。

[59] 重阳六子 《青岛历代方志集成·黄肇颚撰〈崂山艺文志〉卷六》为“□□六子”，“重阳”阙如。

[60] 辟门 《青岛市志·崂山志》《崂山道教史·碑刻史料》《道教寻踪·崂山道教碑记》为“辟闔”。“门”作“闔”。

[61] 默与道吻 周至元《崂山志》、《崂山道教史·碑刻史料》《道教寻踪·崂山道教碑记》作“□默与胳”；《青岛市志·崂山志》、新编《崂山志》作“□默与吻”。均与原文异甚。

[62] 靡渝 新编《崂山志》、《崂山道教史·碑刻史料》《道教寻踪·崂山道教碑记》为“靡逾”。“渝”作“逾”。

［63］鳌峰峨峨，□□□□ 周至元《崂山志》、《青岛市志·崂山志》、新编《崂山志》、《崂山道教史·碑刻史料》《道教寻踪·崂山道教碑记》录为“渤海渺渺”，唯全句作“渤海渺渺，鳌峰峨峨”。《青岛历代方志集成·黄肇颚撰〈崂山艺文志〉卷六》“峨峨”作“嵯峨”。

［64］乐石 周至元《崂山志》、《青岛市志·崂山志》、新编《崂山志》、《道教寻踪·崂山道教碑记》为“烁石”，“乐”作“烁”。《崂山道教史·碑刻史料》为“砾石”，“乐”作“砾”。

［65］弗废 周至元《崂山志》、《青岛市志·崂山志》、新编《崂山志》、《崂山道教史·碑刻史料》《道教寻踪·崂山道教碑记》为“不磨”，“弗”作“不”，“废”作“磨”。

［66］集贤大学士光禄大夫赵世延撰 周至元《崂山志》、《青岛市志·崂山志》、新编《崂山志》、《崂山道教史·碑刻史料》《道教寻踪·崂山道教碑记》无是句。

［67］金襕 《青岛市志·崂山志》、新编《崂山志》缺一“襕”字。

［68］葆元 周至元《崂山志》、《崂山道教史·碑刻史料》《道教寻踪·崂山道教碑记》为“葆玄”，“元”作“玄”。

［69］天祐 《青岛市志·崂山志》、新编《崂山志》为“天佑”，“祐”作“佑”。

注释：

1.《有元故崇真利物明道真人道行碑》 时碑立华楼山。本碑文录自黄肇颚《崂山续志》卷四。《青岛历代方志集成·黄肇颚撰〈崂山艺文志〉卷六》碑题同，民国《胶澳志》、周至元《崂山志》、《青岛市志·崂山志》、新编《崂山志》、《崂山道教史·碑刻史料》《道教寻踪·崂山道教碑记》作《云岩子道行碑》，王集钦《崂山古今文史论丛·碑记》作《刘真人道行碑》。

2. 清静 清虚宁静、无欲无为是道教教义的基本概念。清静，道家为上、为本、为教义、为宗旨。道教信徒必须遵行的修持方法和处世态度。其含义为清心寡欲，无为和静，道家老子就注重清静之说。《老子·四十五章》“清静，天下为正。”刘向《列女传·弃母姜嫄》：“姜嫄之性，清静专一”也指为官清正，无为而治。《汉书·汲黯传》：“黯学黄老言，治官民，好清静。”《道德经·五十七章》：“清静为天下正”，“我好静而民自正”。将清静作为身心修养和治国安民的基本法则。

3. 无为　道家认为天道自然无为，因而对治理天下要顺乎社会，与民休养生息，人的行事也应效法天道，不要妄自作为，讲究清静寡欲，与世无争，惧行远祸。“无为”原来是先秦道家提倡的一种人类活动的准则。《道德经·三十七章》：“道常无为而无不为。”以为“道”是产生宇宙万物的本体，从产生的过程看，是自然而然的，没有任何外在的强加的力量，所以说“道”是“无为”；但从其产生万物的结果看，一切都由“道”产生，因此又可说“道”是“无不为”。个人处世也应以“道”为法则，顺应自然，切莫随意妄为，即“无为”。老子主张：“为无为，事无事，昧无味”；“圣人处无为之事，行不言之教”；“为者败之，执着失人。”告诫人们“有为”（强所作为）者终必失败，“无为”（顺应自然而为）则无败。

4. 仁寿　有仁德而长寿。语出《论语·雍也》：“知奢动，仁者静，知者乐，仁者寿。”邢昺疏：“言仁者少思寡欲，性常安静，故多寿也。”

5. 五千言　指《道德经》。《史记·老子列传》：“关令尹喜曰：‘子将隐矣，强为我著书。’于是老子乃著书上下篇，言道德之意五千余言而去，莫知其所终。”

6. 谷神不死　谷，山谷，意为空虚。谷神，指由道质和道性构成的大道，即大自然。因道的状态类似虚无，所以称为谷。谷神不死：因其从不失灭，故云谷神不死。

7. 守雌抱一　《老子》：“知其雄，守其雌，为天下谿。”《抱朴子·至理》：“涤除玄览，抱雌守一。”

8. 邱刘郝马　多见史载，但说多有异。如刘处玄，《道教大辞典》有载，和《崂山太清宫志》所记甚不同，因据以介之。刘处玄，金代道士。字通妙，号长生子。东莱（今山东莱州）人，自幼丧父，事母谨茁孝，不慕革华，清静自守，金大定九年（1160），王重阳携马丹阳至掖城传道，收刘处玄为徒。从此，跟随王重阳，游寓齐豫，乞食炼形，朝夕叩请，启迪丹经。王重阳去世后，独自隐遁于京洛，静心炼性。金大定二十八年（1188），在昌阳主持斋醮，设坛祷雨，颇有应验。承安三年（1198），金章宗派使者接入宫廷，待如上宾。次年乞请还山，章宗赐名“灵虚”，以光耀祖庭。泰和三年（1203）羽化。著作有《黄帝阴符经注》一卷、《黄庭内景玉经注》一卷、《无为清净长生真人至真语录》、《仙乐集》五卷，均收入《正统道藏》之中。

9. 弱冠　古时男子20岁行加冠礼，以示成年。但体犹未壮，故称“弱冠”。

10. 祓性除情　要在祓除。祓除，是古代一种除凶去垢的原始宗教仪式。南宋陆游《闲游》诗：“祓除情累烟波上，放荡胸怀诗酒中。禹会桥边潮落处，夕阳几度系孤篷。”

11. 虎狼旁午　万历《即墨志》为“虎狼旁舞”，“午”作“舞”，非是。旁午，纵横、交错、纷杂意。可解为虎狼纵横错杂，故下句为：“人皆危之”。

12. 舂爨　舂，用杵臼捣去谷类的壳。《国语·楚语下》：“天子禘郊之事，必自射其牲，王后必自舂其粢。”爨，烹煮，烧火做饭。《论衡·道虚》：“果以鼎生烹文挚，爨之三日三夜，颜色不变。”

13. 大德甲辰　大德，元成宗年号。甲辰，大德八年，1304年。

14. 庚子　南宋理宗嘉熙四年，1240年

15. 大德乙酉　查，元大德共十年，无此“乙酉”。应正为大德乙巳，即大德九年，1305年。

16. 凌烟崮　黄宗昌《崂山志》：“峭然壁立，径偏侧，攀援乃得渡。恐不及持，则失足，游人惮之。上有石塔，下有洞，为元使臣刘志坚修道处，其遗蜕在焉。”元尚书王思诚诗此：“石壁万仞上凌烟，石椁深藏羽化仙。自是开山第一祖，相传去此几千年。”

17. 泰定改元　至治三年（1323）8月，元英宗被刺杀，也孙铁木耳登基即位，是为泰定帝，次年改元为泰定元年（1324）。

18. 辟门玄牝　辟门，开门。语本《书·舜典》：“询于四岳，辟四门。”孔颖达疏：“开四方之门，大为仕路，致众贤也。”后用“辟门”谓广罗贤才。玄牝，《道德经·第六章》：“谷神不死，是为玄牝。玄牝之门，是为天地之根。”

19. 乐石　原指可制乐器的石料，后以之浮指碑石或碑碣。《古文苑·李斯》

(峄山刻石文)："今皇帝壹家天下，兵不复起……群臣颂略，刻此乐石，以著经记。"章樵注："石之精坚堪为乐器者，如泗滨浮磐之类。"碑石之类，唐柳宗元《故殿中侍御史柳公墓表》可证，其云："刊乐石，篆遗德，延休烈，垂宪则。"

20. 历稔 即历年。南朝何逊《临行与故友夜别》诗："历稔共追随，一旦辞群匹。"

21. 赵世延 字子敬，生于蒙古中统元年（1260），卒于元顺帝至元二年（1336）。其先雍古族人。祖按竺迩，为蒙古汉军征行大元帅，镇蜀，因家成都。父黑梓，以门功袭父元帅职。"世延天资秀发，喜读书，究心儒者体用之学。弱冠，世祖召见，俾入枢密院御史台肄习官政。"（《元史》列传六十七）元至顺元年（1330），官至奎章阁大学士、中书平章政事。至顺二年（1331），因主修《皇朝（元）经世大典》成书，封鲁国公。赵世延历事元代九朝，数次执掌宰相大权共50余年，凡军国利病，民生休戚，知无不言，而对于名教尤为叙重。

22. 泰定三年 1326年。

元泰定三年《法海寺[1]碑记》[2]

详夫道体惟微，真机寂灭。非空非有[3]，实万物之根源；不灭不生[4]，乃二仪[5]之渊府[6]。囊括四生九有[7]，包罗三界十方[8]。罄其蠢动含灵[9]，同入[1]无余觉性。悟之则虚玄[10]本际，迷之者旷劫沉沦[2]。大哉调御之师[3][11]，示现[4]迦罗[12]之国。瑞符[13]周代，迹寄王言[5]，位乘金轮[6][14]，身栖雪岭，六年积行[15]，一旦明真，三祇[16]修清净之法身，六度证圆融之妙觉[7][17]。演教四十九载，谈经五千余卷。遂感天龙卫护，犹万水之朝东[8]；释梵[18]遵依，若众星之拱北。由是佛日普照于四方[9]，精舍遍周于沙界[10]。即墨法海寺，乃寰中之一数焉。东枕鳌山，南临双塔，西邻沧海，北距[11]虎峰。山水幽奇[12]，宜檀那[13][19]之集福；林峦秀茂，助衲子之栖神。眷此道场，实为古迹。自魏武黄帝[14]创建，北宋[15] 嘉祐年间[20]寺僧重修，年深碑古，岁久磨名。金大安二年[21]，师公苾[16]清澄，起建法海堂。岁月既久，殿宇堕摧。延祐二年[17] [22]，本寺住持信公、玉公，请淮涉寺[23]寿公住持法海，于是重修。师本县人也，出家淮涉寺[18]，薙发[19]受具，训名宝寿，不茹荤膻[20] [24]，坚持戒行[21]，课诵药师《金刚》之经，严持上生普贤[22]之品。三业[25]虔诚，究鸡园[26]之奥义；寸心恭谨，穷鹫岭[27]之真机。加以游历五峰圣境[28]，遍阅[23] 大藏金文[29]。大德二年[30]，于慧公座传法赐衣，至大三年[31]，赐佛日圆通之号。师住法海前后十余年，胁不至席，每念修持。监寺广能等青社箓事[24] 司典史修顒[25] 协力兴工[26]，施材施力，首创法堂[32]五间，前后六楹七标，既塑释迦五士[33]，兼饰观音一堂，金碧灿然，功勋备矣。然后创建云堂[34]、厨舍、耳屋、僧寮、阶砌、门窗，三门房舍[27]，一一具备。四十间同办同修，不日成就，昔所未备，今忽完成。广能等念住持修建之功，思善众布施之德，久经岁月，虑废前功，丐文砻石，谒恳无门，勉以发挥，纪一期之实事，敬而秉笔，为百代之宏规。铭曰：

至哉圣道，恍惚杳冥[35]，包罗万有， 指导群生。
无生无灭，非晦非明，人人具足，个个圆成。
因差一念，现万种形，三途[36]沦没，六趣跉跰[28] [37]。
是故调御，示迦罗城，王宫不恋，雪岭修行。
道周沙界[38]，福荫[29] 寰瀛，教演一藏[39]，万古典型。
因兹梵宇[40]，若布棋星。法海寺者，古迹堕零。
信公数载，守业何更。一旦礼请，寿师峥嵘。
遵守戒德，诵念虔诚，五峰[41]亲礼，遍阅藏经。
每宏讲席，钟鼓腾声，总统赐号，佛日[42]嘉名。
创修[30] 殿宇，圣像棱层[43]，一一具备，灿烂丹青。
爰有作者，监寺广能，普化四众[44]，事事主盟。
一期胜事[31]，日久何凭？丐文砻石，千古德馨。
裒斯[45]功德，端祝圣龄，河清海晏，万邦载宁[32]。

泰定三年[46]佛塔营邱兴国禅寺住持
嗣祖无门野老进吉祥撰

校勘：

[1] 同入　王集钦《崂山古今文史论丛·碑记》为“同无”，“入”作“无”，误。

[2] 旷劫沉沧　《青岛历代方志集成·黄肇颚撰〈崂山艺文志〉卷十五》《青岛市志·崂山志》、新编《崂山志》为“旷劫沉沦”，“沧”作“沦”，为是。王集钦《崂山古今文史论丛·碑记》为“旷到沉沦”，“劫”作“到”，误；“沧”作“沦”，是。《佛门释子发愿文》：“四生九有兮，旷劫群萌。三途八难兮，沉沦苦空。”旷劫，久远之劫。沉沦，意陷入罪恶的痛苦的境地。

[3] 调御之师　《青岛市志·崂山志》、新编《崂山志》为“调御师”，中缺一“之”字。

[4] 示现　王集钦《崂山古今文史论丛·碑记》为“示观”，“现”作“观”。

[5] 王言　《青岛历代方志集成·黄肇颚撰〈崂山艺文志〉卷十五》《青岛市志·崂山志》、新编《崂山志》、王集钦《崂山古今文史论丛·碑记》为“王宫”，“言”作“宫”，误。所谓“王言”，指君王的言语、诏诰。

[6] 金轮　《青岛市志·崂山志》、新编《崂山志》为“全轮”，“金”作“全”，误。

[7] 妙觉　《青岛市志·崂山志》、新编《崂山志》为“纱觉”，“妙”作“纱”。

[8] 朝东　《青岛历代方志集成·黄肇颚撰〈崂山艺文志〉卷十五》《青岛市志·崂山志》、新编《崂山志》、王集钦《崂山古今文史论丛·碑记》为“朝宗”，“东”作“宗”。

[9] 四方　《青岛历代方志集成·黄肇颚撰〈崂山艺文志〉卷十五》《青岛市志·崂山志》、新编《崂山志》、王集钦《崂山古今文史论丛·碑记》为“十方”，“四”作“十”。

[10] 沙界　王集钦《崂山古今文史论丛·碑记》为“法界”，“沙”作“法”。沙界，意谓恒河沙之世界，即指无量无数之佛世界。“沙界”为是。

[11] 北距　《青岛历代方志集成·黄肇颚撰〈崂山艺文志〉卷十五》为“北踞”，“距”作“踞”，应是。《青岛市志·崂山志》、新编《崂山志》、王集钦《崂

山古今文史论丛·碑记》为“北据”，“距”作“据”。

［12］山水幽奇　《青岛市志·崂山志》、新编《崂山志》为“山水幽”，后缺一“奇”字。

［13］宜檀那　《青岛市志·崂山志》、新编《崂山志》仅为“檀那”，“宜”字厥如。

［14］魏武黄帝　《青岛历代方志集成·黄肇颚撰〈崂山艺文志〉卷十五》《青岛市志·崂山志》、新编《崂山志》为“魏无皇帝”，“武”作“无”，“黄”作“皇”。王集钦《崂山古今文史论丛·碑记》为“魏武帝”，无一“黄”字。魏武黄帝，三国时曹操也。

［15］北宋　《青岛历代方志集成·黄肇颚撰〈崂山艺文志〉卷十五》为“□宋”，“北”字阙如。《青岛市志·崂山志》为“一宋”，“北”作“一”。王集钦《崂山古今文史论丛·碑记》为“至宋”，“北”作“至”。均误。

［16］师公苾　《青岛市志·崂山志》、新编《崂山志》为“师公□”，“苾”字阙如。

［17］延祐二年　《青岛市志·崂山志》、新编《崂山志》为“延祐□年”，“二”字阙如。

［18］淮涉寺　《青岛市志·崂山志》、新编《崂山志》为“淮涉海”，“寺”作“海”，误。

［19］薙发　《青岛市志·崂山志》、新编《崂山志》为“□发”，“薙”字阙如。

［20］荤膻　《青岛市志·崂山志》、新编《崂山志》为“□膻”，“荤”字阙如。《青岛历代方志集成·黄肇颚撰〈崂山艺文志〉卷十五》、王集钦《崂山古今文史论丛·碑记》为“荤羶”，“膻”作“羶”。

［21］坚持戒行　王集钦《崂山古今文史论丛·碑记》仅为“戒行”，“坚持”二字阙如。

［22］普贤　《青岛市志·崂山志》、新编《崂山志》为“普谨”，“贤”作“谨”，误。普贤，普贤菩萨，我国佛教四大菩萨（观音、文殊、地藏、普贤）之一，是具足无量行愿、普现于一切佛刹的大乘圣者。“普贤”后，《青岛市志·

崂山志》、新编《崂山志》漏缺“之品。三业虔诚，究鸡园之奥义；寸心恭谨”句，计十六字，不计标点。

［23］遍阅 《青岛历代方志集成·黄肇颚撰〈崂山艺文志〉卷十五》为“阅遍”，“遍阅”两字前后换位。

［24］箓事 《青岛历代方志集成·黄肇颚撰〈崂山艺文志〉卷十五》《青岛市志·崂山志》、新编《崂山志》、王集钦《崂山古今文史论丛·碑记》为“录事”，“箓”作“录”，误。箓事，是一种职位，如财箓事为掌财运之文职。

［25］修颙 《青岛市志·崂山志》、新编《崂山志》为“修□”，“颙”字阙如。

［26］兴工 《青岛历代方志集成·黄肇颚撰〈崂山艺文志〉卷十五》《青岛市志·崂山志》、新编《崂山志》、王集钦《崂山古今文史论丛·碑记》为“兴功”，“工”作“功”。

［27］房舍 《青岛历代方志集成·黄肇颚撰〈崂山艺文志〉卷十五》为“居舍”，“房”作“居”。

［28］六趣竛竮 《青岛市志·崂山志》、新编《崂山志》为“六趣伶俜”。“竛”作“伶”，“竮”作“俜”。“伶俜”与“竛竮”意似近。王集钦《崂山古今文史论丛·碑记》为“立趣竛屏”，“六”作“立”，“竮”作“屏”。

［29］福荫 王集钦《崂山古今文史论丛·碑记》为“福萌”，“荫”作“萌”。

［30］创修 《青岛历代方志集成·黄肇颚撰〈崂山艺文志〉卷十五》《青岛市志·崂山志》、新编《崂山志》为“创建”，“修”作“建”。

［31］胜事 《青岛历代方志集成·黄肇颚撰〈崂山艺文志〉卷十五》《青岛市志·崂山志》、新编《崂山志》、王集钦《崂山古今文史论丛·碑记》为“盛事”，“胜”作“盛”。

［32］宁 “宁”后落款，《青岛历代方志集成·黄肇颚撰〈崂山艺文志〉卷十五》《青岛市志·崂山志》、新编《崂山志》、王集钦《崂山古今文史论丛·碑记》与之不同，前无“泰定三年”四字，后除“佛塔营邱兴国禅寺住持嗣祖无门野老进吉祥撰”外，尚有“岁次丙寅泰定三年十月上旬一日立石”句。

注释：

1. 法海寺　法海寺是崂山最古老的著名古刹。《青岛文物志》："据原庙碑记载，法海寺始建于曹魏。"一说相传始建于南北朝时北魏（拓跋氏），以建寺第一代方丈法海得名。据《青岛市志·崂山志》记载：20世纪70年代末，法海寺前出土了一批残缺的石造佛像，据一座佛像底座镌有"大齐武平二年岁次辛卯"字样，可知其记制造时间，即南北朝北齐后主武平二年，亦即公元571年。大批佛像被深埋，应有其故，行家认为唐武宗时"会昌灭法"所致。其后，宋元明清有多次重修。法海寺坐落在石门山西，规模宏畅，西有三座墓塔鼎立。即为元泰定时建的圆通和尚寿塔、明永乐时筑的广进和尚寿塔和玉住和尚寿塔，还有永乐六年（1408）广进和尚塔铭。寺背依丹山、少山，南临白沙河，东有石门山，可谓佛门圣地。法海寺原有大殿、后殿、客舍、僧寮、配房、碑亭、山门等数十间，后殿系清代重修时所建，门前竖有清规大石碑，殿门东墙镶一块莱州白玉石庙规碑，系清乾隆年间立。殿内供奉如来佛，菩萨和地藏菩萨分列东西。大殿前并列着两座大碑亭，西为元朝泰定三年（1326）法海寺重修碑，东为清朝康熙五十二年（1713）重修碑。文章名天下的明代祭酒周如砥有《法海寺诗》："云尽寒山石窦开，西风古寺一徘徊。树当十月犹青色，碑载前朝总绿苔。护法似闻仙犬吠，听经曾有夜龙来。须知胜地宜杯酒，未许斜阳促客回。"

2.《法海寺碑记》　碑记录自黄肇颚《崂山续志》卷九。《青岛历代方志集成·黄肇颚撰〈崂山艺文志〉卷十五》《青岛市志·崂山志》、新编《崂山志》、王集钦《崂山古今文史论丛·碑记》均录载，碑题为《重修法海寺碑》。周至元《崂山志》碑题为《元重修法海寺碑》，无碑文，仅称："寺为魏武帝创建，宋嘉祐间寺僧重修。"

3. 非空非有　佛学术语。一般指非有非空，乃唯识论所谈之中道。一切诸法有遍计所执、依他起、圆成实等三性。其中，遍计为空有非有，依他、圆成为有而非空。亦即心外之法为非有，心内之法为非空。也不是有也不是空，这是佛菩萨的境界，也是中道之义。

4. 不灭不生　道家、佛教用语。认为无生无灭变迁，即"常住"之异名。

也就是本有，本有即非因缘和合而成，无有生灭。

5. 二仪　指天地。《曹植集》卷三《惟汉行》："太极定二仪，清浊始以行。"

6. 渊府　指物和文书等集聚的地方。《太平御览》卷六〇八引晋傅玄《傅子》："《诗》之《雅》《颂》，《书》之《典》《谟》，文质足以相副，翫之若近，寻之若远，浩浩焉文章之渊府也。"晋慧远《三法度经·序》："《三法度经》者，盖出四《阿含》。四《阿含》则三藏之契经，十二部之渊府也。"

7. 四生九有　是佛教常用词语。《华严经》云："四生九有，同等华藏玄门，八难三途，共入毗卢性海。"四生，指三界六道有情出生的四种方式。九有，指三界中有情乐住之处有九所。

8. 三界十方　道教所谓三界：以时间而言，为宇宙三界，即无极界、太极界、现世界；以空间而言，分为天界、地界、水界或天界、地界、人间界。佛教与之不同，《皇经集注》卷四："慈光烛三界。"注："大慈光明，照彻上天下地人间，故云普烛三界。"十方：东、西、南、北、东南、西南、东北、西北、上、下。

9. 蠢动含灵　犹言一切众生。宋洪迈《容斋续笔·蜘蛛结网》："佛经云：'蠢动含灵，皆有佛性。'……天机所运，其善巧方便，有非人智虑技解所可及者。"

10. 虚玄　意虚幻玄妙。成语有"故弄玄虚"。唐孔颖达《周易正义·序》："其江南义疏有十余家，皆辞尚虚玄，义多浮诞。"

11. 调御之师　调御师，是佛的十号之一。调御，就是用种种方法，来调御三界（欲界、色界、无色界）众生，令众生都离苦得乐。调，是调和；御，是驾御。

12. 伽罗　梵语译来。亦作多伽罗、伽南、伽蓝、奇南香。意作香炉木，为香木的一种。与沉香相异相类。

13. 瑞符　犹瑞应，符应。宋范仲淹《天骥呈才赋》："天产神骥，瑞符大君。偶昌运以斯出，呈良才而必分。"

14. 金轮　金轮乃佛教语，轮，是印度古代战争用的一种武器。印度古传说中征服四方的转轮王出生时，空中自然会出现轮宝，预示其将来的无敌力量。轮宝有金银铜铁四种，唯金轮为最。

15. 积行 累积善行。《孔子家语·好生》："周自后积行累功，以有爵士。"

16. 三祇 "三大阿僧祇"的暗语。指菩萨修行成佛所为的三个漫长阶段。阿僧祇，意为旷大劫，无数时长。

17. 六度证圆融之妙觉 佛家语。六度，指菩萨所修的六种法门，即施度、戒度、忍度、精进度、禅度、慧度，为大乘佛教最主要的中心教义。妙觉，谓佛果的无上正觉。为大乘菩萨修行五十二阶位之一，四十二位之一。指觉行圆满之究竟佛果，故亦为佛果的别称。又称妙觉地。

18. 释梵 指帝释和梵王，释梵归依释迦牟尼佛，是经中常见的守护神。

19. 檀那 梵语音译。意为布施，给与、施舍之意；又引申为施主之称，即施与僧众衣食、出资举行法会等的信众。

20. 北宋嘉祐年间 嘉祐，仁宗帝第九个年号。嘉祐年间，1056—1063 年。

21. 金大安二年 1210 年

22. 延祐二年 1315 年。

23. 淮涉寺 万历《即墨志》："在县治南，元泰定二年（1325）建。"

24. 荤膻 指有辛辣味的菜与牛羊肉。

25. 三业 教义名词。三业说法很多，此处指身、口、意三者。即身业、口业、意业也。

26. 鸡园 佛教传说中的圣地，指鸡头摩寺。

27. 鹫岭 借指佛寺。

28. 五峰圣境 忻州五峰山中峰之上有寿宁寺，山门悬有"五峰圣境"匾。

29. 金文 本是指铸造在殷周青铜器上的铭文，亦称钟鼎文。因周朝之铜亦称金，故称铜器上的铭文为金文。

30. 大德二年 1298 年。

31. 至大三年 1310 年。

32. 法堂 七堂伽蓝之一，乃禅林演布大法的地方。位于佛殿的后方，相当于讲堂。

33. 释迦五士 据佛教典籍载：随侍释迦牟尼修道的五臣仆，在释迦成道后出家，是为最早出家的五位佛弟子。

34. 云堂　即僧堂。僧众设斋吃饭和议事的地方。

35. 杳冥　幽暗。《老残游记》："于恍惚杳冥之中。"

36. 三途　佛教用语。亦作三涂。即火途（地狱道）、血途（畜生道）、刀途（饿鬼道）。《华严经》云："八难三途，共入毗卢性海。"八难，是障碍众生见佛闻法修行之厄难，凡有八端，故名八难。

37. 六趣竛竮　佛教用语。六处，众生由业因之差别而趣向之处，谓之六趣，亦曰六道、六凡。亦即轮回众生依其生存状况天、人、阿修罗、地狱、恶鬼、畜生六种，合称为六趣。《西游记》第十二回："普济苦海众生，脱免沉疴六趣。"竛竮，孤单貌。《法华经·信解品》："此是我子，我之所生，于某城中，舍我逃走，竛竮辛苦五十余年。"

38. 沙界　佛教语。谓多如恒河沙数的世界。宋苏轼《观潮》诗之一："回首不知沙界小，飘衣犹觉尘色高。"

39. 一藏　僧俗持诵经咒，动称一藏。其数，"则云五千四十八卷"。考历代经目录，惟唐开元释教录有五千四十八卷之数。后有变化，亦有另解。

40. 梵宇　指佛寺。《梁书·张瓒传》："经法王之梵宇，睹因时之或跃；从四海之宅心，故取乱而诛虐。"

41. 五峰　指五个手指。《全唐诗·酒令招手令》："死其三洛，生其五峰。"

42. 佛日　佛能觉悟众生，如日之破暗，故以日为谕。《涅盘经》卷十九："佛日将没大涅盘山。"

43. 棱层　喻高耸突兀；峥嵘。唐宋之问《嵩山天门歌》："纷窈窕兮倚披以鹏翅，洞胶葛兮峰棱层以龙鳞。"

44. 四众　在佛教中有不同解。一指佛说法时的听众四众"发起众、当机众、影响众、结像众"；二指出家四众"比丘、比丘尼、优婆塞、优婆夷"；三指共议大天五事，持不同意见的四众"龙象众、边鄙众、多闻众、大德众"。

45. 裒斯　聚积意。宋苏东坡《山堂铭》："谁裒斯坚，土伯所储。潦流发之，神以畀予。因庑为堂，践城为山。有乔苍苍，俯仰百年。"

46. 泰定三年　1326年。

元至正十二年《重建文宣王庙学碑铭（有序）》[1]

王思诚[2]尚书

至正十二年[3]春，余承命以农事行山东，三月之望，抵即墨。邑令莘人董侯君庸[4]，作庙学始成，持事状告予曰："比将奉书币走京师，丐先生文以记岁月，而先生适至，岂非天授以幸吾邑耶？倘先生不鄙夷[5]而属笔焉，实墨人万世之光也。"昔，余在成均，君庸助教国子，雅相善，不可辞。按即墨古县胶东，在胶水县东八十里，汉迁不其，隋迁今治。三面距海，金季荐更兵燹[6]，庙学遗址扫地。

我朝至元七年[7]，邑人吕瓒暨其弟珪，始出己田[1]易邻壤，割私钱五百缗[8]构殿[2]，若两庑，若讲堂、斋舍，以栖圣贤，以宅师生。累年相继，以迄于今。然而规制湫隘[9]，逼近廛肆[10]，春秋释奠[11]，殊非所以肃观瞻也。君庸以九年[12]七月，由湖广行省提学[13]来为尹，谒于祠下，惨然不怡，即思有以易之而未逮也。明年秋，始具资用，峙糗粻[14]，定中之月，募工匠数百人，躬率入劳山，登天门，涉九水，选材于上清、龙泉[15]两宫，得大木五千余章。航海登岸，运以车数百辆，积如邱阜[16]。又得铁脚山崇福寺[17]古柱础四十枚，于是，乃相大成殿背屯军故城之阳，夷其墉，掘之及泉，填以瓦砾[3]，厥基隆然。创殿五楹，易故殿以开大成，彻故门以植棂星[18]：正四配十哲之位，以翼圣人：列二十四儒于东西庑，以承从祀。建加号碑，碑阴书配享、从祀，制遵著令也。改作西旧庑五楹为先贤祠，东为更衣。次门之左右为祭品、礼器二库。殿之后为讲授堂三楹，止善、养正二斋六楹，皆彻其故而增之。缭以崇垣，辟门五座。金碧焜煌[19]，轮奂一新，夐非曩时之比也。工未讫，主簿蔺瓒[20]至，佥赞[21]协谋，与有力焉。择邑故吏之良者郭良贵，典出入而董其役，民不知扰而事以集。凡十有八月而落之，可谓能矣哉！时，校官阙员，君庸俾儒生木铎摄之，而躬自诲焉。呜乎！学校者，人才所自出，教化[22]所由兴也。国家严守令[23]之科，责成以六事，而兴学为首。君庸以明经[24]擢第，典教上庠[25]，提学外省，两主秋闱，今治邑海隅，其崇庙貌、新学舍、增生员，宜乎恢恢游刃有余地矣！昔，文翁在蜀[26]，常衮在闽[27]，其治化一本于学。闽、蜀之人，至今祠而事之，尸而祝之，若子孙之奉父祖焉。君庸之于墨也，其兴学养士固无让于彼，则墨人之不负恩，抑又可知已！兹予至也，复属其耆老，而谕之曰："尔有子有孙，毋訹邪说，毋惑异术，当时诵孔子之书，行孔子之道。矧兹良尹，兴学校，敦教化，俾尔安于田里，可不遣尔子孙勉于学，以无负于尔尹？"众皆啧啧感叹，捧谢而去。因缀以辞，而继之铭。铭曰：

于维即墨，乃汉不其，邑负海曲，俗渐岛夷。
逢时兵燹，庠序[28]无遗。皇元启运，文化熙熙。
矧是小邦，粤在东陲，孰其主张？孰其纲维？
义民有吕，伯瓒仲珪。易壤割财，庙学式规。
厥制湫隘，习陋安卑，岁月淹久，栋宇其颓。
时维董侯，士林之魁，不吐不茹[29]，有猷有为。
深入劳山，率彼工倕[30]，伐木五千，航海以归。
乃夷故城，乃筑其基，乃隆其栋，乃藻其榱。
檐阿翼翼，如翚斯飞[31]，丹壁霞绚，碧瓦烟辉。
展礼有宇，敷教有区，圣容有俨，贤像有仪。
群儒正序，先贤设祠。轮奂一新，百倍往时。
嗟嗟墨士，听我训辞：毋訹邪说，毋从诡随[32]。
毋崇于酒，毋荒于嬉，惟哲是式，惟圣是师。

校勘：

[1] 己田　《青岛历代方志集成·乾隆〈即墨县志〉卷十》为"巳田"，"己"作"巳"。

[2] 构殿　《青岛历代方志集成·乾隆〈即墨县志〉卷十》为"抅殿"，"构"作"抅"。

[3] 瓦砾　《青岛历代方志集成·乾隆〈即墨县志〉卷十》为"瓦烁"，"砾"作"烁"。

注释：

1.《重建文宣王庙学碑铭（有序）》 碑铭录自乾隆《即墨县志》卷十。同治《即墨县志》卷十亦载。万历《即墨志》未载。据乾隆《即墨县志》卷一《方舆·古迹》："圣庙元碑 当在今大成殿后，旧志略之，今补入。"

2. 王思诚 致道，元嵫阳（今属山东兖州）人。《元史·列传七十》记其"七岁，从师授《孝经》《论语》，即能成诵。家本业农，其祖佑，诟家人曰：'儿大不教力田，反教为迂懦邪！'思诚愈自力弗懈。后从汶阳曹元用游，学大进。中至治元年（1321）进士第，授管州判官，召为国子助教，改翰林国史院编修官。寻升应奉翰林文字，再转为待制。""至正元年（1341），迁奉议大夫、国子司业。二年，拜监察御史。"累上疏言时政，多被朝廷采纳。出任河南山西肃政廉访司事时，正值陕西行台言欲凿黄河三门，立水陆站以达于关陕，王思诚度其不可，作诗历叙其险，执政采之，遂罢其议。后又拜通议大夫、国子祭酒。至正十二年（1352）61岁的王思诚承命以农事至山东，三月到达即墨县，游遍崂山华楼之诸峰，并将华楼品为十二景，对约20个景观皆有诗赞之；还探究庙学的历史，应邀写了《重建文宣王庙学碑铭》，为传播弘扬崂山文化作出了重要的贡献。

3. 至正十二年 至正，元惠宗第三个年号。至正十二年，即1352年。至正二十八年（1368），元亡。

4. 董侯君庸 即董守中。万历《即墨志》有传："莘人。为即墨知县，在县多有所建。时隶兵籍者肆毒，悉绳以法。巡海上者淫纵，即治其罪。去后，民为之立碑。祀名宦。"乾隆《即墨县志》补其传："兴利除害，信赏必罚。"秦裕伯《九贤祠颂》："古莘董侯，治即墨之二年，岁丰民和。改建孔子庙学，期年而成。"

5. 鄙夷 轻视，鄙薄之意。唐韩愈《柳州罗池庙碑》："柳侯为州，不鄙夷其民，动以礼治。"

6. 兵燹 因战乱而造成的焚烧破坏等灾害。清薛福成《应诏陈言疏》："江苏久遭兵燹，创痍呻吟，元气未复。"

7. 至元七年 1270年。然，"至元"有二，其一元世祖忽必烈年号，

1264—1294 年，计 31 年；其二元惠宗第二个年号，1335—1340 年，仅六年。可证其一为是。由于至元八年（1271）始改国号为“元”，故前此一年亦应为蒙古至元七年。

8. 缗 《尔雅·释诂》“缗，纶也。”注：“绳也。”意为古代穿铜钱的绳子。亦为古代计量单位：一缗即是一贯钱或一吊钱，即一千文。

9. 湫隘 意低洼狭窄。《左传·昭公三年》：“初，景公欲更晏子之宅，曰：‘子之宅近市，湫隘嚣尘，不可以居，请更居爽垲者。’”杜预注：“湫，下；隘，小。”

10. 廛肆 市肆。亦泛指街市。《宋书·谢庄传》：“贵戚竞利，兴货廛肆者，悉皆禁制。”

11. 释奠 古代学校的一种奠礼，陈设酒食以祭奠先圣先师。《礼记·文王世子》：“凡学，春官释奠于其先师，秋冬亦如之；凡世立学者，必释奠于先圣先师。”郑玄注：“释奠者，设荐馔酌奠而已。”

12. 九年 至元九年，1272 年。

13. 提学 官名。北宋崇宁二年（1103）在各路置提举学事司，掌管州县学政。金设提举学校官，元置儒学提举司，俱简称提学。

14. 糗粻 食粮。唐韩愈《送穷文》：“窃具船与车，备载糗粻，日吉时良，利行四方。”

15. 龙泉 龙泉观，又名南九水庙、九水庙。位于崂山沙子口大石村北。南距弹月桥三里，在西山山麓，倚崖面涧，境颇高爽。观创建于明初，清道光年间重修。内分两院，东院祀真武，西院为菩萨殿，前有降龙伏虎巨象，后有老树数十株，苍郁蔚茂，相传已百余年历史。

16. 邱阜 土丘，土山。此处形容运来之木堆的如小山。汉班固《车骑将军窦北征颂》：“乃收其锋镞干卤甲胄，积象（聚）邱阜。”

17. 崇福寺 又名荆沟院、金沟院、崇佛寺。创建于三国魏元帝咸熙元年（264），隋代开皇年间（581—600）重修。清圮。该寺为崂山创建最早的寺院。

18. 棂星 古说棂星为天上文星，以此命名意味孔子系天上星宿下凡。象征着孔子可与天上施行教化、广育英才的天镇星相比。此处指棂星门，是文庙中轴线上的牌楼式木质或石质建筑。

19. 焜煌　意为明亮、辉煌。南朝梁沈约《弥陀佛铭》:“琪路异色，林沼焜煌。”

20. 主簿藺瓚　主簿，各级主官属下掌管文书的佐吏。藺瓚，乾隆、同治《即墨县志》有载，是元至正时县达鲁花赤下属主簿。志所载元朝主簿，仅此一例。

21. 佥赞　意为协助。明柯丹邱《荆钗记·团圆》:“同临任所，五载不能佥赞。”

22. 教化　政教风化，亦指教而感化。《诗·周南·关雎序》:“美教化，移风俗。”

23. 守令　历史职官。指郡守和县令。郡守掌治其郡，县令掌治其县。《汉书·陈胜传》:“攻陈，陈守令皆不在。”

24. 明经　汉代出现之选举官员的科目。始于汉武时期，宋神宗时期废止。被选拔推举者须明习经学，故以“明经”为名。汉皋虞王吉、不其房凤等皆以明经入仕。明经由郡国或公卿荐举，被举者须通过射策以确定等第而得官。万历《即墨志》卷八：王吉，“少好学明经，以郡吏举孝廉，补若卢右丞，迁云阳令。”房凤，“以射策乙科为太史掌故。王根荐凤明经通达，擢光禄大夫。仕至青州牧。明《谷梁春秋》，世传其学。”

25. 上庠　指古代的大学。相传唐虞时所置高等教育机构，相当于西周的太学。《礼记·王制》:“有虞氏养国老于上庠，养庶老于下庠。”郑玄注：“上庠，右学，大学也。”

26. 文翁在蜀　文翁自汉景帝末为蜀郡太守，是西汉最早兴办地方官学者。时，汉初成都一边尚为边陲，文翁治蜀首重教育，选派小吏至长安，受业博士或学律令，结业回蜀，择优“为右职，次举官至郡守刺使者”；在成都兴“石室”，兴办地方官学，招下县子弟入学，以成绩优良者补郡县吏，促进当地文化发展。《汉书》评曰：“至今巴蜀好文雅，文翁之化也。”

27. 常衮在闽　常衮（729—783）曾为唐朝宰相。博学多识，以善写文章称名。为中书舍人时，常衮曾上疏，国子监应以名儒领职，不可任用内侍臣。为福建观察使时，由于闽地处边远，文化落后，他倡导设立乡学，自己担任教师，讲授诗书，传播中原礼仪文明，移风易俗，提高了当地的文化水平，使当地应举人数很快和内地州郡相等。

28. 庠序 西周时指地方办的乡学，后亦泛指学校。《孟子·梁惠王上》："谨庠序之教，申之以孝弟之义。"《汉书·董仲舒传》："立大学以教于国，设庠序以化于邑。"

29. 不吐不茹 意刚正不阿，不欺软怕硬。语出《诗经·大雅》："维仲山甫，柔亦不茹，刚亦不吐，不侮矜寡，不畏强御。"

30. 工倕 倕，古巧匠名。相传尧时被召，主理百工，故称工倕。《庄子·胠箧》："毁绝钩绳，而弃规矩，掚工倕之指，而天下始人有其巧矣。"

31. 如翚斯飞 形容宫室之飞檐。语出《诗经·小雅·斯干》："如跂斯翼，如矢斯棘，如鸟斯革，如翚斯飞。"翚，大飞也。而"如翚斯飞"，朱熹集传，语及"檐阿"："其檐阿华采而轩翔，如翚之飞而矫其翼也。"

32. 诡随 意为欺诈虚伪。《诗经·大雅·民劳》："无纵诡随，以谨缱绻。"

三、明代崂山碑记

明正统《修文庙记》[1]

周叙　翰林侍读[2]

即墨，齐东名邑。土壤其间奇硕士，钟山海之秀，卓然出而为时用者，往往有焉。则兴学校，明教化，以成就之，讵可后乎！夫学必有讲诵之堂，以勤其业；有先圣礼殿，以申其敬；有先贤附祠，以励其志。皆不可缺也，而皆有官君子之所当务者焉。然世之君子为治，能重学而兴起焉者，难矣，况能备厥制而益加修葺之，得不尤可贵耶？即墨故有学，废于金兵。元至元间[3]，县人吕氏购地捐资重建之。邑令董君庸，新而大之。礼殿、讲堂斋庑、门、牖毕前后，以故庙西庑易檐改涂为先贤祠。庙遵时制，自先圣孔子而下，四配十哲[4]及诸从祀之位在焉，祠本礼经，自即墨大夫、安平田单[5]至不其令童恢之位在焉。中更元季，毁复不常。国朝洪武以来，修者弗替。岁久材木蠹倾，像饰点昧，长民□□惧，弗称学校之典。于是正统乙丑[6]之祀，知县周礼[7]偕县丞王戎[8]辈属谋修治之礼。去。广德冯时举[9]继知县事，暨邑之同官，学之师生率措己俸，与夫坊社耆老，董其成功，相劝出资，鸠工卜日。于圣像之剥毁者则绘饰之，两庑贤像未立则补益之，祠则增元邑令董君庸、胡嵩[10]及我朝先职方府君前为主簿，俱有遗爱。于殿庑堂斋门牖祠宇，一皆修饰毕备。此数十载之间，焕然而新于今日也。已而，弼[11]以县丞职来京，持前礼部尚书王思诚、高密县尹秦□伯[1] 所为《文宣王庙》《先贤祠》[2] 二记示叙，言以记之。学校，王政之原，有关风教，况先君子得附祠在其中。叙虽不敏，尚安敢辞？嗟夫！士子之来游歇于此者，学先圣之道，将求致□用也。诸贤之得附祠于此者，明先圣之首，指诸用而有其效也。辞曰：

高山仰止，景行行止。叙于即墨士子盖深有期待焉。毋肆志以怠荒，毋安小成而弗自强，毋忽经术而昧纲常。夫然，岂特□学校之望，抑亦不负山海之秀，而为邦家[12]之光。

校勘：

［1］秦□伯　据乾隆《即墨县志》卷十《九贤祠颂》撰者为“秦裕伯”，中阙如者为“裕”。

［2］《文宣王庙》《先贤祠》　据乾隆、同治《即墨县志》，前为王思诚《重建文宣王庙学碑铭》，后为秦裕伯《九贤祠颂》。

注释：

1.《修文庙记》　庙记录自万历《即墨志》卷十。乾隆、同治《即墨县志》未载。

2. 翰林侍读　翰林，古官名。其由来可溯至唐朝。翰林学士时号称“内相”。明代，翰林学士为翰林院的最高长官，主管文翰，并备皇帝咨询，实权已相当于丞相。侍读是翰林学士的属官。

3. 元至元间　至元八年（1271）蒙古始改国号为元。至元一为元世祖忽必烈年号，1264—1294年；一为元惠宗年号，1335—1340年。

4. 四配十哲　据同治《即墨县志》，四配分东配西配，东配为复圣颜子、述圣子思子，西配为宗圣曾子、亚圣孟子。十哲，原为：颜渊、闵子骞、冉伯牛、仲弓、宰我、子贡、冉有、季路、子游、子夏，后颜渊升为四配，又多有变化，终改定为十二哲，即增子张、有若、朱熹。

5. 田单　万历《即墨志》卷六：“齐之疏属。燕破齐七十余城，独莒、即墨未下。即墨人推单为将，破燕军，复七十余城，迎襄王于莒，立之。封单为安平君。”乾隆、同治《即墨县志》未记此。

6. 正统乙丑　正统十年，1445年。

7. 知县周礼　万历《即墨志》卷六：“正统三年（1438）任。”

8. 县丞王戎　万历《即墨志》无记。疑记误，似为“王弼”。

9. 冯时举　万历《即墨志》：“广德人，景泰年任。”

10. 胡嵩　万历《即墨志》卷六：金代即墨知县，“政务修举，治邑有声。尝逐妖狐，至今称之。有孙昂《异政碑记》。”《胡嵩异政碑记》：“公讳嵩，字彦高，以训裁登进士。任海州军事判官，以廉能超授即墨令，县务悉理，矫薄俗以道化顽民，以德薄言狱讼，无不纪纲。莱守称，莱有五县，惟即墨治最。”

11. 弼　万历《即墨志》卷六：弼，王弼。“正统八年（1443）任。有赞修学校之功。”乾隆、同治《即墨县志》：“赞修学校，正统年任。”

12. 邦家　释为国家。《诗·小雅·南山有台》：“乐只君子，邦家之基。”《后汉书·皇甫观传论》：“故能功成于戎狄，身全于邦家也。”

明景泰五年《重修灵山释迦院石塔铭》[1]

灵山，古之即墨名山也。四皆坦夷[2]，旁无可峙，故名之曰灵山。其高下之势，峻嶒峭拔，岈然硅然，横盛累积，缭白萦青，惟东有一径，状若鱼脊，不知之者，欲攀援而无由，然后见是山之特出，不与□□为类。山之上有释迦院[3]，开基之初，不知起于何时，至元十七年[4]，本寺僧讲主庆公，尝修饬圮基，百十余载，遭夜风雨，摧毁如昔，吾见今之为僧者，惟利是图，孰肯惕然而动其心，岂若本州灵山乡王疃社居士宋福真，斯为有道之流欤！福真自中年若慕是教。正统间[5]，一日登步此山，四望徘徊，一览无余，物趣□幽，而境界寥廓[6]，真栖□□俗之所，于是慨然发长叹曰：与其杂然于墓中，不若超然于物表，遂屏其妻子，绝其意想，坏衣不饰，揣食不味，其砥行定心，可谓难矣。复见殿宇庳陋，欀栋[7]坏隳，若不克壮庙居，何以使人瞻仰。欲大兴于土木，□遍叩于檀那[8]，时惟即墨营把总挥使尤、朱二公，广舍财帛，以成庙美，举凡远迩之人，一闻二公之施与，不命而献力，不祈而捐赀，翕然景从[9]，惟恐没时，乃聚各里，备器致用，□□□□岩峦，斩板榦，砻柱础，陶瓴甓，筑垣墉[10]，恢宏旧度，开展新基，增修释迦之院宇，重新地藏之殿堂，与夫冥府速报之三司，天仙王女之□宫，□皆鼎新而完备矣。又乃发心，建立石塔一座，穹碑[11]二通，是石产于东莱之黄山，相去兹地二百余里，拔山渡水，不辞苦辛，人与之财则取用，不与则不苟取；人遗之则食，不遗则不强求。人皆见其用心之勤，而操力之劳，由是稽□□□者，增山□谷，踴跃执役者，塞途满路，不日而磐石峻整，突兀插天，其下窥也，已觉红尘之远，其缓语也，犹疑□□之□，真可以藏舍利，真可以□□□若福真者。一人独办而能成其大功，诚所谓不求而道备，不言而物成者乎。凡今之人，□门而慕释□者，无与为比烈，而□可箓纪其□要。是以尤、朱二公，深知居士出处之详，亟为余告，愿乞先生一言以刻于山石。诚务事也，故作之铭。铭曰：

□□灵山，□冠墨水。四皆坦夷，其名乃取。
是山之秀，清气氤氲[12]。去今百载，古积犹存。
于彼居士，中年□俗。一入是院，□行□笃。
身绝欲色，味绝辛酸。遇尔不食，人皆所难。
乃视殿堂，悉皆□□。暮我教者，宁不□惴。
百工斯举，轩木陶甓[13]。崇宇峻墉，丛林奕□。
砻建石塔，屹立中天。起人瞻仰，伟然焕然。
矧尤及朱，权施千里。嗟尔功行，由于施与。
众皆喜舍，财帛□□。以助其力，以成庙功。
奉侍有严，千载无斁[14]。我作是铭，刻兹贞石。

山东都司鳌山卫儒学教授金陵王濬文进撰

景泰五年[15]甲戌十一月十八日居士宋福真立石

注释：

1.《重修灵山释迦院石塔铭》 塔铭录自《青岛历代方志集成·黄肇颚撰〈崂山艺文志〉卷十六》。

2. 坦夷　意为坦率平易。清先著《张南邨先生传》："南邨为人，坦夷近情，不为矫激之言，不为崖异之行。"

3. 释迦院　以释迦（此释迦如来非为生身佛，乃变化之法身佛）为主尊，故称释迦院。

4. 至元十七年　1280年。

5. 正统间　正统，明英宗年号；正统间，1436—1449年。

6. 寥廓　空旷深远的意思。《楚辞·远游》："下峥嵘而无地兮，上寥廓而无天。"洪兴祖补注引颜师古曰："寥廓，广远也。"

7. 欀栋　《太平御览》卷459《人事部》："仰见欀栋，俯察机筵，其器存，其人亡，君以此思则哀至焉"。

8. 檀那　施主的意思。明李昌祺《剪灯余话·武平灵怪录》："檀那一去寺久荒，清霄赋咏来诸郎。"

9. 景从　如影随形。喻追随之紧或趋从之盛。汉贾谊《过秦论》："天下云集响应，赢粮而景从。"

10. 斩板榦，砻柱础，陶瓴甓，筑垣墉　此语又见之于唐柳宗元《终南山祠堂碑序》："乃征土工、木工、石工，备器执用，来会祠下，斩板榦，砻柱础，陶瓴甓，筑垣墉。"板榦，出于《左传·宣公十一年》，古代筑城或筑墙的用具。榦，夹板两旁支撑的木柱。柱础，中国建筑构件的一种，俗称磉盘，或柱础石，凡是木架结构的房屋，可谓柱柱皆有，缺一不可。《墨子》有云："山云蒸，柱础润。"瓴甓，意砖块。汉司马相如《长门赋》："致错石之瓴甓兮，象瑇瑁之文章。"垣墉，墙。《书·梓材》："若作室家，勤其垣墉，唯其涂塈茨。"

11. 穹碑　指圆顶高大的石碑。

12. 氤氲　亦作"烟煴""絪緼"。指飘荡的云气，烟云浓郁弥漫的样子。南朝梁沈约《芳树》诗："氤氲非一香，参差多异色。"

13. 陶甓　即陶砖。陈去病《辛宏云·金陵杂诗十二章》："最早不挚膈断处，故宫陶甓马来驼。"

14. 无斁　不厌恶；不厌倦。《诗·周南·葛覃》："为絺为绤，服之无斁。"郑玄笺："斁，厌也。"

15. 景泰五年 景泰，明代宗年号。五年，1454年。

明弘治三年《文庙》[1] 1

太学士 2 刘健 3 碑记[2]

即墨，以地临墨水名。前志称："民通鱼盐之利，士淳朴，而好经术，矜功名。"盖东莱大县。庙学在县治东，建自元末，国朝洪武初，尝一新之。然岁久敝陋不支，有司鲜有留意者。成化乙巳 4，滮州[3] 张侯闻 5 来知县事，谒庙之初，顾瞻叹息，即有作新之意。于是捐资、节羡余、聚材陶瓦。越三年，宏治戊申 6 乃起工。又二年，庚戌 7 春，工始讫。首庙作大成殿，以奉先圣及四配十哲。东西庑以居从祀之贤。前作[4] 戟门，门之右为九贤堂，东西为神厨宰牲之舍。又前为棂星门，次学基，在庙后。东作明伦堂 8，其左右列崇德、修业二斋。西作重屋，为尊经阁。阁之后养贤。敷教有堂，会讲有轩，以至诸生肄业之号、会馔之所、习射之圃，以次就绪。其东又作官廨三区、庾仓数楹。盖视旧规，焕然而有加。张侯既卜日，率学之师生落之。教谕李君文泰 9 等，以侯是役，工费甚巨，而民不知劳，且振起于久废之余，不可无述以垂后，走书请记余。惟凡一代之兴，必建学为首务，而学必有庙，以祀先圣孔子。盖天生斯民，付之本然之性，其见诸日用，莫不各有当然之道。曰：父子之亲，君臣之义，夫妇之别，长幼之序，朋友之信。是五者，顺之则治，逆之则乱。二帝三王 10 行之皆有成绩，而孔子删之为经，以垂法后世，谓之名教。后世有天下之君，无志于复古之治则已，如有志焉，而不出乎此，则为苟简为本[5]，其不沦于夷狄之归也几希！此所以必建学校，必祀孔子以为名教之宗主，而不敢少缓也。我皇明有天下，学校之设遍于海宇[6]，而良法美意，悉斟酌前代致治之美，固无容议。然一郡一邑之间，弦诵 11 之兴，风俗之美，人材[7] 之成就，犹不[8] 能齐一，此又系乎有司之得人否。即墨庙学，自洪武迄今逾百年，而仅一再修，他固可知也。张侯以明经进士下车询民，隐涤宿弊，不数年，政化大行，民心悦服。究其所归，岂但庙学之修而已，吾知学成之后，必将以孔子名教之旨倡导诸生，况好经术、矜功名，又其土俗之旧。他日风俗成而人材[9]盛，可与邹鲁 12 并美者，即墨当不让。是皆可述，故并书，以示即墨之人，使知有考。

校勘：

［1］《文庙》 碑记录自万历《即墨志》卷十《艺文》。乾隆《即墨县志》、同治《即墨县志》所录与之有不同，如题为《修庙学碑记》。

［2］太学士刘健碑记 乾隆《即墨县志》为“［明］刘健 大学士”。同治《即墨县志》为“［明］大学士 刘健”。“太学士”与“大学士”是两个概念。太学士，在京师设立的国学称国子监，亦称太学。国子监肄业的学生统称国子监生，即所谓太学士。大学士，又称内阁大学士、殿阁大学士等。明清时期流行的中堂一称，一般是指大学士或首辅大学士。明代设大学士若干，替皇帝批答奏斋、商承政务，官阶五品。如兼任尚书、侍郎，则可加官至一品，成为事实的宰相，俗称“阁老”。

［3］漉州 查无此地名，应为鄜州。据该志卷八《官师》，张闻为鄜州人。鄜州一般指富县，位于陕西北部，延安市南部。勘正之。

［4］前作 《青岛历代方志集成·乾隆〈即墨县志〉、同治〈即墨县志〉》为“作前”，左右移位。

［5］为本 《青岛历代方志集成·乾隆〈即墨县志〉、同治〈即墨县志〉》、乾隆《即墨县志》、同治《即墨县志》为“无本”，“为”作“无”。

［6］海宇 《青岛历代方志集成·乾隆〈即墨县志〉、同治〈即墨县志〉》、乾隆《即墨县志》、同治《即墨县志》为“海隅”，“宇”作“隅”。

［7］人材 《青岛历代方志集成·乾隆〈即墨县志〉、同治〈即墨县志〉》、乾隆《即墨县志》、同治《即墨县志》为“人才”，“材”作“才”。

［8］犹不 乾隆《即墨县志》、同治《即墨县志》为“有不”，“犹”作“有”。误。

［9］人材 《青岛历代方志集成·乾隆〈即墨县志〉、同治〈即墨县志〉》、乾隆《即墨县志》、同治《即墨县志》为“人才”，“材”作“才”。

注释：

1.《文庙》 碑记录自万历《即墨志》卷十。乾隆《即墨县志》、同治《即墨县志》、《青岛历代方志集成·乾隆〈即墨县志〉、同治〈即墨县志〉》亦录载。

2. 太学士 京师设立的国学即国子监，也称太学，是最高学府。在国子监肄业的学生统称国子监生，亦即太学士。太学，是古代的大学。其名始于西周。汉武代始设于京师。

3. 刘健 字希贤，号晦庵，明河南洛阳人。天顺进士。成化初纂修《英宗实录》，由修撰迁至少詹事充东宫讲官。孝宗即位，进礼部右侍郎兼翰林学士，入内阁参政。弘治十一年（498）任首辅。学问深粹，正色敢言。武宗嗣位，刘瑾用事，屡谏不听，于正德元年（1506）致仕去。瑾诬以奸党，后被削籍。瑾诛，复官，致仕。著有《晦庵集》。

4. 成化乙巳 成化二十一年，1485 年

5. 张侯闻 即张闻。万历《即墨志》卷八《官师》：“字德聪，陕西鄜州人，进士。成化二十一年任，公廉正大，爱士恤民，公署、学校、坛祠建置甚多，民不告劳。擢监察御史，历官四川佥事。”

6. 宏治戊申 宏治元年，1488 年。宏治，现一般作弘治。

7. 庚戌 弘治三年，1490 年。

8. 明伦堂 文庙的大殿。

9. 李君文泰 李文泰，万历《即墨志》卷六：“举人”。

10. 二帝三王 指古帝王。二帝：唐尧、虞舜。三王：夏禹、商汤、周文王。

11. 弦诵 指弦歌和诵读，泛指授业、诵读之事。

12. 邹鲁 原指春秋时期的邹国和鲁国，因孟子生于邹，孔子生于鲁，故为文教兴盛之地的代称。

明弘治十三年《慧炬院重修佛殿记》1

蓝章（文绣）2

即墨之崂山，连延不绝。有凤凰峰者，有僧居在焉[1]，号慧炬院3。弘治庚戌4，先御史公5卜兆[2] 6华楼之东。余时往来山中[3]，因得以游。自响石渡溪而北，萦纡石[4]田间，至麓下马步进。涧水从乱石下出[5]，曲折百状，潺湲可听。入门竹树幽茂，薜荔7满墙。茅屋在石岩下，益奇，遂留宿焉。其僧曰圆昶[6]者，院之主人也[7]。圆昶[8]始来栖时，院宇[9]颓败，榛棘弗治。有仆碑[10]二：其一[11]为隋开皇8中所立，额曰重修，则院之始创，可为旧矣。其一[12]为元大德9中所立，然皆文字残灭[13]，不可以句读。盖历年岁既深，废而复，复而废者累矣[14]。昶且悯之，欲起其废。率弟子满杲，力作山田[15]，缩衣食费，复具疏于乡之长者，皆以钱粟来助。乃重构大雄殿，工者奉其[16]技，壮者献其力，不督而集以成，为楹者五，崇若千尺[17]，深若千尺[18]，中为华严海会10之像。盖经始于成化壬寅11仲春，丁未12秋[19]告成。“先生盍为记之”？余以“言不文”辞。庚申13，余焚黄先垄[20]，复过院中，昶复以记请。余漫应之，以使事有程，不果作[21]。兹复致书，曰：“碑具已久，愿先生畀之文，使后之居者，知殿之重构，昶也，则昶为不朽矣。”呜呼！大雄之殿，非以奉佛也乎？佛之为道，吾虽不能深知，然尝观其书矣，务为宏博广大之说，固足以鼓动乎天下，学其道者[22]。又多得刻励勤笃之人，从而张皇之。故每为宏博广大之事，而能有成。其所以成之者，亦以上好之者，护持其说，而不拘以[23]法律；下化之者，奉承其说，而不惜乎财力故耳。今夫公宇[24] 14乡校15，所以发政而明伦，有益于世道者，乃或视其毙[25]且陋而日复日焉。欲葺治之，则伤乎财而非戾至，劳乎众而谤讪生，吾盖屡叹之。昶惟其为彼而不为此。此其费虽劳，卒能[26]成乎所谓宏博广大者，以复院之旧观也。故为记之[27]，以示其后之人。

校勘：

［1］有僧居在焉　周至元《崂山志》、《青岛市志·崂山志》、新编《崂山志》

为“有僧居焉”，少一“在”字。王集钦《崂山古今文史论丛·碑记》为“在僧居在焉”，前“有”误作“在”。

［2］卜兆　《青岛市志·崂山志》、新编《崂山志》为“下兆”，“卜”作“下”，误。卜兆，指占卜时甲骨上显示的有关吉凶方面的信息。

［3］余时往来山中　王集钦《崂山古今文史论丛·碑记》为“余进往东山中”，“时”作“进”，“来”作“东”。

［4］纡石　王集钦《崂山古今文史论丛·碑记》“纡”作“行”，且“纡”后缺一“石”字。

［5］下出　王集钦《崂山古今文史论丛·碑记》为“下去”，“出”作“去”。

［6］圆昶　《青岛历代方志集成·黄肇颚撰〈崂山艺文志〉卷五》、王集钦《崂山古今文史论丛·碑记》为“圆杲”，“昶”作“杲”。

［7］也　周至元《崂山志》、《青岛市志·崂山志》、新编《崂山志》“也”后句断，后衍一“曰”字。

［8］圆昶《青岛历代方志集成·黄肇颚撰〈崂山艺文志〉卷五》为“曰杲”，“圆”作“曰”。

［9］院宇　周至元《崂山志》、《青岛市志·崂山志》、新编《崂山志》为“院中”，“宇”作“中”。

［10］仆碑　《青岛市志·崂山志》为“仆俾”，“碑”作“俾”。

［11］其一　周至元《崂山志》、《青岛市志·崂山志》、新编《崂山志》仅为“一”，“一”前缺“其”字。

［12］其一　周至元《崂山志》、新编《崂山志》为“一”，“一”前缺“其”字。

［13］残灭　《青岛历代方志集成·黄肇颚撰〈崂山艺文志〉卷五》、周至元《崂山志》、《青岛市志·崂山志》、新编《崂山志》、王集钦《崂山古今文史论丛·碑记》为“浅灭”，“残”作“浅”。

［14］累矣　周至元《崂山志》、《青岛市志·崂山志》、新编《崂山志》为“屡矣”，“累”作“屡”，疑是。

［15］山田　《青岛市志·崂山志》、新编《崂山志》为“山间”，“田”作

“间”。

[16] 奉其 《青岛历代方志集成·黄肇颚撰〈崂山艺文志〉卷五》、周至元《崂山志》、《青岛市志·崂山志》、新编《崂山志》、王集钦《崂山古今文史论丛·碑记》为“奏其”,“奉”作“奏”。

[17] 崇若千尺 《青岛历代方志集成·黄肇颚撰〈崂山艺文志〉卷五》、周至元《崂山志》、《青岛市志·崂山志》、新编《崂山志》为“崇若干尺”,“千”作“干”,为是。

[18] 深若千尺 《青岛历代方志集成·黄肇颚撰〈崂山艺文志〉卷五》、周至元《崂山志》、《青岛市志·崂山志》、新编《崂山志》为“深若干尺”,“千”作“干”,为是。王集钦《崂山古今文史论丛·碑记》无“深若千尺”四字。

[19] 丁未秋 周至元《崂山志》、《青岛市志·崂山志》、新编《崂山志》为“丁未春”,“秋”作“春”。

[20] 先垄 周至元《崂山志》、《青岛市志·崂山志》、新编《崂山志》为“先垅”,“垄”作“垅”。“垄”“垅”同义。“先垄”亦作“先垅”“先陇”,意祖先的坟墓。

[21] 不果作。兹复致书 周至元《崂山志》、《青岛市志·崂山志》、新编《崂山志》为“不果作兹。复致书”。句读不当。

[22] 道者 《青岛市志·崂山志》、新编《崂山志》为“道知”,“者”作“知”,误。

[23] 拘以 周至元《崂山志》、《青岛市志·崂山志》、新编《崂山志》为“构于”,“拘”作“构”,“以”作“于”。

[24] 公宇 王集钦《崂山古今文史论丛·碑记》为“公室”,“宇”误作“室”。

[25] 其毙 周至元《崂山志》、《青岛市志·崂山志》、新编《崂山志》为“其卑”,“毙”作“卑”。王集钦《崂山古今文史论丛·碑记》为“其弊”,“毙”作“弊”。

[26] 卒能 周至元《崂山志》、《青岛市志·崂山志》、新编《崂山志》为“而卒能”,“卒”前多一“而”字。

［27］故为记之　周至元《崂山志》、《青岛市志·崂山志》、新编《崂山志》为“故记之”，“故”后缺一“为”字。王集钦《崂山古今文史论丛·碑记》为“故为之记”，“记”“之”颠倒。

注释：

1.《慧炬院重修佛殿记》　殿记录自黄肇颚《崂山续志》卷四。《青岛历代方志集成·黄肇颚撰〈崂山艺文志〉卷五》、周至元《崂山志》、《青岛市志·崂山志》、新编《崂山志》、王集钦《崂山古今文史论丛·碑记》均录载。周至元《崂山志》、《青岛市志·崂山志》、新编《崂山志》等题为《明成化丁未重修慧炬院佛殿碑》。然，蓝章撰碑记和立碑时间应晚于成化丁未（1487）重修时，据碑文所记应为弘治庚申（1500），则晚约十三年。

2. 蓝章　文绣，号大崂翁，亦作劳山翁。生于明代宗景泰五年（1454），逝于世宗嘉靖五年（1526）。成化二十年（1484年）进士。万历《即墨志》“除婺源知县，再任潜山，俱有政绩。入名宦，立生祠，程篁墩为之记。擢监察御史，按两浙、江西，弹劾不避权势。超拜太仆少卿，转右佥都御史。忤逆瑾，谪判抚州。瑾诛，起巡抚山西。时蜀保儿寇劫汉中，选将练兵，指授方略，歼其魁首，胁从者宥之。升南京刑部侍郎，总督漕运。以疾乞归。”正德十二年（1517），连上七疏退归崂山。创办华阳书院以育人。

3. 慧炬院　创建年代已无可考。隋代开皇二年（582）为其第一次重修之年代，继修于元代大德年间，复修于明代成化二十三年（1487）；万历时，憨山所请大部藏经贮此，由于“毁寺复宫”，海印寺废毁，迁而至焉者也。院之前为石柱涧。终修于清代乾隆四十七年（1782）。据《即墨历史人物年谱·周浩业年谱》记载：光绪二十八年（1894），“在凤凰山下为慧炬院，已圮。断碑有蓝侍郎《重修佛殿记》。传说院内有《释藏》全部，均锦订装，迨院衰颓，僧人将锦裁作衣裤或被褥，经用炊爨，冬日严寒或做炉火。此亦《释藏》一大劫也，较秦火尤惨。”清宗维翰《慧炬院》诗：“东麓招提境，荒凉碧涧阿。颓垣过鹿雉，残碣隐松萝。法像花龛合，藏书壁阁多。哲人今杳矣，惆怅意如何。”

4. 弘治庚戌　弘治，明孝宗年号。庚戌，弘治三年，1490年。

5. 先御史公　乾隆《即墨县志·坊表》有“御史中丞坊”，为彰“赠佥都御史蓝福盛、蓝铜立。”蓝铜，蓝章父。字宗济，号义斋，又号东村翁。

6. 卜兆　占卜时甲骨上预示的吉凶方面的信息。明王守仁《卧马冢记》：“方公之卜兆也，祷于大卿，然后出从事，屡如未迪。”

7. 薜荔　又名凉粉子、木莲等。攀援或匍匐灌木，叶两型，不结果枝节上生不定根，叶卵状心形。

8. 隋开皇　开皇，是隋朝开国皇帝隋文帝杨坚的年号。开皇，元年至开皇二十年，581—600年。

9. 元大德　元成宗第二个年号。大德，元年至大德十一年，1297—1307年。

10. 海会　佛教术语。比喻德深如海，圣众会聚之多。《华严经随疏演义钞》卷一：“云被难思之海会者，以深广故。”

11. 成化壬寅　成化，明宣宗年号。壬寅，宣宗十八年，1482年。

12. 丁未　成化二十三年，1487年。

13. 庚申　弘治十三年。弘治，明孝宗年号。弘治十三年，1500年。

14. 公宇　古代指官府处所。《宋史·理宗纪一》：南宋宝庆二年（1227）“秋七月戊辰，雷电雨、昼晦、大风。遂安、休宁两县界山裂，洪水坏公宇……”

15. 乡校　乡之校也，官学名。春秋时郑国即置。《左传·襄公三十一年》：“郑人游于乡校，以论执政。”即证时乡校既是官办学校，又是议政论事的场所。

明嘉靖四十五年《狮峰重修太平宫碑记》[1]

环鳌皆崂也[1] 2，狮其岿出之支乎？大崂半冕西陆[2]，半沍[3] 东海，图经与四岳[4] 3并书，讵无征[5] 欤？胜国4长春丘翁，惠揄群甄，迄今就圮，无复在昔之□□□□□□□□□□[6] 感慨系之。持一疏走四方，诱募[7] 勤而感动速。于是古林陶邛氏，遂主若役，众共相厥成，鸠工诹日[8]，撤旧换新，辟正殿以奉太清者三，即左右以奉□□□[9]，内为庐者四，经始于嘉靖丙寅[10]，落成于嘉靖丙寅[5]，虽不能量加[11]于初，赖以永观于继，其力固云尽，其志亦良佳矣。先是曾预以记丐余[12]，□□□□□□□□□□□□坚索不一瞎[13]，难峻阙之，乃僭为[14]之，表其山川之概[15]，述其兴复[16]之由，与提董协助之姓氏，及法[17]所当书者，俾勒诸珉[6]，用垂不朽，末乃揭其义以诏之，曰：汝知所以称为□□[18]三清者乎，抑知尔居之何以得名为宫观也？夫清道之本也，欲人之法而澄之也。夫观教之的也，欲人之顾而视之[19]也。道无形声，然凡有形声者鲜不托[20]始于此。夫天地[21]则成象之至大者[22]，人则成象之至全者，又道之宅也。是故天得此而清，斯日月、风雨、寒暑、阴阳之化顺矣；地得此而清，斯流峙、动植、高低、向背之位定矣[23]；人得此而清，斯法度[24]、伦纪、礼乐、政教[25]之事平矣。其为气也，布濩[26]而不可□[27]；其为神也，圆融而不可穷；其为精也，纯粹而不可杂。其分之虽三，其合之惟一，皆乾始[7]之元也。其在夫人，则皆统之于心。盖此点炯然不昧之体，要当静而闲存[28]，务使内虚外直，然后精守神应，驯至敬义配而辉光生，刚大全而运用宏，历亿劫而弥尊[29]，肖两仪而同□[30]，□□[31]老所拟浩然之说也。吁！不可变者道也，不可常者时也。君子以身殉道，而盈虚消息则酌乎时。此神仙之名，所以绝见于尧舜隆盛之前，而多暴于秦汉衰微之时[32]也。意者英雄豪杰，逾河蹈海[33]，犹虞其不能免焉，始□□[34]假托而神其说于为仙[35]，不独谷城、桃源而已，惜世莫之察，而误以为真，谬称[36]白日飞升，不过况其解脱埃垢之外，蜉游霄汉[8]之表。而人间一切祸患屈辱，举不能加之喻耳。邱翁亦洁身而避世[37]者也，恐谈空嗜妄之众，各执所偏，驰陷后学，因开一方便门径，标山水之秀[38]，藉绘素之饰，默佑[9]睃群[39]，潜航觉岸[10]，俾之以究竟三清之义，以类万物之情，庶几不沉盲于旁途也。厥旨微矣。若曰羽化而去，则便当视万物如敝屣[11]，彼奚事[40]此宫为哉。我明扫胡孽、廓治道，作继圣神[41]，寤寐才良，而逢时至人，咸宜收回独善之心，尚可攀遗世之遐轨[12]，载胥[13]推挽，汩没于黄石赤松之僻怪，而遁走[42]于青旻[43][14]紫府[15]之荒唐哉。高山大川，利济一方，此理之常，而钟其气[44]之英灵，为宿儒[16]端士[17]，福泽天下者，亦间[45]而有焉。吾崂雄甲海岳，而孕秀降神，独无功德[46]炳焕者，出□□□□周召[18]之躅，仰翊登三迈五[19]之运，而但曰神云仙云者，非所望于世也。他如经□[47]吐纳，九转七还[20]之杳惚[48]；抽换洗伐[49]，符咒[50]焚修之幻妄，悉道之葴蓫[51]與俳[52]也，谅必[53]有能辨之者，兹姑书诸。

大明嘉靖丙寅正月上旬之吉

鳌山后学、前乡贡[21]进士、判保定府事

兼管紫荆[22]等关，七十六翁王九成[23]撰

校勘：

［1］环鳌皆崂也 《青岛历代方志集成·黄肇颚撰〈崂山艺文志〉卷十》为“环鳌皆崂山”，“也”作“山”。

［2］半冕西陆 《青岛市志·崂山志》、新编《崂山志》、《崂山道教史·碑刻史料》《道教寻踪·崂山道教碑记》为“半□西陆”，“冕”字阙如。王集钦《崂山古今文史论丛·碑记》为“半归陆”，“冕”作“归”后缺“西”字。王桂云《游览崂山闻人志》为“半入”，“冕”作“入”。

［3］半沍 《青岛市志·崂山志》、新编《崂山志》、《崂山道教史·碑刻史料》《道教寻踪·崂山道教碑记》为“半□”，“沍”字阙如。王集钦《崂山古今文史论丛·碑记》为“半临”，“沍”作“临”。王桂云《游览崂山闻人志》为“半申”，“沍”作“申”。

［4］四岳 《青岛历代方志集成·黄肇颚撰〈崂山艺文志〉卷十》为“西岳”，“四”作“西”。西岳，华山也。

［5］无征 《青岛市志·崂山志》、新编《崂山志》、《道教寻踪·崂山道教碑记》《崂山道教史·碑刻史料》为“无微”，“征”作“微”。王集钦《崂山古今文史论丛·碑记》为“无徽”，“征”作“徽”。均误。

［6］□□□□□□□□□□ 王集钦《崂山古今文史论丛·碑记》为“之概”。《青岛历代方志集成·黄肇颚〈崂山艺文志〉卷十》第一厥如为“之”字。

［7］募勤 王集钦《崂山古今文史论丛·碑记》为“幕勤”，“募”作“幕”，误。

［8］诹日 王集钦《崂山古今文史论丛·碑记》为“澉日”，“诹”作“澉”，误。诹日，商量选择吉日。《礼仪·特牲馈食礼》：“特牲馈食之礼，不诹日。”郑

玄注："诹，谋也。"

[9] 即左右以奉□□□ 王集钦《崂山古今文史论丛·碑记》缺是句。

[10] 丙寅 周至元《崂山志》、《青岛市志·崂山志》、新编《崂山志》、《崂山道教史·碑刻史料》《道教寻踪·崂山道教碑记》为"丙辰"，"寅"作"辰"。丙辰，嘉靖三十五年，1556年。据落款为"丙寅正月上旬之吉"撰，可见前"丙寅"有误。备考。

[11] 量加 王集钦《崂山古今文史论丛·碑记》为"量力"，"加"作"力"。

[12] 以记丐余 《崂山道教史·碑刻史料》为"记□余"，"丐"阙如。《青岛历代方志集成·黄肇颚〈崂山艺文志〉》为"以记匄余"，"匄"同"丐"。

[13] 瞎 《青岛市志·崂山志》、新编《崂山志》、《崂山道教史·碑刻史料》《道教寻踪·崂山道教碑记》阙如。

[14] 僭为 《青岛历代方志集成·黄肇颚撰〈崂山艺文志〉卷十》为"借为"，"僭"作"借"。

[15] 之概 《青岛市志·崂山志》、新编《崂山志》、《崂山道教史·碑刻史料》《道教寻踪·崂山道教碑记》为"之慨"，"概"作"慨"。

[16] 兴复 《青岛市志·崂山志》、新编《崂山志》均为"兴复兴复"，衍一"兴复"。

[17] 及法 《青岛市志·崂山志》、新编《崂山志》、《崂山道教史·碑刻史料》《道教寻踪·崂山道教碑记》仅为"法"，前缺一"及"字。

[18] □□ 《青岛市志·崂山志》、新编《崂山志》阙如。《崂山道教史·碑刻史料》《道教寻踪·崂山道教碑记》作"□□□"。王集钦《崂山古今文史论丛·碑记》无此。

[19] 视之 《青岛市志·崂山志》、新编《崂山志》阙如。王集钦《崂山古今文史论丛·碑记》、《崂山道教史·碑刻史料》《道教寻踪·崂山道教碑记》为"观之"，"视"作"观"。

[20] 不托 《青岛历代方志集成·黄肇颚撰〈崂山艺文志〉卷十》为"不讬"，"托""讬"同。《青岛市志·崂山志》、新编《崂山志》、《崂山道教史·碑

刻史料》《道教寻踪·崂山道教碑记》为“不托出”，后衍一“出”字。

［21］夫天地　《青岛历代方志集成·黄肇颚撰〈崂山艺文志〉卷十》《青岛市志·崂山志》、新编《崂山志》、《道教寻踪·崂山道教碑记》为“天地”，“夫”阙如。

［22］大者　王集钦《崂山古今文史论丛·碑记》为“大者是”，后衍一“是”字。

［23］定矣　《青岛历代方志集成·黄肇颚撰〈崂山艺文志〉卷十》《青岛市志·崂山志》、新编《崂山志》、《道教寻踪·崂山道教碑记》《崂山道教史·碑刻史料》为“□矣”，“定”字阙如。

［24］斯法度　《青岛市志·崂山志》、新编《崂山志》、《崂山道教史·碑刻史料》《道教寻踪·崂山道教碑记》为“期法度”，“斯”作“期”，误。

［25］政教　《青岛市志·崂山志》、新编《崂山志》、《崂山道教史·碑刻史料》《道教寻踪·崂山道教碑记》为“玫教”，“政”作“玫”，误。

［26］布濩　《青岛市志·崂山志》、新编《崂山志》、王集钦《崂山古今文史论丛·碑记》、《崂山道教史·碑刻史料》《道教寻踪·崂山道教碑记》为“布护”，“濩”作“护”。布濩，为遍布、散布之意。张衡《东京赋》：“声教布濩，盈溢天区。”

［27］不可□　王桂云《游览崂山闻人志》为“不可废”，补阙作“废”。疑是。

［28］要当静而闲存　《青岛历代方志集成·黄肇颚撰〈崂山艺文志〉卷十》为“要当静□闲存”，“而”阙如。《青岛市志·崂山志》、新编《崂山志》、《崂山道教史·碑刻史料》《道教寻踪·崂山道教碑记》为“要当□静□闲存”，“静”前衍“□”，“静”后阙如。

［29］劫而弥尊　《青岛市志·崂山志》、新编《崂山志》、《崂山道教史·碑刻史料》《道教寻踪·崂山道教碑记》为“劫去弥尊”，“而”作“去”。

［30］同□　王桂云《游览崂山闻人志》为“同彰”，补阙作“彰”。

［31］□□　王桂云《游览崂山闻人志》补阙为“乃耳”。

［32］之时　《青岛历代方志集成·黄肇颚撰〈崂山艺文志〉卷十》为“之

□”，“时”阙如。《青岛市志·崂山志》、新编《崂山志》、王集钦《崂山古今文史论丛·碑记》、《崂山道教史·碑刻史料》《道教寻踪·崂山道教碑记》为“之后”，“时”作“后”。

[33] 蹈海　《青岛历代方志集成·黄肇颚撰〈崂山艺文志〉卷十》为“迹海”，“蹈”作“迹”。

[34] □□　王桂云《游览崂山闻人志》补阙为“若是”。

[35] 其说于为仙　《青岛市志·崂山志》、新编《崂山志》、《崂山道教史·碑刻史料》《道教寻踪·崂山道教碑记》为“其立于为仙”，“说”作“立”。

[36] 谬称　《青岛历代方志集成·黄肇颚撰〈崂山艺文志〉卷十》《青岛市志·崂山志》、新编《崂山志》、《崂山道教史·碑刻史料》《道教寻踪·崂山道教碑记》为“谬□”，“称”字阙如。王集钦《崂山古今文史论丛·碑记》为“谬曰”，“称”作“曰”。

[37] 避世　《青岛历代方志集成·黄肇颚撰〈崂山艺文志〉卷十》为“游世”，“避”作“游”。

[38] 标山水之秀　《青岛历代方志集成·黄肇颚撰〈崂山艺文志〉卷十》《青岛市志·崂山志》、新编《崂山志》、《崂山道教史·碑刻史料》《道教寻踪·崂山道教碑记》为“□山水之□”，“标”“秀”阙如。王集钦《崂山古今文史论丛·碑记》为“□山水之间”，“标”字阙如，“秀”作“间”。

[39] 瞍群　《青岛市志·崂山志》、新编《崂山志》、《崂山道教史·碑刻史料》《道教寻踪·崂山道教碑记》阙如。王集钦《崂山古今文史论丛·碑记》为“眩群”，“瞍”作“眩”。

[40] 奚事　《青岛市志·崂山志》、新编《崂山志》、《道教寻踪·崂山道教碑记》《崂山道教史·碑刻史料》为“妥事”，“奚”作“妥”。

[41] 圣神　王集钦《崂山古今文史论丛·碑记》为“至神”，“圣”作“至”。

[42] 邅走　《青岛市志·崂山志》、新编《崂山志》、《道教寻踪·崂山道教碑记》“邅”阙如。王桂云《游览崂山闻人志》为“径走”，“邅”作“径”。王集钦《崂山古今文史论丛·碑记》为“运走”，“邅”作“运”。

[43] 青旻 《青岛市志·崂山志》、新编《崂山志》、《崂山道教史·碑刻史料》《道教寻踪·崂山道教碑记》仅为“青”，缺一“旻”字。

[44] 钟其气 《青岛市志·崂山志》、新编《崂山志》、《崂山道教史·碑刻史料》《道教寻踪·崂山道教碑记》为“锺其气”，“钟”作“锺”，是。

[45] 亦间 王集钦《崂山古今文史论丛·碑记》为“亦闻”，“间”作“闻”。

[46] 功德 王集钦《崂山古今文史论丛·碑记》为“动德”，“功”作“动”。

[47] 他如经□ 《青岛历代方志集成·黄肇颚撰〈崂山艺文志〉卷十》为“他于经□”，“如”作“于”。王桂云《游览崂山闻人志》为“他如经心”，补阙作“心”。王集钦《崂山古今文史论丛·碑记》为“他如□□”，“经”亦阙如。

[48] 杳惚 《青岛历代方志集成·黄肇颚撰〈崂山艺文志〉卷十》《青岛市志·崂山志》、新编《崂山志》、王集钦《崂山古今文史论丛·碑记》、《崂山道教史·碑刻史料》《道教寻踪·崂山道教碑记》为“杳忽”，“惚”作“忽”。

[49] 洗伐 《青岛历代方志集成·黄肇颚撰〈崂山艺文志〉卷十》为“洗代”，“伐”作“代”。

[50] 符咒 《青岛历代方志集成·黄肇颚撰〈崂山艺文志〉卷十》《青岛市志·崂山志》、新编《崂山志》、《崂山道教史·碑刻史料》《道教寻踪·崂山道教碑记》为“符祝”，“咒”作“祝”。

[51] 莀蓫 《青岛市志·崂山志》、新编《崂山志》、《崂山道教史·碑刻史料》《道教寻踪·崂山道教碑记》为“□蓫”，前者阙如。王集钦《崂山古今文史论丛·碑记》为“痕逐”，误。

[52] 舆徘 《青岛市志·崂山志》、新编《崂山志》、《崂山道教史·碑刻史料》《道教寻踪·崂山道教碑记》为“舆论徘”，中衍一“论”字。

[53] 谅必 《青岛历代方志集成·黄肇颚撰〈崂山艺文志〉卷十》为“凉必”，“谅”作“凉”。

注释：

1.《狮峰重修太平宫碑记》 此碑记录自黄肇颚撰《崂山续志》卷六。《青岛历代方志集成·黄肇颚撰〈崂山艺文志〉卷十》《青岛市志·崂山志》、新编《崂山志》、王集钦《崂山古今文史论丛·碑记》、《崂山道教史·碑刻史料》《道教寻踪·崂山道教碑记》等亦录载。周至元《崂山志》未载文，仅记：“为殿者三，为庐者四。经始于丙辰，成于丙寅。”大致通碑中意。关于碑记名，诸志均作《重修太平宫碑记》，无“狮峰”二字。另，唯黄肇颚《崂山续志》录《狮峰重修太平宫碑记》题下，列“黄念昀（丙华）”名，而碑记末则列“王九成撰”。疑为点校本点校之误。

2. 环鳌皆崂也 鳌山，乃崂山之别称。但此“鳌”非指崂山，乃指鳌山卫也。

3. 四岳 相对于五岳的说法，五岳之东、南、西、北四岳，即东岳泰山、西岳华山、南岳衔山、北岳恒山。《诗经·大雅·崧高》：“崧高维岳。”毛传：“岳，四岳也。东岳，岱；南岳，衡；西岳，华；北岳，恒。”

4. 胜国 郑玄注：“胜国，亡国也。”即被灭亡的国家。此指前朝即宋金。

5. 嘉靖丙寅 嘉靖四十五年，1566年。

6. 珉 洁白如玉的石头。许慎《说文》：“珉，石之美者。”

7. 乾始 意天为万物之本。《易·乾·文言》：“乾始能以美利利天下，不言所利，大矣哉。”孔颖达疏：“乾始，谓乾能始生万物，解元也。”

8. 霄汉 释义为云霄和天空，指天空。喻遥远，高远。

9. 默佑 暗中保护。《敦煌歌辞·献忠心》：“愿圣明主，久居宫宇。臣等默佑，有望。”

10. 觉岸 佛教词语。指由迷惘到觉悟的境界。觉悟的彼岸，即佛的境界。明陈汝元《金莲记·证果》：“与君永归三宝，指觉岸以同登。”

11. 敝屣 敝，破；屣，鞋。常见有弃若敝屣。《孟子·尽心上》：“舜视弃天下，犹弃敝屣也。”

12. 遐轨 意为古人之遗迹；前人之法度。

13. 载胥 载，助词，无义。胥，相、及、与。解为相率。《诗·大雅·桑柔》："其何能淑，载胥及溺。"

14. 青雯　意为高空。喻高位。

15. 紫府　传说为神仙居住处。唐裴铏《传奇·裴航》："遂赠蓝田美玉十斤，紫府云丹一粒，叙话永日。"

16. 宿儒　古指学问深、修养高、素有声望的名儒。

17. 端士　意犹端人，正直的人。《三国志·魏志·赵王干传》："训以恭顺之至言，辅以天下之端士。"明归有光《山斋先生文集·序》："直臣端士，世不可一日无！"

18. 周召　亦作周邵。周成王时共同辅政的周公旦和召公奭的并称。王逸注刘向《九叹·愍命》："周，周公旦也；邵，邵公奭也。"

19. 登三迈五　指超过三皇五帝。

20. 九转七还　疑或亦为"七返九转"。七返九转，是中华道家修炼学的专用名词，是用易数来比喻内修之道。

21. 乡贡　指乡试。明叶盛《水东日记》："黄铎，字希声，永乐中乡贡举人。"

22. 紫荆　紫荆关是长城关口之一，位于河北易县紫荆岭上。有"一夫当道，万夫莫开"之险。

23. 王九成　字舜夫，号石泉。明代即墨鳌山卫人。嘉靖三十四年（1555）举人，进士，任保定通判、府事，兼理紫荆等关，带管易州兵备道。著有《石泉识言》三卷。

明隆庆四年《醒睡庵》1

庵居鹤山 2 西，豹山 3 前，祀玉皇。相传庵旧居山巅，明隆庆间 4，道人许阳仙移建于此，俗呼井水汪。庙前石坊一[1]。□固吾□西北，稍折而突起者也，南达康成书院 5，□□□□卫城十里，西达县治一舍 6。境幽土瘠，居鲜即者，道人许子始率徒结庵而居之。删芜秽，莳桃李，躬勤数年[2]，乃陶瓦筑殿，肖天帝像，前□□，左右为草舍，备钟鼓香火以事焉。虽未洪大，而整严可爱，是亦道院也。案通□□□□，请敕中条兰若[7]为太和□[8]，则知惟宫赐额者得称宫，□□私造者止名招提[9]。杜牧所谓山台野邑[10]，不干上泽者最清，而放翁[11]更斥避俗，而□□□□者为非宜。由斯言也，许子其得之矣。夫许子父母既亡，□□□辱，付家世□于兄弟，浩然就山采药，讽诵以永朝夕。而复作此者，盖人必有□□而能乐其身。许子弃世业，宗祀非事[3]矣，脱离□□大夫非所□矣。茹芝吸露[12]，衣草栖云[13]，冲澹[14]斋戒，独不可以事天乎？天人物之总父母也。物不□事，蔽于塞也。人不敢祭，统于尊也。然礼不敢祭，而情可得事。是故非皇王之贵弗能[4]祭，非黄冠之素[5]弗能事。肆□□之设，所以遍于殊方远土。虽然求天于心，事天即所以□心[6]也，求心于天，事心即所以事天也。天者心之理，心者天之命，时敬以奉命，而不敢须臾少亵；须臾少亵，则自忽而贰尔心[7]也。奚其事？积诚以顺理，而不敢几微暂辍；几微暂辍[8]，即自欺而慢此天也。乌乎，事二者兼慎，苟非顾是有系于外，抑焉使存者无间于内？先民有作，义殆取尔也。如诬语祸福，眩幻聋聩[15]，执迷报施，充诎仁义，是反戾[16]厥虚灵[17]，获罪上帝，岂事天事心之道与？败身灭性，将见弃于列仙之儒，何以出家修行为哉？不识□许子其或恍然感诸否乎？先因卫侯莘野冯氏及子季子□尝藉清旷为读书所，向曾躬往视之。渠亟以记请，且贤其斋志□坚，而虑其入见□也，遂为之述次开悟，俾勒石以永所告云[9]。

明隆庆庚午[18]春三月之吉，鳌山八十岁翁前乙榜进士，阶奉政大夫，同知保定府事，兼理紫荆等关，带管易州兵备道，石泉王九成撰

校勘：

[1] 庵居鹤山西，豹山前，祀玉皇。相传庵旧居山巅，明隆庆间，道人许阳仙移建于此，俗呼井水汪。庙前石坊一 《青岛历代方志集成·黄肇颚撰〈崂山艺文志〉卷九》录文一开头即缺此段文字。其中，“庵旧居”，《道教寻踪·崂山道教碑记》仅为“庵居”，缺一“旧”字。

[2] 数年 《青岛历代方志集成·黄肇颚撰〈崂山艺文志〉卷九》为“数五年”，多一“五”字。

［3］非事 《青岛历代方志集成·黄肇颚撰〈崂山艺文志〉卷九》为“非所事”，多一“所”字。

［4］弗能 《青岛历代方志集成·黄肇颚撰〈崂山艺文志〉卷九》为“不敢”，“弗能”作“不敢”。

［5］之素 《青岛历代方志集成·黄肇颚撰〈崂山艺文志〉卷九》为“之寿”，“素”作“寿”。

［6］□心 《道教寻踪·崂山道教碑记》为“事心”，补厥作“事”，应是。

［7］贰尔心 《道教寻踪·崂山道教碑记》为“贰心”，缺一“尔”字。

［8］几微暂辍 《道教寻踪·崂山道教碑记》缺此四字。

［9］云 《道教寻踪·崂山道教碑记》“云”后无落款。

注释：

1.《醒睡庵》 碑记录自黄肇颚《崂山续志》卷六。《青岛历代方志集成·黄肇颚撰〈崂山艺文志〉卷九》录之碑名与众不同，为《□□□川野邑记》，是题不明。光绪壬辰（1892）姚峻德《游崂纪略》记为：“有卫乡贡进士王九成撰《碮川野邑初成碑记》。”《道教寻踪·崂山道教碑记》题作《醒睡庵碑》。周至元《崂山志》、《崂山道教史·碑刻史料》未录，仅记“《明隆庆创建醒睡庵碑》，王九成撰。”《青岛市志·崂山志》、新编《崂山志》未录，王集钦《崂山古今文史论丛·刻石补遗》：醒睡庵，“旧称井水汪，在豹山前深峡中，庙三楹，奉玉帝。相传庙旧在山岭，明隆庆间道人许阳仙移建于此，庙前石坊一。有乡贡进士杨盐撰《施田碑》，指挥等题名碑。”

2. 鹤山 周至元《崂山志》：“山高仅二百米，而其上岩峦幽奇，洞壑深幻，崂内名胜未能过之。游崂者诚不可不一至也。山上名胜，好事者品为八景，曰：聚仙门、老君炉、自然泉、梧桐金井、舍身台、仙鹤洞、摸钱涧、望仙台。以望仙台为最奇。望仙台在遇真宫东。登台俯瞰沧海万顷，小蓬莱及马峡诸山，尽匍匐足下。而南望上苑诸峰，片片如芙蕖插霄汉，尤令人心旷神逸。”《鹤山志·序》：“鹤山，屹立于黄海之滨、鳌山湾畔，素有‘崂山魂’之誉。因其奇峰林立、怪石嶙峋、形神兼备，被誉为‘天然的花岗岩群雕’，历代文人名士对其推崇备至。明代即墨进士、国子监祭酒周如砥称‘泰山虽云高，不如东海崂；崂山最秀奇者，首推鹤山焉’。”明 杨盐《鹤山》诗：“穿云直上最高峰，虬舞峰头见古松。更转石楼深处去，洵丹井畔觅仙踪。”

3. 豹山 周至元《崂山志》：“起仙山迤东。山色斑驳特出，醒睡庵处其下。”蓝水《崂山古今谈》：“在鹤山西三里，大石磊落，密布山顶，石华俱黑白斑驳，望之如群豹搏斗，醒睡庵在山前阿中。”《鹤山志》：“豹山位于鳌山卫镇西南 8 公里处，南接鹤山，北连天柱山，与崂山隔山相望。豹山属崂山山脉，长约 2 公里，土壤类型为棕壤，状似葫芦，形体独特，因每年春秋时节，山上杂花丛生，色彩斑斓如豹，故名豹山。豹山有大小山头 36 个。”其中，较高的山峰有 3 个：主峰台子山，在山体中部，海拔 310.8 米，顶端南侧平坦如台，南坡平缓，北坡陡峭；鹰嘴山，在山体东南部，海拔 259 米，岩石参差，形似鹰嘴；南天门，在山体南部，海拔 242.3 米，山势陡险，难以攀登。山林内石异景遍布，有五指峰、牛头石、铜盆窝、五风楼、三铺炕、水牛涧、鸽子堂、黑风崖等。

4. 隆庆间 隆庆，明穆宗年号。隆庆间，隆庆元年至六年，1567—1572 年。

5. 康成书院 一曰郑公书院。因郑康成设帐执教称名汉桓帝永康元年（167），时郑玄 41 岁，在外游学后归乡里。“客耕东莱”，至崂山之不其山东麓构筑房屋，边耕边读，持郑学开院授课，追随者数百人。一时著称海内。郑康成在此设帐授徒虽不过年余，因缺粮不得已遣散。东汉中平五年（188），郑玄再次率门人至不其山授课设教，并专心注经。崂山之民念念不忘而传诵之。乾隆《莱州府志》：“明正德七年（1512）知县董（误，应为高）允中重建书院。”《崂山县志》详之：“明正德七年，即墨知县高允中在原郑玄筑庐授徒处，重建院宇，购经书、聘教授、辟学田，书匾额‘康成书院’。”“康成书院坐北朝南，东西略呈方形，占地亩余，围有院墙，门南向，屋 3 间，高约 5 米，宽约 12 米，南北深约 4 米，重梁起架，檐下四根木柱撑顶，柱基座为青石鼓型。木质门窗平开，雕以云图。具有十分完整的墙、柱、梁、栋、枋、斗拱和起脊屋顶各组成部分。”有名有实的康成书院筑于是时。在山乡而言，亦可谓宏伟壮观。

6. 一舍 舍，古代计量单位。一舍为三十里。

7. 若兰 民间私造的寺院。

8. 太和□ 疑为太和观。一名北九水庙。是观建于明天顺二年，正殿祀真武。在北九水的北岸，东南为内九水，西北为外九水。四围环绕着不同姿态的奇峰秀峦，门前是一道大涧，涧底清冷的激流昼夜不停，再加上奇松、修竹、古木、澄潭、白石交错其间，构成了它的幽丽、寂静、潇洒、清雅的环境。

9. 招提 梵语。音译为“拓斗提奢”，省作“拓提”。后误会“招提”。其义为“四方”。四方之僧称为招提僧，四方僧之住处为招提僧坊。北魏太武帝造伽蓝，创招提之名，后逐为寺院的别称。清魏源《武林纪游》诗：“且还招提宿，寄此山夕永。”

10. 杜牧所谓山台野邑 杜牧，唐文学家，著名诗人。字牧之（803—853），陕西长安人，官至中书舍人。其诗在晚唐颇有成就，后人称杜甫为“老杜”，称之为“小杜”。亦能文，曾注曹操所定的《孙子兵法》十三篇，《阿房宫赋》颇是称名。山台、野邑，民间建造的寺院、庙宇，与官方赐额或建造的寺院庙宇相对。杜牧《杭州新造南亭子记》：“武宗皇帝始接位，独奋怒曰：‘穷吾天下，佛也。’始去其山台野邑四万所。”

11. 放翁 南宋诗人陆游（1125—1210）之号，越州山阴人。一介文人，亦投身军旅。后官至宝章阁待制。在政治上，主张坚决抗战，充实军备，要求“赋敛之事宜先富室，征税之事宜核大商”，但一直受统治集团的压制，志总不得一伸。晚年退居家乡，收复中原之志不渝。一生创作诗歌很多，今存9000余首。《关山月》《书愤》《农家叹》《示儿》等篇均为世所传诵。

12. 茹芝吸露 道光《武夷山志》：彭祖，上古唐尧时期老翁，武夷开山鼻祖。“遁迹养生、茹芝吸露”，因常食武夷灵芝，寿八百岁（上古时期60天为一年，折成现代约128岁）。

13. 栖云 意栖身于云雾中，谓生活于高山。

14. 冲澹 亦作冲淡。谓胸怀冲和淡泊。《晋书·杜夷传》：“夷清虚冲淡，与俗异轨。”

15. 聋聩 耳聋或天生的聋人。《国语·晋语四》：“聋聩不可使听。”韦昭注：

“耳不别五声之和曰聋，生而聋曰聩。”

16. 反戾　此意违背，背离。汉王符《潜夫论·忠贵》：“反戾天地，欺诬神明。”

17. 虚灵　原指宇宙世界最初的一种朦胧、混沌、原始的状态。《辞海》：虚，空；灵，聪明。所谓虚灵，宁静荡淡而智慧之意。反映到人，指人的返璞与归真，体现人的真善美。虚灵，以一种境界、风格而存在。是道家的追求。

18. 隆庆庚午　隆庆四年，1570年。

明万历七年《重修庙学记》[1]

教谕[2]　杜为栋[3]

即墨庙学，自建置来圮者数矣。入国期，初修于广德冯公[4]，再修于鄜州张公[5]，三修于江阴汤公[6]，每修士风辄振。万历丁丑[7]，庳学复与圮[1]，会其冬，郡守[2]三河罗公来视邑篆，顾瞻无然[3]，有鼎新意，请于抚巡藩臬，俞之。公曰：“毋启我帑，毋动我众，毋科毋阻，以兴我役。”谋始功于戊寅[8]之春，乃武清许公适以调繁至，时墨之民匮于财，竭于力，公且俶至，百务甫兴，佥谓：“兴是役，难。”公曰：“此易易也。吾令长子，其学宫新于大圮[4]之后，人心为之也。兹吾将修诸墨人之心。盖墨之财力匮竭，而心则有不匮不竭[5]者。”居无何，取其所以扰民之业而匱其财者，悉罢去之。由是，居者安于庐，耕者狎于野。公知民之日就于理，学宫之葺可次第举也。首捐其俸，聚材鸠工，择官民之良而干者董其役，不启帑，不动众，不科不阻，墨之缙绅以及士民闻而争奔走焉。财匮而此有余财，力竭而此有余力。始于先师殿，结构之疏者密之，朱绿之敝者新之，庙貌崇矣。两庑尽圮[6]，彻而建之，易以砖甓。东西旧止若干楹，其南八楹，南面为名宦、乡贤二祠，公易为北向。东更曰“神厨”，西更曰“神库”，接两庑之檐而合构之，共计若干楹。戟门大颓，亦彻而建之。飞丹流碧，屹然中启。门之外，东为室四楹，西面祀三大夫以下，曰“名宦祠”。西为室四楹，东面祀田横以下，曰“乡贤祠”。易地作室，祠额如其故。外为棂星门，邑先御史蓝公田所建石门也。门外道之南，为石槛、石坊，匾[7] 曰“斯文正路”。南为神路，南再为石坊，匾曰“万里云衢”。皆先邑公所建也。俱饰而新之。轩豁洞达，直接城堞。先师殿之后，为启圣殿，四楹，旧在明伦堂之左，今正之。文庙之东曰儒学，门四楹，门之径邃而敞，建石坊于径之北，匾曰“义路礼门”。折而东北，入为仪门，四楹，左右各设便门。明伦堂六楹，彻 9 其瓦而新之，饰以墨绿。东曰“进德斋”，西曰“修业斋”，各六楹，俱彻而新之。堂之东建敬一亭，四楹，遗址在先师殿后，今正之。官廨三，各置堂斋。之后有飞虹池，池之北有萃英丘[8]，丘之[9] 东曰射圃，圃之北曰礼厅，俱圮[10]。往迹在焉，池仍其名而浚之，丘筑[11] 而为台，易其名曰起秀，结亭其上。盖登其台，南眺华楼，东接三标，西望石门，众山之秀，起而达焉，故名。是役也，起于万历戊寅春三月，成于万历己卯[12] 10 夏四月。殿宇堂室，葺而治者六十楹有奇，彻而[13] 新创而建者五十楹有奇。宏规外起，严宇中构，方隅 11 协，轮奂美，展礼敷教，有容有区。是庙学之修也，壮矣哉！凡用横岛遗木若干章，经费余钱若干缗，其余尽公以下之捐俸、缙绅士民之助输为之也。不启帑，不动众，不科不阻。是役也，善矣。盖公不匮人之财而人不有其财，不竭人之力而人不有其力，众财众力，辐辏而归之，故卒毕役无难焉。公曰：“吾将以墨之人心修之。”信哉！庙学成，公命栋记其事。栋不佞，既为之，檃其兴役之概，复晋诸生而喻之曰：“若知公修学之意乎？公之修者，学也。而其所以修者，孔子之道。孔子之道，尧舜之道也。由尧舜以至孔子，千有余年，其间修之则治，圮之[14] 则乱。孔子一大修之，而万世之当修者定矣。由孔子以至于今，盖不啻千有余年，其间修之则治，圮之[15] 则乱。我国家列圣相承，复从而大修之。自国学而下为郡庠，为邑庠，列之师儒，授之廪给，祀典以崇之，贡举以达之。是学固不可一日而就，圮道[16] 亦岂可一日而不修哉。我公修之于家，献之于天子之[17] 廷，由是一修长子之学，再修即墨之学。长子之学修，而孔子之道明于晋；即墨之学修，而孔子之道明于齐。皆示诸生以修道明伦之不容已，而非止为学宫之饰已也。诸生瞻庙貌则惕然思，顾黉宇则悚然恻[18]，知孔子之道不可一日而不修也。大而彝伦 12，细而食息，显而广众，微而幽独，罔不修焉。公以修学先之，诸生以修道应之。公与诸生信能相与以有成也。公将登大廷与天下共修之。诸生亦修之，出此学以扬于天子之所，居此学以无愧于孔子之道。士风之振，视昔加隆，岂曰小补于墨云尔哉。”时总其役而督之者，曲阳杨君[19]、山阴徐君[20]。任其役则省祭王世泽、蓝芥，义民辛文华、董待法。得并书。

校勘：

[1] 廪学复与圮　《青岛历代方志集成·乾隆〈即墨县志〉、同治〈即墨县志〉》、乾隆《即墨县志》、同治《即墨县志》为“庙学复圮”，“廪”作“庙”，“复”后少一“与”字。

[2] 郡守　《青岛历代方志集成·乾隆〈即墨县志〉、同治〈即墨县志〉》、乾隆《即墨县志》、同治《即墨县志》为“郡倅”，“守”作“倅”。郡倅，郡佐，郡守的副职。

[3] 无然　《青岛历代方志集成·乾隆〈即墨县志〉、同治〈即墨县志〉》、乾隆《即墨县志》、同治《即墨县志》为“怃然”，“无”作“怃”。

[4] 大圮　《青岛历代方志集成·乾隆〈即墨县志〉、同治〈即墨县志〉》为“大圯”，“圮”作“圯”。圮、圯义不同。圮，塌坏，坍塌的意思。圯，基本释义为桥。

[5] 不竭　《青岛历代方志集成·乾隆〈即墨县志〉、同治〈即墨县志〉》、乾隆《即墨县志》、同治《即墨县志》无一“不”字。

[6] 尽圮　《青岛历代方志集成·乾隆〈即墨县志〉、同治〈即墨县志〉》为“尽圯”，“圮”作“圯”。

[7] 匾　乾隆《即墨县志》、同治《即墨县志》为“其匾”，“匾”前多一“其”字。

[8] 萃英丘　《青岛历代方志集成·乾隆〈即墨县志〉、同治〈即墨县志〉》、乾隆《即墨县志》、同治《即墨县志》为“萃英邱”，“丘”作“邱”。

[9] 丘之　《青岛历代方志集成·乾隆〈即墨县志〉、同治〈即墨县志〉》、乾隆《即墨县志》、同治《即墨县志》为“邱之”，“丘”作“邱”。

[10] 俱圮　《青岛历代方志集成·乾隆〈即墨县志〉、同治〈即墨县志〉》

为“俱圮”，“圮”作“圯”。

［11］丘筑　《青岛历代方志集成·乾隆〈即墨县志〉、同治〈即墨县志〉》、乾隆《即墨县志》、同治《即墨县志》为“邱筑”，“丘”作“邱”。

［12］己卯　《青岛历代方志集成·乾隆〈即墨县志〉、同治〈即墨县志〉》为“巳卯”，“己”作“巳”。

［13］彻而　《青岛历代方志集成·乾隆〈即墨县志〉、同治〈即墨县志〉》为“撤而”，“彻”作“撤”。

［14］圮之　《青岛历代方志集成·乾隆〈即墨县志〉、同治〈即墨县志〉》为“圯之”，“圮”作“圯”。

［15］圮之　《青岛历代方志集成·乾隆〈即墨县志〉、同治〈即墨县志〉》为“圯之”，“圮”作“圯”。

［16］圮道　《青岛历代方志集成·乾隆〈即墨县志〉、同治〈即墨县志〉》为“圯道”，“圮”作“圯”。

［17］天子之　《青岛历代方志集成·乾隆〈即墨县志〉、同治〈即墨县志〉》、乾隆《即墨县志》、同治《即墨县志》无“天子之”三字。

［18］悚然恻　《青岛历代方志集成·乾隆〈即墨县志〉、同治〈即墨县志〉》、乾隆《即墨县志》、同治《即墨县志》为“悚然惧”，“恻”作“惧”。

［19］杨君　乾隆《即墨县志》、同治《即墨县志》为“杨君采”，即名“采”。《青岛历代方志集成·乾隆〈即墨县志〉、同治〈即墨县志〉》为“杨君寀”，则名为“寀”。

［20］徐君　《青岛历代方志集成·乾隆〈即墨县志〉、同治〈即墨县志〉》、乾隆《即墨县志》、同治《即墨县志》为“徐君国美”，即名“国美”。

注释：

1.《重修庙学记》碑记录自万历《即墨志》卷十《艺文》。乾隆《即墨县志》、同治《即墨县志》亦录载。

2. 教谕　相当于今县教委主任，下有训导若干。元明清即墨县学、儒学均置，掌文庙祭祀，负责学校教育。

3. 杜为栋　乾隆《即墨县志》:“祥符举人。万历五年（1577），任教谕，训士有方。又采辑旧闻，创修县志，体例精严，升陕西洛南知县。”

4. 冯公　即冯时举。

5. 张公　即张闻。

6. 汤公　即汤明善。万历《即墨志》“字汝一。江阴人。举人。嘉靖三十九年（1560），以长兴教谕来知县事。”在任七年，巨务并兴，民事尤先。乾隆《即墨县志》:“嘉靖间，由长兴教谕来知县事。严吏胥，抑豪强，境内肃然。时邮传派累，每马一匹岁费二百金，多至荡产。明善请于上，通十家充一役，量地输银，民困以苏。兴作之役，如文庙、城垣以及八蜡庙、旌善亭、养济院等，修葺构造，不一而足，皆佣工酬直，民不知有役。迁严州倅，邑人为立生祠。后祀名宦。”

7. 万历丁丑　万历五年，1577 年。

8. 戊寅　万历六年，1578 年。

9. 彻　有三释义。一是通，透。二是治，开发。三是毁坏、清除。这里是第三义（凡本书修文庙碑记均同此）。如“彻其瓦而新之”，即清除旧瓦砌以新瓦。

10. 万历己卯　万历七年，1579 年。

11. 方隅　指边和角。文谓“方隅协”，即边角协和意。清郑观应《盛世危言·技艺》:“否则方隅不准，钧斗难工。”

12. 彝伦　伦常。南朝刘勰《文心雕龙》:“自平王微弱，政不及雅，宪章散紊，彝伦攸斁。”

明万历《马山殿碑记》1

邑令　许铤 2

马山 3，崂北枝之一山也，形象马[1]，距卫[2] 4 八里。凡自卫南游者，皆先阅此山[3]。孤峰特起[4]，东面大海，西联鹤峰，南接崂脉，北镇鳌邑。昔人以其地形胜，建碧霞元君[5]殿于其巅，下立[5]南海大士[6]庙。每岁上元日[7]，远近香火，士女[6]辐辏，诚一方之望也。历年久远，庙宇倾颓，神像露御[7]，诚所不忍。周君云凤、梁君葆善、江君需先、顾君绪宗等同[8]众善人醵金[9]倡修。左右诸疃及四方[10]戚友[11]，亦皆量力捐助。于是鸠工庀材，数阅月而庙貌一新。从今游者来此，朝望日出，暮仰云飞[12]，凡小蓬莱[8]海岛诸胜[13]，尽在指顾[9]中矣。即读书君子亦乐寓此而[14]潜修焉。事既竣[15]，凡捐资[16]若干，縻费[10]若干，皆勒诸贞珉，不敢没人善也。余嘉其善事[17]有成，而乐为之道[18]也，于是乎书。

同治三年[11]七月十五日卫东门里黄淑存书[12]

校勘：

［1］形象马　《青岛历代方志集成·黄肇颚撰〈崂山艺文志〉卷十》为“形象马，故马名”，多“故马名”三字，为是。

［2］距卫　《青岛历代方志集成·黄肇颚撰〈崂山艺文志〉卷十》为“距卫城”，多一“城”字。

［3］此山　《青岛历代方志集成·黄肇颚撰〈崂山艺文志〉卷十》为“此”，“山”入下句。

［4］孤峰特起　《青岛历代方志集成·黄肇颚撰〈崂山艺文志〉卷十》为“山孤峰特起，时列通衢”，多“时列通衢”四字。

［5］下立　《青岛历代方志集成·黄肇颚撰〈崂山艺文志〉卷十》为“下则立”，多一“则”字。

［6］士女　《青岛历代方志集成·黄肇颚撰〈崂山艺文志〉卷十》为“男女”，“士”作“男”。

［7］露御　《青岛历代方志集成·黄肇颚撰〈崂山艺文志〉卷十》为“露□”，“御”字阙如。

［8］等同　《青岛历代方志集成·黄肇颚撰〈崂山艺文志〉卷十》为“等约同”，有一“约”字。

［9］醵金　《道教寻踪·崂山道教碑记》为“酻金”，“醵”作“酻”。

［10］及四方　《青岛历代方志集成·黄肇颚撰〈崂山艺文志〉卷十》为“以及他方”，前多一“以”字，“四”作“他”。

［11］戚友　《青岛历代方志集成·黄肇颚撰〈崂山艺文志〉卷十》为“诸善士”，“戚友”作“诸善士”。

［12］云飞　《青岛历代方志集成·黄肇颚撰〈崂山艺文志〉卷十》为“落霞”，“云飞”作“落霞”。

［13］海岛诸胜　《青岛历代方志集成·黄肇颚撰〈崂山艺文志〉卷十》为“海岛海中市诸胜”，多“海中市”三字。“海中市”意即“海市”。

［14］乐寓此而　《青岛历代方志集成·黄肇颚撰〈崂山艺文志〉卷十》为“乐于此”，“寓”作“于”，无一“而”字。

［15］事既竣　《青岛历代方志集成·黄肇颚撰〈崂山艺文志〉卷十》为“事竣”，缺一“既”字。

［16］凡捐资　《青岛历代方志集成·黄肇颚撰〈崂山艺文志〉卷十》为“某其捐资”，“凡”为“某某”。

［17］其善事　《青岛历代方志集成·黄肇颚撰〈崂山艺文志〉卷十》为“其事”，缺一“善”字。

［18］为之道　《青岛历代方志集成·黄肇颚撰〈崂山艺文志〉卷十》为“为道”，中缺一“之”字。

注释：

1.《马山殿碑记》　碑记录自黄肇颚《崂山续志》卷六。碑记应为许铤任知县时所撰。未知何因，原稿为鳌山卫人黄淑珍藏，幸为黄肇颚收入《崂山续志》卷六、《青岛历代方志集成·黄肇颚撰〈崂山艺文志〉卷十》，为青岛保存了难得的历史资料。《道教寻踪·崂山道教碑记》亦录载。

2. 许铤　字静峰。直隶武清人。明万历二年（1574）进士，万历六年（1578）任即墨县令。到任伊始，不辞劳苦，跋涉全县，了解民情，考察地理，从实际出发，确定施政大计。其《地方事宜议》根据当时当地实际情况，从海防、弭盗、御患、垦荒、通商等五个方面陈述施政见解，主要是开放、稳定、发展经济，改善民生。万历《即墨志》、乾隆《即墨县志》、同治《即墨县志》均载录，在即墨县令中应说鲜见。在任五载，政绩卓著，后升任兵部主事。其在任中创修了万历《即墨志》，这是留给后世的宝贵遗产。许铤离任后，邑民立祠纪念。

3. 马山　黄肇颚《崂山续志》：“山居鹤山东南，上为碧霞元君殿，下为大士殿。”马山有《马山志》，李寅宾《马山志·序》云：“天下名山洞府多矣，不必尽有志也。马山一陵阜耳，何以志焉？曰：志其人，非志其山也。”其说然也，如马山农家出了名动朝野的慧觉禅师——刘仙姑，是值得志。

4. 卫　指鳌山卫。

5. 碧霞元君　是以华北地区为中心的山神信仰，道经称为“天仙玉女碧霞护世弘济真人”“天仙玉女保生真人宏德碧霞元君”。因坐镇泰山，尊称泰山圣母碧霞元君。碧霞元君，是道教中重要的女神。

6. 南海大士　道教中的南海大士是观世音。据《悲华经》记载：观世音无量劫前是转轮圣王无净念的太子，他立下宏愿，生大悲心断绝众生诸苦及烦恼，使众生常住安乐。为此，如来为之起名观世音。南海大士庙，亦称大士庵。崇祯年间，族人为迎从京返明霞洞的慧觉回故里修行、授徒讲道而建。

7. 上元日　即上元节，道教称谓。俗世称元宵节、小正月、元夕、灯节。为每年正月十五日，中国的传统节日之一。

8. 小蓬莱　蓝水《崂山志》：“危峰拔地起，在自西来走入海之沙港上，峰色苍翠，望之如玉箭萌茁。前有大圆石如珠，又有日观峰、石老人、自然碑诸胜。旧为先南皮公别墅，购自周氏，则砺斋祭酒公从弟选贡如锦，所谓紫霞阁所在地。南皮公讳再茂，以选贡于明崇祯间官南皮知县。与黄侍御为娅属，酒后致隙，故黄志于小蓬莱条下含讽辞。自此以北六七里间，沙平坦水清浅，下无礁石，上无惊涛，令人有坦荡感。”

9. 指顾　手持目视；指点顾盼。《文选·班固〈东都赋〉》：“指顾倏忽，获车已实”。

10. 縻费　意为耗费；浪费。“縻”通“靡”。北齐魏收《为武成帝以三台官为大兴圣寺诏》：“有司过实，匠人逞功，诋庶劳止，縻费难量。”

11. 同治三年 1864年。

12. 存书 所谓“存书”，似说明可能非许铤书之原件，是黄淑书之存件。

明万历八年《重修塘子观玄帝庙记》[1]

□□崂山之□[2] 甲于四岳，而其支裔1之纷错，毓于□□□之肩者，有塘子观2焉。佥以为宋太祖试武于甲地，曾见云影[3] 于一□之闲[4] 者是已。□其□层峦叠嶂，朝云暮霞，□岫插空，麓泉滚珠，西襟黄岭，东距溟波3。池塘则浑然天砌，陵阿4则宛若龙盘5，真天仙驻节之口，缁羽潜修之介[5] 也。及谂其观宇肇建之由，甫自宋元，迄于今日，□来已久[6]。后缘湮于岁月，颓于风雨[7]，几乎墟古刹而溃往迹矣。抚今追昔，则当时之胜景依然罔殊6，而殿址之倾圮[8]，萧然顿异，亶可惜也。道人刘教云秉虔抱诚，慨然思欲一整饬之。于是缘乡邑，化四方，诹辰7兴事，鸠工募材，新玄帝8之庙暨灵官9与龙虎10之神者，甚彰彰焉[9]。不逾岁，而复睹古昔之盛矣。夫玄帝之神，案之经箓11图箓12，垢发励钝，六魔□消，七气13默遁，飞升琼壤[10]，偕赴瑶筵[11] 而解世之倒悬，福世之惠迪。真万祀14之明神，非淫祀15比也。此庙一新，以续往迹，以贻来因，以祈鸿庥16，以答帝眷，一举而众朊萃[12] 焉。是可弗纪也乎？噫嘻！羽照芦峰，聿丛杜子之跋；塑插修□，爰□太白之志。古犹今也，曩创□[13] 而今续之，讵知后之视今，不犹今之视昔耶？诚可□□其为不朽之绩矣。是观也，不益彰其妩□也哉！遂为之录其事于石云尔。

明万历八年17庚辰冬十月初二日

鳌山卫太学生18凤冈子王纳策撰

校勘：

[1] 《重修塘子观玄帝庙记》录自黄肇颚《崂山续志》卷八。《青岛历代方志集成·黄肇颚撰〈崂山艺文志〉卷十四》亦录载。周至元《崂山志》卷六作《明万历八年重修塘子观碑》，无碑文。仅记：“鳌山卫王纳撰文。碑在修

真庵中。”“王纳策”缺“策”。《道教寻踪·崂山道教碑记》自注录自《崂山续志》，然题同周至元为《明万历八年重修塘子观碑》。《青岛市志·崂山志》、新编《崂山志》、《崂山道教史·碑刻史料》仅记：“《明万历八年重修塘子观碑》 明代万历八年为公元1580年，碑文由曾任高阳知县的鳌山卫人王纳策撰。碑文已佚。”

[2] □□崂山之□ 《青岛历代方志集成·黄肇颚撰〈崂山艺文志〉卷十四》为“崂山之□”，无前之“□□”。

[3] 云影 《青岛历代方志集成·黄肇颚撰〈崂山艺文志〉卷十四》为“云彩”，“影”作“彩”。

[4] 之闲《青岛历代方志集成·黄肇颚撰〈崂山艺文志〉卷十四》为“之间”，“闲”作“间”。

[5] 之介 《青岛历代方志集成·黄肇颚撰〈崂山艺文志〉卷十四》为“之芥”，“介”作“芥”。

[6] □来已久 《青岛历代方志集成·黄肇颚撰〈崂山艺文志〉卷十四》为“厥来已久”，补阙为“厥”。

[7] 风雨 《青岛历代方志集成·黄肇颚撰〈崂山艺文志〉卷十四》为“风雨哉”，有一“哉”字。

[8] 倾圮 《道教寻踪·崂山道教碑记》为“倾颓”，“圮”作“颓”。

[9] 甚彰彰焉 《青岛历代方志集成·黄肇颚撰〈崂山艺文志〉卷十四》为“彰彰焉”，缺一“甚”字。

[10] 琼壤 《道教寻踪·崂山道教碑记》为“穷壤”，“琼”作“穷”。

[11] 偕赴瑶筵 《青岛历代方志集成·黄肇颚撰〈崂山艺文志〉卷十四》为“修赴瑶筵”，“偕”作“修”。

[12] 朊萃 《道教寻踪·崂山道教碑记》为“□萃”，前字厥如。《青岛历代方志集成·黄肇颚撰〈崂山艺文志〉卷十四》为“善萃”，“朊”作“善”。

[13] 创□ 《青岛历代方志集成·黄肇颚撰〈崂山艺文志〉卷十四》为“创兹”，补阙作“兹”。

注释：

1. 支裔　源流、支派。明徐渭《送通府王公序》："其大贤鸿儒，则有失、蔡、游、胡、魏、真之辈，其他支裔，不可胜数。"

2. 塘子观　在文笔峰前麓，去萧旺（今晓望）南可三里。相传创建于宋，明万历八年（1580）重修；清光绪间道人吴介山又重修之，更名曰餐霞观。并延林砥生于其中教授生徒。中祀真武。平度举人知县王崧翰（子良）撰《塘子记》："明季叶羽士开山，似得崂之良矣。其后不能守……塘子荒矣！吴子介山乃独得而辟之，而日新之。择诸生之秀者，延林子砥生教之，以继我子郑子之风。议作崂志传之后世，易今日纷争之俗，化为善良，入于太古，而塘子于是大显。"黄肇颚《塘子观》更详："观居修真庵南六里，友人林砥生居之。砥生，掖人，名钟柱，己卯举人，携家避嚣于此。深有志于崂山之志，将以是编为底稿，而分东谷、西谷、中谷、外谷成书。砥生博识通明，考核精确，必成信史。且搜辑商确，余之受益于砥生者甚伙，故尤乐得其人而志之。观名'餐霞'，砥生所颜也。内祀真武，初废圮，道人吴介山拓修之。门外有洞池。其东高峰三：曰精定崮、文笔峰、光果崮。光果、文峰之间曰海门。再南曰香炉峰。其西北石壁镌曰'二龙山玄珠洞'，砥生居此盖二年云。"

3. 溟波　即海涛。唐韩愈《送惠师》："微风吹木石，澎湃闻韶钧；夜半起下视，溟波衔日轮。"是诗甚长，取此为例也。

4. 陵阿　即丘陵、山陵。《述行赋》："率陵阿以登降兮。"

5. 龙盘　亦作龙蟠。如龙之盘伏状。形容雄壮绵延的样子，喻豪杰之士隐伏待时之态势。

6. 罔殊　喻费尽心力而于事无补。《旧五代史·职官志》："前王之法制罔殊，百代之科条悉在，无烦改作。"

7. 诹辰　犹诹吉。宋宋祁《上夏太尉启》："诹辰前定，树政允和。"

8. 玄帝　指道教所奉的真武帝。真武即北方之神玄武，宋时避讳改"玄"为"真"，称真武帝。真武盛于宋代，元明更为显赫。

9. 灵官　神名。《正一修真略仪》："灵宫，主治外以守卫人身形，舍宇、治邑、四墟所至也。人不犯从恶，不逆三阴，保守中和之道，幽明咸畅，天地同德，备受灵文，以时斋醮，祈请灵官吏兵，神童玉女，应人驱使。”

10. 龙虎　内炼名词，谓元神、元气。《重阳真人授丹阳二十四诀》：“丹阳又问：何者是龙虎？祖师答曰：神者是龙，气者是虎，是性命也。”《析疑指迷论·析疑》：“夫神气二字，呼唤无穷，今略言其大概，或谓……龙虎。”

11. 经箓　《道藏》的别名。据《云笈七签》卷四十五《明正一箓第三》：“箓者，太上真神之等文，九人众圣之秘言。”《汉天师世家》卷二：“张陵居阳平山修炼时，立二十四治区，造正一盟威经箓二十四品。”

12. 图箓　意为图谶符命之书。《后汉书·方术传序》：“故王梁、孙咸，名应图箓，越登槐鼎之任。”李贤注：“光武以赤伏符文，拜梁为大司空，又以谶文拜孙咸为大司马。”

13. 七气　中医名词。指寒气、热气、怒气、恚气、喜气、忧气、愁气。七气积聚过了，则如《备急千金要方·积气第五》所言：“如有祸祟，此皆七气所生。”

14. 万祀　万年，引申为世代供奉。南朝鲍照《芜城赋》：“观基扃之固护，将万祀而一君。”

15. 淫祀　指不合制的祭祀，不当的祭祀，妄滥的祭祀。包括越份之祭祀与未列入祀典的祭祀两种。《礼记·曲礼》：“非其所祭而祭之，名曰淫祀，淫祀无福。”

16. 鸿庥　指鸿荫。明汤显祖《大司马新城王公祖德赋》：“仰燕翼以遥钦，递鸿庥而远托。”

17. 万历八年庚辰　1580 年。

18. 太学生，明清时期太学即国子监的俗称。在国子监即太学就读的学生即称太学生。国子监自隋朝起即为中央官学，是古代教学的最高学府。

明万历《重修悟山观音庵记并铭》[1]

牢山之西南滨澥，群峰众岫，奔腾齐峙而临巨浸者，一峰杰出曰悟山[2]。父老相传，昔有高僧藏修悟道之所，因以名之。明嘉靖[3]中有僧名近悟，就址结茅以居，重修观音大士殿三楹，左右夹以耳室，窗吞云雾，门引长波，俨然坐莲华[4]而观水月也。庵构成，乞余为记，因欢喜赞叹而铭之曰：

圆通大士[5]，随处现身。一微尘[6]里，转大法轮[7]。
苦澥无涯，奔腾识浪[8]。大士观之，如镜中像。
我依大士，如幻三昧[9]。亦来于此，证三摩地[10]。
一草一木，尽属法身[11]。是名常住[12]，传无尽灯[13]。
照破暗冥[14]，水中火发。火里莲生，是真实法[15]。
永劫皈依[16]，如是赞叹。见闻之者，齐登彼岸[17]。

注释：

1.《重修悟山观音庵记并铭》 录自《憨山大师梦游全集》卷二十二，憨山撰。侍者福善日录，门人通炯编辑。

2. 悟山 此山初名“悟山”，后为“午山”。据《崂山区志·地文景观》：“因该山的走势呈正南正北，形同子午线，故称子午山，后简称午山。”

3. 嘉靖中 1522—1566年。可见时已有午山庙。

4. 莲华 生长于沼泽中的宿根草本植物，夏季开花。古代在印度最受重视。

5. 圆通大士 观音大士之别称。

6. 微尘 佛教语。色体极小者称之极尘，七倍极尘谓之“微尘”。

7. 法轮 佛法的别称，可译为正法之轮。轮是佛教词汇，在藏传佛教中又称金轮。《大智度论》卷二十五：“佛转法轮，一切世间天及人中无碍无遮。”

8. 识浪 佛学术语。以心体之真如，譬如海；诸识之缘动，譬如波浪，故有识浪之譬喻。《楞伽经》卷一：“水流处，藏识转识浪生。”

9. 三昧 源于梵语音译。意为止息杂念，使心神平静，是佛家重要的修行方法，借指事物的要领、真谛。

10. 三摩地 亦为梵语音译。其实是入定的意思，入定即入于禅定。有时得道者的示寂，也称为入定。

11. 法身 佛教用语。指佛所说之正法、佛所得之无漏法，及佛之自性真如如来藏。佛之小乘、大乘对法身均有定论。

12. 常住 在佛教中有多解。其一是法没有生灭变迁、恒常永住。《法华经》卷一："是法住法位，世间相常住。"

13. 无尽灯 佛教用语。谓以一灯点燃千百盏灯。比喻以佛法度化众生。维摩诘言："有法门名无尽灯，汝等当学。无尽灯者，譬如一灯，燃千百灯，冥者皆明，明终不尽。"

14. 暗冥 昏暗不明。汉扬雄《羽猎赋》："汉女水潜，怪物暗冥，不可殚形。"《隋书·天文志上》："阴气暗冥，掩日之光"。

15. 真实法 亦即究竟法，是佛学中和概念法一组对应词汇。所谓懂得真实道理的人，一切法都真实法，都是一乘佛法。比如讲善法，佛行任何善，都是大善，都是真实善，都是佛的善。

16. 皈依 佛教用语，也作归依。信仰佛教者的入教仪式。因表示对佛法僧三宝归顺依附而得名。

17. 彼岸 此处为佛教词语。梵语为波罗，中译为彼岸。指脱离尘世烦恼，取得理想正果之处。

明万历十一年《重修灵山大觉禅寺记》1

即墨当三齐 2 之东，披山带澥，是称雄邑。左天柱而右马岭，俯华楼而负灵山，殊大观焉。灵山去治北三十里，颠有大觉寺，盖唐宋古刹。其来湮没不可考，至我明成化间 3 始迁山之北麓，当社之乾肘故里，俗休祥 4 以之。岁久，殿堂日就倾圮[1]，法身颓然荒草中。里人张某辈聚族而谋之，曰：大觉吾之望刹也。忆昔盛时，晨钟夕梵，惺吾之昏，督吾之勤，吾生是赖。今阒然[5]矣。谁为吾津梁[6]之，非大善知识，又无以自树立，乃佥议[7]，礼请桂峰禅师[8]尸之。禅师讳性香，先出平度巨族，少负奇气，为人魁梧倜傥，始从学周孔家言，自视生如浮切[9]，有志方外。少焉弃所习，扣黄老逃形[10]之术，乃曰犹在炉捶[11]间耳。遂矢心释氏，礼邑之某寺某师，巳而[2]蹑屩屠担簦[12]，西游上国。初从曙堂晓法师，受天台[13]贤首[14]宗旨，再参少室[15]小山书禅师[16]传达磨[17]心印学[18]，究华梵宗通性相，一时义学之士，莫不虚左敛衽[19]，遂东归旧业，隐约数年，闻有兹山之请，忻然起曰：昔吾大觉氏降迹灵山，法幢[20]竖而邪风坠，吾志在是矣。即杖锡[21]至院，披草莱[22]，剪荆棘，日与诸弟子讲明所业，未期年道风大振，邪宗异端及门，挥庴而规正者不可胜计。师自居是孜孜建立，捐衣钵，节饮食，焦脣沥胃，储积数年，计资若干，乃出与张子辈，拘材鸠役，开林拓土，以某年某月首、某年某月落成，殿堂、廊庑、方丈、厨库、山门、钟鼓，百凡具备，飞翚夺目，焕然一新，为墨之巨丽焉。余癸未[23]夏避名瀣上，访师于灵山之下，因属余为记，尝试论之曰：齐俗尚功利，喜夸诈，自古概称之矣。然其民性敦朴可教，故曰一变而至鲁，再变而至道也。吾佛氏远自西竺[24]来至东夏以及九州[25]之外，教法流布寰区[26]，千有余年，历观方策所载，于齐之东则蔑无一人，其俗之功利夸诈，岂天性然哉！盖未善导之耳。禅师承百世之弊，起偏辟之隅，苦心励志，以吾道任孑然而立，不数年间，顿令改观。东瀣洋洋，是称佛国之风，可谓一变而至道，极其速化者也。后之居是刹者，安禅宴寂，朝参[27]莫礼，将以祝吾君福吾民，衍慈风于亿世，辉佛日于重昏，使后之睹是刹者，即事明心，望风易虑，阐玄音于绝响，辟枳棘于康衢，则是师之法身，常住于溪声山色中也。余方抱幽忧[28]之病，且与师先后步武[29]寂场，故详为之记。

校勘：

［1］倾圮 似应为“倾圮”，意“坍毁，倒塌”。

［2］巳而 似应为“已而”，意“不久”“后来”。

注释：

1.《重修灵山大觉禅寺记》 录自《憨山大师梦游全集》卷二十二《记》，据文所述或为万历十一年（1583）憨山撰。侍者福善日录，门人通炯编辑。

2. 三齐 古地区名，泛指今山东大部分地区。汉高祖元年（前206）十月，秦亡。项羽立田都为齐王，都临淄（淄博东北）；立田市为胶东王，都古即墨（平度东南）；立田安为济北王，都博阳（泰安东南）；是为三齐。

3. 成化间 成化，明宪宗年号，成化朝计23年，即1465—1487年。

4. 休祥 意吉祥。《书·泰词中》："朕梦协朕卜，袭于休祥，戎商必克。"

5. 阒然 形容寂静无声。唐裴铏《传奇·昆仑奴》："侍卫皆寝，邻近阒然。"

6. 津梁 原指渡口、桥梁。指起引导过渡作用的事物和方法，文中则喻起桥梁之效的人或事。

7. 佥议 共议。多用于群臣百官。《续资治通鉴·宋太祖乾德三年》："先是全斌受诏，每制置必与诸将佥议。"

8. 桂峰禅师 乾隆《即墨县志》："名性香。少时遇异僧，奇之曰：此他日莱、牟间第一祖师也。及长，留心禅理。会多病，遂披缁邑东郭崇宁院，掩关六载，即念即修。已而游京华，遍探讲席。归，卓锡于灵山，时憨上人清以大内命，建刹海印寺，师意颇不然，间谓人曰：'吾将投足于无畏之途，浴子身于不波之沼。'后清果以多受帑金获罪，师为左右力为之辩，事得释。万历壬寅（1602），端坐而化。"其友紫柏大师有诗《大觉寺访桂峰禅师》："行尽溪山到梵居，空林落叶遍阶除。闲消岁月烧龙脑，功盖吾曹赏髻珠。"可见其在佛界声誉。

9. 浮切 意为浮声与切响。即声音的平仄。元辛文房《唐才子传·韦应物》："揣合浮切，音韵婉谐。"

10. 逃形 犹藏身。唐王度《古镜记》："然天镜一照，不可逃形。"

11. 炉捶 亦作炉锤、炉椎。炉与捶，指冶炼锻造。喻造化、陶铸。

12. 担簦 背着伞，跋涉。

13. 天台 天台山，有"佛宗道源"之誉。位于浙江天山口县北，西南连仙霞岭，东北遥眺舟山群岛。

14. 天台贤首　净土法门法语：中国佛教讲判教，就是天台和贤首两家。天台是智者大师，贤首是华严宗第三代的贤首大师。有云：“古今诸师判分教相者，凡有十二家，其中最著者乃天台所立四教与贤首所立五教。”

15. 少室　少室山，又名“季室山”，因山有石室而称名。属嵩山一支，东与大室山相对应，有三十六峰。

16. 小山书禅师　少林寺小山宗书禅师，俗名李洪（1500—1567），河北省南和县人，自嘉靖三十六年（1557）至嘉靖四十五年（1566），住持少林寺达十年。

17. 达磨　即菩提达摩，南北朝禅僧，为佛教中国禅宗初代宗师。著有《少室六门》上下卷等。

18. 心印　佛教禅宗语。谓不用语言文字，而直接以心相印证，以期顿修。亦为道家名词，渊源于庄子、列子，有《心印经》，此经阐明中华道家修炼学的理法，为中华道家丹法“修命”的代表作。

19. 敛袵　整饬衣襟，表示恭敬。汉桓宽《盐铁论·非鞅》：“诸侯敛袵，西面而向风。”

20. 法幢　写有佛教经文的长筒形绸伞或刻有佛教经文、佛像等的石柱。明唐顺之《题金山寺付僧惠杰》诗之一：“隐隐帆墙外，分明见法幢。”

21. 杖锡　拄着锡杖。喻示僧人出行。锡，即锡杖，云游僧人所持的法器。唐崔颢《赠怀一上人》诗：“传灯遍都邑，杖锡游王公。”

22. 草莱　犹草莽。杂生的草。《南史·孔珪传》：“门庭之内，草莱不翦。”

23. 癸未　万历十一年，1583年。

24. 西竺　即天竺。唐初对印度等的统称。

25. 九州　又名汉地、中土、神州、十二州，最早出于《尚书·禹贡》中，是汉族先民的民族地域概念。战国后为古代中国的代称，至迟至晋代为汉族地区的代称。九州即：豫、青、徐、扬、荆、梁、雍、冀、兖。

26. 寰区　天下，人世间。

27. 朝参　佛教语。谓寺院中的早课、晨参。

28. 幽忧　意为过度忧劳；忧伤。《庄子·让王》：“我适有幽忧之病，方且治之，未暇治天下也。”成玄英疏：“幽，深也；忧，劳也。”

29. 步武　古以六尺为步，半步为武。指距离很近。语出自《国语·周语下》：“夫目之察度也，不过步武尺寸之间。”

明万历十二年《重修巨峰顶白云庵玉皇殿记》[1]

憨山[2]

牢山[1]，居即墨东南[2]，根盘二百余里，跨平原而枕溟渤[3]。冈峦起伏，龙蛇逶迤[4]，众卉连芳[5]，长林[6]蓊郁。幽潜秘处[7]，石室岩龛，故往多[8]真人高士，咸拘迹[9]焉。群山竞绕[10]，中则[11]一峰杰出曰巨峰[3]，当二牢之尻[12]，上插重霄[13]，下临无际[14]，最为奇绝[15]。顶有庵曰白云[4]，故称古刹，就废。至我明嘉靖间，全真郭一句[16]重起[17]，其徒李阳兴[5]继业，至孙高来德而大新之。依岩凿石，嵌壁甃垣[18]，丹室圜宇[19]，左右毕备。中建玉皇殿三楹，邑人周氏某率[20]莱[21]中丞拙斋刘公助成之。经营有年，至万历巳卯[22][6]甫就[23]。余[24]癸未[7]夏，游目澥上，探索形胜[25]，策杖其颠[26]，适卜居太清，乞余[27]为记。尝闻之澥上[28]有三山，曰阆苑、蓬莱、方丈，宫阙咸金银[29]，而神仙在焉[30]。故居尘埃而处混浊者，聆之[31]则神思蜚动[32]，愿超脱高举，即离人世。及至，何无睹焉[33]，以其望洋淼漠[34]无津涯[35]，非羽翼莫能之竟[36]，悠为[37]荒唐，岂是然哉！盖欣厌相夺[38]，耳目贵贱[39]者也。若兹峰[40]之秀，洞宇可以息形，芝术可以充饵[41]，幽深窅眇[42][8]，尘坌悬绝[43]，加之殿舍庄严、群灵讬迹[44]，慕之者[45]可望而不可即[46]，能至而不能止。信目前[47]之真境，人世之蓬壶，藉能顿解天弢[48][9]，坐隳桎梏[49]，何必驾长虹而挟羽翰[50][10]，假安期而探秘术[51]者哉！无建立[52]功德，自与山澥[53]共之，又焉用记？乃为之[54]铭曰：

天地肇育[55]，山川是府。群灵以归[56]，众甫[57]之祖。唯山[58]之高，唯澥[59]之深。允兹[60]上帝，实梁苦津[61]。绀殿峥嵘[62]，白云缭绕。为彼[63]瞻依，斯民之保。莫匪[64]尔功，莫匪[65]尔德。志彼凔霞[66]，尘机[67]永息[68]。仰矣穹苍[69][11]，俯兮[70]谷王。配言圣寿，亿兆[71][12]无疆[72]。

校勘：

[1] 牢山　黄肇颚《崂山续志》卷五、《青岛历代方志集成·黄肇颚撰〈崂山艺文志〉卷十六》、周至元《崂山志》、《崂山区志》《青岛市志·崂山志》、新编《崂山志》、王集钦《崂山古今文史论丛·碑记》、《道教寻踪·崂山道教碑记》《崂山道教史·碑刻史料》均为“崂山”，“牢”作“崂”。

[2] 居即墨东南　黄肇颚《崂山续志》卷五、《青岛历代方志集成·黄肇颚撰〈崂山艺文志〉卷十六》、周至元《崂山志》、《崂山区志》《青岛市志·崂山志》、新编《崂山志》、王集钦《崂山古今文史论丛·碑记》、《道教寻踪·崂山道教碑记》《崂山道教史·碑刻史料》为“居墨之东南”。“墨”前缺“即”，“墨”后多“之”。

[3] 溟渤　黄肇颚《崂山续志》卷五、《青岛历代方志集成·黄肇颚撰〈崂山艺文志〉卷十六》、周至元《崂山志》、《崂山区志》《青岛市志·崂山志》、新编《崂山志》、王集钦《崂山古今文史论丛·碑记》、《道教寻踪·崂山道教碑记》《崂山道教史·碑刻史料》为“沧海”。溟渤，溟海和渤海。多泛指大海。

[4] 逶迆　周至元《崂山志》、《崂山区志》《青岛市志·崂山志》、新编《崂山志》、王集钦《崂山古今文史论丛·碑记》、《道教寻踪·崂山道教碑记》《崂山道教史·碑刻史料》为“逶迤”，“迆”作“迤”。黄肇颚《崂山续志》卷五、《青岛历代方志集成·黄肇颚撰〈崂山艺文志〉卷十六》为“委迤”，“逶”作“委”，“迆”作“迤”。逶迆和逶移、委迤、委移、委蛇一样，为逶迤的别称。逶迤，意为曲折绵延。

[5] 众卉连芳　黄肇颚《崂山续志》卷五、《青岛历代方志集成·黄肇颚撰〈崂山艺文志〉卷十六》、周至元《崂山志》、《崂山区志》《青岛市志·崂山志》、新编《崂山志》、王集钦《崂山古今文史论丛·碑记》、《崂山道教史·碑刻史料》为“众卉连秀”，“芳”作“秀”。《道教寻踪·崂山道教碑记》为“众草连芳”，“卉”作“草”。

[6] 长林　黄肇颚《崂山续志》卷五、《青岛历代方志集成·黄肇颚撰〈崂

山艺文志〉卷十六》、周至元《崂山志》、《崂山区志》《青岛市志·崂山志》、新编《崂山志》、王集钦《崂山古今文史论丛·碑记》为“长松”，“林”作“松”。

[7] 秘处 周至元《崂山志》、《青岛市志·崂山志》《崂山区志》、新编《崂山志》、《崂山道教史·碑刻史料》均为“密处”，“秘”作“密”。

[8] 故往多 黄肇颚《崂山续志》卷五、《青岛历代方志集成·黄肇颚撰〈崂山艺文志〉卷十六》、周至元《崂山志》、《崂山区志》《青岛市志·崂山志》、新编《崂山志》、王集钦《崂山古今文史论丛·碑记》、《崂山道教史·碑刻史料》为“故多”，中缺一“往”字。

[9] 拘迹 黄肇颚《崂山续志》卷五、《青岛历代方志集成·黄肇颚撰〈崂山艺文志〉卷十六》为“措迹”，“拘”作“措”。周至元《崂山志》、《崂山区志》、新编《崂山志》、《崂山道教史·碑刻史料》均为“措置”，“拘”作“措”，“迹”作“置”。王集钦《崂山古今文史论丛·碑记》为“措踪”，“拘”作“措”，“迹”作“踪”。

[10] 竞绕 周至元《崂山志》、《崂山区志》《青岛市志·崂山志》、新编《崂山志》、王集钦《崂山古今文史论丛·碑记》、《崂山道教史·碑刻史料》为“竟绕”，“竞”作“竟”。

[11] 中则 周至元《崂山志》、《崂山区志》《青岛市志·崂山志》、新编《崂山志》、《崂山道教史·碑刻史料》为“中有”，“则”作“有”。

[12] 当二牢之尻 黄肇颚《崂山续志》卷五、《青岛历代方志集成·黄肇颚撰〈崂山艺文志〉卷十六》、周至元《崂山志》、《崂山区志》《青岛市志·崂山志》、新编《崂山志》、王集钦《崂山古今文史论丛·碑记》、《崂山道教史·碑刻史料》“为二崂之户”，“当”作“为”，“牢”作“崂”，“尻”作“户”。《道教寻踪·崂山道教碑记》为“当二牢之居”，“尻”作“居”。尻，古义同“居”。本义指土著、土人、自古以来即住于本地的家族。

[13] 重霄 黄肇颚《崂山续志》卷五、周至元《崂山志》、《青岛市志·崂山志》、新编《崂山志》、《崂山道教史·碑刻史料》为“云霄”，“重”作“云”。

[14] 无际 周至元《崂山志》、《崂山区志》《青岛市志·崂山志》、新编《崂山志》、《崂山道教史·碑刻史料》均为“无地”，“际”作“地”。

[15] 最为奇绝 黄肇颚《崂山续志》卷五、《青岛历代方志集成·黄肇颚撰〈崂山艺文志〉卷十六》、周至元《崂山志》、《崂山区志》《青岛市志·崂山志》、新编《崂山志》、王集钦《崂山古今文史论丛·碑记》、《崂山道教史·碑刻史料》均缺“最为奇绝”四字。唯《道教寻踪·崂山道教碑记》有。

[16] 郭一句 黄肇颚《崂山续志》卷五、《青岛历代方志集成·黄肇颚撰〈崂山艺文志〉卷十六》、周至元《崂山志》、《崂山区志》《青岛市志·崂山志》、新编《崂山志》、王集钦《崂山古今文史论丛·碑记》为“朴一向”，“郭”作“朴”，“句”作“向”。

[17] 重起 黄肇颚《崂山续志》卷五、《青岛历代方志集成·黄肇颚撰〈崂山艺文志〉卷十六》、周至元《崂山志》、《崂山区志》《青岛市志·崂山志》、新编《崂山志》、王集钦《崂山古今文史论丛·碑记》、《道教寻踪·崂山道教碑记》《崂山道教史·碑刻史料》为“重起之”，衍一“之”字。

[18] 嵌壁甃垣 黄肇颚《崂山续志》卷五、《青岛历代方志集成·黄肇颚撰〈崂山艺文志〉卷十六》、周至元《崂山志》、《崂山区志》、王集钦《崂山古今文史论丛·碑记》、《崂山道教史·碑刻史料》为“殿陛甃垣”，“嵌壁”作“殿陛”。《青岛市志·崂山志》、新编《崂山志》为“殿陛□垣”，唯“甃”阙如。

[19] 丹室圜宇 黄肇颚《崂山续志》卷五为“丹室圜□”，“宇”字阙如。《青岛历代方志集成·黄肇颚撰〈崂山艺文志〉卷十六》为“丹青圜□”，“丹室”作“丹青”，“宇”字阙如。周至元《崂山志》、《崂山区志》《崂山道教史·碑刻史料》为“丹室环绕”，“圜宇”作“环绕”。《青岛市志·崂山志》、新编《崂山志》为“丹表环绕”，“室”作“表”，“圜宇”作“环绕”。王集钦《崂山古今文史论丛·碑记》为“丹青圜圆”，“室”作“青”，“宇”作“圆”。

[20] 邑人周氏某率 黄肇颚《崂山续志》卷五、《青岛历代方志集成·黄肇颚撰〈崂山艺文志〉卷十六》、周至元《崂山志》、《崂山区志》《青岛市志·崂山志》、新编《崂山志》、《崂山道教史·碑刻史料》、王集钦《崂山古今文史论丛·碑记》为“乃邑人蓝因为率”，句首衍一“乃”字，“周氏某”误作“蓝因”。又衍一“为”字。

[21] 莱 莱州。黄肇颚《崂山续志》卷五、《青岛历代方志集成·黄肇颚撰

〈崂山艺文志〉卷十六》误作“来”。

[22] 巳卯　误。《青岛历代方志集成·黄肇颚〈崂山艺文志〉卷十六》为“己卯”。

[23] 甫就　黄肇颚《崂山续志》卷五、《青岛历代方志集成·黄肇颚撰〈崂山艺文志〉卷十六》、周至元《崂山志》、《崂山区志》《青岛市志·崂山志》、新编《崂山志》、《崂山道教史·碑刻史料》、王集钦《崂山古今文史论丛·碑记》均为“甫就完”，均衍一“完”字。

[24] 余　黄肇颚《崂山续志》卷五、《青岛历代方志集成·黄肇颚撰〈崂山艺文志〉卷十六》、周至元《崂山志》、《崂山区志》《青岛市志·崂山志》、新编《崂山志》、《崂山道教史·碑刻史料》、王集钦《崂山古今文史论丛·碑记》“余”后均衍一“于”字。

[25] 游目澥上，探索形胜　黄肇颚《崂山续志》卷五、《青岛历代方志集成·黄肇颚撰〈崂山艺文志〉卷十六》、周至元《崂山志》、《崂山区志》《青岛市志·崂山志》、新编《崂山志》、《崂山道教史·碑刻史料》、王集钦《崂山古今文史论丛·碑记》均无“游目澥上，探索形胜”句，而为“东游揽胜”。异甚。

[26] 其颠　黄肇颚《崂山续志》卷五、《青岛历代方志集成·黄肇颚撰〈崂山艺文志〉卷十六》、周至元《崂山志》、《崂山区志》《青岛市志·崂山志》、新编《崂山志》、《崂山道教史·碑刻史料》、王集钦《崂山古今文史论丛·碑记》均为“其巅”。“颠”作“巅”，此处“颠”可替代“巅”。

[27] 乞余　黄肇颚《崂山续志》卷五、《青岛历代方志集成·黄肇颚撰〈崂山艺文志〉卷十六》、周至元《崂山志》、《崂山区志》《青岛市志·崂山志》、新编《崂山志》、《崂山道教史·碑刻史料》、王集钦《崂山古今文史论丛·碑记》为“因祈余”，前衍一“因”字，“乞”作“祈”。

[28] 澥上　黄肇颚《崂山续志》、《青岛历代方志集成·黄肇颚撰〈崂山艺文志〉卷十六》、周至元《崂山志》、《崂山区志》《青岛市志·崂山志》、新编《崂山志》、《崂山道教史·碑刻史料》、王集钦《崂山古今文史论丛·碑记》为“海上”，“澥”作“海”。《道教寻踪·崂山道教碑记》为“海山”，“澥”作“海”，“上”作“山”，误。

[29] 宫阙咸金银　黄肇颚《崂山续志》卷五、《青岛历代方志集成·黄肇颚撰〈崂山艺文志〉卷十六》、周至元《崂山志》、《崂山区志》《青岛市志·崂山志》、新编《崂山志》、王集钦《崂山古今文史论丛·碑记》、《崂山道教史·碑刻史料》《道教寻踪·崂山道教碑记》为“石阙成金银”，“宫”作“石”，“咸”作“成”。

[30] 神仙在焉　黄肇颚《崂山续志》卷五、《青岛历代方志集成·黄肇颚撰〈崂山艺文志〉卷十六》、周至元《崂山志》、《崂山区志》《青岛市志·崂山志》、新编《崂山志》、《崂山道教史·碑刻史料》、王集钦《崂山古今文史论丛·碑记》为“神仙多在焉”，衍一“多”字。

[31] 聆之　黄肇颚《崂山续志》卷五、《青岛历代方志集成·黄肇颚撰〈崂山艺文志〉卷十六》、周至元《崂山志》、《崂山区志》《青岛市志·崂山志》、新编《崂山志》、《崂山道教史·碑刻史料》、王集钦《崂山古今文史论丛·碑记》为“聆谈之”，衍一“谈”字。

[32] 蜚动　黄肇颚《崂山续志》卷五、《青岛历代方志集成·黄肇颚撰〈崂山艺文志〉卷十六》、周至元《崂山志》、《崂山区志》《青岛市志·崂山志》、新编《崂山志》、《崂山道教史·碑刻史料》、王集钦《崂山古今文史论丛·碑记》为“飞动”，“蜚”作“飞”。

[33] 何无睹焉　黄肇颚《崂山续志》卷五、《青岛历代方志集成·黄肇颚〈崂山艺文志〉卷十六》、周至元《崂山志》、《崂山区志》《青岛市志·崂山志》、新编《崂山志》、《崂山道教史·碑刻史料》、王集钦《崂山古今文史论丛·碑记》为“目无视焉”，“何无睹”作“目无视”，异甚。

[34] 望洋淼漠　黄肇颚《崂山续志》卷五、周至元《崂山志》、《崂山区志》《青岛市志·崂山志》、新编《崂山志》、《崂山道教史·碑刻史料》、王集钦《崂山古今文史论丛·碑记》为“汪洋渺漠”，“望”作“汪”，“淼”作“渺”。

[35] 无津涯　黄肇颚《崂山续志》卷五、周至元《崂山志》、《崂山区志》《青岛市志·崂山志》、新编《崂山志》、《崂山道教史·碑刻史料》、王集钦《崂山古今文史论丛·碑记》为“而无津涯”，“无”前衍一“而”字。

[36] 之竟　黄肇颚《崂山续志》卷五、《青岛历代方志集成·黄肇颚撰〈崂

山艺文志〉卷十六》、周至元《崂山志》、《崂山区志》《青岛市志·崂山志》、新编《崂山志》、《崂山道教史·碑刻史料》、王集钦《崂山古今文史论丛·碑记》为“以竟”，“之”作“以”。

[37] 恣为　黄肇颚《崂山续志》卷五、《青岛历代方志集成·黄肇颚撰〈崂山艺文志〉卷十六》为“为□”，前后换位，“恣”阙如。周至元《崂山志》、《崂山区志》《青岛市志·崂山志》、新编《崂山志》、《崂山道教史·碑刻史料》为“目为”，“恣”作“目”。王集钦《崂山古今文史论丛·碑记》为“之为”，“恣”作“之”。

[38] 盖欣厌相夺　黄肇颚《崂山续志》卷五、《青岛历代方志集成·黄肇颚〈崂山艺文志〉卷十六》、周至元《崂山志》、《崂山区志》《青岛市志·崂山志》、新编《崂山志》、《崂山道教史·碑刻史料》、王集钦《崂山古今文史论丛·碑记》为“盖悉忻厌相夺”，衍一“悉”字，“欣”误作“忻”。《道教寻踪·崂山道教碑记》为“盖欣厌相敚”，“夺”作“敚”。

[39] 耳目贵贱　黄肇颚《崂山续志》卷五、《青岛历代方志集成·黄肇颚撰〈崂山艺文志〉卷十六》、周至元《崂山志》、《崂山区志》《青岛市志·崂山志》、新编《崂山志》、《崂山道教史·碑刻史料》、王集钦《崂山古今文史论丛·碑记》为“耳目相贼”，“贵贱”作“相贼”，不知何据。

[40] 兹峰　《道教寻踪·崂山道教碑记》为“慈峰”，“兹”作“慈”。

[41] 洞宇可以息形，芝术可以充饵　《青岛历代方志集成·黄肇颚撰〈崂山艺文志〉卷十六》为“洞宇可以息影，芝术能以为饵”，“形”作“影”，“可”作“能”，“充”作“为”。黄肇颚《崂山续志》卷五、周至元《崂山志》、《崂山区志》《青岛市志·崂山志》、新编《崂山志》、《崂山道教史·碑刻史料》、王集钦《崂山古今文史论丛·碑记》前句同，后句为“芝术能以为饵”，“可”作“能”，“充”作“为”。

[42] 窅眇　黄肇颚《崂山续志》卷五、《青岛历代方志集成·黄肇颚撰〈崂山艺文志〉卷十六》、周至元《崂山志》、王集钦《崂山古今文史论丛·碑记》为“窅渺”，“眇”作“渺”。《青岛市志·崂山志》、新编《崂山志》为“□渺”，“窅”字阙如。《道教寻踪·崂山道教碑记》为“杳渺”，“窅”作“杳”，“眇”

作“渺”。“眇”“渺”通。

[43] 尘坌悬绝 《青岛历代方志集成·黄肇颚撰〈崂山艺文志〉卷十六》、王集钦《崂山古今文史论丛·碑记》为“尘岔悉绝”,“坌”作“岔”,“悬”作“悉”。黄肇颚《崂山续志》卷五、周至元《崂山志》、《崂山区志》《青岛市志·崂山志》、新编《崂山志》、《崂山道教史·碑刻史料》为“尘纷悉绝”,“坌”作“纷”,“悬”作“悉”。《道教寻踪·崂山道教碑记》为“尘氛悬绝”,“坌”作“氛”。

[44] 群灵讬迹 黄肇颚《崂山续志》卷五、《青岛历代方志集成·黄肇颚撰〈崂山艺文志〉卷十六》为“群灵□□”,“讬迹”阙如。周至元《崂山志》、《崂山区志》《崂山道教史·碑刻史料》为“群峰岝峨”,四字误三;《青岛市志·崂山志》、新编《崂山志》为“群峰□峨”,均将“灵”误作“峰”,“讬迹”,要么阙如,要么误作“岝峨”之类。王集钦《崂山古今文史论丛·碑记》为“群灵英威”,“托迹”作“英威”。群灵,意为群神。出自《晋书·乐志上》:“众神感,群灵仪。”讬迹,亦作“托迹”。寄托形迹;寄身。

[45] 慕之者 黄肇颚《崂山续志》卷五、《青岛历代方志集成·黄肇颚撰〈崂山艺文志〉卷十六》、周至元《崂山志》、《崂山区志》《青岛市志·崂山志》、新编《崂山志》、王集钦《崂山古今文史论丛·碑记》、《崂山道教史·碑刻史料》均为“参之者”,“慕”作“参”。

[46] 可望而不可即 周至元《崂山志》、《崂山区志》《青岛市志·崂山志》、新编《崂山志》、《崂山道教史·碑刻史料》均为“可往而不即”,“望”作“往”,后缺一“可”字。王集钦《崂山古今文史论丛·碑记》为“可望而不相即”,“不可”作“不相”。

[47] 信目前 黄肇颚《崂山续志》卷五、《青岛历代方志集成·黄肇颚撰〈崂山艺文志〉卷十六》、周至元《崂山志》、《崂山区志》《青岛市志·崂山志》、新编《崂山志》、《崂山道教史·碑刻史料》、王集钦《崂山古今文史论丛·碑记》均缺一“信”字。

[48] 藉能顿解天弢 黄肇颚《崂山续志》卷五、《青岛历代方志集成·黄肇颚撰〈崂山艺文志〉卷十六》为“藉令顿解天□”,“能”作“令”,“弢”阙

如。周至元《崂山志》、《崂山区志》《青岛市志·崂山志》、新编《崂山志》、《崂山道教史·碑刻史料》均为“藉令顿解天姥”，“能”作“令”，“弢”作“姥”。《道教寻踪·崂山道教碑记》为“藉能顿解天叨”，“弢”作“叨”。王集钦《崂山古今文史论丛·碑记》为“藉令顿解天穹”，“能”作“令”，“弢”作“穹”。

[49] 坐鰧桯棤 黄肇颚《崂山续志》卷五、《青岛历代方志集成·黄肇颚〈崂山艺文志〉卷十六》、王集钦《崂山古今文史论丛·碑记》为“坐追□□”，“鰧”作“追”，“桯棤”阙如。周至元《崂山志》、《崂山区志》《青岛市志·崂山志》、新编《崂山志》、《崂山道教史·碑刻史料》均为“坐追云霞”，“鰧”作“追”，“桯棤”作“云霞”。

[50] 挟羽翰 黄肇颚《崂山续志》卷五、《青岛历代方志集成·黄肇颚撰〈崂山艺文志〉卷十六》、王集钦《崂山古今文史论丛·碑记》为“挟□□”，“羽翰”阙如。周至元《崂山志》、《崂山区志》《青岛市志·崂山志》、新编《崂山志》、《崂山道教史·碑刻史料》均为“挟白鹤”，“羽翰”作“白鹤”。

[51] 探秘术 黄肇颚《崂山续志》卷五、《青岛历代方志集成·黄肇颚〈崂山艺文志〉卷十六》、王集钦《崂山古今文史论丛·碑记》为“□□□”，“探秘术”三字阙如。周至元《崂山志》、《崂山区志》《青岛市志·崂山志》、新编《崂山志》、《崂山道教史·碑刻史料》均为“侣羡门”，误。羡门，一作羡门高，燕人，方仙道。古代传说中的仙人，秦始皇至碣石曾派人寻求。后世用作咏求仙的典故。唐白居易《梦仙》诗：“安期羡门辈，列侍如公卿。”

[52] 无建立 黄肇颚《崂山续志》卷五、《青岛历代方志集成·黄肇颚撰〈崂山艺文志〉卷十六》、周至元《崂山志》、《崂山区志》《青岛市志·崂山志》、新编《崂山志》、王集钦《崂山古今文史论丛·碑记》、《崂山道教史·碑刻史料》为“其建立”，“无”作“其”。

[53] 山澥 黄肇颚《崂山续志》卷五、《青岛历代方志集成·黄肇颚撰〈崂山艺文志〉卷十六》、周至元《崂山志》、《崂山区志》《青岛市志·崂山志》、新编《崂山志》、《崂山道教史·碑刻史料》均为“海山”。王集钦《崂山古今文史论丛·碑记》、《道教寻踪·崂山道教碑记》为“山海”，“澥”作“海”。

[54] 乃为之 周至元《崂山志》、《崂山区志》《青岛市志·崂山志》、新编《崂山志》、《崂山道教史·碑刻史料》为“乃为”，缺一“之”字。

[55] 肇育 黄肇颚《崂山续志》卷五、《青岛历代方志集成·黄肇颚撰〈崂山艺文志〉卷十六》为“肇□”，“育”字阙如。周至元《崂山志》、《崂山区志》、新编《崂山志》、《崂山道教史·碑刻史料》为“肇基”，“育”作“基”。王集钦《崂山古今文史论丛·碑记》为“肇始”，“育”作“始”。

[56] 以归 黄肇颚《崂山续志》卷五、《青岛历代方志集成·黄肇颚撰〈崂山艺文志〉卷十六》、周至元《崂山志》、《崂山区志》《青岛市志·崂山志》、新编《崂山志》、王集钦《崂山古今文史论丛·碑记》、《崂山道教史·碑刻史料》均为“依归”，“以”作“依”。

[57] 众甫 黄肇颚《崂山续志》卷五、《青岛历代方志集成·黄肇颚撰〈崂山艺文志〉卷十六》、周至元《崂山志》、《崂山区志》《青岛市志·崂山志》、新编《崂山志》、王集钦《崂山古今文史论丛·碑记》、《崂山道教史·碑刻史料》均为“众称”，“甫”作“称”。众甫，即万物的开始，同“众父”。

[58] 唯山 黄肇颚《崂山续志》卷五、《青岛历代方志集成·黄肇颚撰〈崂山艺文志〉卷十六》、周至元《崂山志》、《崂山区志》《青岛市志·崂山志》、新编《崂山志》、王集钦《崂山古今文史论丛·碑记》、《崂山道教史·碑刻史料》均为“维山”，“唯”作“维”。

[59] 唯澥 黄肇颚《崂山续志》卷五、《青岛历代方志集成·黄肇颚撰〈崂山艺文志〉卷十六》、周至元《崂山志》、《崂山区志》《青岛市志·崂山志》、新编《崂山志》、王集钦《崂山古今文史论丛·碑记》、《崂山道教史·碑刻史料》均为“维海”，“唯”作“维”，“澥”作“海”。《道教寻踪·崂山道教碑记》为“唯海”，“澥”作“海”。

[60] 允兹 周至元《崂山志》、《崂山区志》《青岛市志·崂山志》、新编《崂山志》、《崂山道教史·碑刻史料》为“九兹”，“允”作“九”。王集钦《崂山古今文史论丛·碑记》为“允慈”，“兹”作“慈”。

[61] 实梁苦津 黄肇颚《崂山续志》卷五、《青岛历代方志集成·黄肇颚〈崂山艺文志〉卷十六》为“实梁□津”，“苦”阙如。周至元《崂山志》、《崂

山区志》《青岛市志·崂山志》、新编《崂山志》、《崂山道教史·碑刻史料》为“实开梁津”，前多“开”字后缺“苦”字。王集钦《崂山古今文史论丛·碑记》为“实梁通津”，“苦”作“通”。

[62] 绀殿峥嵘 黄肇颚《崂山续志》卷五、《青岛历代方志集成·黄肇颚撰〈崂山艺文志〉卷十六》为“□殿□□”，四字三阙如。王集钦《崂山古今文史论丛·碑记》为“□殿崇巍”，“峥嵘”作“崇巍”，四字阙一错二。周至元《崂山志》、《崂山区志》《青岛市志·崂山志》、新编《崂山志》、《崂山道教史·碑刻史料》为“碧波巍峨”，与原句异甚。绀殿，指佛寺。隋江总《幡赞》：“光分绀殿，采布看城。”

[63] 为彼 黄肇颚《崂山续志》卷五、《青岛历代方志集成·黄肇颚撰〈崂山艺文志〉卷十六》、周至元《崂山志》、《崂山区志》《青岛市志·崂山志》、新编《崂山志》、王集钦《崂山古今文史论丛·碑记》、《崂山道教史·碑刻史料》均为“维彼”，“为”作“维”。

[64] 莫匪 黄肇颚《崂山续志》卷五、《青岛历代方志集成·黄肇颚撰〈崂山艺文志〉卷十六》、周至元《崂山志》、《崂山区志》《青岛市志·崂山志》、新编《崂山志》、王集钦《崂山古今文史论丛·碑记》、《崂山道教史·碑刻史料》均为“莫非”，“匪”作“非”。莫匪，意思同“莫非”。《诗·周颂·思文》：“思文后稷，克配彼天。立我烝民，莫匪尔极。”

[65] 莫匪 黄肇颚《崂山续志》卷五、《青岛历代方志集成·黄肇颚〈崂山艺文志〉卷十六》、周至元《崂山志》、《崂山区志》《青岛市志·崂山志》、新编《崂山志》、王集钦《崂山古今文史论丛·碑记》、《崂山道教史·碑刻史料》均为“莫非”，“匪”作“非”。

[66] 志彼飡霞 黄肇颚《崂山续志》卷五、《青岛历代方志集成·黄肇颚〈崂山艺文志〉卷十六》、王集钦《崂山古今文史论丛·碑记》为“志彼□□”，“飡霞”二字阙如。周至元《崂山志》、《崂山区志》《青岛市志·崂山志》、新编《崂山志》、《崂山道教史·碑刻史料》为“志彼林泉”，“飡”作“林”，“霞”作“泉”。《道教寻踪·崂山道教碑记》为“志彼餐霞”，“飡”作“餐”。飡霞，意同“餐霞”。餐霞，餐食日霞。指修仙学道。语出《汉书·司马相如传下》：“呼

吸沆瀣兮餐朝霞。”

[67] 尘机　黄肇颚《崂山续志》卷五、《青岛历代方志集成·黄肇颚〈崂山艺文志〉卷十六》为“尘□”，“机”字阙如。周至元《崂山志》、《崂山区志》《青岛市志·崂山志》、新编《崂山志》、《崂山道教史·碑刻史料》为“尘襟”，“机”作“襟”。王集钦《崂山古今文史论丛·碑记》为“尘圜”，“机”作“圜”。尘机，犹言尘俗的心计与意念。

[68] 永息　黄肇颚《崂山续志》卷五、《青岛历代方志集成·黄肇颚撰〈崂山艺文志〉卷十六》、王集钦《崂山古今文史论丛·碑记》为“永洗”，“息”作“洗”。周至元《崂山志》、《崂山区志》《青岛市志·崂山志》、新编《崂山志》、《崂山道教史·碑刻史料》为“永脱”，“息”作“脱”，误。

[69] 穹苍　《青岛历代方志集成·黄肇颚〈崂山艺文志〉》为“苍穹”，两字前后换位。

[70] 俯兮　黄肇颚《崂山续志》卷五、《青岛历代方志集成·黄肇颚撰〈崂山艺文志〉卷十六》、王集钦《崂山古今文史论丛·碑记》为“□兮”，“俯”字阙如。

[71] 亿兆　黄肇颚《崂山续志》卷五、《青岛历代方志集成·黄肇颚〈崂山艺文志〉卷十六》、王集钦《崂山古今文史论丛·碑记》为“依昭”，“兆”作“昭”。周至元《崂山志》、《崂山区志》《青岛市志·崂山志》、新编《崂山志》、《崂山道教史·碑刻史料》为“依始”，“亿”作“依”，“兆”作“始”，误。

[72] 无疆　“疆”后，《憨山大师梦游全集》卷二十二、周至元《崂山志》、《崂山区志》《青岛市志·崂山志》、新编《崂山志》、《崂山道教史·碑刻史料》《道教寻踪·崂山道教碑记》均无落款。落款据黄肇颚《崂山续志》卷五、王集钦《崂山古今文史论丛·碑记》落款为：“万历十二年岁在甲申孟春之吉□□□撰。”惜撰者名阙如。《青岛历代方志集成·黄肇颚撰〈崂山艺文志〉卷十六》落款“万历”前有“大明”两字，余同。

注释：

1.《重修巨峰顶白云庵玉皇殿记》　碑记录自《憨山大师梦游全集》卷二

十二，憨山撰。侍者福善日录，门人通炯编辑。黄肇颚《崂山续志》卷五（记无撰者名）、《青岛历代方志集成·黄肇颚撰〈崂山艺文志〉卷十六》、周至元《崂山志》、《崂山区志》《青岛市志·崂山志》、新编《崂山志》、《崂山道教史·碑刻史料》亦载，题作《重修巨峰顶白云庵玉皇殿碑》，并记“憨山撰文”。《道教寻踪·崂山道教碑记》录自《憨山老人梦游集》卷二十二。

2. 憨山　明代四大高僧之一。俗姓蔡，名德清，字澄印。生于嘉靖二十五年（1546）。少时宿慧，聪颖过人，令习举子业，经书子史，入目能通，尤长诗词，虽寒窗苦读，但无意仕途。12岁即弃而入佛门，19岁受禅法，为南京报恩寺为僧，后云游各地。至北台时，爱憨山之秀峰，遂取此为号。后以憨山行世，尊为憨山大师，渊此。万历十一年（1583）四月，憨山由五台山至崂山，在那罗延窟修禅，后获山民之助，在太清宫近旁结庐安居。时，太清宫“倾圮甚，羽流窜亡，一二香火守废基。”而憨山获太后和当地士绅之助，尽购太清宫之地，于万历十三至十六年（1585—1588）建成海印寺。该寺气势恢宏，“佛宇僧寮之盛，几埒于五台、普陀”之名刹相媲美。万历十七年（1589），太清宫羽流不记憨山建寺同时，建道观以安顿之，控告憨山强占庙产，地方不成，就到京师上告。“于是，上变告，憨山被诬，戍雷州。”万历二十三年（1595），憨山以私建寺庙罪，被充军到广东雷州。获释后，结庵庐山五乳峰下，居四年。又到广东曲江县东南25千米的曹溪宝林寺，潜心著述。天启三年（1623）憨山病逝于曹溪。年78卒。高出《劳山记》：“有大善开士曰憨山者，始启海印禅林焉，凿石布金声于其内，此邦士众咸悦之。憨山颇能诗，善书法，又谈说足人俯仰，余所闻者，亦可其人也。”黄宗昌《崂山志》：“山史氏曰：道高而毁来，忌之者多也。释氏子，夫何忌而多口若是，盛名难居，故君子恶其著耳。吾观憨山年谱，而知憨山之所以为憨山者，其开宗明义，已既廓然四达，了无生相矣。”

3. 巨峰　为崂山最高峰。因高峰矗立，为崂山诸峰之首，故名“巨峰”。又因是崂山顶巅，又名“崂顶”。黄肇颚《崂山续志》：“巨峰奇伟博大，浑沦磅礴，高出霄汉。登峰一览，海天无际，众山皆卑，应叹观止。”

4. 白云　即白云庵。周至元《崂山志》：“在巨峰前麓，东住岭之上。一名铁瓦殿。创建不详。明嘉靖间，朴一向重起殿宇。至万历中，其徒高来德大新之。助成者有即墨蓝田及莱中丞刘公拙斋。玉皇正殿三楹，尽覆以铁瓦。瓦作龙形，径长一尺二寸，上铸捐施者姓氏，制甚精巧，足见当日殿宇之宏丽。至清康熙间，遭回禄之灾，庵被全毁，道众四散。今其毁烬柱石，尚屹然林立。”铁瓦，另说更详。黄肇颚《崂山续志》卷十《丛谈·金石类》：“铁瓦殿铁瓦，径尺有二寸，横四寸，厚二分强。背铸男妇捐施姓氏，页有数名。”

5. 李阳兴　蓝水《崂山古今谈》：“荣成人。嘉靖间入劳，时巨峰白云庵已毁，阳兴动兴复之念，邑绅蓝因助之，于是募工庀材，大起玉皇殿，覆以铁瓦，生徒不下千人，道风之畅为一时最。”《青岛市志·崂山志》记李兴阳为“成山卫人”，记及“李阳兴在其师初修的基础上，继续修复该庵。”

6. 巳卯　应为己卯，万历七年，1579 年。

7. 癸未　万历十一年，1583 年。

8. 窅眇　亦作窅渺、窅邈。意深远、精微。清赵翼《欧北诗话·元遗山诗二》：“拘思窅渺，十步九折，愈折而意愈深，味愈儁。”

9. 天弢　意天然的束缚。《庄子·知北游》：“解其天弢，堕其天袠，纷乎宛乎，魂魄将往，乃身从之，乃大归乎！”

10. 羽翰　意即翅膀。飞翔；飞升。南朝宋鲍照《咏双燕》之一：“双燕戏云崖，羽翰始差池。”唐孟郊《出门行》之二：“参辰出没不相待，我欲横天无翅翰。”

11. 穹苍　亦作“穹仓”或“苍穹”。指地球上空巨大的圆拱或穹窿，宇宙之中的空间。

12. 亿兆　极言其数之多。《书·泰誓中》：“受有亿兆夷人，离心离德。”杜预注《左传》：“万万曰亿，万亿曰兆。”

明万历十三年《重修神清宫记》1

自古道术称黄老2，以清净3无欲[1]，教人凝神[2] 4内守，以养天年5，而不中道夭阏6，此其本也。后因务[3]以为长生，□德[4]高慕遐思，□曰[5]：海外十洲三岛7之间，有神人焉[6]，藉令[7]一见而尘埃可脱。即有识之士莫不往[8]，是以仙踪遂满东海之隅[9]，而牢山[10]尤萃。惟二崂称墨巨丽[11]，三面环海，群峰插天，朱户[12] 8丹室，匝布[13]其间。当万山之中，曰神清宫9，宫创于宋延祐[14]间，为长春[15]栖真之所。真人已往，其迹丘墟[16]。我明嘉靖间10，住持姜全志募众重修，构三楹[17]，貌太上三清帝释[18]之像，安居堂室，颇为周备。凡历二十余年[19]，至万历乙酉11甫告[20]落成，征余为记，余[21]因喟然而应之。曰：噫！道之在宥天地，形形色色[22]，惟广漠，惟净惟清[23]，前之而无始，后随之而无终[24]，得是道者以长生。嗟夫，人者昧之[25]，汩汩沉欲，滔滔[26]而不知返。其神不清，虽生何生。宜乎至人之观，朝菌12之晦朔[27] 13，蝼蛄[28]之春秋[29]也。兹宫之建，窈渺幽深。冀夫[30]居者，安以凝神，净以徐□[31]，超尘出世[32]，而永[33]不死不生，即日[34]而登广漠之庭。嗟夫[35]！高慕者荡志，遐思者放情，又何弱水之可济[36]，羽翼之可生哉？夫如是，使夫施者作者□一尘[37]而与山岳[38]共永[39]，滴水[40]而与沧溟[41]同波，功德何穷。聊书[42]以记[43]其事[44]。

明万历十三年14冬十月上朔之吉

如幻道人□山□□撰

校勘：

［1］无欲　周至元《崂山志》、《青岛市志·崂山志》、新编《崂山志》、《崂山道教史·碑刻史料》《道教寻踪·崂山道教碑记》为“无为”，“欲”作“为”。

［2］凝神　周至元《崂山志》、《青岛市志·崂山志》、新编《崂山志》、《崂山道教史·碑刻史料》《道教寻踪·崂山道教碑记》为“谷神”，“凝”作“谷”。

［3］后因务　《青岛市志·崂山志》、新编《崂山志》、《崂山道教史·碑刻史

料》《道教寻踪·崂山道教碑记》为“后世诬”，“因”作“世”，“务”作“诬”。

[4] □德 周至元《崂山志》、《青岛市志·崂山志》、新编《崂山志》、《崂山道教史·碑刻史料》《道教寻踪·崂山道教碑记》为“其德”，补阙作“其”。

[5] □曰 周至元《崂山志》、《青岛市志·崂山志》、新编《崂山志》、《崂山道教史·碑刻史料》《道教寻踪·崂山道教碑记》为“必曰”，补阙作“必”。

[6] 有神人焉 周至元《崂山志》、《青岛市志·崂山志》、新编《崂山志》、《崂山道教史·碑刻史料》《道教寻踪·崂山道教碑记》为“有神人在焉”，中衍一“在”字。

[7] 藉令 周至元《崂山志》、《青岛市志·崂山志》、新编《崂山志》、《崂山道教史·碑刻史料》《道教寻踪·崂山道教碑记》为“藉今”，“令”作“今”，误。

[8] 莫不往 周至元《崂山志》、《青岛市志·崂山志》、新编《崂山志》、《崂山道教史·碑刻史料》《道教寻踪·崂山道教碑记》为“莫不愿往”，中衍一“愿”字。

[9] 遂满东海之隅 《青岛历代方志集成·黄肇颚撰〈崂山艺文志〉第十三卷》为“随满东海之隅”，“遂”作“随”。周至元《崂山志》、《青岛市志·崂山志》、新编《崂山志》、《崂山道教史·碑刻史料》《道教寻踪·崂山道教碑记》为“遍满山东之阳”，“遂”作“遍”，“东海”作“山东”，“隅”作“阳”。两者差误非一般可言，有待考证。

[10] 牢山 周至元《崂山志》、《青岛市志·崂山志》、新编《崂山志》、《崂山道教史·碑刻史料》《道教寻踪·崂山道教碑记》为“崂山”。

[11] 称墨巨丽 周至元《崂山志》、《青岛市志·崂山志》、新编《崂山志》、《崂山道教史·碑刻史料》《道教寻踪·崂山道教碑记》为“称巨丽”，无一“墨”字。

[12] 朱户 周至元《崂山志》、《青岛市志·崂山志》、新编《崂山志》、《崂山道教史·碑刻史料》《道教寻踪·崂山道教碑记》为“朱宫”，“户”作“宫”。

[13] 匝布 周至元《崂山志》、《青岛市志·崂山志》、新编《崂山志》、《崂山道教史·碑刻史料》《道教寻踪·崂山道教碑记》为“递布”，“匝”作“递”。

［14］宋延祐　周至元《崂山志》、《青岛市志·崂山志》、新编《崂山志》、《道教寻踪·崂山道教碑记》为“元延祐”，“宋”作“元”，是。查，北宋、南宋无“延祐”年号。“延祐”为元仁宗年号，延祐元年至七年，即1314—1320年。《青岛市志·崂山志》作“元延佑”，元代无“延佑”年号，显是“延祐”之误。据考，宋有哲宗“元祐”(1086—1093）年号。邱长春先后三次于金明昌六年（1195)、金泰和八年（1208)、金大安元年（1209）到崂山，其间，在神清宫栖身修炼应无疑。若如此，则“宋延祐”似乎是“元延祐”之误。然这同样是误记，元尚未建元，蒙古太祖十七年（1222）邱已仙逝矣。

［15］长春　周至元《崂山志》、《青岛市志·崂山志》、新编《崂山志》、《崂山道教史·碑刻史料》《道教寻踪·崂山道教碑记》为“长春子”，衍一“子”字。

［16］丘墟　《青岛历代方志集成·黄肇颚撰〈崂山艺文志〉卷十三》为“邱墟”,“丘”作“邱”。周至元《崂山志》、《青岛市志·崂山志》、新编《崂山志》、《崂山道教史·碑刻史料》《道教寻踪·崂山道教碑记》为“丘虚”，“墟”作“虚”，误。

［17］重修，构三楹　《青岛历代方志集成·黄肇颚撰〈崂山艺文志〉卷十三》为“重新，构三楹”，“修”作“新”。周至元《崂山志》、《青岛市志·崂山志》、新编《崂山志》、《崂山道教史·碑刻史料》《道教寻踪·崂山道教碑记》为“重新，构殿三楹”，“重修”作“重新”，“构”后衍一“殿”字。

［18］太上、三清、帝释　周至元《崂山志》、《青岛市志·崂山志》、新编《崂山志》、《崂山道教史·碑刻史料》《道教寻踪·崂山道教碑记》为“三清、太上、帝释”，《民国十二年重修神清宫碑》则为“三清、玉皇、救苦”。

［19］凡历二十余年　《青岛历代方志集成·黄肇颚撰〈崂山艺文志〉卷十三》为“凡历二十余羊”，“年”作“羊”。此为不该发生之误。此篇非原件，系抄写之误。周至元《崂山志》、《青岛市志·崂山志》、新编《崂山志》为“凡历十三余祀”，“二十”作“十三”。“年”作“祀”。《崂山道教史·碑刻史料》《道教寻踪·崂山道教碑记》为“凡历三十余祀”，“二十”作“三十”，“年”作“祀”。祀，亦即年。诸记不同，备考。

[20] 甫告　周至元《崂山志》、《青岛市志·崂山志》、新编《崂山志》、《崂山道教史·碑刻史料》《道教寻踪·崂山道教碑记》为“始告”，“甫”作“始”。

[21] 余　周至元《崂山志》、《青岛市志·崂山志》、新编《崂山志》、《崂山道教史·碑刻史料》《道教寻踪·崂山道教碑记》“余”作“予”。

[22] 形形色色　周至元《崂山志》、《青岛市志·崂山志》、新编《崂山志》、《崂山道教史·碑刻史料》《道教寻踪·崂山道教碑记》缺“形形色色”四字。

[23] 惟净惟清　周至元《崂山志》、《青岛市志·崂山志》、新编《崂山志》、《崂山道教史·碑刻史料》《道教寻踪·崂山道教碑记》为“惟清净”，“净清”颠倒，其间缺“惟”字。

[24] 前之而无始，后随之而无终　周至元《崂山志》、《青岛市志·崂山志》、新编《崂山志》、《崂山道教史·碑刻史料》《道教寻踪·崂山道教碑记》为“而无始后，随而无终”，前缺“前之”二字。后缺“之”字。句读标点不妥，宜随底文。

[25] 昧之　《青岛历代方志集成·黄肇颚撰〈崂山艺文志〉卷十三》为“昧昧”，“之”作“昧”。

[26] 滔滔　周至元《崂山志》、《青岛市志·崂山志》、新编《崂山志》、《崂山道教史·碑刻史料》《道教寻踪·崂山道教碑记》为“邈然”，“滔滔”作“邈然”，甚异。《青岛历代方志集成·黄肇颚撰〈崂山艺文志〉卷十三》为“□□”，“滔滔”阙如。

[27] 晦朔　《青岛历代方志集成·黄肇颚撰〈崂山艺文志〉卷十三》为“朔晦”，两字前后颠倒。

[28] 蝼蛄　周至元《崂山志》、《青岛市志·崂山志》、新编《崂山志》、《崂山道教史·碑刻史料》《道教寻踪·崂山道教碑记》为“蟪蛄”。按：古语有“朝菌不知晦朔，蟪蛄不知春秋，凡人仰观苍天，不知身在井底”之句。对照底文，可知两者相近。且蝼蛄的别称有蝼蝈、蟪蛄、天蝼等。

[29] 春秋　《青岛历代方志集成·黄肇颚撰〈崂山艺文志〉卷十三》为“春秌”，“秋”作“秌”。“秌”同“秋”。

[30] 冀夫　周至元《崂山志》、《青岛市志·崂山志》、新编《崂山志》、《崂

山道教史·碑刻史料》《道教寻踪·崂山道教碑记》为“宜其”，“冀夫”作“宜其”。二者完全不同。

[31] 净以徐□ 周至元《崂山志》、《青岛市志·崂山志》、新编《崂山志》、《崂山道教史·碑刻史料》《道教寻踪·崂山道教碑记》为“静以舒情”，“净”作“静”，“徐”作“舒”，补阙作“情”。

[32] 超尘出世 周至元《崂山志》、新编《崂山志》、《崂山道教史·碑刻史料》《道教寻踪·崂山道教碑记》为“超然遗世”，“尘”作“然”，“出”作“遗”。《青岛历代方志集成·黄肇颚撰〈崂山艺文志〉卷十三》为“超□□世”，“尘出”两字阙如。

[33] 而永 周至元《崂山志》、《青岛市志·崂山志》、《崂山道教史·碑刻史料》《道教寻踪·崂山道教碑记》为“而入”，“永”作“入”。新编《崂山志》为“而人”，“永”作“人”。均误。

[34] 即日 周至元《崂山志》、《青岛市志·崂山志》、新编《崂山志》、《崂山道教史·碑刻史料》《道教寻踪·崂山道教碑记》均为“即自”，“日”作“自”。

[35] 嗟夫 周至元《崂山志》、新编《崂山志》、《崂山道教史·碑刻史料》《道教寻踪·崂山道教碑记》为“叹夫”，“嗟”作“叹”，非是。

[36] 弱水之可济 周至元《崂山志》、《青岛市志·崂山志》、新编《崂山志》、《道教寻踪·崂山道教碑记》为“弱水之可隔”，“济”作“隔”，非是。或云：弱水三千，数瓢可济饥渴。

[37] □一尘 周至元《崂山志》、《青岛市志·崂山志》、新编《崂山志》、《崂山道教史·碑刻史料》《道教寻踪·崂山道教碑记》为“推一尘”，补阙作“推”。

[38] 山岳 周至元《崂山志》为“山巖”。《青岛市志·崂山志》、新编《崂山志》、《崂山道教史·碑刻史料》《道教寻踪·崂山道教碑记》为“山徽”，“岳”作“徽”。

[39] 共永 周至元《崂山志》、《青岛市志·崂山志》、新编《崂山志》、《崂山道教史·碑刻史料》《道教寻踪·崂山道教碑记》为“共光”，“永”作“光”。

《青岛历代方志集成·黄肇颚撰〈崂山艺文志〉卷十三》为“共□”，“永”字阙如。

[40] 滴水　周至元《崂山志》、《青岛市志·崂山志》、新编《崂山志》、《崂山道教史·碑刻史料》《道教寻踪·崂山道教碑记》为“一滴”，“滴”作“一”，“水”作“滴”。前为“一尘”，此为“一滴”，不知可乎？然唯以原碑之为证也。

[41] 沧溟　《青岛历代方志集成·黄肇颚撰〈崂山艺文志〉卷十三》、周至元《崂山志》、《青岛市志·崂山志》、新编《崂山志》、《崂山道教史·碑刻史料》《道教寻踪·崂山道教碑记》为“沧海”，“溟”作“海”。

[42] 聊书　周至元《崂山志》、《青岛市志·崂山志》、新编《崂山志》、《崂山道教史·碑刻史料》《道教寻踪·崂山道教碑记》为“遂书”，“聊”作“遂”。

[43] 以记　周至元《崂山志》、《青岛市志·崂山志》、新编《崂山志》、《崂山道教史·碑刻史料》《道教寻踪·崂山道教碑记》为“以纪”，“记”作“纪”。

[44] 其事　《青岛历代方志集成·黄肇颚撰〈崂山艺文志〉卷十三》、周至元《崂山志》、《青岛市志·崂山志》、新编《崂山志》、《崂山道教史·碑刻史料》《道教寻踪·崂山道教碑记》“其事”后未竟，又衍“俾后之人，有以鉴焉”一句。且均缺落款：“明万历十三年冬十月上朔之吉 如幻道人□山□□撰”。

注释：

1.《重修神清宫记》　此碑记录自黄肇颚《崂山续志》卷八。《青岛历代方志集成·黄肇颚撰〈崂山艺文志〉卷十三》、周至元《崂山志》、《青岛市志·崂山志》、新编《崂山志》、《崂山道教史·碑刻史料》《道教寻踪·崂山道教碑记》等亦录载。周至元《崂山志》等均作《重修神清宫碑》。

2. 黄老　黄，上古黄帝学派之始祖——黄帝；老，春秋时期道家学派的始祖——老子。此处指黄老教派，为道家早期教派，或说一种思想流派，产生于齐国稷下学宫的一个学派。黄老学说、思想流派，在历史上影响很大，司马迁《史记》云：“会窦太后治黄老言，不好儒术。”宋陆游《古风》诗，有“少年慕黄老，雅志在山林”句。

3. 清静　谓意境不烦扰。《史记·大史公自序》："李耳无为自化，清静自正。"

4. 凝神　聚精会神。《庄子·达生》："用志不分，乃凝于神。"南朝宋颜延年《五君咏·嵇中散》诗："形解验默仙，吐论如凝神。"

5. 天年　谓人的自然寿年。《史记·范睢察泽列传》"终其天年，而不夭伤。"《韩非子·解老》："行端直则无祸害，无祸害则尽天年……尽天年则全而寿。"

6. 夭阏　亦作夭遏。夭亡，夭折。《红楼梦》："期汗漫而无夭阏兮，忍捐弃余于尘埃耶？"唐白居易《夏日作》诗："庶几无夭折，得以终天年。"

7. 十洲三岛　黄老宣称距陆地极远的海中有十洲三岛，三岛，先秦、秦汉即有传，即《史记》说的蓬莱、方丈、瀛洲，后来《云笈七签》改定为昆仑、方丈、蓬莱；十洲，明代《天皇至道太清玉册》改定为瀛洲、玄洲、长洲、流洲、元洲、生洲、祖洲、炎洲、凤麟洲、聚窟洲。

8. 朱户　红漆大门。古代帝王赐给公卿诸侯的"九锡"之一。后泛指豪门贵族。《韩诗外传》卷九："诸侯之有德，天子锡之，一锡车马……六锡朱户。"宋王安石《午枕》诗："旧蹊埋没开新径，朱户欹斜见画楼。"

9. 神清宫　位于崂山区北宅街道大崂社区南山芙蓉峰下。本碑记云："宫创于宋延祐间，为长春栖真之所。"而清康熙《重修神清宫碑记》："考庙由来，盖自元延祐间长春子创建之后，历元明以迄于今。"《崂山志校注》"细考之，延祐，元仁宗年号，1314—1320年。邱长春于蒙古太祖二十二年（1227）即去世，离延祐约百年。可证万历碑和康熙碑均误。"黄肇颚《崂山续志》："宫居芙蓉峰前。峭壁危崖，奇伟秀丽，殿阁参差，松篁掩映，无尘氛气，修真之善地也。宫祀三清。后为玉皇阁；东为长春洞。……宫有长春子题句：'修真恰似上山劳，脚脚难移步步高。若不志心生退怠，只取天上摘蟠桃。延祐六年二月长春子题。'"明确为延祐六年（1319），则时邱已去世93年矣。

10. 嘉靖　明世宗元年至四十五年，1522—1566年。

11. 万历乙酉　万历十三年，1585年。《民国十二年重修神清宫碑》记为"万历己丑落成"，比乙酉稍晚。万历己丑，万历十七年，1589年。录以备考。

12. 朝菌　一名大芝。菌类植物，朝生见日则死，或云朝生暮死。生命极为短暂。

13. 晦朔　晦是阴历每月末的一天；朔是阴历月初的一天。晦朔即农历每月末一日及初一日。反之，朔晦即阴历每月初一日和最后一日。

14. 万历十三年　1585年。

明万历十四年《海印寺颁经谕文石碣[1]》[2]

敕谕东海海印寺住持及僧众人等：

朕维佛氏之教，载在京典，用以化导善类，觉悟群迷，于护国佑民不为无助。兹者圣君慈圣，宣文明肃，命工刻印，续入藏经四十一函，并旧刻藏经一百五十七函，通行颁布本寺。尔等务必庄严持诵，尊奉珍藏，不许诸色人等故行亵玩，致有遗失损坏。特赐护持，以垂永远。钦哉故谕。

大明万历十四年[3]三月十四日

注释：

1. 石碣　圆顶的石碑。按：古代一般只有在朝为官的人才能立这种碑。《三国志·蜀志·诸葛亮传》注引："晋永兴中，镇南将军刘弘至隆中，观亮故宅，立碣表闾。"

2.《海印寺颁经谕文石碣》　录自周至元《崂山志》卷六《金石志》。

3. 万历十四年　1586年。

明万历十五年《御制圣母印施佛藏经跋碑》[1]

我圣母慈圣宣文明肃皇太后刊印佛藏经若干卷，散施各寺，勅令诵持，以笃修胜因[2]，流布利泽[3]。呜呼，盛哉！朕复思之，释氏之教，篇帙浩繁，旨归微眇[4]，然大要破除迷妄，照彻[5]本来，引掖[6]善流，警惕愚昧。虽一经半偈[7]，欲见者敬而觉悟，闻者仰而归依，非徒崇饰[8]庄严、讽演赞叹而已。我圣母神明圆照，妙契三乘[9]，仁厚含宏[10]，兼收万品。虽安享至养，而茹蔬衣练，恒若修持，晨参夕礼，诵读金文，慈恩普覆，大地均沾。虽尊居法宫[11]，而援溺振穷，常思济度。念将作之苦，不吝捐金，以施舍为阴功也。矜狴犴[12]之冤，每令缓死，以慈悲为大德也。虽徽音[13]懿行，不可殚述。而总之垂范宫闱，布和民物，笃仕祐于邦家，贻福泽于冲眇[14]，奚啻[15]苦海之慈航，重昏[16]之慧日已哉？繇斯而观，释氏言教，未若我圣母之以身教也。朕是恭述盛美，笔而传之，以与斯经共流于罔极[17]云。

大明万历十五年[18]秋七月既望[19]吉旦

钦差巡抚山东等处地方提督军务督理营田兼管河道督察院右副都御史臣李戴[20]谨同巡按山东监察御史臣毛在[21]立石于东海那罗延山海印禅寺

分守海右道山东布政司右参政臣王庭诗[22]

分巡海防道山东按察司副使臣李瑱[23]

莱州府知府臣薛承范[24]

同知臣张□□[1][25]

通判臣陆志良[26]

推官臣李修吉[27]

胶州知州臣严思恭[28]

即墨县知县臣马登高[29]

县丞臣姚椿[2]

主簿臣宋□[3]

典史臣李尚通[30]督建

校勘：

[1] 张□□　乾隆《莱州府志》卷六《职官》为“张指南”，“□□”作“指南”。备考。

[2] 姚椿　乾隆《即墨县志》卷六《职官·县丞》为“姚春”，“椿”作“春”。宣府人。备考。

［3］宋□ 乾隆《即墨县志》卷六《职官·主簿》为“宋完”。备考。

注释：

1.《御制圣母印施佛藏经跋碑》 碑在太清宫为拓碑学者李继伟寻获，现藏青岛市博物馆。此碑文录自李继伟先生原碑拓片。

2. 胜因 佛教语。善因。《佛说无常经》：“胜因生善道，恶业堕泥犁。”

3. 利泽 利益恩泽。《汉书·景帝纪》：“德厚侔天地，利泽施四海。”

4. 微眇 亦作微渺，精微要妙，幽微杳远。《管子·水地》：“心之所虑，非特知于麤麤也，察于微眇，故修要之精。”

5. 照彻 犹照亮。谓使光明透过黑暗而遍照。巴金《雨》三：“他们有什么力来照彻这个黑暗的世界呢？”

6. 引掖 引导扶持。清钱泳《履园丛话·景贤·乡贤一》：“困于场屋，乃设家塾，引掖后进。”

7. 半偈 据佛学词典，指“诸行无常，是生灭法，生灭灭已，寂灭为乐”一偈之后半偈。《涅槃经》十四谓释迦如来往昔入雪山修菩萨行时，从罗刹闻前半偈，欢喜而更欲求后半偈。

8. 崇饰 粉饰；夸饰。《左传·文公十八年》：“少皞氏有不才子，毁信废忠，崇饰恶言，请谮庸回，服谗蒐慝，以诬盛德。”

9. 三乘 即“声闻乘”“缘觉乘”“菩萨乘”；此三乘分别名“小乘”“中乘”“大乘”。佛教所云三乘，相当于交通工具，比喻运载众生度越生死到涅槃彼岸之三种法门。

10. 含宏 义同“含弘”，意为包容博厚。出处：南朝齐王融《求自试表》：“夫君道含宏，臣术无隐。”

11. 法宫 圣母皇太后所居宫室的正殿。或如颜师古注引如淳曰：“法宫，路寝正殿也。”

12. 狴犴 又名宣章，中国古代神话中的神兽，为鳞虫之长瑞兽龙的第七子。形似虎，平生好讼，却又有威力，狱门上部那虎头形的装饰便是其图像。

13. 徽音 犹德音。指令闻美誉。《诗·大雅·思齐》：“大姒嗣徽音，则百斯男。”郑玄笺：“徽，美也。”

14. 冲眇　幼小。《晋书·后妃传论》：“成王冲眇，讬万机于上公。”

15. 奚啻　何止；岂但。《吕氏春秋·当务》：“跖之徒问于跖曰：‘盗亦有道乎？’跖曰：‘奚啻其有道也。’”“奚啻”亦作“奚翅”。《孟子·告子下》：“取食而重者与礼之轻者相比之，奚翅食重。”

16. 重昏　即重昏。思绪混乱不清。《楚辞·九章·涉江》：“余将董道而不豫兮，固将重昏而终身！”

17. 罔极　无极、无穷尽、无边际。《诗·小雅·蓼莪》：“父兮生我，母兮鞠我……欲报之德，昊天罔极。”

18. 万历十五年　1587年。

19. 既望　每月十六日称既望。

20. 李戴　字仁夫，号对泉。延津东街人。隆庆二年（1568）进士，时为山东巡抚，后先后任户部、工部、吏部尚书。

21. 毛在　字君明，南直隶苏州府太仓人。万历二年（1574）进士。据周至元《崂山志》：万历十五年立石前，春天曾在华楼山南天门立石碣，上刻诗并叙云：“余夙慕崂山之胜，中丞李公为言，兹山最胜在华楼。自登州还，远途一至，喜而赋此。万历丁亥春日。”

22. 王庭诗　字言卿，陕西西安府华州人。嘉靖四十四年（1565）进士。

23. 李瑱　隆庆二年（1568）戊辰科进士。

24. 薛承范　陕西韩城人，嘉靖举人。万历十六年（1588）撰《新建海印寺碑》文。乾隆《莱州府志》卷六《职官》记其明万历十三年（1585）任莱州知府。

25. 张□□　乾隆《莱州府志》卷六《职官》记为张指南，开州人，举人，万历十一年（1583）任莱州府同知。

26. 陆志良　乾隆《莱州府志》卷六《职官》：华亭人，万历十六年（1588）任莱州府通判。

27. 李修吉　乾隆《莱州府志》卷六《职官》：同城人。进士，万历十四年（1586）任莱州府推官。

28. 严思恭　四川庆符人。民国《增修胶州志》卷十三《职官》：万历十三年（1585）知胶州。有传。

29. 马登高 安邑人，举人。乾隆《即墨县志》卷六《职官》：万历十四年（1586）任即墨知县。

30. 李尚通 乾隆《即墨县志》卷六《职官·典史》录之名，未明何时任职。

明万历二十年《重修大劳观神清宫碑记》1

余邑之东南，去县治五舍2许，高冈[1]四围，清流[2]水曲[3]，长林蓊蔚[4]，麋鹿群游，地名大崂，亦崂之[5]雄概[6]，而山之胜观也。分里在邑之聚仙社3。古建玄帝庙以祀之[7]，失纪[8]其年月[9]。业[10]居相继事司香火焉。岁久废圮[11]，屡修葺[12]，仅支其欹仄[13]4，补其敝漏[14]。比年[15]以来，则岌乎将压矣。社主董君从礼[16]聚谋[17]于社众，欲重修之，以连岁[18]不登，未能兼顾[19]，虽倾圮[20]日甚。及今图之，以为[21]材瓦旧有[22]可用者二之一焉[23]。榱折5瓦破，计费滋甚[24]。乃鸠工募财[25]，首自捐赀蓄[26]以率兴作，求木山中，陶瓦[27]水次6，以修而新之[28]。故材瓦之[29]坚致可用者，亦所不弃。于是，拓其旧址而修之[30]。重屋[31]7飞檐[32]，顿易其旧[33]。其用木[34]以尺计者[35]旧若干[36]，瓦以片计者[37]旧若干[38]，铁石黝垩8之焉[39]，大率类是[40]。始于万历庚寅9春仲，告成于万历辛卯[41]10冬初。崇穆翚飞[42]11，栋楹[43]12虚敞，自远望[44]之，崒然[45]13若出霄汉[46]14之上；登高视之[47]，超然如□尘埃之表[48]，咸宏壮炫耀[49]，改观也[50]。三门突起，规制严整，前所未有者今有之。道人[51]住持[52]者宋真言、□仲赵真支[53]，时真言羽化矣[54]。赵总之，以是宫落成，劳与费亦大矣[55]，不可以无记[56]。乃具事之巅末，属余记之。余遂详书其事，以贻邦之人。百世之下，于董君善士暨诸襄事之功，以勒诸石焉。是为记。[57]

万历二十年岁次壬辰15三月望日

邑人炼庵杨盐16撰[58]

校勘：

[1] 高冈　周至元《崂山志》、《青岛市志·崂山志》、新编《崂山志》为“高山”，“冈”作“山”。

[2] 清流　周至元《崂山志》、《青岛市志·崂山志》、新编《崂山志》、《崂山道教史·碑刻史料》为“清溪”，“流”作“溪”。王集钦《崂山古今文史论丛·碑记》为“清清”，“流”作“清”。《青岛历代方志集成·黄肇颚撰〈崂山艺文志〉卷七》为“清□”，“流”字阙如。

[3] 水曲　周至元《崂山志》、《青岛市志·崂山志》、新编《崂山志》、《崂山道教史·碑刻史料》为“环曲”，“水”作“环”。水曲，意为水流曲折处；曲折的水滨。南朝梁简文帝《晚春》诗：“水曲文鱼聚，林暝雅鸟飞。”《青岛历代方志集成·黄肇颚撰〈崂山艺文志〉卷七》为“□曲”，“水”字阙如。

[4] 蓊蔚　周至元《崂山志》、《青岛市志·崂山志》、新编《崂山志》、《崂山道教史·碑刻史料》为“蓊郁”，“蔚”作“郁”。蓊蔚是。宋欧阳修《山中之乐》：“荫长松之蓊蔚兮，藉纤萍之丰茸。”

[5] 崂之　周至元《崂山志》、《青岛市志·崂山志》、新编《崂山志》、《崂山道教史·碑刻史料》为“势之”，“崂”作“势”。

[6] 雄概　周至元《崂山志》、《青岛市志·崂山志》、新编《崂山志》、《崂山道教史·碑刻史料》为“雄慨”，“概”作“慨”。《青岛历代方志集成·黄肇颚撰〈崂山艺文志〉卷七》为“胜概”，“雄”作“胜”。

[7] 祀之　《青岛历代方志集成·黄肇颚撰〈崂山艺文志〉卷七》为“□之”，“祀”字阙如。周至元《崂山志》、《青岛市志·崂山志》、新编《崂山志》、《崂山道教史·碑刻史料》为“镇之”，“祀”作“镇”。

[8] 失纪　周至元《崂山志》、《青岛市志·崂山志》、新编《崂山志》、《崂山道教史·碑刻史料》为“未纪”，“失”作“未”。

[9] 年月　周至元《崂山志》、《青岛市志·崂山志》、新编《崂山志》、《崂山道教史·碑刻史料》为“年”，“年”后缺“月”字。

[10] 业　周至元《崂山志》、《青岛市志·崂山志》、新编《崂山志》、《崂山道教史·碑刻史料》为“有道人业”，衍“有道人”三字。《道教寻踪·崂山道

教碑记》为“(有道人) 业”，或因疑前诸志衍而所为。

[11] 废圮 周至元《崂山志》、《青岛市志·崂山志》、新编《崂山志》、《崂山道教史·碑刻史料》为“寖圮”，“废”作“寖”，“圮”作“圮”。

[12] 屡修葺 周至元《崂山志》、《青岛市志·崂山志》、新编《崂山志》、《崂山道教史·碑刻史料》为“虽屡修葺”，前多一“虽”字。

[13] 仅支其攲仄 周至元《崂山志》、《青岛市志·崂山志》、新编《崂山志》、《崂山道教史·碑刻史料》为“但支其倚仄”，“攲”作“倚”。攲仄，同“攲侧”，倾斜、歪斜意。

[14] 敝漏 周至元《崂山志》、《青岛市志·崂山志》、新编《崂山志》、《崂山道教史·碑刻史料》为“敞漏”，且后衍“而已”两字。《周易》有“瓮敝漏”说。

[15] 比年 周至元《崂山志》、《青岛市志·崂山志》、新编《崂山志》、《崂山道教史·碑刻史料》为“毕年”，“比”作“毕”。比年，连年、累年。

[16] 董君从礼 周至元《崂山志》、《青岛市志·崂山志》、新编《崂山志》、《崂山道教史·碑刻史料》作“董君讳以礼者”，衍“讳”“者”，且“董从礼”变而成“董以礼”。

[17] 聚谋 《青岛历代方志集成·黄肇颚撰〈崂山艺文志〉卷七》为“□谋”，“聚”字阙如。周至元《崂山志》、《青岛市志·崂山志》、新编《崂山志》、《崂山道教史·碑刻史料》“谋”前，缺一“聚”字。王集钦《崂山古今文史论丛·碑记》为“议谋”，“聚”作“议”。

[18] 连岁 周至元《崂山志》、《青岛市志·崂山志》、新编《崂山志》、《崂山道教史·碑刻史料》《道教寻踪·崂山道教碑记》为“连年”，“岁”作“年”。

[19] 未能兼顾 周至元《崂山志》、《青岛市志·崂山志》、新编《崂山志》、《崂山道教史·碑刻史料》为“未暇为顾”。

[20] 虽倾圮 周至元《崂山志》、《青岛市志·崂山志》、新编《崂山志》、《崂山道教史·碑刻史料》为“倾颓”。“倾”前少一“虽”字，“圮”作“颓”。“圯”应为“圮”。

[21] 以为 周至元《崂山志》、《青岛市志·崂山志》、新编《崂山志》、

《崂山道教史·碑刻史料》均为“为”，“为”前少一“以”字。

［22］旧有 周至元《崂山志》、《青岛市志·崂山志》、新编《崂山志》、《崂山道教史·碑刻史料》为“尚有”，“旧”作“尚”。

［23］二之一焉 《青岛历代方志集成·黄肇颚撰〈崂山艺文志〉卷七》为“二□□焉”，“之一”两字阙如。周至元《崂山志》、新编《崂山志》、《崂山道教史·碑刻史料》为“一旦坠压”。与底文差别甚大，句读文意亦不同，风马牛不相及。王集钦《崂山古今文史论丛·碑记》为“二存一焉”，“之”作“存”。

［24］榱折瓦破，计费滋甚 周至元《崂山志》、《青岛市志·崂山志》、新编《崂山志》、《崂山道教史·碑刻史料》作“将榱折瓦破，而计费甚。”“榱”前衍一“将”字，“破”后衍一“而”字，且缺一“滋”字。

［25］乃鸠工募财 周至元《崂山志》、《青岛市志·崂山志》、新编《崂山志》、《崂山道教史·碑刻史料》为“乃鸠众聚财”，“工”作“众”，“募”作“聚”。

［26］首自捐赀蓄 周至元《崂山志》、《青岛市志·崂山志》、新编《崂山志》、《崂山道教史·碑刻史料》为“犹自捐赀蓄”，“首自”为“犹自”。“首”作“犹”。《道教寻踪·崂山道教碑记》为“首日捐赀”，“自”作“日”，并缺一“蓄”字。

［27］陶瓦 周至元《崂山志》、《青岛市志·崂山志》、新编《崂山志》为“□瓦”，“陶”字阙如。《崂山道教史·碑刻史料》为“甃瓦”，“陶”作“甃”。

［28］以修而新之 周至元《崂山志》、《青岛市志·崂山志》、新编《崂山志》、《崂山道教史·碑刻史料》为“欲砌而新”，“以修”作“欲砌”，“新”后缺一“之”字。

［29］故材瓦之 周至元《崂山志》、《青岛市志·崂山志》、新编《崂山志》、《崂山道教史·碑刻史料》为“其故材旧瓦”。“故”前衍一“其”字，“瓦”前衍一“旧”字，“瓦”后缺一“之”字。

［30］修之 《青岛历代方志集成·黄肇颚撰〈崂山艺文志〉卷七》为“□之”，“修”字阙如。周至元《崂山志》、《青岛市志·崂山志》、新编《崂山志》、王集钦《崂山古今文史论丛·碑记》、《崂山道教史·碑刻史料》为“筑

之”，“修”作“筑”。

[31] 重屋 周至元《崂山志》、《青岛市志·崂山志》、新编《崂山志》、《崂山道教史·碑刻史料》为“重重”，“屋”作“重”。王集钦《崂山古今文史论丛·碑记》为“垂屋”，“重”作“垂”。重屋，指屋顶分两层的房屋，指阁楼。宋苏轼《教战守策》：“今王公贵人，处于重屋之下。”

[32] 飞檐 周至元《崂山志》、《青岛市志·崂山志》、新编《崂山志》、《崂山道教史·碑刻史料》为“飞檐凌云”，“檐”后衍“凌云”两字。

[33] 顿易其旧 周至元《崂山志》、《青岛市志·崂山志》、新编《崂山志》、《崂山道教史·碑刻史料》阙如。

[34] 其用木 周至元《崂山志》、《青岛市志·崂山志》、新编《崂山志》、《崂山道教史·碑刻史料》为“其中凡用木”，“其”后衍“中”“凡”两字。

[35] 以尺计者 周至元《崂山志》、《青岛市志·崂山志》、新编《崂山志》为“以株计者”，“尺”作“株”。

[36] 旧若干 周至元《崂山志》、《青岛市志·崂山志》、新编《崂山志》、《崂山道教史·碑刻史料》为“新旧若干”，“旧”前衍一“新”字。

[37] 瓦以片计者 周至元《崂山志》、《青岛市志·崂山志》、新编《崂山志》、《崂山道教史·碑刻史料》为“瓦以片者”，“片”后缺一“计”字。

[38] 旧若干 周至元《崂山志》、《青岛市志·崂山志》、新编《崂山志》、《崂山道教史·碑刻史料》为“新旧若干”，“旧”字前衍一“新”字。

[39] 之焉 周至元《崂山志》、《青岛市志·崂山志》、新编《崂山志》、《崂山道教史·碑刻史料》为“之属”，“焉”作“属”。

[40] 类是 《崂山道教史·碑刻史料》为“称是”，“类”作“称”。

[41] 万历辛卯 《青岛市志·崂山志》、新编《崂山志》为“万历六卯”，“辛”作“六”，误。

[42] 崇穆翚飞 周至元《崂山志》作“崇檐飞翚”，“穆”作“檐”，“翚飞”作“飞翚”。《青岛市志·崂山志》、新编《崂山志》作“崇檐飞□”，“穆”作“檐”，“翚飞”作“飞□”。

[43] 栋楹 周至元《崂山志》、《青岛市志·崂山志》、新编《崂山志》、

《崂山道教史·碑刻史料》为“明棂”。“栋楹”是，意为梁柱。

［44］远望 周至元《崂山志》、《青岛市志·崂山志》、新编《崂山志》、《崂山道教史·碑刻史料》为“远视”，“望”作“视”。

［45］崒然 《青岛市志·崂山志》、新编《崂山志》为“□然”，“崒”字阙如。王集钦《崂山古今文史论丛·碑记》为“崪然”，“崒”作“崪”。“崒”“萃”古同。

［46］霄汉 周至元《崂山志》、《青岛市志·崂山志》、新编《崂山志》、《崂山道教史·碑刻史料》为“云霄”，“霄汉”作“云霄”。

［47］视之 周至元《崂山志》、《青岛市志·崂山志》、新编《崂山志》、《崂山道教史·碑刻史料》为“临之”，“视”作“临”。王集钦《崂山古今文史论丛·碑记》为“视上”，“之”作“上”。

［48］如□尘埃之表 周至元《崂山志》为“若在岠嵫之表”，“如”作“若”，补阙作“在”，“尘埃”作“岠嵫”。《青岛市志·崂山志》、新编《崂山志》、《崂山道教史·碑刻史料》为“若在□□之表”，“如”作“若”，补阙作“在”，“尘埃”阙如。王集钦《崂山古今文史论丛·碑记》为“如浮尘埃之衷”，补阙作“浮”，而“表”误作“衷”。

［49］咸宏壮炫耀 周至元《崂山志》、《青岛市志·崂山志》、新编《崂山志》、《崂山道教史·碑刻史料》为“盛宏壮丽”，与底文相去甚远。王集钦《崂山古今文史论丛·碑记》为“咸宏壮衒耀”，“炫”作“衒”。

［50］改观也 周至元《崂山志》、《青岛市志·崂山志》、新编《崂山志》、《崂山道教史·碑刻史料》为“伟而改观”，“改观”前衍“伟而”两字，后缺一“也”字。

［51］道人 王集钦《崂山古今文史论丛·碑记》同。周至元《崂山志》《青岛市志·崂山志》、新编《崂山志》、《崂山道教史·碑刻史料》无“道人”两字。

［52］住持 周至元《崂山志》、《青岛市志·崂山志》、新编《崂山志》、《崂山道教史·碑刻史料》为“主持”，“住”作“主”。

［53］□仲赵真支 周至元《崂山志》、《青岛市志·崂山志》、新编《崂山

志》、《崂山道教史·碑刻史料》作“弟真安也”，异甚。王集钦《崂山古今文史论丛·碑记》为“回仲赵真友”，补阙作“回”，“支”作“友”。《青岛历代方志集成·黄肇颚撰〈崂山艺文志〉卷七》为“□仲赵真友”，“支”作“友”。

[54] 羽化矣 周至元《崂山志》、《青岛市志·崂山志》、新编《崂山志》、《崂山道教史·碑刻史料》为“已化”，“羽”作“已”，后缺一“矣”字。

[55] 赵总之，以是宫落成劳与费亦大矣 周至元《崂山志》、《青岛市志·崂山志》、新编《崂山志》、《崂山道教史·碑刻史料》《道教寻踪·崂山道教碑记》均无此语。《青岛历代方志集成·黄肇颚撰〈崂山艺文志〉卷七》有此句，唯“赵总之”为“□总之”，“赵”字阙如。

[56] 不可以无记 周至元《崂山志》、《青岛市志·崂山志》、新编《崂山志》、《崂山道教史·碑刻史料》无此句。《道教寻踪·崂山道教碑记》为“不可以无纪”，“记”作“纪”。

[57] 乃具事之巅末，属余记之。余遂详书其事，以贻邦之人。百世之下，于董君善士暨诸襄事之功，以勒诸石焉。是为记。 周至元《崂山志》、《青岛市志·崂山志》、新编《崂山志》、《崂山道教史·碑刻史料》仅记“真安请记于余，因叙其始末，勒之贞珉。”异甚。

[58] 万历二十年岁次壬辰三月望日邑人炼庵杨盐撰 周至元《崂山志》、《青岛市志·崂山志》、新编《崂山志》、《崂山道教史·碑刻史料》《道教寻踪·崂山道教碑记》均未录落款。

注释：

1.《重修大劳观神清宫碑记》 录自黄肇颚《崂山续志》卷五。《青岛历代方志集成·黄肇颚撰〈崂山艺文志〉卷七》《道教寻踪·崂山道教碑记》录同。周至元《崂山志》、《青岛市志·崂山志》、新编《崂山志》亦录载，周至元《崂山志》、《崂山道教史·碑刻史料》题为《明万历二十年重修大崂观碑》。民国《胶澳志》：碑在“大劳山之下”。

2. 五舍 古代行军以三十里为一舍。则一舍为三十里，五舍为一百五十里。

3. 聚仙社 在仁化乡。地临女姑、训虎社间。

4. 欹仄　倾斜；歪斜。唐柳宗元《永州万石亭记》："步自西门，以求其墟，伐竹披奥，欹仄以入，绦谷跨溪，皆大石林立。"

5. 榱折　榱，屋椽屋桷的总称。房屋的椽子摧折。

6. 水次　水边，亦解为船只泊岸处。《汉书·赵充国传》："臣前部士入山，伐材木大小六万余枚，皆在水次。"

7. 重屋　楼房。屋顶分两层的房屋，指楼阁。《新唐书·西域传上》："所居皆重屋，王九层，国人六层。"苏轼《教战守策》："今王公贵人，处于重屋之下。"

8. 黝垩　用黑白色颜料涂饰。《礼记·丧大记》："既练居垩室，不与人居，君谋国政，大夫士谋家，既祥黝垩。"唐孔颖达疏："黝，黑也。治其地，令黑也。垩，白也。新涂垩于墙壁，令白，稍饰故也。"

9. 万历庚寅　万历十八年，1590 年。

10. 万历辛卯　万历十九年，1591 年。

11. 翚飞　形容宫室的高峻壮丽。《诗·小雅·斯干》："如翚斯飞。"朱熹集传："其檐阿华采而轩翔，如翚之飞而矫其翼也。"

12. 栋楹　梁柱。唐柳宗元《斩曲几文》："亘为栋楹，齐为阃阈。"阃阈，释为门限；门户。

13. 崒然　亦作崪然，突兀，高耸貌。唐柳宗元《邕州柳中丞作马退山茅屋记》："是山崒然起于苍茫之中，驰奔云霄，亘数十百里。"

14. 霄汉　云霄和天河，指天空。明宋濂《看松庵记》："峰峦益峭刻固，气势欲连霄汉。"

15. 万历二十年岁次壬辰　1592 年。

16. 杨盐　乾隆《即墨县志》卷九《人物·勋绩》："字尔贡，号炼庵，良臣子。早孤，事母至孝。以嘉靖辛酉举人，授吉州学正。吉犷而椎，人鲜诗书。盐课范有经，士风丕变。河东饥，作《流离叹》上，直指劝赈，全活以亿万计。擢沛县，多惠政。在任积羡金数百，悉以代逋，又以浚漕功赐鋈金。清廉为江北第一。尝渡江，闻哭声，讯知应戍者鬻子女四，咸捐金赎之。归里，琴书自娱，著有《味道楼集》。吉州祀名宦。"

明万历二十一年《蔚竹庵碑记》[1]

大明国山东莱州府胶州即墨县仁化乡聚仙社崂山蔚儿铺所建三元殿蔚竹庵[2]，计开四至：东至鹰嘴石，南至三教堂，西至丑蒲涧，北至大山顶。

住持道人宋冲儒万历二十一年[3]三月

注释：

1.《蔚竹庵碑记》 碑记录自《崂山区志》。王集钦《崂山古今文史论丛·碑记》、《崂山文化通览·碑刻碑记》亦录载。周至元《崂山志》有题无文，仅录《明万历重修蔚竹庵碑》。

2. 蔚竹庵 万历十七年（1859），全真教华山派道士宋冲儒云游崂山，在崂山北麓凤凿之下创建道观，移竹环栽成林，取名蔚竹庵。蔚竹庵最初称“三元殿”，正殿中分别供奉真武大帝、观音大士和三官神像。其中，真武大帝和观音大士像是用檀木精雕而成，为崂山诸道场中木雕神像之首；三官神像为铜铸，规模不大，然颇具特色。殿壁曾有古诗一首，诗云：“峭石开青壁，嶙峋不记年；叩门惊宿鸟，隔涧听流泉。树老含秋色，峰高入暮烟；蓬君栖隐处，遥望白云间。”

3. 万历二十一年 1593年。

明万历二十八年《敕谕碑文记》[1]

敕谕崂山[1]太清宫住持[2]及道众人等，惟《道藏》[3]一书，乃黄帝、老子以来，诸高名流玄言[4]法旨[5]，大较以清净慈俭[6]为宗。朕自冲昧[7]承嗣洪基[8]，迄今二十七祀[9]，天下和平，臣民乐业，是皆天眷祖德[10]所致，足征灵通妙应[2]之机。昔汉文帝尝用[3]其言，庶几[11]富庶[4]之风。所谓道之精以治身，其绪余[5][12]为[6]天下。非其验欤？厥后源流渐广[7]，文字虽繁，金简丹书[13]纷然并出，符箓[8] 14 科教 15 沓尔嗣兴，其说在拨济[9] 幽途，祈求福利，虽曰多端，要以作善降祥。作不善降殃，感应之理焉可诬也。我祖宗设立道录一司 16，专领是教，圣母慈圣宣文明肃皇太后[10]，尝命摹印全经，颁布天下。朕既序之简端，跋之篇末矣。兹者[11] 国灵 17 遐鬯[12]，荡除晦氛。朕祇承[13] 天地祖宗之佑恩，与四方休息，归于无为。念尔蠢蠢 18 众生，知识各别，日罹罪罟[14] 19，幽负谴责。一夫不获[15]，是予之辜，所以首过[16] 雪愆，祈恩清福，朕实惓惓[17] 也。奚命所司印造全藏卷[18] 四百八十函，施舍在京及天下名山诸道观，用广其传，凡尔羽流，其焚香讽诵，信受奉行，为国祝厘[19] 20，为民解罪，洁严顶礼，永远尊藏，不许亵玩损失。特赐此护敕通知，钦哉！故谕[20]。

巡抚山东等处地方督理营田、提督军务、都察院右付[21] 御史臣刘谨同巡按山东监察御史臣杨光训立石[22] 于东海崂山太清宫

分守莱州府海防道山东按察司副使兼布政司右参议臣盛稔 21

分巡登州府海防道山东按察司副使臣孙健

莱州府知府臣龙文明[23]、同知臣王世爵 22、通判臣李汝珍 23、推官臣陈耀 24

胶即守备署指挥佥事臣李大生、胶州知州臣汪兆龙 25

即墨县知县臣刘应旗 26、县丞臣张崇友[24] 27、主簿臣 28、典史臣彭慕荣 29

大明万历二十八年 30 月日同立

校勘：

［1］崂山 《道教寻踪·崂山道教碑记》为“劳山”，“崂”作“劳”。

［2］妙应 《青岛市志·民族宗教志》《青岛市志·崂山志》、新编《崂山志》、《崂山道教史·碑刻史料》《道教寻踪·崂山道教碑记》为“妙用”，“应”作“用”。

［3］尝用 《青岛市志·民族宗教志》《青岛市志·崂山志》、新编《崂山志》、《崂山道教史·碑刻史料》《道教寻踪·崂山道教碑记》为“常用”，“尝”作“常”。

[4] 富庶　《青岛市志·崂山志》、新编《崂山志》、《崂山道教史·碑刻史料》《道教寻踪·崂山道教碑记》为“雷庶”，“富”作“雷”。误。

[5] 绪余　《青岛市志·崂山志》、新编《崂山志》、《崂山道教史·碑刻史料》《道教寻踪·崂山道教碑记》为“余绪”，前后颠倒，误。

[6] 为　《青岛市志·民族宗教志》《青岛市志·崂山志》《崂山道教史·碑刻史料》为“以为”，前衍一“以”字。

[7] 源流渐广　《青岛市志·民族宗教志》为“沅流淅广”，“源”作“沅”“渐”作“淅”，均误。

[8] 符箓　《青岛市志·崂山志》、新编《崂山志》、《崂山道教史·碑刻史料》《道教寻踪·崂山道教碑记》为“符□”，“箓”字阙如。

[9] 拨济　《青岛市志·崂山志》、新编《崂山志》、《崂山道教史·碑刻史料》《道教寻踪·崂山道教碑记》为“援济”，“拨”作“援”。

[10] 皇太后　《青岛市志·崂山志》《青岛市志·崂山志》、新编《崂山志》、《崂山道教史·碑刻史料》《道教寻踪·崂山道教碑记》作“皇太皇”，误。

[11] 兹者　《青岛市志·民族宗教志》《青岛市志·崂山志》、新编《崂山志》、《崂山道教史·碑刻史料》《道教寻踪·崂山道教碑记》为“慈者”，“兹”作“慈”。

[12] 遐鬯　《青岛市志·民族宗教志》《青岛市志·崂山志》、新编《崂山志》、《崂山道教史·碑刻史料》《道教寻踪·崂山道教碑记》为“遐征鬯”，“遐鬯”间衍一“征”字。《青岛市志·民族宗教志》为繁体“徵”。

[13] 祇承　《青岛市志·民族宗教志》、新编《崂山志》、《崂山道教史·碑刻史料》《道教寻踪·崂山道教碑记》为“自承”，“祇”作“自”。

[14] 日罹罪罟　《青岛市志·民族宗教志》为“明罹罪罣”，“日”作“明”，“罟”作“罣”，误。

[15] 一夫不获　《青岛市志·民族宗教志》为“夫一不护”，“一夫”作“夫一”，“获”作“护”。《青岛市志·崂山志》、新编《崂山志》、《崂山道教史·碑刻史料》《道教寻踪·崂山道教碑记》为“夫一不获”，“一夫”作“夫一”。

［16］首过　《青岛市志·民族宗教志》《青岛市志·崂山志》、新编《崂山志》、《道教寻踪·崂山道教碑记》为“道过”，“首”作“道”。

［17］朕实惓惓　《青岛市志·崂山志》、新编《崂山志》、《崂山道教史·碑刻史料》《道教寻踪·崂山道教碑记》为“朕实□□”，“惓惓”两字阙如。

［18］全藏卷　《青岛市志·崂山志》、新编《崂山志》、《崂山道教史·碑刻史料》《道教寻踪·崂山道教碑记》为“全藏经”，“卷”作“经”。《青岛市志·民族宗教志》为“全藏”，缺一“卷”字。

［19］祝厘　《青岛市志·民族宗教志》为“祝喜”，“厘”作“喜”。《青岛市志·崂山志》、新编《崂山志》、《崂山道教史·碑刻史料》《道教寻踪·崂山道教碑记》为“祝禧”，“厘”作“禧”。

［20］故谕　《青岛市志·崂山志》、新编《崂山志》、《崂山道教史·碑刻史料》《道教寻踪·崂山道教碑记》“故谕”后无落款。

［21］付　《青岛市志·民族宗教志》落款亦作“付”。应正为“副”，据语义正之。

［22］立石　《青岛市志·民族宗教志》为“立石碑”，衍一“碑”字。

［23］龙文明　《青岛市志·民族宗教志》为“尤文明”，“龙”作“尤”，误。

［24］张崇友　《青岛市志·民族宗教志》为“张崇文”，“友”作“文”，误。

注释：

1.《敕谕碑文记》　碑记录自周宗颐《崂山太清宫志》卷五。《青岛市志·崂山志》、新编《崂山志》、《崂山道教史·碑刻史料》《道教寻踪·崂山道教碑记》亦录载，题为《颁道藏敕谕碑》。《青岛市志·民族宗教志》第二篇《宗教·道教》载为《敕谕碑记》，全文未标点。据《青岛市志·崂山志》：“碑在崂山太清宫”。

2. 住持　道观执事名。又称监院、当家，为道观的实际主持人，管理全观的大小事务。由丛林道众公选，三年一任，可连选连任，如有过失，也可公议撤换，多选精明能干者为之。住持当善于计划，精通生计。

3.《道藏》 中国道教经典的总集。道经从六朝开始汇集，唐开元中汇辑成“藏”，北宋政和间始刊印，明正统间《正统道藏》问世，后尚有《万历续道藏》。《道藏》内容广泛，除道经外，还涉及医学、化学、生物、体育、保健，以及天文地理等其他论著。

4. 玄言 谓精微玄妙之言。多指道、佛宗教义理。《晋书》卷九：“简文皇帝……及长，清虚寡欲，尤善玄言。”《陈书·周弘正传》：“弘正特善玄言，兼明释典，虽硕学名僧，莫不请质疑滞。”

5. 法旨 尊称法师之语。《长春真人西游记》卷上：“父师（邱处机）既有法旨，仲禄不敢可否。惟镇海相公度之。”

6. 慈俭 慈爱俭约。《新唐书·赵宗儒传》：“老舜之化，慈俭而已。”

7. 冲昧 意为幼小尚不明事理之年。万历帝自谦说。

8. 洪基 大位，帝位。亦称鸿基。乾隆《即墨县志》载尤淑孝《重修扬威侯庙纪实》引《宋史》语：“朕嗣鸿基，夙夜惕若。”

9. 祀 商代称年为祀。《书·洪范》：“惟十有三祀。”此处沿用，祀，即年。

10. 天眷祖德 意为上天眷顾祖上积德。

11. 庶几 也许可以。表示希望。《史记·秦始皇本纪》：“寡人以为善，庶几息兵革。”

12. 绪余 抽丝后留在蚕茧上的残丝。借指事物之事残余或主体之外所剩余者。

13. 金简丹书 金简，喻道之规律经久不毁。《皇经集注》卷五《神咒品三章》注：“何云金简，玄光妙象，倾劫不毁，故云金简。”丹书，传说中的所谓“天书”。《大戴礼记·武王践阼》：“然后召师尚父问焉，曰：‘黄帝、颛顼之道存乎，意亦忽不可得见与？’师尚父曰：‘在丹书。’”《淮南子·俶真训》：“河出丹书”。

14. 符箓 道教方术名词。指符箓派道士用来召神劾鬼、驱邪镇魔的一种方术。所谓符，原本是古之帝王下达指令的凭证；具有无尚的权威。如《说文》：“符，信也。汉制以竹，长六寸，分而相合。”后来被道教沿用，谓天神亦有符，或为图，或为篆文，在天空中以云彩显示出来，道士录之，遂成神符。或者说是天神之授。早期道派的太平道和五斗米道，便已大量造作和使用神符。

15. 科教　指斋醮科仪之格式规范条文。《海琼白真人语录》卷二《鹤林法语》："林伯谦曰：敢问科教如何？"

16. 道录一司　道录司，道官官署名称。明洪武十五年（1382）四月，朱元璋诏令天下，中央置道录司总领其教。是明代设立的中央级道官机构，它是由"道箓"一词衍变而来，道箓一词出现于唐周，原本是道官名称。至宋，曾设置左、右街道录院。自是衍变为道官官署名称。金代，《续通志·职官略》："于师、府置司，正曰道录，副曰道正，以三年为任。"管理道教事务。明代略加宋元成制，中央设道录司管理全国道教事务，设左、右正一二人（正六品），左、右演法二人（从六品），左、右至灵二人（正八品），左、右玄义二人（从八品）。掌管天下道教事务。

17. 国灵　国家的威灵。南朝梁沈约《桐柏山金庭馆碑》："仰宣国灵，介兹景福。延吉祥于清庙，纳万寿于神躬。"

18. 蠢蠢　骚乱貌、动荡不安貌。《左传·昭公二十四年》："今王室实蠢蠢焉，吾小国惧矣。"

19. 罪罟　罟，指法网。《诗·小雅·小明》："岂不怀归，畏此罪罟。"这里是指受苦、受难、受罪的网。

20. 祝厘　意祈求福佑，祝福。《史记·孝文本纪》："今吾闻祠官祝厘，皆归福朕躬。"亦为祝釐。《汉书·文帝纪》："今吾闻祠官祝釐，皆归福于朕躬，不为百姓。"

21. 盛稔　乾隆《莱州府志》卷六《职官》："仪真人（今江苏仪征），进士，万历二十六年（1598）任。"

22. 王世爵　乾隆《莱州府志》卷六《职官》："河北鸡泽人，举人，万历二十六年（1598）任。"

23. 李汝珍　乾隆《莱州府志》卷六《职官》："河北平乡人。万历三十年（1602）任。"

24. 陈耀 乾隆《莱州府志》卷六《职官》："河北遵化人，举人，万历二十七年（1599）任。"

25. 汪兆龙 乾隆《莱州府志》卷六《职官》："广西兴安人，举人，万历二十六年（1598）任。"

26. 知县刘应旗 乾隆《即墨县志》卷六："江陵人，举人，二十八年（1600）任。"

27. 县丞张崇友 乾隆《即墨县志》卷六《职官》："东昌人，例贡。"

28. 臣 后原阙主簿姓名。乾隆《即墨县志》、同治《即墨县志》列明季主簿多名，唯不列任职时间。

29. 典史彭慕荣 乾隆《即墨县志》卷六《职官》："吉安人。"

30. 大明万历二十八年 1600年。

明万历二十八年《马鞍山重修真武庙碑》1

县治西十五里，山名马鞍，峰峦秀挺[1]，起伏连络，宛然天马贵人2。面沧海，接崂峰，为里邑虎镇。上有丹井[2] 3，春夏之交，时吐云气，烟雾变化，朝夕万状，山峙奇绝，不啻海中蜃气，云覆山颠[3]，三日即雨，千古不爽。占雨4者取候焉。中有玉泉，以尺计，深者三百。泉甘而清，醒脾爽气，甲于诸水。高人隐士，多栖其间。山之艮有庙，以奉玄帝5，其创建不知几何时。中有重修记在，历岁既久，风雨浸寻[4]，像设6尘埋。山右贞妇于氏，顾瞻兴叹，乃尽力捐资[5]，督工重整，不越岁而焕然一新。属余为记。予惟《齐记》东海劳甲于诸山，而此山之氤氲生云，云生即雨，则又[6] 崂山之最灵秀者矣。真天马贵人峰也。且诸山之创始更新，固有时数，咸付诸缁黄7者流，而此殿之重新，则独成于坤贞8之一方[7]。且不戒而速，此又山灵感招，而人事之尤善者。因为之言，以识岁月云。

万历二十八年9庚子季夏 邑人蓝思继拜撰[8]

校勘：

［1］秀挺 《青岛历代方志集成·李寅宾撰〈马鞍山志·艺文志〉》为“秀拔”，“挺”作“拔”。

［2］丹井 《青岛历代方志集成·李寅宾撰〈马鞍山志·艺文志〉》为“丹穴”，“井”作“穴”。

［3］山颠 《青岛历代方志集成·李寅宾撰〈马鞍山志·艺文志〉》为“山岭”，“颠”作“岭”。

［4］浸寻 《青岛历代方志集成·李寅宾撰〈马鞍山志·艺文志〉》为“侵寻”，“浸”作“侵”。

［5］捐资 《青岛历代方志集成·李寅宾撰〈马鞍山志·艺文志〉》为“捐赀”，“资”作“赀”。

［6］则又 《青岛历代方志集成·李寅宾撰〈马鞍山志·艺文志〉》为“则尤”，“又”作“尤”。

［7］一方 《青岛历代方志集成·李寅宾撰〈马鞍山志·艺文志〉》为“一力”，“方”作“力”。

［8］拜撰 《青岛历代方志集成·李寅宾撰〈马鞍山志·艺文志〉》仅为“撰”，无一“拜”字。

注释：

1.《马鞍山重修真武庙碑》 碑记录自李寅宾著《马山志》。李寅宾著《马山志》，志成时“雍正十一年（1733）岁次癸丑正月乙巳”。李寅宾自言北海人，未明何时“流寓于此，饮食诵法，犹沐余息，高山景行，无日不切于怀。诚恐数年之后，传闻日讹，木石易朽，耆年有物故之伤，继起无能文之士。故访之长老，采之简编，剥苔藓而问残碑，抚断文而推蠹字，纂志六篇，留之常住，使后来者得以考据焉。”青岛市新闻出版局准印本《马山志》序明确指出：《马山志》是20世纪90年代所能见到的记述马山的难得资料，是非常难得的，无论从历史的角度研究马山、从学术角度研究道教，从经济角度研究建设发展新马山，都是有意义的。《青岛历代方志集成·李寅宾撰〈马鞍山志〉》亦录，两相对照，相得益彰。

2. 天马贵人　风水山形：有库、柜、天马、笔峰、贵人、展浩、水口禽砂。在风水堪舆中，有天马的说法。天马是吉祥如意、福禄绵绵的象征。在风水催贵篇中，也介绍了天马对应的山峰与一些方位相呼应的话，那末就会催官催贵人出现。

3. 丹井　丹石之井。同丹砂井。唐顾况《山中》诗："野人爱向山中宿，况在葛洪丹井西。"《青岛历代方志集成·李寅宾撰〈马鞍山志〉》为"丹穴"，应是。丹穴，可释为炼丹修道的岩穴。唐钱起《登釜山遇道人》诗之二："山阶压丹穴，药并通洑流。"

4. 占雨　以天柱星代表雨师，天篷星代表水神。天柱和天道任何一星乘壬、癸游于一、三、六、七宫都主有雨，临癸主小雨。

5. 玄帝　古代中国神话中的北方之神玄帝，指的是玄天上帝，全称"北极玄天上帝真武荡魔大天尊"，原是北方天帝黑颛顼的坐下神兽玄武，也是古代汉族神话中辅佐颛顼的北方之神。

6. 像设　意为祠祀的人像或神佛供像。《楚辞·招魂》："天地四方，多贼奸些，像设君室，静闲安些。"朱熹集注："像，盖楚俗，人死则没其形貌于室而祠之也。"

7. 缁黄　指僧道。和尚缁服，道人黄冠，故称。唐独孤及《谢敕书兼赐冬衣表》："缁黄载跃，斑白相欢。"

8. 坤贞　郊庙歌辞十一。辞为："乾道既亨，坤元以贞。肃雍攸在，辅佐斯成。外睦九族，内光一庭。克生睿哲，祚我休明。钦若徽范，悠哉淑灵。正兹清宫，于彼上京。缩芧以献，洁秬惟馨。实受其福，期乎亿龄。"

9. 万历二十八年　1600年。

明万历二十八年《颁布道经谕文碣》1

敕谕崂山太清宫住持[1]及道众人等：朕发诚心，印造道大藏经[2]，颁施[3]

在京及天下名山宫观供奉，经首护敕[4]，已谕其由。尔住持[5]道众[6]人等，务要虔洁供安[7]，朝夕[8]礼诵，保安眇躬康泰[9]，宫壸2肃清，忏已往愆尤3，祈无量[10]寿福，民安国泰，天下太平，俾四海[11]八方，同归清静善教[12]。朕成恭[13]己无为之治道焉。今特差[14]道经厂4侍经[15]惜薪司[16]5左司副何堂赍[17]请前去，俾虔供安[18]，各宜仰体[19]知悉。钦哉！故谕。

万历二十八年6十月初三日[20]

校勘：

[1] 敕谕崂山太清宫住持　《青岛历代方志集成·黄肇颚撰〈崂山艺文志〉卷十二》首二字为“勅谕”，“敕”作“勅”。周至元《崂山志》为“敕谕太清宫”，中缺“崂山”两字，后缺“住持”两字。

[2] 印造道大藏经　周至元《崂山志》为“印送道士藏经”，“印造”作“印送”，“道大藏经”作“道士藏经”。《青岛市志·民族宗教志》为“印造道藏大经”。

[3] 颁施　周宗颐《崂山太清宫志》、《青岛市志·民族宗教志》为“颁发”，“施”作“发”。

[4] 护敕　《青岛历代方志集成·黄肇颚撰〈崂山艺文志〉卷十二》为“护勅”，“敕”作“勅”。

[5] 住持　周至元《崂山志》为“住其”，“持”作“其”。《青岛市志·民族宗教志》为“主持”，“住”作“主”。

[6] 道众　周至元《崂山志》为“既道众”，衍一“既”字。周宗颐《崂山太清宫志》、《青岛市志·民族宗教志》为“及道众”，衍一“及”字。

[7] 虔洁供安　周至元《崂山志》为“虔诚洁供”。《青岛市志·民族宗教志》为“虔诚供安”。

[8] 朝夕　周至元《崂山志》为“按朝夕”，衍一“按”字。

[9] 保安眇躬康泰　周至元《崂山志》为“保朕躬康泰”，缺一“安”字，“眇”作“朕”。周宗颐《崂山太清宫志》为“保安朕躬康泰”，“眇”作“朕”。《青岛市志·民族宗教志》为“保安耿躬康泰”，“眇”作“耿”，误。眇躬，古

时帝后自称之词。《旧五代史·唐书·明宗纪四》："联以眇躬，获承丕构，袭叁百年之休运，继二十圣之耿光。"

[10] 无量　周宗颐《崂山太清宫志》、《青岛市志·民族宗教志》为"无疆"，"量"作"疆"。

[11] 四海　周至元《崂山志》为"四域"，"海"作"域"。

[12] 清静善教　《青岛市志·民族宗教志》为"清善教"，少一"静"字。

[13] 朕成恭　《青岛市志·民族宗教志》为"联成恭"，"朕"误作"联"。

[14] 今特差　《青岛市志·民族宗教志》为"令特差"，"今"误作"令"。

[15] 侍经　周至元《崂山志》为"传经"，"侍"作"传"。

[16] 惜薪司　周至元《崂山志》为"借薪司"，"惜"作"借"。惜薪司，是清廷内务府所属机构。顺治十八年（1661）改内工部，康熙十六年（1677）改为营造司，掌宫廷缮修。

[17] 贲　周至元《崂山志》为"赉"。

[18] 俾虔供安　周至元《崂山志》为"彼虔供安"，"俾"作"彼"。《青岛市志·民族宗教志》为"彼处供安"，"俾"作"彼"，"虔"作"处"。

[19] 仰体　周至元《崂山志》为"仰使"，"体"作"使"。《青岛市志·民族宗教志》为"爷体"，"仰"作"爷"。

[20] 落款　周至元《崂山志》为"大明万历二十八年鳌山卫致仕指挥石国柱督建上石"，周宗颐《崂山太清宫志》、《青岛市志·民族宗教志》为"大明万历二十八年十月初三日谕"。

注释：

1.《颁布道经谕文碣》　文录自黄肇颚《崂山续志》卷七。《青岛历代方志集成·黄肇颚撰〈崂山艺文志〉卷十二》、周宗颐《崂山太清宫志》、周至元《崂山志》均载。碑碣文名取自周至元《崂山志》。黄肇颚、周宗颐文题为《敕谕》。《青岛市志·民族宗教志》亦录载，题为《明神宗皇帝敕谕和敕谕碑记》，文无标点。

2. 宫壶　即宫漏。清孔尚任《桃花扇·眠香》："盼到灯昏玳筵收，宫壶滴尽莲花漏。”

3. 愆尤　也作“愆忒”，意为过失。唐李白《古风》诗：“功成身不退，自古多愆尤。”

4. 道经厂　明代宫中专掌道教诵经拜忏、建醮祈禳等事的机构，由大监执掌。明刘若愚《酌中志·内臣职掌纪略》：“道经厂，演习元教诸品经忏，凡建醮做好事，亦于隆德、钦安等殿张挂幡榜，穿羽流服色，而云璈清雅，俨若仙音。”

5. 惜薪司　明时掌理宫中及宦官衙门、山陵等处柴炭及宫中防火之事。清顺治十八年（1661）易名为内工部。

6. 万历二十八年　1600 年。

明万历三十一年太清宫《重立界石碑记》[1]

敕谕崂山太清宫藏经所，原有供奉香火山场地土四至、兼窑头脚庵山场地土四至，经两院及两道并本府委掖县县丞潘英[1]、本县刘应旗[2]踏勘，古四至东至张仙塔海，南至海，西至八水河[3]，北至北山后底分水河[4]，共地一百二十七亩九分六厘，并至内山场松柏杂树，俱供香火。不许居民采樵，违者禀官究罪。蒙此合行致牒栲栳岛[5]巡检[6]刘默[7]即便亲诣太清宫查照，四至分明，速立界石，以为看守藏经供奉香火之资，毋使民间混争，永为遵守施行。

万历三十一年三月十二日 莱州知府龙文明、本府署县事海防同知谈诉[2]同立。

界石八处：一、八水河西崖刊立界石字据。二、上柏茂林、河东、河西刊立两界石。三、面山庵子后、路南旁，刊立界石字据。四、面山后大路上，东曰“东坡”上下，刊立两界石。五、分水大河南崖路傍，刊立大字界石[8]字据。六、分水河底大石桥左右，刊立两界石。七、分水大河东头，村前河南崖，刊立界石。八、分水大河东头、河南戏台、东南海崖顶，刊立界石字据。共立界石八处，永远遵守，不许损失。如有故违损毁界石字据者，禀官究办。北至面山庵子后、东山路口顶，以东西分水大河为界，路口以东分水大河底，东流直至入海为界。路口以西分水河底西流、并八水河南流直至入海为界。分水河以南山场地土，东至海，西至八水河上头上清宫前、南流入海皆是本宫供奉香火之庙产，并无民居。

校勘：

［1］潘英　乾隆《莱州府志》、乾隆《掖县志》为潘映，“英”作“映”。河北南皮人，监生，万历二十九年（1601）任。

［2］谈诉　据乾隆《莱州府志》卷六《职官》为“谈䜣”，“诉”作“䜣”。乾隆《莱州府志》卷六《职官》：谈䜣，安徽全椒人，万历三十一年（1603）任。

注释：

1. 太清宫《重立界石碑记》　碑记录自周宗颐《崂山太清宫志》卷五。

2. 刘应旗　乾隆《即墨县志》卷六《职官》：“江陵人，举人，二十八年（1600）任。”

3. 八水河　由上游八条涧水汇聚而成，随山势蜿蜒曲折，向南三里奔流入海，全长八里，故名。

4. 分水河　位于青山村南，俗称南河。

5. 栲栳岛　《崂山区志》：“在登瀛湾和沙子口湾之间，自陡阡山向南伸入海中……岛上有沙子口东山、烟台顶、南岛诸山和栲栳岛社区。因该半岛早年有栲栳树，故名。”

6. 巡检　巡检司主官。该巡检司，万历《即墨志》：“洪武四年（1371）设。知县刘坚建，城围一里。今圮，就县民舍居之，弓兵二十名。”查万历《即墨志》、乾隆《即墨县志》、同治《即墨县志》诸志《官师》，刘坚任职年月未详，按记载推算，应在洪武三年（1370）至洪武八年（1375）。乾隆《莱州府志》卷六《职官》即墨县知县未记载刘坚。

7. 巡检刘默　万历《即墨志》不涉军方，自无记载。查乾隆《即墨县志》、同治《即墨县志》等古县志，明代仅一移风寨巡检，未见栲栳岛巡检记载，自不见其名。

8. 大字界石　为太清宫界石，在今青山水库公路东、河南岸，后被开采损毁。

明万历三十一年《太清宫形胜地至碑记》[1]

太清宫者，与上清、太平二宫鼎足而为[2] 三者也。盖重修自[3] 宋太祖云，距即墨城[4] 东南百里而遥。由上苑 1 阴，抵雕翎崖[5] 2，斗折而南，经窑河底[6] 3、乱石滩 4，循黄山 5 穿背而入。其窑河底[7] 西[8] 则峻岭摩天，东则洪涛浴日，中间路仅一线。行者累之[9]，头目作旋。而乱石滩皆石也，大者如缸如斗[10]，小者如卵，往来以石为梁，鸣潮喧雪，沾领及巾[11]。入数里，则三宫[12] 当路之北，而中央则太清宫[13] 也。宫址三面环山，奇秀如屏风然[14]。其南[15] 则大海横截，天水相连，一碧万顷。分水两河[16]，循三山左右而下，凌空飞瀑，如练如玉[17]，前合而入于海。其西北则明霞诸洞，紫翠凌烟。而驱虎庵 6、猎兔泊、张仙塔 7、八仙墩 8 濒海[18] 东南，多仙迹焉。《寰宇记》云："泰山虽云高，不如东海劳。"此又劳、盛二山之最秀[19]，所谓灵奥之区，山海之[20] 奇观也。世传秦皇汉武[21] 巡游海上，望蓬莱、访安期 9，尝驻跸 10 焉。而真人张三丰 11、徐复阳 12 皆修道于此。岁久丘墟[22]，草烟花露矣，而三官庙犹存[23] 其半。万历初，释德清羡其胜概[24]，因宫址为海印寺，并葺三官庙以妥[25] 黄冠 13，黄冠者为鸣鸠逐鹊 14 计，劾奏[26] 之。命下，不以寺为宫，辄毁之，而存其址。无何，敕中使 15 何堂颁道藏 16 经[27] 四百八十函，令羽士贾性全等焚修，以祈福国安民。性全等虑太清宫原羽士栖也，岁久无征，乃为释子所据。赖郡伯[28] 龙公钦奉明旨[29]，核复其旧，倘不及今立石以识其事，焉知[30] 今日之复，不转为后日之争[31] 也。且山有供奉藏经地土，屡为居民[32] 占耕，以致道众赡养之资[33]，因而他徙。缘兹呈请于郡，郡公檄掖县县丞[34] 潘映、即墨县令[35] 刘应旗，躬诣踏勘[36]，得地三百八十三处，共计一顷二十七亩九分六厘。东至劳山头下张仙塔海，南至大海，西至八水河，北至北山后面山庵子、东山路口顶、东西分水河流通入海为至界[37]，准令永不起科 17。脚庵 18 一处，名窑石庵[38]，东至鲍鱼岛海，南至福岛海，西至太湖石海，北至聚仙宫前小港[39]，准令协力供养，仍檄[40] 县立石，识其形胜地至[41]，俾羽士家世守焉。噫嘻！我郡公为尔[42] 羽士计，亦周且悉矣。尔羽士遵郡公[43] 德意，恪守清规，居其山，食其土，则因其址[44] 而复建其宫，务俾丹青 19 炫目，竹树 20 留云，钟磬 21 出林，鱼龙听法，犹恐德清谓彼[45] 因其无，而尔乘其有，彼居其难，而尔当其易。脱如不修本业，饱暖骄奢，剪伐既髡[46]，荒芜特甚，乃弃而鸟散[47]，不者[48] 挟制有司 22，株连构讼，夺人涓滴之末[49]，以恣其朵颐 23，则朝廷复归[50] 之鸿恩，明旨颁经之特典，郡公立石之盛心[51]，谓之何哉[52]！三尺 24 其严[53]，耿义兰 25 等覆车[54] 犹未远也，是又[55] 德清之罪人矣。余不敏，不徒为尔纪事，愿尔众常目载之[56]。龙公讳文明 26，号斗冲，己丑 27 进士，江西永新人。

赐同进士出身文林郎大理寺右评事前中书舍人胶西赵任 28 撰[57]

皇明万历癸卯岁孟秋 29 吉日，莱州府署县事同知谈诉[58]、通判李汝珍、推官王谟、即墨县知县李一敬 30、县丞许汝翼 31、主簿刘仕昌 32、典吏王应试 33、督工官江夜、督建太清宫护守藏经住持贾性全　立石

校勘：

[1] 《太清宫形胜地至碑记》 碑记录自周宗颐《崂山太清宫志》卷五。诸书所载碑题多与之不同。《青岛历代方志集成·黄肇颚撰〈崂山艺文志〉卷十二》碑题为《新立太清宫形胜地址碑记》。黄肇颚《崂山续志》卷七为《太清宫碑记》，周至元《崂山志》作《重建太清宫碑》。《青岛市志·崂山志》、新编《崂山志》、王集钦《崂山古今文史论丛·碑记》、《崂山道教史·碑刻史料》《道教寻踪·崂山道教碑记》作《新立太清宫形胜地至碑》。

[2] 而为 周至元《崂山志》仅为“而”，缺一“为”字。

[3] 重修自 黄肇颚《崂山续志》卷七、《青岛历代方志集成·黄肇颚撰〈崂山艺文志〉卷十二》《青岛市志·崂山志》、新编《崂山志》、王集钦《崂山

古今文史论丛·碑记》、《崂山道教史·碑刻史料》《道教寻踪·崂山道教碑记》为“创自”，“重修”作“创”。

［4］即墨城 周至元《崂山志》、《崂山道教史·碑刻史料》简为“墨城”，前缺一“即”字。

［5］雕翎崖 周至元《崂山志》、《崂山道教史·碑刻史料》《道教寻踪·崂山道教碑记》为“雕龙崔”，“翎崖”作“龙崔”，误。

［6］窑河底 黄肇颚《崂山续志》卷七、《青岛历代方志集成·黄肇颚撰〈崂山艺文志〉卷十二》《青岛市志·崂山志》、新编《崂山志》、王集钦《崂山古今文史论丛·碑记》、《道教寻踪·崂山道教碑记》为“窑货底”，“河”作“货”。周至元《崂山志》、《《崂山道教史·碑刻史料》为“窑货堤”，“河”作“货”，“底”作“堤”。

［7］窑河底 黄肇颚《崂山续志》卷七、《青岛历代方志集成·黄肇颚撰〈崂山艺文志〉卷十二》《青岛市志·崂山志》、新编《崂山志》、《道教寻踪·崂山道教碑记》为“窑货底”，“河”作“货”。周至元《崂山志》、《崂山道教史·碑刻史料》、为“窑货堤”，“河”作“货”，“底”作“堤”。

［8］底西 周至元《崂山志》、《崂山道教史·碑刻史料》《道教寻踪·崂山道教碑记》为“底、乱石滩西”，“底西”间衍“、乱石滩”一标点三字。

［9］累之 黄肇颚《崂山续志》卷七、《青岛历代方志集成·黄肇颚撰〈崂山艺文志〉卷十二》、周至元《崂山志》、《崂山道教史·碑刻史料》《道教寻踪·崂山道教碑记》为“累足”，“之”作“足”。

［10］如缸如斗 周至元《崂山志》、《崂山道教史·碑刻史料》《道教寻踪·崂山道教碑记》仅为“如斗”，缺“如缸”两字。

［11］及巾 周至元《崂山志》、《崂山道教史·碑刻史料》《道教寻踪·崂山道教碑记》为“及襟”，“巾”作“襟”。

［12］三宫 周至元《崂山志》、《崂山道教史·碑刻史料》《道教寻踪·崂山道教碑记》为“上清宫”，“三宫”作“上清宫”。

［13］太清宫 周至元《崂山志》、王集钦《崂山古今文史论丛·碑记》、《崂山道教史·碑刻史料》《道教寻踪·崂山道教碑记》仅为“太清”，缺一“宫”

字。

[14] 如屏风然 周至元《崂山志》、《崂山道教史·碑刻史料》《道教寻踪·崂山道教碑记》仅为“如屏”，后缺“风然”两字。

[15] 其南 《青岛历代方志集成·黄肇颚〈崂山艺文志〉》《青岛市志·崂山志》、新编《崂山志》、王集钦《崂山古今文史论丛·碑记》为“而南”，“其”作“而”。周至元《崂山志》、《崂山道教史·碑刻史料》《道教寻踪·崂山道教碑记》仅为“南”，前缺一“其”字。

[16] 两河 王集钦《崂山古今文史论丛·碑记》为“雨河”，“两”作“雨”。误。

[17] 如练如玉 周至元《崂山志》、《崂山道教史·碑刻史料》《道教寻踪·崂山道教碑记》为“如匹练”，前衍一“匹”字，后缺“如玉”两字。

[18] 濒海 周至元《崂山志》、《崂山道教史·碑刻史料》《道教寻踪·崂山道教碑记》为“濒开”，“海”作“开”，误。

[19] 此又崂盛二山之最秀 周至元《崂山志》、《崂山道教史·碑刻史料》《道教寻踪·崂山道教碑记》为“此又崂之最秀”，无“盛二山”三字。其源或出于周至元《崂山志》。

[20] 山海之 《青岛市志·崂山志》、新编《崂山志》、王集钦《崂山古今文史论丛·碑记》仅为“山海”，后缺一“之”字。

[21] 秦皇汉武 《青岛市志·崂山志》、新编《崂山志》、王集钦《崂山古今文史论丛·碑记》为“秦始皇汉武帝”，衍“始”“帝”二字。

[22] 丘墟 《青岛历代方志集成·黄肇颚撰〈崂山艺文志〉卷十二》、周至元《崂山志》、《青岛市志·崂山志》、新编《崂山志》、王集钦《崂山古今文史论丛·碑记》、《崂山道教史·碑刻史料》《道教寻踪·崂山道教碑记》为“邱墟”。“丘”作“邱”。“丘”“邱”应是有区分的。丘，本义是自然形成的小土山。“丘陵”“丘墟”“丘壑”这些词语很早即有，甚至南朝就有相关记载。故以“邱”来做此类名词组合，用以组成“邱陵”“邱墟”“邱壑”似不宜。

[23] 犹存 黄肇颚《崂山续志》卷七、周至元《崂山志》、《崂山道教史·碑刻史料》《道教寻踪·崂山道教碑记》为“仅存”，“犹”作“仅”。

［24］胜概　非常好的风景或环境。周至元《崂山志》为“盛慨”。“胜”作“盛”，“概”作“慨”。《崂山道教史·碑刻史料》《道教寻踪·崂山道教碑记》为“胜慨”，“概”作“慨”。

［25］以妥　王集钦《崂山古今文史论丛·碑记》为“以安”，“妥”作“安”。

［26］劾奏　黄肇颚《崂山续志》卷七、《青岛历代方志集成·黄肇颚撰〈崂山艺文志〉卷十二》《青岛市志·崂山志》、新编《崂山志》为“□奏”，“劾”字阙如。王集钦《崂山古今文史论丛·碑记》为“上奏”，“劾”作“上”。

［27］道藏经　黄肇颚《崂山续志》卷七、《青岛历代方志集成·黄肇颚撰〈崂山艺文志〉卷十二》、周至元《崂山志》、《青岛市志·崂山志》、新编《崂山志》、王集钦《崂山古今文史论丛·碑记》、《崂山道教史·碑刻史料》《道教寻踪·崂山道教碑记》为“道经”，中缺一“藏”字。

［28］赖郡伯　周至元《崂山志》、《崂山道教史·碑刻史料》《道教寻踪·崂山道教碑记》为“敕郡伯”，“赖”作“敕”。王集钦《崂山古今文史论丛·碑记》为“悚郡伯”，“赖”作“悚”。均误。

［29］钦奉明旨　《青岛市志·崂山志》、新编《崂山志》为“奉明旨”，前缺一“钦”字。王集钦《崂山古今文史论丛·碑记》为“钦奉明肯”，“旨”作“肯”。

［30］焉知　周至元《崂山志》仅为“知”，前缺一“焉”字。实际上前句尾为“焉”，此多为标点错误，兹不一一列出。

［31］之争　王集钦《崂山古今文史论丛·碑记》为“之弃”，“争”作“弃”。

［32］居民　周至元《崂山志》、《崂山道教史·碑刻史料》为“村民”，“居”作“村”。

［33］以致道众赡养之资　《青岛市志·崂山志》、新编《崂山志》、王集钦《崂山古今文史论丛·碑记》为“以致道无赡养之资”，“道众”作“道无”，即为“以致道无赡养之资”。周至元《崂山志》、黄肇颚《崂山续志》卷七、《青岛历代方志集成·黄肇颚〈崂山艺文志〉卷十二》《崂山道教史·碑刻史料》《道

教寻踪·崂山道教碑记》为“以致道无赡养无资”，和前句式、语意均不同。

[34] 掖县县丞　黄肇颚《崂山续志》卷七、《青岛历代方志集成·黄肇颚撰〈崂山艺文志〉卷十二》、周至元《崂山志》、《青岛市志·崂山志》、新编《崂山志》、王集钦《崂山古今文史论丛·碑记》、《道教寻踪·崂山道教碑记》简为“掖丞”，无“县县”两字。

[35] 即墨县令　黄肇颚《崂山续志》卷七、《青岛市志·崂山志》、新编《崂山志》、王集钦《崂山古今文史论丛·碑记》、《道教寻踪·崂山道教碑记》简为“县令”，无“即墨”二字。《青岛历代方志集成·黄肇颚〈崂山艺文志〉》、周至元《崂山志》、《崂山道教史·碑刻史料》简为“墨令”，无“即”“县”。

[36] 踏勘　黄肇颚《崂山续志》卷七、《青岛历代方志集成·黄肇颚撰〈崂山艺文志〉卷十二》《青岛市志·崂山志》、新编《崂山志》、王集钦《崂山古今文史论丛·碑记》为“踏看”，“勘”作“看”。周至元《崂山志》、《崂山道教史·碑刻史料》《道教寻踪·崂山道教碑记》为“察勘”，“踏”作“察”。

[37] 得地三百八十三处，共计一顷二十七亩九分六厘。东至劳山头下张仙塔海，南至大海，西至八水河，北至北山后面山庵子、东山路口顶、东西分水河，流通入海为至界　黄肇颚《崂山续志》卷七、《青岛历代方志集成·黄肇颚〈崂山艺文志〉》《青岛市志·崂山志》、新编《崂山志》甚简：“得地三百八十三处，共计一顷二十七亩九分六厘。东至张仙塔，南至海；西至八水河，北至分水河。”周至元《崂山志》、《崂山道教史·碑刻史料》《道教寻踪·崂山道教碑记》更甚：“得地若干亩（三百八十一段，共计一顷一顷二十七亩有奇）”，一言以蔽之。无“东至劳山头下张仙塔海，南至大海，西至八水河，北至北山后面山庵子、东山路口顶、东西分水河，流通入海为至界”语。

[38] 名窑石庵　《青岛市志·崂山志》、新编《崂山志》为“窑石庵”，前缺一“名”字。

[39] 东至鲍鱼岛海，南至福岛海，西至太湖石海，北至聚仙宫前小港　黄肇颚《崂山续志》卷七、《青岛历代方志集成·黄肇颚撰〈崂山艺文志〉卷十二》、周至元《崂山志》、《青岛市志·崂山志》、新编《崂山志》、王集钦《崂山古今文史论丛·碑记》、《崂山道教史·碑刻史料》《道教寻踪·崂山道教碑记》均

无此“四至”。

［40］仍檄　黄肇颚《崂山续志》卷七、《青岛历代方志集成·黄肇颚撰〈崂山艺文志〉卷十二》《青岛市志·崂山志》、新编《崂山志》、王集钦《崂山古今文史论丛·碑记》仅为“檄”，无一“仍”字。

［41］地至　周至元《崂山志》、《崂山道教史·碑刻史料》《道教寻踪·崂山道教碑记》仅为“地”，后缺一“至”字。

［42］为尔　《青岛市志·崂山志》、新编《崂山志》、王集钦《崂山古今文史论丛·碑记》为“为乐”，“尔”作“乐”，误。

［43］遵郡公　周至元《崂山志》、《崂山道教史·碑刻史料》《道教寻踪·崂山道教碑记》为“尊郡公”，“遵”作“尊”，误。

［44］因其址　周至元《崂山志》为“因址”，中缺一“其”字。

［45］谓彼　周至元《崂山志》“谓彼”间加冒号，句式句意均生变。《青岛市志·崂山志》、新编《崂山志》为“谓蚀”，“彼”作“蚀”，误。

［46］既髡　周至元《崂山志》、《崂山道教史·碑刻史料》《道教寻踪·崂山道教碑记》为“既秃”，“髡”作“秃”。

［47］乌散　黄肇颚《崂山续志》卷七、《青岛历代方志集成·黄肇颚撰〈崂山艺文志〉卷十二》《青岛市志·崂山志》、新编《崂山志》为“□散”，“乌”阙如。

［48］不者　王集钦《崂山古今文史论丛·碑记》为“而尔”，异甚。

［49］之末　周至元《崂山志》、《崂山道教史·碑刻史料》《道教寻踪·崂山道教碑记》为“之米”。“末”作“米”，误。

［50］复归　《青岛历代方志集成·黄肇颚撰〈崂山艺文志〉卷十二》、周至元《崂山志》、王集钦《崂山古今文史论丛·碑记》、《崂山道教史·碑刻史料》《道教寻踪·崂山道教碑记》为“复旧”，“归”作“旧”。

［51］盛心　周至元《崂山志》、《崂山道教史·碑刻史料》《道教寻踪·崂山道教碑记》为“胜心”，“盛”作“胜”。

［52］何哉　王集钦《崂山古今文史论丛·碑记》为“何域”，“哉”作“域”。

［53］其严　《青岛历代方志集成·黄肇颚撰〈崂山艺文志〉卷十二》、周至元《崂山志》、《崂山道教史·碑刻史料》《道教寻踪·崂山道教碑记》为“甚严”，“其”作“甚”。

［54］覆车　周至元《崂山志》、《崂山道教史·碑刻史料》《道教寻踪·崂山道教碑记》为“覆辙”，“车”作“辙”。

［55］是又　黄肇颚《崂山续志》卷七、《青岛历代方志集成·黄肇颚撰〈崂山艺文志〉卷十二》《青岛市志·崂山志》、新编《崂山志》、王集钦《崂山古今文史论丛·碑记》“是”后缺一“又”字。

［56］载之　黄肇颚《崂山续志》卷七、《青岛历代方志集成·黄肇颚〈崂山艺文志〉》、周至元《崂山志》、《青岛市志·崂山志》、新编《崂山志》、王集钦《崂山古今文史论丛·碑记》、《崂山道教史·碑刻史料》《道教寻踪·崂山道教碑记》为“在之”，“载”作“在”。

［57］赐同进士出身文林郎大理寺右评事前中书舍人胶西赵任撰　黄肇颚《崂山续志》卷七仅作“万历癸卯进士大理寺右评事前中书舍人胶西赵任撰”，以下未录；“万历癸卯”文本不在是处，且缺失“赐同”“出身文林郎”诸字。周至元《崂山志》全无落款。《青岛市志·崂山志》、新编《崂山志》、《崂山道教史·碑刻史料》《道教寻踪·崂山道教碑记》末为“赐同进士出身文林郎大理寺右评事前中书舍人胶西赵任撰。皇明万历癸卯岁孟秋吉。”“吉”后有“日”未录，以下亦未录。

［58］谈诉　应为“谈沂”，据乾隆《莱州府志·卷六职官》。除《崂山太清宫志》之文本外，余均未录谈沂等共立石者九人之职别、姓名。

注释：

1. 上苑　万历《即墨志》：“县治东南五十一里。山上有太平宫，宋时敕建，山下即即大海。涧流潺湲，诸峰罗列，尤称仙境。”乾隆《即墨县志》：“县东南五十里。上有太平宫、狮子峰、仙人桥、老君洞、白龙洞、龙眠洞诸胜。”

2. 雕翎崖　一作钓龙矶，亦作钓龙嘴、雕龙嘴。在那罗延山之东。黄肇颚《崂山续志》：“巨石兀立海滨如钓矶，故名。竹篱茅舍，傍海而居者，自成村落。村亦以此得名。”今存，称雕龙嘴村。

3. 窑河底　即窑货堤。周至元《游崂指南》：窑货堤，一名翻眼岭。“峭岩壁立，东下即大海，往时经傴仄不受足，今成坦途矣。”

4. 乱石滩　周至元《崂山志》：“在翻岭村前，当璇心河入海处。巨石累累，横铺涧底，水至此潆洄万状。”

5. 黄山　同治《即墨县志》：“沿路磊砢大石，松竹苍翠，如游山阴道上。”周至元《崂山志》：“在青山北，山石色黄得名。”

6. 驱虎庵　在太清宫东南侧钓鱼台以北，下临大海。传后唐同光二年(924)，刘若拙初到崂山时，在此筑茅庵修炼。是时，山中多虎狼出没，常伤山民，刘若拙起而搏杀虎狼为民除害，山民感之，贴匾为“驱虎狼庵”，简称驱虎庵。原祀玉皇。一说元时建，明末圮。

7. 张仙塔　在崂山头覆盂峰东，系乱石堆成。传为张三丰所筑，旁有耐冬树，亦传张当时所栽。周宗颐《崂山太清宫志》：“张仙塔在崂山头左背海岸，石塔高数十丈，形势天成，于山顶不能见，乘舟由海面可以观之。塔底有洞，曰‘仙窑’，系张三丰养静处。”

8. 八仙墩　周宗颐《崂山太清宫志》：“八仙墩在崂山头前海边，形圆如台，上下俱平，石分五色，层层玲珑。传云八仙曾到此坐谈赏海，因而得名。明季齐本守真人在此飞升，留诗柬于此。”孙凤云《八仙墩》诗：“四顾疑无地，游人到已难。路从天上出，峰向海中攒。水立千寻直，岩垂半壁寒。石纹嵌锦绣，造化足奇观。”

9. 安期　安期生。琅玡阜乡人，师从河上公。卖药于东海边，人称“千称翁”，一作“千岁翁”，亦称安丘先生。史传秦始皇东游时曾与其会见，赐金璧万数，出于阜乡亭皆置去。曾留书始皇帝：“后千岁求我蓬莱山下”。始皇遣众使者入海求之未成，乃立祠阜乡亭并海边十处。是秦汉时期齐燕方士活动的代表人物，黄老哲学与方仙道文化的传人。道教视安期生为重视个人修炼的神仙，其仙位或与彭祖、四皓相等。

10. 驻跸　专指皇帝后妃外出，途中暂停小住。指始皇游崂山，实无。汉武帝至不其域，曾驻跸女姑山。太始四年（前93）春三月，汉武帝第三次巡幸琅玡，“行幸泰山”之后，于“夏四月，幸不其，祠神人于交门宫，若有乡坐拜者。”《汉书·地理志》“不其县”条下注“有太乙仙人祠九所及明堂，武帝所起”。太乙仙人祠和明堂建于女姑山上。

11. 张三丰　万历《即墨志》：“成祖赐号三丰”。郑晓《今言》：“张三丰，辽东懿州人，名君实，字全一，又字玄玄，别号保和容忍三丰子。”《明史》载：“张三丰，辽东懿州人，名全一，一名君宝，三丰其号也。以其不修边幅，又号张邋遢。天顺三年（1459），英宗赐诰赠为通微显化真人。”《崂山太清宫志》“三丰祖始姓张，讳通，字君实，又名全一，号三丰，又曰邋遢，亦称大元逸民。”记张三丰多不一，如其名，亦为张三峰；其籍贯，亦有黄平、平阳、猗氏、宝鸡、天日等说；其生活年代，《明史》“终莫测其存亡也。”一说明代，或谓宋、金、元时人；其寿命更无可考，且勿论宋金即存世，如以元至元年（1264）至明永乐元年（1403）而论，奉十六帝，其寿约 140 岁。《青岛市志·民族宗教志》：“南宋淳祐七年（1247）生。”则其寿在 160 岁左右。据史载，实为两人。

12. 徐复阳　一说元代人。万历《即墨志》归于“国朝”，即明代。《青岛市志·民族宗教志》：“山东掖县人”，“明成化十二年（1476）二月十四日生”，“明嘉靖三十五年（1556）五月二十日逝世，世寿 80 岁”。系鹤山派，曾敕封为“中元永寿太和真君”。道观有玉清宫。《即墨市志》：“字光明，号太和，又号通灵子，山东掖县（今莱州）人。幼年双目失明，后流落到即墨，为鹤山遇真庵道人李灵仙（今山东昌邑人）收养。”

13. 黄冠　道士所戴束发之冠、用金属或木类制成。其色尚黄，故曰黄冠。因以为道士的别称。一说起于隋朝李播，据《新唐书·方技传》：“李淳风父播，仕隋高唐尉，弃官为道士，号‘黄冠子’。”后世遂用以指道士。

14. 鸣鸠逐鹊　意为鸠占鹊巢。

15. 中使　宫中派出的使者，多指宦官。《后汉书·宦官传》：“凡诏所征求，皆令西园驺密约勅，号曰‘中使’。”

16. 道藏　道经道书总集。是在历代帝王的支持下由道士汇集编纂而成。《道藏》，代表道家文化。《道藏》的内容，主要是由道家书、方书、道经和有关传记等四大部分组成。最早出现的道家书，如老、庄、关、列等；其次是方书，包括古代神仙家、阴阳家等书，如医卜星相之类；其三是有关道教的传记，最古的如《山海经》《穆天子传》《列仙传》等；其四，还有一些儒家、杂家、集部等书。儒书中最重要的是和《易经》有关的一些著述。集部出现较晚，盖为历代修藏时编入的。

17. 起科　指征收新垦荒地或未税熟田的钱粮。《文献通考·田赋考三》：雍正八年（1730）“户部议准，四川成都等二十州县……其新增之上地，每亩以一分五毫至一分三厘零起科……统照均定科则按限征输。”

18. 脚庵　崂山太清宫的脚庵不少。据《崂山太清宫志》载有：先天庵、鹤山遇真庵、常在庵、窑石庵、青岛天后宫、崂西真武庙、台东镇圣清宫、太清宫西南的窑石庵（亦名石鼓庵）。脚庵亦即下院，有的由太清宫派遣住持。脚庵和太清宫关系至切，崂西真武庙有碑额曰：“敕赐崂山太清宫下院”。

19. 丹青　古人绘画，以丹砂和青雘作为原料，丹青之色不易泯灭。比喻坚贞不渝。《文选·阮籍〈咏怀诗〉》：“丹青著明誓，永世不相忘。”李善注：“丹青不渝，故以方誓。”

20. 竹树　指竹。竹子因其有节，节中空虚，能虚心自持，杆挺直不弯，节节向上，直达青云。

21. 钟磬　钟，古代打击乐器。铜制，悬挂于架上，以锤叩击发音。西周中期开始有大小档次成组的编钟。也有大而单一的，称为特钟。其口平而有悬纽者，或另命名为镈。磬，古击乐器。用石或玉雕成，悬挂于架上，以物击之而鸣。商代已有单一的特磬。周代常有十几个大小相次成组的编磬。

22. 有司　古代设官分职，各有专司，因称职官为“有司”。《书·立政》：“惟有司之牧夫”。《三国志·蜀志·诸葛亮传》：“若有作奸犯科及为忠善者，宜付有司，论其刑赏。”

23. 朵颐　指饮食之事。《易·颐》：“观我朵颐。”孔颖达疏：“朵是动义，如手之捉物谓之朵也。今动其颐，故知嚼也。”陈子昂《感遇》诗：“深闺观元化，悱然争朵颐。”

24. 三尺　古代把法律刻在三尺的竹简或木板上，因作法律的代称。《汉书·杜周传》："三尺安出哉。" 三尺法，亦简称三尺。

25. 耿义兰　字芝山，号飞霞，又号灵应子，高密人。生于正德四年（1509）九月十八。嘉靖年间进士，后弃家入道，从师太清宫道士高礼岩，与师同去华山北斗坪挂单10余年，拜赵景虚学道说法，后入京都白云观丛林挂单，参访道理玄学。万历十三年（1585），曾把在北京白云观所学到十方经韵以及中原、秦、晋等地的戏曲音乐曲牌带回崂山，对十方韵的传播和崂山道乐的发展起过重要的作用。万历十七年（1589）起，他与憨山打官司，取胜后"毁寺复宫"，敕封为"扶教真人"，得到万历帝赏赐的《道藏》《万历续道藏》及乐谱和30多张古琴。万历三十四年（1606）十月十五日真人去世，享年97岁。

26. 龙文明　字君见，江西永新人，万历十七年（1589）进士，万历二十七年（1599）由户部郎中出任莱州府知府。乾隆《莱州府志》：到任后，值"岁荒"，则为民赈灾；抗倭寇，即修城为"东方保障"。他如"修战舰、建书院、置学田及小学社学之类"等。修之城在其离开后三十年，"登州叛兵围莱八月，卒以城坚得完"，"士民争立祠"设祭。

27. 己丑　干支纪年。万历十七年，1589年。

28. 赵任　字仁甫，一字肩吾，号岱冲，别称沧浪老人。生于明隆庆二年（1568）。居胶州城栾家街。万历十一年（1583），15岁即为进士，万历帝授官中书舍人，后为大理寺评事。终因得罪权贵告老，辞官归里，隐居崂山华阴，后在华阴建别墅，名皆山楼，轩"白雪"。

29. 万历癸卯岁孟秋　万历癸卯，万历三十一年，1603年。孟秋，初秋。

30. 知县李一敬　乾隆《即墨县志》卷六《职官》：万历"三十一年任。"乾隆《即墨县志》卷八："华阳进士。万历年知县事。廉慈爱民，议矿议税，凡不便于民者，首先厘正之。议招抚，议开垦，议山林，海口之利；议保甲，弭盗之法；凡便于民者，次第举行之。任五载，政和年丰，擢刑曹。未任，卒于墨。民立祠，肖像祀之。"

31. 县丞许汝翼　乾隆《即墨县志》卷六《职官》："寿州人，选贡。"

32. 主簿刘仕昌　乾隆《即墨县志》卷六《职官》："南昌人"。

33. 典史王应试 乾隆《即墨县志》卷六《职官》："山阴人"。

明万历三十八年《太清宫检阅藏经题名碑记》1

维[1] 太清宫者，自华盖真人刘若拙 2 从蜀而来，遁迹此处[2]。宋太祖闻其有道，召赴阙庭[3]，留之未久[4]，求还此处[5]。彼时[6] 敕建重修[7] 太平[8]、上清、太清三宫，赐为修真之所。其次，长春真人[9] 教阐山东，有元太祖皇帝钦差近侍刘仲禄敕请 [10] 至京，君称师者。而西游化胡 3 一十二国，玄风大振 4，宗派立焉。自我大明圣主，于万历二十八年 5 命太监何堂驿送道经 6 一藏，奉安本宫，永镇名山[11]。令羽士贾性全护守。于三十五年 7 十月十五日[12] 领众检阅，朝暮焚香，上祝当今皇帝圣寿无疆，下祈万民风调雨顺；三年圆满，福有所归。功德善人，题名万古[13]。

大明万历三十八年[14] 8 十月吉日立[15]

鳌山卫 9 致仕 10 指挥石国柱督建

校勘：

［1］维 黄肇颚《崂山续志》卷七、《青岛历代方志集成·黄肇颚撰〈崂山艺文志〉卷十二》、王集钦《崂山古今文史论丛·碑记》为"惟"，"维"作"惟"。周至元《崂山志》、《青岛市志·崂山志》、新编《崂山志》、《崂山道教史·碑刻史料》《道教寻踪·崂山道教碑记》则无"维"字。

［2］遁迹此处 黄肇颚《崂山续志》卷七、《青岛历代方志集成·黄肇颚撰〈崂山艺文志〉卷十二》《青岛市志·崂山志》、新编《崂山志》、《崂山道教史·碑刻史料》《道教寻踪·崂山道教碑记》为"遁迹此山"，"处"作"山"。王集钦《崂山古今文史论丛·碑记》为"遁踪此山"，"迹"作"踪"，"处"作"山"。

［3］召赴阙庭 周至元《崂山志》、《青岛市志·崂山志》、新编《崂山志》、《崂山道教史·碑刻史料》《道教寻踪·崂山道教碑记》为"召赴阙廷"，"庭"作"廷"。周宗颐《崂山太清宫志》为"命赴阙廷"，"召"作"命"。

[4] 留之未久　黄肇颚《崂山续志》卷七、《青岛历代方志集成·黄肇颚撰〈崂山艺文志〉卷十二》、王集钦《崂山古今文史论丛·碑记》为“留未从之”，意变。周至元《崂山志》、《青岛市志·崂山志》、新编《崂山志》、《崂山道教史·碑刻史料》《道教寻踪·崂山道教碑记》均为“留未几”，“久”作“几”，缺一“之”字。

[5] 求还此处　黄肇颚《崂山续志》卷七、《青岛历代方志集成·黄肇颚撰〈崂山艺文志〉卷十二》、王集钦《崂山古今文史论丛·碑记》无此句，与文固不合，更与张起岩《聚仙宫碑铭》(有序) 所记不符。序曰：“宋祖闻其有道，召至阙庭，留未几，坚求还山。”周至元《崂山志》、《青岛市志·崂山志》、新编《崂山志》、《崂山道教史·碑刻史料》为“坚求还山，从之”，衍“坚”“从之”；“此处”作“山”。

[6] 彼时　周至元《崂山志》、《青岛市志·崂山志》、新编《崂山志》、《崂山道教史·碑刻史料》《道教寻踪·崂山道教碑记》为“彼此”，“时”作“此”，误。

[7] 敕建重修　黄肇颚《崂山续志》卷七、《青岛历代方志集成·黄肇颚撰〈崂山艺文志〉卷十二》、周至元《崂山志》、《青岛市志·崂山志》、新编《崂山志》、王集钦《崂山古今文史论丛·碑记》、《崂山道教史·碑刻史料》《道教寻踪·崂山道教碑记》仅为“敕建”，无“重修”两字。

[8] 太平　周至元《崂山志》、《青岛市志·崂山志》、新编《崂山志》、《崂山道教史·碑刻史料》《道教寻踪·崂山道教碑记》记为“太平兴国院”。既为“太平兴国院”，下文之“三宫”则不合，似为不宜。

[9] 长春真人　黄肇颚《崂山续志》卷七、《青岛历代方志集成·黄肇颚撰〈崂山艺文志〉卷十二》、周至元《崂山志》、《青岛市志·崂山志》、新编《崂山志》、王集钦《崂山古今文史论丛·碑记》、《崂山道教史·碑刻史料》《道教寻踪·崂山道教碑记》为“长春邱祖”，“真人”作“邱祖”。

[10] 敕请　《青岛历代方志集成·黄肇颚撰〈崂山艺文志〉卷十二》为“勅请”，“敕”作“勅”。

[11] 命太监何堂驿送道经一藏，奉安本宫，永镇名山　周至元《崂山志》、

《青岛市志·崂山志》、新编《崂山志》、《崂山道教史·碑刻史料》《道教寻踪·崂山道教碑记》仅为“颁道经”。缺“命太监何堂驿送道经一藏，奉安本宫，永镇名山”之句。

[12] 三十五年十月十五日 黄肇颚《崂山续志》卷七、《青岛历代方志集成·黄肇颚撰〈崂山艺文志〉卷十二》、周至元《崂山志》、《青岛市志·崂山志》、新编《崂山志》、王集钦《崂山古今文史论丛·碑记》、《崂山道教史·碑刻史料》《道教寻踪·崂山道教碑记》均为“三十三年四月十五日”。以三十五年十月十五日为是，见下文有“三年圆满”之句，三十五年至三十八年，正三年。

[13] 万古 周至元《崂山志》、《青岛市志·崂山志》、新编《崂山志》、《崂山道教史·碑刻史料》《道教寻踪·崂山道教碑记》“万古”后均无落款。

[14] 万历三十八年 立碑年。周至元《崂山志》、《青岛市志·崂山志》、新编《崂山志》、《崂山道教史·碑刻史料》《道教寻踪·崂山道教碑记》均题为《明万历三十年检藏题名碑》。“三十八年”误作“三十年”，缺八年。且从碑文析之，以万历三十年立碑去记三十三年事，实也于理不合。在方志碑记时序排列上，亦成问题。

[15] 大明万历三十八年十月吉日立 黄肇颚《崂山续志》卷七仅记“万历三十八年”，缺“大明”和“十月吉日立”。

注释：

1.《太清宫检阅藏经题名碑记》 录自周宗颐《崂山太清宫志》卷五。黄肇颚《崂山续志》卷七、《青岛历代方志集成·黄肇颚撰〈崂山艺文志〉卷十二》、周至元《崂山志》、《青岛市志·崂山志》、新编《崂山志》、王集钦《崂山古今文史论丛·碑记》、《崂山道教史·碑刻史料》《道教寻踪·崂山道教碑记》均录载。黄肇颚《崂山续志》、王集钦《崂山古今文史论丛·碑记》作《太清宫检藏题名碑记》，周至元《崂山志》作《检藏题名碑》，碑名均不同，周至元《崂山志·金石志·碣》且指“碑”为“碣”。《青岛历代方志集成·黄肇颚撰〈崂山艺文志〉》介绍太清宫，录载了碑记全文，惜无碑题。

2. 刘若拙　五代宋初道士。号华盖先生，蜀人。居阳台，善服气，虽年九十余而神气不衰，步履轻盈矫健，其精于斋醮，每遇水旱之灾，必奉命入禁中，设台作法，祷雨除灾，莫不灵验。宋太祖时被委命为功德使与左街道录。开宝五年（972）冬十月，太祖诏令刘若拙主持京师道士学业考验，不修持者皆斥去。其谙熟法教，尝口授入道仪式、冠服品位于孙夷中，因而编录为《三洞修道仪》一卷。此于五代战乱、道士星散、宫宇摧颓之后，对经籍整理、道教衰而复兴均有不可埋没之功。若拙在书中详述自童蒙学道至大洞部道士之称号、冠服、所受经箓等，为研究道教仪轨重要资料之一。

3. 化胡　借指教化边邑之人。邱处机曾率徒西游化胡，其徒曾著《西游记》传世。清顾炎武《楼观》诗："颇得玄元意，西来欲化胡。"

4. 玄风大振　指道教日盛。《云山集》卷七《重阳祖师开道碑》："时膺大朝隆兴，崇奉道德，长春真人起而应召之后，玄风大振，教门日盛。"

5. 道经　道经是组成《道藏》的四大部分之一。最早的道经是《太平经》。

6. 万历二十八年　1600 年。

7. 三十五年　1607 年。

8. 万历三十八年　1610 年。

9. 鳌山卫　万历《即墨志·建置》：明建文四年（1402），"魏国公徐辉祖辟设，经历司、镇抚司、千百户所附焉。"同治《即墨县志》详为："原额设指挥使三员，指挥同知五员，指挥佥事八员，经历一员，儒学教授一员，镇抚司镇抚二员，右、前、后三所千户六员，百户十五员，边操军三百二十四名，京操军二百八十九名，守城军二百八名，屯田军余二百八十七名。"黄肇颚《崂山续志》："卫所以防海也。明初设指挥等官，赋税词讼得专奏报。"

10. 致仕　交还官职，即辞官。《公羊传·宣公元年》："退而致仕。"何休注："致仕，还禄位于君。"《新唐书·白居易传》："会昌初，以刑部尚书致仕。"

明万历三十九年《重修大劳观碑记》1

邑选贡　杨兆鲲2（巨屏）

入山转黄石3而东，率水涯过两夹口[1]，山势回转，深烟林薄[2]中，忽开平[3]可二里许，有观曰大崂4。背负龙溪，前列芙蓉峰5，怪岩幽壑，不可名数[4]。第观肇创多年，时圮[5]时葺，规制湫窄，不称灵秀气。往余读书其中，有竹山道人赵友真者，鹤发深目，嶙峋如削，年八十余矣，强志坚持。一旦议重修，新其制度，崇其殿宇，辟其垣墉，造洪钟，发巨鼓，诸务改观焉[6]。是役也[7]，斗米尺木皆[8]未尝仰给于四方，非鬼运神输，丹铅6灶火，安得抚有此力，以成此大功乎！盖此地有百围窍穴之大木，灵气所钟，更三四百年，犹然结实。道人与其徒，岁[9]收之以易粟。铢积[10]毫增，垂六年，则货财物力，得以登于饶羡，用是勤施大举，而遹观[11]厥成焉。此可与寻常持钵祈募[12]者，同日道哉[13]！事始于某年月日，终于[14]某年月日，是宜铭。铭曰：

于维灵区[15] 7，水绕山郛[16]。有宋建之[17]，观开虚无8。
老道友真，玄风9大倡。崇教衍真，翕受无量。
乃谋乃勚[18]，工师10孔急[19]。乃尔[20]湫隘11，化为鸿閟[21]。
立斗悬角，碧瓦丹枅[22]。美轮美奂，虎伏龙眠。
贝宫[23] 12既成，帝像攸崇。金紫章烂，烨烨雄风。
山月[24]流华13，海日映皓。瑶窗14洞达，灵氤[25]吞颢。
革音15訇铿16，金声清越。松籁间发，空谷歇绝[26]。
玄度[27] 17皈依[28]，众妙之门18。缵祖19成真，升朝玉尊。
霭霭祥烟[29] 20，永护玉阙。道源[30] 21洪开，千秋弗歇[31] [32]。

校勘：

[1] 两夹口　周至元《崂山志》、《青岛市志·崂山志》、新编《崂山志》、《崂山道教史·碑刻史料》《道教寻踪·崂山道教碑记》为“两峡口”，“夹”作“峡”。

[2] 深烟林薄 《青岛历代方志集成·黄肇颚撰〈崂山艺文志〉卷七》、周至元《崂山志》、《青岛市志·崂山志》、新编《崂山志》、《崂山道教史·碑刻史料》《道教寻踪·崂山道教碑记》为“深林烟薄”，“深烟”作“深林”，“林薄”作“烟薄”。错在“烟林”左右换位。

[3] 平 周至元《崂山志》、《青岛市志·崂山志》、新编《崂山志》、《崂山道教史·碑刻史料》《道教寻踪·崂山道教碑记》为“平原”，衍一“原”字。

[4] 前列芙蓉峰，怪岩幽壑，不可名数 周至元《崂山志》、《青岛市志·崂山志》、新编《崂山志》、《崂山道教史·碑刻史料》《道教寻踪·崂山道教碑记》为“前列芙蓉，峰怪岩幽，壑不可名数”标点错，意大异。《青岛历代方志集成·黄肇颚撰〈崂山艺文志〉卷七》为“怪石幽壑”，“岩”作“石”。

[5] 时圮 周至元《崂山志》、《青岛市志·崂山志》、新编《崂山志》、《崂山道教史·碑刻史料》《道教寻踪·崂山道教碑记》为“时圯”，“圮”作“圯”。

[6] 诸务改观焉 周至元《崂山志》、《青岛市志·崂山志》、新编《崂山志》、《崂山道教史·碑刻史料》《道教寻踪·崂山道教碑记》为“诸改观焉”，缺“务”字。

[7] 是役也 周至元《崂山志》、《青岛市志·崂山志》、新编《崂山志》、《崂山道教史·碑刻史料》为“是役”，缺一“也”字。

[8] 皆 《道教寻踪·崂山道教碑记》为“皆皆”，衍一“皆”字。

[9] 道人与其徒，岁 周至元《崂山志》、《青岛市志·崂山志》、新编《崂山志》、《崂山道教史·碑刻史料》仅为“道人”，后缺“与其徒，岁”四字一标点。

[10] 铢积 周至元《崂山志》、《青岛市志·崂山志》、新编《崂山志》、《崂山道教史·碑刻史料》为“珠积”，“铢”作“珠”。

[11] 遹观 《青岛市志·崂山志》、新编《崂山志》为“遹□”，“观”阙如。

[12] 祈募 周至元《崂山志》、《青岛市志·崂山志》、新编《崂山志》、《崂山道教史·碑刻史料》为“乞募”，“祈”作“乞”。

[13] 道哉 周至元《崂山志》、《青岛市志·崂山志》、新编《崂山志》、《崂

山道教史·碑刻史料》为“语哉”，“道”作“语”。

［14］终于 《青岛历代方志集成·黄肇颚撰〈崂山艺文志〉卷七》《道教寻踪·崂山道教碑记》为“成于”，“终”作“成”。

［15］于维灵区 周至元《崂山志》、《青岛市志·崂山志》、新编《崂山志》《青岛市志·崂山志》、新编《崂山志》、《崂山道教史·碑刻史料》为“维此灵区”，缺一“于”字，衍一“此”字。《道教寻踪·崂山道教碑记》则为“于维此区”，“灵”作“此”。

［16］山郛 周至元《崂山志》、《青岛市志·崂山志》、新编《崂山志》、《崂山道教史·碑刻史料》为“山郭”，“郛”作“郭”。

［17］建之 《青岛历代方志集成·黄肇颚撰〈崂山艺文志〉卷七》为“建□”，“之”字阙如。周至元《崂山志》、《青岛市志·崂山志》、新编《崂山志》、《崂山道教史·碑刻史料》为“建后”，“之”作“后”。

［18］乃勚 《青岛市志·崂山志》、新编《崂山志》为“乃□”，“勚”阙如。

［19］孔急 《青岛历代方志集成·黄肇颚撰〈崂山艺文志〉卷七》为“孔亟”，“急”作“亟”。

［20］乃尔 《青岛历代方志集成·黄肇颚撰〈崂山艺文志〉卷七》、周至元《崂山志》、《青岛市志·崂山志》、新编《崂山志》、《崂山道教史·碑刻史料》为“倏尔”，“乃”作“倏”。

［21］鸿閟 周至元《崂山志》作“闷”。《青岛市志·崂山志》、新编《崂山志》为“鸿□”，“閟”阙如。

［22］丹枅 《青岛市志·崂山志》、新编《崂山志》、《崂山道教史·碑刻史料》为“丹□”，“枅”阙如。

［23］贝宫 周至元《崂山志》、《青岛市志·崂山志》、新编《崂山志》、《崂山道教史·碑刻史料》为“具宫”，“贝”作“具”。

［24］山月 周至元《崂山志》、《青岛市志·崂山志》、新编《崂山志》、《崂山道教史·碑刻史料》为“山目”，“月”作“目”。

［25］灵氤 周至元《崂山志》、《青岛市志·崂山志》、新编《崂山志》、《崂

山道教史·碑刻史料》为“灵贝”，“鼠”作“贝”。

［26］歇绝　《青岛历代方志集成·黄肇颚撰〈崂山艺文志〉卷七》、周至元《崂山志》、《青岛市志·崂山志》、新编《崂山志》、《崂山道教史·碑刻史料》《道教寻踪·崂山道教碑记》为“绝歇”，两字左右置换。

［27］玄度　周至元《崂山志》、《青岛市志·崂山志》、新编《崂山志》、《崂山道教史·碑刻史料》为“玄都”，“度”作“都”。玄度、玄都是两个概念，玄度是月亮，玄都是神仙居住之处。

［28］皈依　周至元《崂山志》、《青岛市志·崂山志》、新编《崂山志》、《崂山道教史·碑刻史料》为“归依”，“皈”作“归”。

［29］祥烟　周至元《崂山志》、《青岛市志·崂山志》、新编《崂山志》、《崂山道教史·碑刻史料》为“祥云”，“烟”作“云”。

［30］道源洪开　《青岛市志·崂山志》、新编《崂山志》为“道□源洪开”，多一“□”，不合句式。

［31］弗歇　《青岛历代方志集成·黄肇颚撰〈崂山艺文志〉卷七》为“弗竭”，“歇”作“竭”。

［32］“歇”后　周至元《崂山志》、《青岛市志·崂山志》、新编《崂山志》、《崂山道教史·碑刻史料》有“大明万历三十九年（1611）九月望日”一句，应为立碑之时。《道教寻踪·崂山道教碑记》录自黄肇颚《崂山续志》卷五，自无此句。然从校勘观之，录文与原文亦尚多有不同处。《青岛历代方志集成·黄肇颚撰〈崂山艺文志〉卷七》亦无落款。

注释：

1.《重修大劳观碑记》　是碑录自黄肇颚《崂山续志》卷五。《青岛历代方志集成·黄肇颚撰〈崂山艺文志〉卷七》、周至元《崂山志》、《青岛市志·崂山志》、新编《崂山志》、《崂山道教史·碑刻史料》《道教寻踪·崂山道教碑记》等亦录载。

2. 杨兆鲲　字云举，号巨屏，明天启辛酉（1621）恩贡，曾任浙江云和县知县。明亡后移居崂山乌衣巷，杨氏别墅大门有一联：“十日大都留客事，一春多半为花忙。”显见主人隐居，又超然物外、自娱自乐的生活。

3. 黄石　华阴北山山半麓，峭壁色黄，因名“黄石洞”。洞中有黄石老人像，旁有留侯洞，壁上镌“采芝”二字。洞边有玉液泉，前有平台，是黄石宫故址。南望华楼山，苍翠如屏；俯瞰华阴村，街巷纵横，宛如棋盘。从此北上，还有中黄石和上黄石，上黄石在山顶上，有石室，中镌老君像。

4. 大崂　此指大劳观。在大崂村东南，南对芙蓉峰，背绕白沙河，处平旷，能收山水树石之胜。大劳观创自元延祐间，后数度重修。周至元《崂山志》：观“中祀真武，左右祀老君及王母。殿宇宏严，墉垣高峻，莅其中者，幽然如至玄都。”观左是一片竹林，林北河中，有龙潭湾，湾中产仙胎鱼，是崂山特产，味极鲜美。清代文人王卓如《宿大劳观》诗云：“斜阳下西岭，炊烟远弄景。道人知客来，伫立久延颈。山深天易暝，连床人尚醒。万籁寂无闻，冷然一声磬。”

5. 芙蓉峰　周至元《崂山志》：“在大崂东南，山色青苍如染。”望之若剑戟插天，其貌苍翠秀丽，如出水芙蓉，故名。在芙蓉峰顶，还有放生池、卧云洞等名胜。芙蓉峰东，两山壁立成峡，深若窄巷，仰视天光一线，名“一线天”。芙蓉峰西，便是创建于宋代的神清宫。

6. 丹铅　指点勘书籍用的朱砂和铅粉。唐韩愈《秋怀》诗之七：“不如觑文字，丹铅事点勘。”又称校勘性的文字为“丹铅”，如杨慎的《丹铅录》。

7. 灵区　美善之地。宋苏轼《叶待制求先坟永慕亭诗》：“灵区有异产，化国无潜珍。”

8. 虚无　道教教义概念。《一切道经音义妙门由起》引《声类》说：“无，虚无也。”老子认为：道无形、无名、无声、无色，但却化生万物，没有穷尽，故说“天下万物生于有，有生于无”。亦有说：“虚无”是道的本体，从虚无之道产生元气，从元气而生化成万物，即虚无生无形，无形生有形，就得出虚无生有的结论。

9. 玄风　道家义理的风尚。南北朝江淹《杂体诗·殷东阳仲文兴瞩》：“求仁既自我，玄风岂外慕。”《宋书·谢灵运传论》：“在晋中兴，玄风独振。”

10. 工师　主管百工之官。《孟子·梁惠王下》：“为巨室，则必使工师求大木。”《吕氏春秋·季春纪》：“是月也，命工师，令百工，审五库之量。”

11. 湫隘 低洼狭窄。如街巷湫隘。《左传·昭公三年》：“子之宅近市，湫隘嚣尘，不可以居。”

12. 贝宫 贝厥珠宫。宋黄庭坚《以团茶洮州绿石砚赠无咎文潜》诗：“贝宫胎寒弄明月，天网下罩一日收。”

13. 流华 如水的月光。唐颜真卿《五言月夜啜茶联句》：“流华净肌骨，疏瀹涤心原。”

14. 瑶窗 亦作瑶牕。用玉饰的窗，泛指美丽的窗。唐李商隐《圣女祠》诗：“松篁台殿蕙香帏，龙护瑶窗风按扉。”

15. 革音 革鼓之声，古代表示结阵进军。南朝宋谢灵运《佛影铭》：“庶推诚心，颇感群物，飞鸮有革音之期，阐提获自拔之路。”

16. 訇铿 似应为铿訇，形容声音洪亮有力；形容文词铿锵有力。宋司马光《迂书·言戒》：“夫钟鼓叩之然后鸣，铿訇镗鞳，不以人为异也。”

17. 玄度 月亮。刘向《列仙传·关令尹》：“尹喜抱关，含德为务，挹漱日华，仰玩玄度。”《宋书·秋日送陈文林陆道士得宇风》：“惟当玄度月，千里与君同。”

18. 众妙之门 众妙之门之要，是玄之又玄。“玄之又玄，众妙之门”，出自老子《道德经》。其意是：它不是一般的玄妙深奥，而是玄妙又玄妙、深远又深远，是宇宙天地万物之奥妙的总门。

19. 缵祖 意为继承祖业。

20 祥烟 祥瑞的烟气。南朝梁简文帝《玄圃园讲颂》序：“停瑞气于三辰，汎祥烟于五节。”

21. 道源 僧道认为佛、道教的经义是事物的本源，故称之。唐王昌龄《武陵开元观黄炼师院》诗之三：“暂因问俗到真境，便欲投诚依道源。”

明万历四十二年《重修鹤山遇真庵1碑》2

“泰山虽云[1]高，不如东海崂。”崂山最秀者[2]首推鹤山3云[3]。西障[4]县治，届卫城[5]，为东南重镇。有洞鹤故鹤名[6]。山下入[7]聚仙门4者，巉岩[8]叠嶂，突兀峰巅[9]，龟鹤显像，石楼龙窟[10]，旋转卧游，非有泉石之兴[11]者，不能[12]领此深趣。东跨大海，万里波涛，海天一色，直与扶桑5相接。日升，海转波心，蜃楼[13]海市，天下奇观殆无逾此者。若夫□游客[14]，邱真人常乐游于此[15]。徐复阳则终身隐居，日则炼形于石楼，夜则炼气于□□[16]。故至今沐浴盆6、升仙台7遗迹犹在。建有玉皇殿[17]、老君殿[18]、玄帝殿[19]，一修于永乐8，再修于正统9。岁月既久，栋宇倾损[20]。游人与□□士，□□□□□以重修□□□衣食费。躬□□劳[21]，远近嘉其志，县之善门，卫之义士，各请子恩□□□□□其德，□□述其事与作跋[22]，万历[23]三十年10告成[24]。四十二年11庙貌更新[25]。海山[26]竞秀，松石献奇，诚海上奇观也[27]。其成工□与□□土地，则邑人□子恩□□□，乐施则□君张君等[28]。伐树纪岁月[29]，余因书[30]其事云[31]。

万历四十二年12赐进士出身

国子监祭酒[32]13邑人周如砥14撰

校勘：

［1］虽云 《青岛市志·崂山志》、新编《崂山志》、《崂山道教史·碑刻史料》为“虽言”，“云”作“言”。《元和郡县图志》为“自言”，“虽云”作“自言”。

［2］崂山最秀者 周至元《崂山志》、《青岛市志·崂山志》、新编《崂山志》、《崂山道教史·碑刻史料》、张可先主编《鹤山志》为“崂山最秀奇者”，“者”前衍一“奇”字。

［3］首推鹤山云 周至元《崂山志》、《青岛市志·崂山志》、新编《崂山志》、《崂山道教史·碑刻史料》、张可先主编《鹤山志》为“尤首推鹤山焉”，

“首”前衍一“尢”字，“云”作“焉”。

[4] 西障 周至元《崂山志》、《青岛市志·崂山志》、新编《崂山志》、《崂山道教史·碑刻史料》为“山，西障”，“西”前衍一“山”字。

[5] 届卫城 周至元《崂山志》、《青岛市志·崂山志》、新编《崂山志》、《崂山道教史·碑刻史料》为“北届卫城”，“届”前衍一“北”字。

[6] 有洞鹤故鹤名 周至元《崂山志》、《青岛市志·崂山志》、新编《崂山志》、《崂山道教史·碑刻史料》、张可先主编《鹤山志》为“有洞类鹤，因以名山。”《道教寻踪·崂山道教碑记》为“有洞（类）鹤故鹤名”。

[7] 山下入 周至元《崂山志》、《青岛市志·崂山志》、新编《崂山志》、《崂山道教史·碑刻史料》、张可先主编《鹤山志》为“山下如”，“入”作“如”。

[8] 巉岩 《崂山道教史·碑刻史料》《道教寻踪·崂山道教碑记》为“镵岩”，“巉”作“镵”。镵，是古代的一种锐器、器具，用此不符。

[9] 突兀峰巅 周至元《崂山志》、《青岛市志·崂山志》、新编《崂山志》、《崂山道教史·碑刻史料》、张可先主编《鹤山志》为“嶙峋突兀峰顶”，“突”前多“嶙峋”二字，“巅”作“顶”。句式成：“嶙峋突兀。峰顶，龟鹤显像……”。

[10] 石楼龙窟 周至元《崂山志》、《青岛市志·崂山志》、新编《崂山志》、《崂山道教史·碑刻史料》、张可先主编《鹤山志》为“石楼玲珑”，“龙窟”作“玲珑”。

[11] 之兴 周至元《崂山志》、《青岛市志·崂山志》、新编《崂山志》、《崂山道教史·碑刻史料》、张可先主编《鹤山志》为“之尖”，“兴”作“尖”。

[12] 不能 周至元《崂山志》、《青岛市志·崂山志》、新编《崂山志》、《崂山道教史·碑刻史料》、张可先主编《鹤山志》为“不克”，“能”作“克”。

[13] 蜃楼 周至元《崂山志》、《青岛市志·崂山志》、新编《崂山志》、《崂山道教史·碑刻史料》、张可先主编《鹤山志》为“蜃龙”，“楼”作“龙”。

[14] 若夫□游客 周至元《崂山志》、《青岛市志·崂山志》、新编《崂山志》、《崂山道教史·碑刻史料》、张可先主编《鹤山志》为“若夫游客”，中无

“□”。

［15］常乐游于此　周至元《崂山志》、《青岛市志·崂山志》、新编《崂山志》、《崂山道教史·碑刻史料》、张可先主编《鹤山志》为“尝栖于此”，“常乐游”作“尝栖”。《道教寻踪·崂山道教碑记》为“尝乐游于此”，“常”作“尝”。

［16］□□　周至元《崂山志》、《青岛市志·崂山志》、新编《崂山志》、《崂山道教史·碑刻史料》、张可先主编《鹤山志》、《道教寻踪·崂山道教碑记》为“道宫”，补阙作“道宫”。

［17］玉皇殿　周至元《崂山志》、《青岛市志·崂山志》、新编《崂山志》、《崂山道教史·碑刻史料》、张可先主编《鹤山志》仅为“玉皇”，缺一“殿”字。

［18］老君殿　周至元《崂山志》、《青岛市志·崂山志》、新编《崂山志》、《崂山道教史·碑刻史料》、张可先主编《鹤山志》仅为“老君”，缺一“殿”字。

［19］玄帝殿　周至元《崂山志》、《青岛市志·崂山志》、新编《崂山志》、《崂山道教史·碑刻史料》、张可先主编《鹤山志》为“元帝三殿”，“玄帝”作“元帝”，“殿”作“三殿”，“殿”前衍一“三”字。

［20］倾损　周至元《崂山志》、《青岛市志·崂山志》、新编《崂山志》、《崂山道教史·碑刻史料》、张可先主编《鹤山志》为“倾颓”，“损”作“颓”。

［21］游人与□□士，□□□□□以重修□□□衣食费。躬□□劳　周至元《崂山志》、《青岛市志·崂山志》、新编《崂山志》、《崂山道教史·碑刻史料》、张可先主编《鹤山志》仅为“庵中羽士毅然以修复为念。”无论文意、字数均相差甚远。

［22］县之善门，卫之义士，各请子恩□□□□□其德，□□述其事与作跋　周至元《崂山志》、《青岛市志·崂山志》、新编《崂山志》、《崂山道教史·碑刻史料》、张可先主编《鹤山志》仅为“多有襄助”一句。无论文意、字数均相差甚远。

［23］万历　周至元《崂山志》、《青岛市志·崂山志》、新编《崂山志》、《崂

山道教史·碑刻史料》、张可先主编《鹤山志》为“于万历”，前衍一“于”字。

[24] 告成 周至元《崂山志》、《青岛市志·崂山志》、新编《崂山志》、《崂山道教史·碑刻史料》、张可先主编《鹤山志》为“兴建”，“告成”作“兴建”，意义全不同。

[25] 四十二年庙貌更新 周至元《崂山志》、新编《崂山志》、《崂山道教史·碑刻史料》、张可先主编《鹤山志》为“至四十二年始告落成”，“四”前衍一“至”字，“庙貌更新”作“始告落成”，义亦不同。

[26] 海山 周至元《崂山志》、《青岛市志·崂山志》、新编《崂山志》、《崂山道教史·碑刻史料》、张可先主编《鹤山志》为“于是海山”，衍“于是”两字。

[27] 诚海上奇观也 周至元《崂山志》、《青岛市志·崂山志》、新编《崂山志》、《崂山道教史·碑刻史料》、张可先主编《鹤山志》为“游者莫不叹为海上之阆苑焉”。未知此句从何而来。

[28] 其成工□与□□土地，则邑人□子恩□□□，乐施则□君张君等 周至元《崂山志》、《青岛市志·崂山志》、新编《崂山志》、《崂山道教史·碑刻史料》、张可先主编《鹤山志》缺此三句计26字。

[29] 伐树纪岁月 周至元《崂山志》、《青岛市志·崂山志》、新编《崂山志》、《崂山道教史·碑刻史料》、张可先主编《鹤山志》缺此句，而有“山民张某丐余为记”句，不知此句出自何处。

[30] 余因书 周至元《崂山志》、《青岛市志·崂山志》、新编《崂山志》、张可先主编《鹤山志》为“因述”，“因”前缺一“余”字，“书”作“述”。

[31] 其事云 《道教寻踪·崂山道教碑记》为“其事”，缺一“云”字。又，“云”后诸碑记均无落款。

[32] 国子监祭酒 周至元《崂山志》为“即墨祭酒”，“国子监”作“即墨”。

注释：

1. 鹤山遇真庵 万历《即墨志》卷二：“在上苑之北，天柱之东，海洋直冲其足。洞巅巨石巍然，曲项拥嗉，两翼回翔，真羽流之仙脱者。再上得石楼，伏俯盘躄而登，有台坦然平敞，可坐可瞻，望之岛屿分明，渺然不见涯际，方丈、蓬壶若将可及而游也。”黄肇颚《崂山续志》卷六：“鹤山曰遇真庵，祀玉皇，南为老君殿，再南真武殿。悬崖下横镌‘鹤山’大字二，镌‘遇真庵’大字三，至元二十年八月十五日，长春真人立。”鳌山卫姚竣德撰《游崂记略》：遇真庵，“元至正二十年（1360），有《重修老君殿碑》。”

2.《重修鹤山遇真庵碑》是碑文录自黄肇颚《崂山续志》卷六，原名为《鹤山正殿碑记》。周至元《崂山志》、《青岛市志·崂山志》、新编《崂山志》、《道教寻踪·崂山道教碑记》、张可先主编《鹤山志·风景名胜·附录》均作《重修鹤山遇真庵碑》。这与黄肇颚《崂山续志》碑名《鹤山正殿碑记》差异不是一般的大。权衡之下用现名，似更确切。《道教寻踪·崂山道教碑记》既标明录自黄肇颚《崂山续志》，然不用《鹤山正殿碑记》之名，未知是否亦出于这种考虑。

3. 鹤山　鹤山矗立于即墨东陲的黄海之滨，因山势似鹤而得名。面对碧海，联袂崂山诸峰，风清气爽，泉甘石奇。山体不大而峥嵘清秀。不愧为崂山诸峰中的最秀奇者。古人因有“游崂山不游鹤山乃为憾”之叹。鹤山奇峰林立、怪石嶙峋、形神兼备，被誉为“天然的花岗岩群雕”。《崂山续志》记有鹤山八景，即仙鹤洞、升仙台、摸钱涧、聚仙门、老君炉、沐浴盆、无字碑、梧桐金井。歌鹤山者亦众。如杨盐《鹤山》：“仙宇参差隔草莱，白云如幕护苍苔。洞门镇日无人到，孤鹤巢松任去来。穿云直上最高峰，虬舞峰头见古松。更转石楼深处去，淘丹井畔觅仙踪。”

4. 聚仙门　在鹤山北峰山腰处。门东向，两石壁夹立，一径曲通。远吞海，色，近揽群峦，回折以入，如另辟一天。《鹤山志》：“相传著名道人李灵仙同道友初到此山时，尚无山门，便用双手推开北面巨岩，才成其门，命名为‘聚仙门’。”

5. 扶桑　实为古代神话传说中的地名。《梁书·诸夷传·扶桑国》：“扶桑在大汉国东二万余里，地在中国之东，其土多扶桑木，故以为名。”《海内十洲记·扶桑》：“多生林木，如扶桑。又有椹，树长者二千丈，大二千余围。树两两同根偶生，更相依倚，是以名为扶桑也。”

6. 沐浴盆 在鹤山北峰北坡边缘处孤立的平台上，有一圆形小潭，清水汪然，历久不涸，水碧苔青，晶莹可爱，堪为奇迹。传说古时月明之夜，天上仙女常在此盆沐浴，故又得美名“玉女池”。

7. 升仙台 在遇真宫东上，一巨石高危突兀，凌空而起，东侧有一深涧。峭壁呈圆柱状，顶阔可容20余人，传为李灵仙、徐复阳两真人得道、脱去肉身的升天之处。北侧刻有“升仙台”，人登其上飘然欲仙，引首俯视，心动不已。

8. 永乐 明成祖朱棣年号。永乐间，建元至二十二年，即1403—1424年。

9. 正统 明英宗朱祁镇年号。正统间，建元至十四年，即1436—1449年。

10. 万历三十年 1602年。

11. 万历四十二年 1614年。

12. 万历十二年 1584年。

13. 国子监祭酒 中国古代中央政府官职之一，基本隶属于朝廷最高学府——国子监，主要职责为掌大学之法与教育考试。

14. 周如砥 即墨县章嘉埠人。字季平，号励斋。室名青藜馆。幼年丧父，其母随之“殉节”。其伯父、伯母省吃俭用，供其读书。明万历十七年（1589）中进士，授庶吉士，后改任国子监祭酒。任职期间，严以律己，礼贤下士，特别注意培养人才，奖掖后进，有“时天下士多出其门”之誉。后赠礼部侍郎。其文章在当时颇负盛名，《山东通志》称“如砥文章名天下”。著有《青藜馆集》《周太史文集》《道德经注》等传世。《四库全书总目·集部，别集类存目》录存其《青藜馆集》四卷。年老归里后，谢绝官场交往，对时弊尝有评议，曾上书朝廷，为民奏本，提出减免百姓额外税赋。

明万历《汉谏大夫王公祠铭》1

周如砥

圣道寝微[1]，霸功斯竞。黄老申韩2，迭执汉柄。

卓哉大夫[2]3，堂堂正正。神爵4一疏，伊训5说命6。

儒术迂阔7，从古以然。退而岩居，清风万年。

峨峨废邱[3]，累累荒阡，有严者祠，翼出其前。

乡人曰嗟，贤者之墓，卯金8以来，若或呵护。

矧遇熙朝9，而困樵牧，羽士乃延，北乃[4]坟户。

地环三山，大海南流。田足饘粥10，官无征收。

匪以惠私[5]，言劝好修。山兮海兮，吾道悠悠。

校勘：

[1] 寝微　黄肇颚《崂山续志》、《青岛历代方志集成·乾隆〈即墨县志〉》《青岛历代方志集成·黄肇颚撰〈崂山艺文志〉卷十五》为“浸微”，“寝”作“浸”。备考。寝微，意为逐渐衰微。《隋志·易类》：“郑学寝微，今殆绝也。”唐严从《拟三国名臣赞序》：“群雄竞起，汉历寝微，翻然回虑，吐词魏幕。”

[2] 大夫　黄肇颚《崂山续志》为“大失”，“夫”作“失”，误。

[3] 废邱　《青岛历代方志集成·乾隆〈即墨县志〉》为“匪邱”，“废”作“匪”。

[4] 北乃　《青岛历代方志集成·乾隆〈即墨县志〉》为“北迺”，“乃”作“迺”。“迺”是罕见的姓氏，是“乃”的异体字。

[5] 惠私　《青岛历代方志集成·黄肇颚撰〈崂山艺文志〉卷十五》为“私惠”，“惠私”二字左右对换。

注释：

1.《汉谏大夫王公祠铭》　祠铭录自乾隆《即墨县志》卷十。同治《即墨县志》卷十、《青岛历代方志集成·乾隆〈即墨县志〉》、黄肇颚《崂山续志》、《青岛历代方志集成·黄肇颚撰〈崂山艺文志〉卷十五》亦录此铭。黄肇颚铭题为《王公祠铭》。王公祠，乾隆《即墨县志》卷二："祀汉谏大夫王吉、丞相王骏、大司空王崇。"

2. 申韩 战国时期的法家申不害和韩非的并称。后世以"申韩"代表法家。

3. 大夫 即王吉。万历《即墨志·人物志》有传："王吉，字子阳，琅玡皋虞人。少好学明经，以郡吏举孝廉，补若卢右丞，迁云阳令。举贤良，为昌邑王中尉。王不度，上书谏之。王入嗣汉，被废。吉以忠直谏正得减死论。后起为益州刺史，征为博士谏议大夫，上书宣帝，欲举明主三代之隆，跻之仁寿之域。帝以其言为迂阔，遂病归。"王吉子骏、孙庸，亦名声显赫，三世有清廉名，故时语："前有赵张，后有三王。"至明万历朝，《即墨志》序者尚赞曰："幸王、郑之流风，燔然在目。"

4. 神爵 即神雀。瑞鸟。汉扬雄《羽猎赋》："麒麟臻其囿，神爵栖其林。"

5. 伊训 成汤既没，夏亡。太甲元年，商周开国老臣、五朝元老伊尹撰《伊训》，献于太甲帝的教导和告诫。《伊训》，为《尚书》收录《商书》中的第四篇文章。

6. 说命 《说命》，《古文尚书》篇名。叙述了商王武丁与宰相傅说的故事，再现了一段圣君贤相相知相处的佳话，颇具传奇色彩。

7. 迂阔 指行为不切实际事理。《汉书·王吉传》："上以其言迂阔，不甚宠异也。"

8. 卯金 卯金刀，所谓金刀"劉"，指姓刘。典出《后汉书》卷一上，汉光武帝登基时，其祝文中有"刘秀发兵捕不道，卯金修德为天子。"后世以此为典。

9. 熙朝 指兴盛的朝代。明张居正《寿陈松谷相公》："诚旷世之希逢，熙朝之盛典也。"

10. 饘粥 稀饭。郁达夫《和冯白桦〈重至五羊城〉原韵》："薄有文章惊海内，竟无饘粥润诗肠。"

明天启二年《重修太清宫三清殿碑记》[1]

匹夫[1]而志行[2]不移，片语[2]而金石[3]可贵[3]，从古[4]志之。然教其[5]如此[6]符合，如今日黄冠赵子[4]者，实未[7]见其人也。赵子师双修贾君，世住二崂之[8]胜水顶[5]。予犹忆[9]三清殿前有[10]古柏四株，枝叶扶疏[11][6]，挺秀[12][7]可爱，今惜无存矣。忆昔，山场[13]为憨山[14]所夺占[15]，改道宫[16]为海印寺，一时人心愤懑，众口沸腾[17]，诸道众[18]抗疏申理，得谕旨复宫，改为道宫[19]。僧昔所筑者，悉为瓦砾，成丘墟矣。噫[20]！孰谓[21]神不可信哉？然古迹虽复[22]，而殿宇擲为荒蓁[8][23]，使修举无人，犹不复也。彼时[24]，赵子奋臂，矢志重修[25]。首诣[26]吾莱募化。余难之[27]曰："修建自非细事，鸠工庀材[28]，所费不赀[29][9]，曷能以孑身[30][10]而克济乎[31]？余不敢[32]为子信也。"赵子愈奋，不敢易心。遂亲[33]航海，得大木，艰苦倍常[34][11]。今殿已落成，而远来乞文[35]于予[36]，予[37]不获辞[38]。嗟乎！南山之南，北山之北，山不增而高也；而山之陵谷，亦如[39]旧也；水不濬[40]而深[41]也，而水之环潆[42]如新也。殿成，而神灵既妥矣[43]。工竣，而初心[44]不负也。此一[45]役也，神悦而人心安[46]，事成而言行副。贤哉！赵子，可称不朽矣。是为记[47]。

赐进士第云南道监察御史昌阳左之宜[12]沐手谨撰

赐进士第光禄大夫柱国太子太师兵部尚书墨邑黄嘉善[13]篆额

按察司经历黄继善[14]

赐进士第辽东监运道右参政昌阳高出[15]

赐进士第两淮运副同知宋肇祥

赐进士第淮扬海防道参政宋继澄

赐进士第刑部河南司郎中昌阳左之龙[16]

吏科都给事中掖邑张孔教[17]

即墨县知事文林郎关中张继孟[18]

大明天启二年岁次壬戌仲春[19]吉日同立

校勘：

[1]《重修太清宫三清殿碑记》 碑记录自周宗颐《崂山太清宫志》卷五。黄肇颚《崂山续志》卷七、《青岛历代方志集成·黄肇颚撰〈崂山艺文志〉卷十二》作《重修胜水顶三清殿碑记》，周至元《崂山志》、《青岛市志·崂山志》、新编《崂山志》、《崂山区志》《崂山道教史·碑刻史料》《道教寻踪·崂山道教碑记》作《重修太清宫碑》，王集钦《崂山古今文史论丛·碑记》作《重修胜水顶太清殿碑记》均不完整。崂山太清宫存残碑记，据之应正为《重修劳山胜水顶太清宫三清殿碑记》。

[2] 片语 《青岛历代方志集成·黄肇颚撰〈崂山艺文志〉卷十二》、王集钦《崂山古今文史论丛·碑记》为“片言”，“语”作“言”。

[3] 可贵 从之者众。然太清宫残碑、黄肇颚撰《崂山续志》卷七、《青岛历代方志集成·黄肇颚撰〈崂山艺文志〉卷十二》为“可贯”，“贵”作“贯”，应是。

[4] 从古 周至元《崂山志》、《崂山区志》、新编《崂山志》、《崂山道教史·碑刻史料》《道教寻踪·崂山道教碑记》为“信古”，“从”作“信”。

[5] 教其 黄肇颚《崂山续志》卷七、《青岛历代方志集成·黄肇颚撰〈崂山艺文志〉卷十二》、周至元《崂山志》、《青岛市志·崂山志》、新编《崂山志》、王集钦《崂山古今文史论丛·碑记》、《崂山道教史·碑刻史料》《道教寻踪·崂山道教碑记》均为“求其”，“教”作“求”。尤其是，太清宫残碑亦作“求其”。“教”应正为“求”。

[6] 如此 黄肇颚《崂山续志》卷七、《青岛历代方志集成·黄肇颚撰〈崂山艺文志〉卷十二》、王集钦《崂山古今文史论丛·碑记》为“与此”，“如”作“与”。

[7] 实未 王集钦《崂山古今文史论丛·碑记》为“时未”，“实”作“时”。

[8] 二崂之 《青岛市志·崂山志》、新编《崂山志》、《崂山区志》《崂山道教史·碑刻史料》《道教寻踪·崂山道教碑记》为“二崂”，缺一“之”字。

[9] 予犹忆 黄肇颚《崂山续志》卷七、《青岛历代方志集成·黄肇颚撰〈崂山艺文志〉卷十二》为“□□□”。周至元《崂山志》为“予忆”，中缺“犹”。

《青岛市志·崂山志》、新编《崂山志》、《崂山区志》《崂山道教史·碑刻史料》《道教寻踪·崂山道教碑记》为“犹忆”，前缺“予”字。

[10] 前有 《青岛市志·崂山志》、新编《崂山志》、《崂山区志》《崂山道教史·碑刻史料》《道教寻踪·崂山道教碑记》仅为“前”，缺一“有”字。

[11] 有古柏四株，枝叶扶疏 黄肇颚《崂山续志》卷七、《青岛历代方志集成·黄肇颚撰〈崂山艺文志〉卷十二》、周至元《崂山志》为“有古柏四株，枝扶疏”。据太清宫残碑“叶”字为衍出，前之“株”字移后，则为“有古柏四，株枝扶疏”。

[12] 挺秀 黄肇颚《崂山续志》卷七、《青岛历代方志集成·黄肇颚撰〈崂山艺文志〉卷十二》、王集钦《崂山古今文史论丛·碑记》为“而挺秀”，衍一“而”字。

[13] 山场 黄肇颚《崂山续志》卷七、王集钦《崂山古今文史论丛·碑记》为“山阳”，“场”作“阳”，误。

[14] 憨山 黄肇颚《崂山续志》卷七、《青岛历代方志集成·黄肇颚撰〈崂山艺文志〉卷十二》、周至元《崂山志》、《青岛市志·崂山志》、新编《崂山志》、《崂山区志》、王集钦《崂山古今文史论丛·碑记》、《崂山道教史·碑刻史料》《道教寻踪·崂山道教碑记》作“憨僧”。太清宫残碑亦作“憨僧”。

[15] 所夺占 黄肇颚《崂山续志》卷七、《青岛历代方志集成·黄肇颚撰〈崂山艺文志〉卷十二》、周至元《崂山志》、《青岛市志·崂山志》、新编《崂山志》、《崂山区志》、王集钦《崂山古今文史论丛·碑记》、《崂山道教史·碑刻史料》《道教寻踪·崂山道教碑记》为“所侵”，“夺占”作“侵”。太清宫残碑亦作“侵”。“侵”是。

[16] 改道宫 周至元《崂山志》、《崂山区志》《崂山道教史·碑刻史料》《道教寻踪·崂山道教碑记》为“改造道宫”，衍一“造”字。

[17] 沸腾 黄肇颚《崂山续志》卷七、《青岛历代方志集成·黄肇颚撰〈崂山艺文志〉卷十二》、王集钦《崂山古今文史论丛·碑记》作“腾沸”。太清宫残碑亦作“腾沸”。“腾沸”是。

[18] 道众 周至元《崂山志》、《青岛市志·崂山志》《崂山区志》《崂山道

教史·碑刻史料》为“道中”，“众”作“中”，误。

[19] 得谕旨复宫，改为道宫　黄肇颚《崂山续志》卷七、《青岛历代方志集成·黄肇颚撰〈崂山艺文志〉卷十二》、周至元《崂山志》、《青岛市志·崂山志》、新编《崂山志》、《崂山区志》、王集钦《崂山古今文史论丛·碑记》、《崂山道教史·碑刻史料》《道教寻踪·崂山道教碑记》为“得谕旨，复改为道宫。”太清宫残碑为“得谕旨复改为道宫”，此为是。

[20] 噫　周至元《崂山志》、《青岛市志·崂山志》、新编《崂山志》、《崂山区志》《崂山道教史·碑刻史料》《道教寻踪·崂山道教碑记》无“噫”字。

[21] 孰　周至元《崂山志》、《青岛市志·崂山志》、新编《崂山志》、《崂山区志》《崂山道教史·碑刻史料》《道教寻踪·崂山道教碑记》“孰”前衍一“竟”字。或“竟”为“噫”之误。

[22] 虽复　王集钦《崂山古今文史论丛·碑记》为“难复”，“虽”作“难”。

[23] 掬为荒蓁　太清宫残碑同。黄肇颚《崂山续志》卷七、《青岛历代方志集成·黄肇颚撰〈崂山艺文志〉卷十二》为“鞠为荒榛”，“掬”作“鞠”，“蓁”“榛”通。王集钦《崂山古今文史论丛·碑记》为作“鞠为荒棒”，“掬”作“鞠”，“蓁”作“棒”，误。

[24] 彼时　周至元《崂山志》、《青岛市志·崂山志》、新编《崂山志》、《崂山区志》《崂山道教史·碑刻史料》《道教寻踪·崂山道教碑记》为“此时”，“彼”作“此”。太清宫残碑作“比时”。比时，意为当时。“比时”为准。

[25] 重修　黄肇颚《崂山续志》卷七、《青岛历代方志集成·黄肇颚撰〈崂山艺文志〉卷十二》、王集钦《崂山古今文史论丛·碑记》为“募修”，“重”作“募”。太清宫残碑亦作“重修”。

[26] 首诣　黄肇颚《崂山续志》卷七为“首请”，“诣”作“请”。

[27] 余难之　太清宫残碑同。黄肇颚《崂山续志》、《青岛历代方志集成·黄肇颚撰〈崂山艺文志〉卷十二》为“予难之”，“余”作“予”。周至元《崂山志》、《青岛市志·崂山志》《崂山区志》《道教寻踪·崂山道教碑记》为“余叹之”，“难”作“叹”。

[28] 庀材　黄肇颚《崂山续志》卷七、《青岛历代方志集成·黄肇颚撰〈崂山艺文志〉卷十二》为“僝材”,“庀”作“僝”。王集钦《崂山古今文史论丛·碑记》“庀”作“庇”,误。太清宫残碑作“僝”。《说文》僝本字,亦作“僝”,此处以“僝”为是。另,王集钦《崂山古今文史论丛·碑记》漏“首诣吾莱募化。余难之曰:修建自非细事”数语。

[29] 不赀　太清宫残碑同。黄肇颚《崂山续志》卷七、王集钦《崂山古今文史论丛·碑记》为“不资”,“赀”作“资”。

[30] 孑身　黄肇颚《崂山续志》卷七、《青岛市志·崂山志》、新编《崂山志》、《崂山区志》为“子身”,“孑”作“子”。《青岛历代方志集成·黄肇颚撰〈崂山艺文志〉卷十二》、太清宫残碑亦作“孑身”。

[31] 克济乎　黄肇颚《崂山续志》卷七、《青岛历代方志集成·黄肇颚撰〈崂山艺文志〉卷十二》、王集钦《崂山古今文史论丛·碑记》为“克济”,无一“乎”字。太清宫残碑无“乎”字。则周至元《崂山志》、《青岛市志·崂山志》、新编《崂山志》、《崂山区志》《崂山道教史·碑刻史料》《道教寻踪·崂山道教碑记》有一“乎”字,“乎”故尽衍。克济,意为能成就。《后汉书·杜诗传》:“陛下亮成天工,克济大业。”

[32] 余不敢　黄肇颚《崂山续志》卷七、《青岛历代方志集成·黄肇颚撰〈崂山艺文志〉卷十二》、王集钦《崂山古今文史论丛·碑记》为“不敢”,无一“余”字。太清宫残碑亦无“余”字。则周至元《崂山志》、《青岛市志·崂山志》、新编《崂山志》、《崂山区志》《崂山道教史·碑刻史料》《道教寻踪·崂山道教碑记》有一“余”字,故尽衍。

[33] 遂亲　周至元《崂山志》、《青岛市志·崂山志》《崂山区志》《道教寻踪·崂山道教碑记》仅为“亲”,缺一“遂”字。

[34] 倍常　黄肇颚《崂山续志》卷七、《青岛历代方志集成·黄肇颚撰〈崂山艺文志〉卷十二》、周至元《崂山志》、《青岛市志·崂山志》、新编《崂山志》、《崂山区志》、王集钦《崂山古今文史论丛·碑记》、《崂山道教史·碑刻史料》《道教寻踪·崂山道教碑记》均作“备尝”。均误。太清宫残碑为“倍常”。

[35] 乞文　王集钦《崂山古今文史论丛·碑记》为“祈文”,“乞”作

“祈”。

[36] 予 黄肇颚《崂山续志》卷七、《青岛历代方志集成·黄肇颚撰〈崂山艺文志〉卷十二》、王集钦《崂山古今文史论丛·碑记》作“余”。太清宫残碑作“予”。

[37] 予 黄肇颚《崂山续志》卷七、《青岛历代方志集成·黄肇颚撰〈崂山艺文志〉卷十二》、王集钦《崂山古今文史论丛·碑记》作“余”。太清宫残碑作“予”。

[38] 辞 黄肇颚《崂山续志》、《青岛历代方志集成·黄肇颚撰〈崂山艺文志〉》、王集钦《崂山古今文史论丛·碑记》“辞”后衍一“曰”字。太清宫残碑无“曰”字。

[39] 亦如 黄肇颚《崂山续志》卷七、《青岛历代方志集成·黄肇颚撰〈崂山艺文志〉卷十二》、王集钦《崂山古今文史论丛·碑记》为“已如”，“亦”作“已”。太清宫残碑也为“亦如”。

[40] 不濬 周至元《崂山志》、《青岛市志·崂山志》、新编《崂山志》、《崂山道教史·碑刻史料》《道教寻踪·崂山道教碑记》为“不□”，“濬”阙如。王集钦《崂山古今文史论丛·碑记》为“不浚”，“濬”，“浚”之繁体。

[41] 而深 黄肇颚《崂山续志》卷七、《青岛历代方志集成·黄肇颚撰〈崂山艺文志〉卷十二》、王集钦《崂山古今文史论丛·碑记》为“而来”，“深”作“来”。

[42] 环潆 王集钦《崂山古今文史论丛·碑记》为“环莹”，“潆”作“莹”。

[43] 既妥矣 周至元《崂山志》、《青岛市志·崂山志》、新编《崂山志》、《崂山区志》《崂山道教史·碑刻史料》《道教寻踪·崂山道教碑记》为“即安妥矣”，“既”作“即”，中衍一“安”字。黄肇颚《崂山续志》、《青岛历代方志集成·黄肇颚撰〈崂山艺文志〉卷十二》、王集钦《崂山古今文史论丛·碑记》为“既妥也”，“矣”作“也”。据太清宫残碑“也”为是。

[44] 初心 黄肇颚《崂山续志》卷七、《青岛历代方志集成·黄肇颚撰〈崂山艺文志〉卷十二》、王集钦《崂山古今文史论丛·碑记》为“神心”，“初”

作“神”。据太清宫残碑“初心”为是。

［45］此一 王集钦《崂山古今文史论丛·碑记》为“也一”，“此”作“也”。误。

［46］人心安 王集钦《崂山古今文史论丛·碑记》为“人安”，中缺一“心”字。

［47］记 “记”后或缺落款或落款不全，诸录文亦有不同，是为通病。如《青岛历代方志集成·黄肇颚撰〈崂山艺文志〉卷十二》所录，仅为：“赐进士第云南道监察御史昌阳左之宜撰大明天启二年岁次壬戌仲春吉旦。”与底文差异甚大。

注释：

1. 匹夫 古指平民中的男子。《左传·桓公十年》：“匹夫无罪，怀璧其罪。”

2. 志行 志向和操行。《易·屯》：“《象》曰：虽磐桓，志行正也。”《汉书·傅喜传》：“少好学问，有志行。”

3. 金石 《吕氏春秋·求人》：“故功绩铭乎金石。”高诱注：“金，钟鼎也；石，丰碑也。”《史记·秦始皇本纪》：“群臣相与诵皇帝功德，刻于金石，以为表经。”后因称钟鼎碑刻为金石。地方志亦多设《金石志》，因此而思及崂山，“寺宇众多，碑碣林立，摩崖之记，更多难胜数。”周至元《崂山志》，即有《金石志》，记有众多的“吉金、摩崖、碣、碑”。

4. 赵子 道人赵复会。《崂山区志》：太清宫“分为三院三殿则是天启二年（1622年）道人赵复会重修时所为。此次重修，确定了三官、三清、三皇各殿为三院的格局……三院都有围墙，各立山门，并有便门相通。”

5. 胜水顶 顶在三清殿后岭谷间，有清泉涌出，严寒不冰，亢旱不涸。遇亢祈雨者，俱于此泉取水，供诸龙坛，以柳枝濡漓，设祭诵经，祈祷必降甘露，故亦称“圣水泉”，又曰“灵泉”。

6. 扶疏 枝叶茂盛分披貌。东晋陶渊明《读山海经》诗：“孟夏草木长，绕屋树扶疏。众鸟欣有托，吾亦爱吾庐。”

7. 挺秀 挺拔秀丽。

8. 荒蓁 “蓁”通“榛”。地荒草长也。

9. 不赀 意不可计算。《史记·杂货列传》：“其先得丹穴，而擅其利数世，家亦不赀。”

10. 子身 单身独身。《明史·张文锦传》：“亲兵素有惰有室，闻当发，大恐，请子身往，得分番。”

11. 倍常 大不同于一般。唐冯贽《云仙杂记》卷五：“李初直遇与人相知，则曰：‘棠棣之好，何以过此。’喜庆倍常。”

12. 左之宜 字用善，号海楼。昌阳（今莱阳）人。明万历丙子（1576）进士及第。历镇江府推官，时云南道监察御史。明清时期左氏是昌阳大族世家，人才辈出。落款的左之宜、左之龙亦属是辈。

13. 黄嘉善 乾隆《即墨县志》有传。其云：“字惟尚，号梓山。万历丁丑进士，初令叶，历升大同知府……擢兵备加按察使……寻升宁夏巡抚……抚宁夏十年，休养生息，烽火不惊，宁夏立祠祀之。授三边总督。……旋移疾归。三年，抚顺失守，廷推大司马兼京营戎政。条上战守，皆切机宜，加柱国少保，赐铁券。二年再移疾归。自宁夏受事，历边疆二十年，入枢府两受顾命。及卒，上为辍朝，赠太保，予祭葬。崇祀名宦、乡贤。”其著有《抚夏奏议》八卷、《总督奏议》四卷。

14. 黄继善 即墨人，字惟成，号梧山，监生。

15. 高出 生于明万历二年（1574），卒于清顺治十二年（1655）。字孩之，号槎亭，人称无无居士。海阳县徽村人。万历戊戌（1598）科进士。历任大名、曲周、卢氏知县及户部主事、郎中、江南布政使司参议、山西按察使、按察副使、辽东道监军等职。一生不畏权贵，廉洁奉公。后遭权阉陷害，受命率军镇守辽阳。因军事失利，下狱12载，死于狱中。在狱期间，著有《镜山庵全集》。

16. 左之龙 字用化，号用楼，著名书法家。万历四十四年（1616）曾代理北平太守，天启三年（1623）去世。

17. 张孔教 字卓吾（1567—1638），万历丁酉（1597）举人。万历二十九年（1601）进士。万历三十八年（1610）为吏科给事中。天启二年（1622）四月任吏科都给事中。

18. 张继孟 同治《即墨县志》卷六：知县，“天启元年（1621）任。”

19. 大明天启二年岁次壬戌仲春 天启二年，1622年。壬戌，干支纪年。仲春，春季第二个月，农历二月。

四、清代崂山碑记

清顺治十年《太平宫[1]碑记》[2]

岱宗[3]东趾两崂[4]，千岩万壑，崟崎[5]幻望[1]，蹲海之湄，直抵[2]扶桑西垂[3]，不复扬尘矣。太平胜迹，古院也。不知何年[4]，道士[5]登明明崖，极目蓬瀛，渚屿[6]浮沉涛霞间，幸可羽衣而至，因丹井[7]其下，遂宫焉。迄今山中多黄冠，谈白日飞升事，不啻子孙[8]之传说高曾[6]也。则今日宫中道人之役，其亦可称亢宗[9][7]乎！勉旃[8]。谨案[10]上帝一座，崇祯戊辰[9]创建也。三清[10]、三元[11]，洎[11]真武诸殿，崇祯丙子[12]重修，顺治己丑[13]告成[12]。勒石永之[13]，不第像教[14][14]，用当薪传[15]云尔[15]。

顺治十年[16]岁次癸巳孟冬[17]朔旦[18]赐进士第东海王章[19]撰

原任乾清宫管事西协兼视忠勇营提督太监修真庵住持道人边静宁[20]

原任乾清宫管事提督上林苑监四署太监修真庵道人杨静悟[21]

校勘：

[1] 崟崎幻望　《青岛历代方志集成·黄肇颚撰〈崂山艺文志〉卷十》为“嵚崎幻□”，“望”字阙如。周至元《崂山志》、《崂山道教史·碑刻史料》《道教寻踪·崂山道教碑记》为“崟崎幻窅”，“望”作“窅”。《青岛市志·崂山志》、新编《崂山志》为“□崎幻□”，“崟”“望”阙如。王集钦《崂山古今文史论丛·碑记》为“嵌崎幻境”，“崟”作“嵌”，“望”作“境”。

［2］直抵　王集钦《崂山古今文史论丛·碑记》为“西抵”，“直”作“西”，误。

［3］西垂　周至元《崂山志》为“西陲”，“垂”作“陲”。《崂山道教史·碑刻史料》《道教寻踪·崂山道教碑记》虽录用周至元文本，但改作“西垂”。西垂，亦作西陲，古地区名，中国殷周时期对西方边地的泛称。殷时的西垂泛指陕西关中一带，周时的西垂则是对甘肃东南一带的泛称。然“西垂”并非“西陲”。西垂，解为西边。《书经·顾命》：“一人冕，执戣，立于东垂。一人冕，执瞿，立于西垂。”

［4］何年　周至元《崂山志》、《崂山道教史·碑刻史料》为“何年所建”，“何年”后衍“所建”二字。

［5］道士　周至元《崂山志》、《崂山道教史·碑刻史料》为“中栖道士”，“道士”前衍“中栖”二字。

［6］渚屿　王集钦《崂山古今文史论丛·碑记》为“诸屿”，“渚”作“诸”。

［7］丹井　《青岛市志·崂山志》、新编《崂山志》为“丹□”，“井”阙如。

［8］不啻子孙　《青岛市志·崂山志》、新编《崂山志》、《崂山道教史·碑刻史料》《道教寻踪·崂山道教碑记》为“不啻子”，缺一“孙”字。

［9］亢宗　周至元《崂山志》、《崂山道教史·碑刻史料》《道教寻踪·崂山道教碑记》为“玄宗”，“亢”作“玄”。

［10］谨案　周至元《崂山志》、《崂山道教史·碑刻史料》《道教寻踪·崂山道教碑记》为“兹按”，“谨”作“兹”，“案”作“按”。《青岛历代方志集成·黄肇颚撰〈崂山艺文志〉卷十》《青岛市志·崂山志》、新编《崂山志》、王集钦《崂山古今文史论丛·碑记》为“谨按”，“案”作“按”。

［11］洦　《青岛市志·崂山志》、新编《崂山志》、《崂山道教史·碑刻史料》《道教寻踪·崂山道教碑记》、王集钦《崂山古今文史论丛·碑记》作“泊”。

［12］告成　周至元《崂山志》为“高成”，“告”作“高”。《崂山道教史·碑刻史料》为“高（告）成”，“高”疑为“告”。

［13］勒石永之　周至元《崂山志》、《崂山道教史·碑刻史料》《道教寻踪·崂山道教碑记》为“欲勒之石”。义全不同。误。

[14] 不第像教　周至元《崂山志》、《崂山道教史·碑刻史料》《道教寻踪·崂山道教碑记》为“此不第有光像教”，衍“此”“有光”三字。《青岛历代方志集成·黄肇颚撰〈崂山艺文志〉卷十》《青岛市志·崂山志》、新编《崂山志》为“不第象教”，“像”作“象”。

[15] 尔　后无落款。现落款据《青岛历代方志集成·黄肇颚撰〈崂山艺文志〉卷十》《青岛市志·崂山志》、新编《崂山志》、《崂山道教史·碑刻史料》《道教寻踪·崂山道教碑记》增补。

注释：

1. 太平宫　黄宗昌《崂山志》：“在上苑。华盖真人刘若拙道场，宋初敕建。”《青岛市志·民族宗教志》：“太平宫属全真道教华山派……宋太平兴国元年（976），宋太宗赐名‘太平兴国院’，元初更名太平宫。”正殿有三清塑像，照壁上有“海上宫殿”四字。

2.《太平宫碑记》　录自黄肇颚《崂山续志》卷六。《青岛市志·崂山志》、新编《崂山志》、《崂山道教史·碑刻史料》《道教寻踪·崂山道教碑记》亦录载，均题为《重修太平宫碑》。《青岛历代方志集成·黄肇颚撰〈崂山艺文志〉卷十》、王集钦《崂山古今文史论丛·碑记》录为《太平宫碑记》。然周至元《崂山志》作《明重修太平宫碑》，文列“明天启”前，朝代搞错。

3. 岱宗　泰山也。泰山尚名岱山、岱岳、东岳、泰岳。为中国著名的五岳之一。有“中华国山”“天下第一山”的美誉，被视为崇高神圣的象征。

4. 两崂　即大崂山、小崂山。其称名始见于唐李贤《后汉书》注。万历《即墨志·山川》：“劳山，有大劳、小劳。大劳山在县治东南四十余里，小劳山在县治东南百里。形势连亘，群山盘薄森峙，周回百余里，名各不同，亦概称为劳山。”

5. 崟崎　高峻奇特。亦指高峻奇特的山石。明徐渭《发严州舍舟登陆远眺江中怪石》诗：“仰睇崟崎侧，惟见苍翠矫。”而“嶔崎”，意险峻，不平。汉王延寿《王孙赋》：“生深山之茂林，处嶄岩之嶔崎。”

6. 高曾　高祖和曾祖。宋文天祥《题中书直院刘左史震孙云萍录》：“忠肃公，朔人，以直节名一代，今中书左史负沉厚刚峭之气，以‘朔’名斋，盖于高曾规矩焉。”

7. 亢宗 庇护宗族；光耀门庭。《左传·昭公元年》：“吉不能亢身，焉能亢宗？”

8. 勉旃 努力。多于劝勉时用。《汉书·杨恽传》：“方当盛汉之隆，愿勉旃，毋多谈。”

9. 三清 三清是道的化身。道教认为“道”无所不包、无所不在、无形无象。玉清、上清、太清，这三清天境为道教三十六天中最高的三天。三清天，又称三清境。亦指道教的三尊神，分别居三清天。以玉清为主导，即玉清大帝、原始天尊；上清，即上清大帝、灵宝天尊；太清，即道德天尊、太上老君。

10. 三元 是汉族传统节日上元节、中元节、下元节的合称。道教认为产生天地万物的基本元素即天、地、人，即“三元”。天官诞于正月十五日，称上元节；地官诞于七月十五日，称中元节；水官诞于十月十五日，称下元节。三元日作为道教节日，一直流传至今。

11. 崇祯戊辰 崇祯，明思宗朱由俭年号。戊辰，崇祯元年，1628年。

12. 崇祯丙子 崇祯九年，1636年。

13. 顺治己丑 顺治，清世祖爱新觉罗福临年号。清朝的第一个年号。顺治六年，1649年。

14. 像教 即像法。亦泛指佛法。唐刘得仁《送智玄首座归蜀中旧山》诗：“像教得重新，因泽说大乘。”“象教”亦有说法。象教，释迦牟尼离世，诸大弟子想慕不已，刻木为佛，以形象教人，故亦称佛教为象教。南朝梁元帝《内典碑铭集林序》：“象教东流，化行南国。”

15. 薪传 柴虽烧尽，火种仍可留传。喻道术学术相传不绝。

16. 顺治十年 1653年。

17. 孟冬 旧历冬季第一个月，亦称初冬，即农历十月。《礼记·月令》：“孟冬之月，日在尾。”

18. 朔旦 旧历指每月初一，亦专指正月初一。《书·大禹谟》：“正月朔旦，受命于神宗。”

19. 王章 字酉山，莱阳人。顺治丁亥（1647）进士，历官井陉、武平知县，左迁石首丞，署远安。吴三桂反，抗节归。著有《随缘草堂文稿》一卷、《守约堂诗集》一卷。《续修四库全书总目提要》录之，并云："章在莱阳诗人中，不甚知名，然其性情磊落，亦自不凡，今即其书以存其人可耳。"

20. 边静宁　原名边永清。《青岛市志·崂山志》记载：边永清，字震围，号玄隐道人，明保定府满城人。明熹宗天启年间任乾清宫管事西协兼视忠勇营提督太监。明亡后，至崂山弃家入道，边永清改称边静宁，为崂山王哥庄修真庵住持，其为人然诺不欺，当地绅士多礼敬之。边永清至崂山时，曾携四宫娥，后皆为道姑。据崂山碑记载，边静宁约在康熙十年（1671）前去世。海阳县进士赵似祖有《边道人歌》，其中有："我闻边道人，明季之内使。龙髯飞上天，侧身莽无地。爰偕四宫女，黄尘苦巅踬。"

21. 杨静悟　原名杨绍慎。《青岛市志·崂山志》记载：杨绍慎，字我修，号玄默道人。明天启年间任乾清宫管事提督上林苑监四署太监。明亡后，与太监边永清一同到崂山修真庵出家为道士，改称杨静悟。兄事边永清，尤朴诚和煦，与世无争，为人所称道。边永清去世后，他继任崂山修真庵住持。崂山王哥庄村东有土山，名为"双台"，二人之墓皆在其下。

清顺治十三年《慧觉禅师刘仙姑 1 塔 2 碣》3

仙姑，名贞洁，字恒清，世住[1] 邑之马鞍山[2] 4 东麓。母娠时，屡有异祥。生九龄而后言，言辄深慧，不类俗娃[3]，乃其家世农，人常儿畜[4] 之，弗异也。万历癸巳 5，仙姑年十五，忽于六月廿八[5] 日，结趺[6] 面壁，入室[7] 断息。家人以为死，环而号泣。良久，仙姑欠申[8]，若眠觉然。语家人："生死不常，不须惊怛 6。"因而吟咏偈颂[9]，矢口铿锵，深中道要，皆曩籍所无，而顷刻连篇，俨若夙构[10] 7。仙姑虽敏慧，然于笔牍帖哔[11]，绝无见闻。一旦搦管摛词 8，具有章范，三教名宿，皆叹稀有，神悟元解[12]，毓自灵根 9，信非凡知，所得穷其涯际。时，慈圣太后 10、神宗皇帝皆崇尚典教 11，贝叶云签[13] 12，布满区宇[14]。颁道洞书于崂盛山[15]，遣敕[16] 使何公 13 护致[17]，并敕[18] 访海上异人。何闻仙姑神异，駴其[19]所著论颂[20]，殷勤拜谒，归而以状奏闻。有教命仙姑乘传诣京师。初授[21]坛席于定府[22]园亭，一时勋胄戚畹[14]，翟茀[23]鱼轩[15]，参礼[24]供养，杳无[25]虚日。仙姑处之，泊如[26]也。旋为之醵金，锓其书为八帙[16]，布诸四方。时光宗皇帝[17]方在储禁，教旨宣仙姑入觐。悦其风藻[18]明悟[27]，题号慧觉禅师。赐蟠龙法衣一袭，赤杖一双，恩数骈蕃[19]，不能悉记。熹宗[20]生母孝和王太后，位东朝[28]选侍，日供[29]仙姑为替行人。仙姑学兼玄释，巾袍道饰[30]，虽赐号禅师，间[31]仍称为仙姑也。居京师阐教者久之，神庙[21]、光庙[22]相继上宾，仙姑知世运将季，顾其齿发已艾，遂旋[32]故里讲道，授弟子众几千[33]指。复营崂盛岩砧[34]名明霞洞者居之，盖仙姑初出家习静处[35]也。其族姓皆化其教。又为营冢家舍旁，迎仙姑息其中[36]，即今塔东大士庵也。仙姑年愈高，声闻愈广。謦欬[23]善人，为轻[37]千里而问道者。已而[38]，学士大夫，轮裳[24]遥集，仙姑应酬恭敏，各得欢心。而骨相清癯，居然餐芝[25]胜流[39][26]，无复辨其为女翁身也。去岁[40]丁亥[27]，年七十一，以二月豫期日[41]，无疾而终。示寂之夕，村人[42]望见白气自庵中出[43]，夭矫[28]如虹，入于天，知即[44]玄修蜕解[29]之验也。所著[45]兼二门胜义[30]。初尊奉瞿昙[31]，又以万物本天，并奉帝释[32]。身虽女冠，度弟子则剃披若尼[46]，严律仪，别嫌疑也。述经凡八部，一曰《体原部》、一曰《豁悟部》[47]、一曰《高明天道部》、一曰《三教评义部》[48]、一曰《无欲修证部》[49]、一曰《宏范部》[50]、一曰《叹世部》[51]、一曰《三事大典部》。文多不具载。其所度高足弟子：出家则尼如金、尼如喜、尼宏建等[52]。优婆姨[53]则梅孺人、钱孺人、毛孺人等。皆能[54]为师传法者。仙姑之侄刘显儒，业儒为诸生[33]，为仙姑营后事，皆得附书。

偈曰："瞿姨[55]分座让麻姑[56][34]，诸态消除一法无。蹴碎铁山凭绣履，捉来[57]沸海凝冰壶[35]。"

顺治十三年[36]岁次丙申正月吉旦

门下承教侄刘诚儒、弟子陈宏宇等立

胶西逸民[37]温正春书镌[58]

校勘：

［1］世住　李寅宾著《马山志》、《青岛历代方志集成·李寅宾撰〈马鞍山志〉》为“世居”，“住”为“居”。

［2］邑之马鞍山　李寅宾著《马山志》、《青岛历代方志集成·李寅宾撰〈马鞍山志〉》《即墨历史人物墓志铭》为“墨之马山”，“邑”作“墨”，“马鞍山”作“马山。”

［3］不类俗娃　李寅宾著《马山志》、《青岛历代方志集成·李寅宾撰〈马鞍山志〉》无“不类俗娃”四字。

［4］常儿畜　李寅宾著《马山志》为“常见蓄”，“儿”作“见”，“畜”作“蓄”。《青岛历代方志集成·黄肇颚撰〈崂山艺文志〉卷十六》为“儿常畜”。“儿畜”无疑，意即视之如自己的儿子。

［5］廿八　李寅宾著《马山志》、《即墨历史人物墓志铭》《青岛历代方志集成·李寅宾撰〈马鞍山志〉》为“二十八”，“廿”作“二十”。

［6］结趺　李寅宾著《马山志》为“结跌”，“趺”作“跌”，误。

［7］入室　李寅宾著《马山志》、《青岛历代方志集成·李寅宾撰〈马鞍山志〉》《即墨历史人物墓志铭》为“入定”，“室”作“定”，是。《青岛历代方志集成·黄肇颚撰〈崂山艺文志〉卷十六》为“人室”，“入”作“人”。抄误。

［8］欠申　李寅宾著《马山志》、《青岛历代方志集成·李寅宾撰〈马鞍山志〉》《即墨历史人物墓志铭》为“欠伸”，“申”作“伸”。亦作“欠伸”，意为打呵欠，伸懒腰，疲倦的表示。

［9］偈颂　李寅宾著《马山志》、《青岛历代方志集成·李寅宾撰〈马鞍山志〉》为“倡诵”，“偈颂”作“倡诵”，误。偈颂，梵语“偈佗”的又称。即佛经中的唱颂词。每句三字、四字、五字、六字、七字以至多字不等，通常以四句为一偈。亦多指释家隽永的诗作。

［10］夙构　《青岛历代方志集成·李寅宾撰〈马鞍山志〉》为“夙拘”，“构”作“拘”。似同义。

［11］笔牍帖哔　李寅宾著《马山志》为“笔牍占哔”，“帖”作“占”。《青岛历代方志集成·李寅宾撰〈马鞍山志〉》《即墨历史人物墓志铭》为“笔牍

呫哔”，“帖”作“呫”。《青岛历代方志集成·黄肇颚撰〈崂山艺文志〉卷十六》为“笔墨呫哔”，“牍”作“墨”，“帖”作“呫”。

［12］元解　李寅宾著《马山志》、《青岛历代方志集成·李寅宾撰〈马鞍山志〉》《即墨历史人物墓志铭》为“玄解”，“元”作“玄”。似应正为“玄解”。玄解，指对事物奥秘的理解。亦指深奥难解的道理。

［13］云签　《青岛历代方志集成·李寅宾撰〈马鞍山志〉》为“灵签”，“云”作“灵”。灵签是指一般寺庙或道观中，存放在签筒的、用竹条制作的标有签号的占卜工具。云签，释义是道家的典籍。

［14］区宇　李寅宾著《马山志》、《青岛历代方志集成·李寅宾撰〈马鞍山志〉》为“宇宙”，“区宇”作“宇庙”。区宇，意为区域，天地。唐元稹《贺诛吴元济表》：“威动区宇，道光祖宗。”宇宙是所有时间、空间与其包含的行星、恒星、星系、星系际空间、次原子粒子等所有物质与能量。

［15］颁道洞书于崂盛山　李寅宾著《马山志》、《青岛历代方志集成·李寅宾撰〈马鞍山志〉》《青岛历代方志集成·黄肇颚撰〈崂山艺文志〉卷十六》为“颁道藏于崂盛山”，“道洞书”为“道藏”。

［16］遣敕　《青岛历代方志集成·李寅宾撰〈马鞍山志〉》《青岛历代方志集成·黄肇颚撰〈崂山艺文志〉卷十六》《即墨历史人物墓志铭》为“遣勅”，“敕”作“勅”。一般而言，敕、勅相通，然敕是皇帝的命令，道教为避讳，即采用“勅”，这里没有命令的意思。

［17］护致　李寅宾著《马山志》、《青岛历代方志集成·李寅宾撰〈马鞍山志〉》为“护送”，“致”作“送”。

［18］并敕　李寅宾著《马山志》为“兼敕”，“并”作“兼”。《青岛历代方志集成·李寅宾撰〈马鞍山志〉》为“兼勅”，“并”作“兼”，“敕”作“勅”。

［19］駴其　李寅宾著《马山志》、《青岛历代方志集成·李寅宾撰〈马鞍山志〉》仅为“其”，无一“駴”字。《即墨历史人物墓志铭》为“骇其”，“駴”作“骇”。“駴”古通“骇”。

［20］论颂　李寅宾著《马山志》、《青岛历代方志集成·李寅宾撰〈马鞍山志〉》为“论诵”，“颂”作“诵”。

[21] 初授　李寅宾著《马山志》、《青岛历代方志集成·李寅宾撰〈马鞍山志〉》为“初挽”，“授”作“挽”。《即墨历史人物墓志铭》为“初受”，“授”作“受”。

[22] 定府　李寅宾著《马山志》、《青岛历代方志集成·李寅宾撰〈马鞍山志〉》为“丁府”，“定”作“丁”。

[23] 翟茀　《即墨历史人物墓志铭》为“翟第”，“茀”作“第”。翟茀，古代贵族妇女所乘的一种车子。车帘两边或车厢两旁以翟羽为饰。

[24] 参礼　李寅宾著《马山志》为“恭礼”，“参”作“恭”。误。

[25] 杳无　《青岛历代方志集成·李寅宾撰〈马鞍山志〉》为“沓无”，“杳”作“沓”。“杳无”是。杳无，了无，绝无。清纪昀《阅微草堂笔记》：“越十余年，杳无亲戚来访。”

[26] 泊如　《青岛历代方志集成·李寅宾撰〈马鞍山志〉》《即墨历史人物墓志铭》为“澹如”，“泊”作“澹”。

[27] 明悟　李寅宾著《马山志》、《青岛历代方志集成·李寅宾撰〈马鞍山志〉》《即墨历史人物墓志铭》“明悟”后，多出“亲洒睿翰”四字。

[28] 位东朝　李寅宾著《马山志》为“位居东朝”，多一“居”字。《即墨历史人物墓志铭》为“方位东朝”，多一“方”字。此“方”者，方才、刚刚，是时间指向。“位”则为位置指向。《青岛历代方志集成·李寅宾撰〈马鞍山志〉》为“位东朝”，是。

[29] 日供　李寅宾著《马山志》、《青岛历代方志集成·李寅宾撰〈马鞍山志〉》为“时供”，“日”作“时”。

[30] 道饰　李寅宾著《马山志》、《青岛历代方志集成·李寅宾撰〈马鞍山志〉》为“道装”，“饰”作“装”。

[31] 间　李寅宾著《马山志》、《青岛历代方志集成·李寅宾撰〈马鞍山志〉》《即墨历史人物墓志铭》《青岛历代方志集成·黄肇颚撰〈崂山艺文志〉卷十六》为“人间”，有一“人”字。“间”和“人间”意大不同。

[32] 遂旋　李寅宾著《马山志》、《青岛历代方志集成·李寅宾撰〈马鞍山志〉》《即墨历史人物墓志铭》为“遂言旋”，中有一“言”字。

[33] 众几千　李寅宾著《马山志》、《青岛历代方志集成·李寅宾撰〈马鞍山志〉》为“环几千”，“众”作“环”。

[34] 岩砧　李寅宾著《马山志》为“岩穴”，“砧”作“穴”。《即墨历史人物墓志铭》为“岩嵁”，“砧”作“嵁”。《青岛历代方志集成·李寅宾撰〈马鞍山志〉》为“嵁岩”，“岩”作“嵁”，“砧”作“岩”。

[35] 习静处　李寅宾著《马山志》、《青岛历代方志集成·李寅宾撰〈马鞍山志〉》《即墨历史人物墓志铭》为“习静业处”，有一“业”字。习静，亦作习竫。竫、静古通。谓习养静寂的心性。

[36] 息其中　李寅宾著《马山志》、《青岛历代方志集成·李寅宾撰〈马鞍山志〉》《即墨历史人物墓志铭》为“憇息其中”，有一“憇”字。

[37] 为轻　李寅宾著《马山志》、《青岛历代方志集成·李寅宾撰〈马鞍山志〉》为“多轻”，“为”作“多”。

[38] 巳而　李寅宾著《马山志》、《青岛历代方志集成·李寅宾撰〈马鞍山志〉》《即墨历史人物墓志铭》《青岛历代方志集成·黄肇颚〈崂山艺文志〉》为“已而”，“巳”作“已”。“已而”为是。已而，意为不久；继而。

[39] 餐芝胜流　《青岛历代方志集成·李寅宾撰〈马鞍山志〉》、李寅宾著《马山志》为“参足胜流”，“餐芝”作“参足”。

[40] 去岁　《青岛历代方志集成·李寅宾撰〈马鞍山志〉》为“老岁”，“去”作“老”。

[41] 以二月豫期日　李寅宾著《马山志》、《青岛历代方志集成·李寅宾撰〈马鞍山志〉》为“以三月预定期日”，“二月”作“三月”，“豫期”作“预定期”。

[42] 村人　李寅宾著《马山志》、《青岛历代方志集成·李寅宾撰〈马鞍山志〉》《即墨历史人物墓志铭》为“村中人皆”，“村”后有一“中”字，“人”后有一“皆”字。

[43] 庵中出　李寅宾著《马山志》、《青岛历代方志集成·李寅宾撰〈马鞍山志〉》《即墨历史人物墓志铭》为“庵中起”，“出”作“起”。

[44] 知即　李寅宾著《马山志》、《青岛历代方志集成·李寅宾撰〈马鞍山

志〉》为“知为”，“即”作“为”。

[45] 所著 李寅宾著《马山志》、《青岛历代方志集成·李寅宾撰〈马鞍山志〉》《即墨历史人物墓志铭》为“所著书”，多一“书”字。

[46] 剃披若尼 《青岛历代方志集成·黄肇颚撰〈崂山艺文志〉卷十六》为“剃若尼”，缺一“披”字。

[47]《豁悟部》《即墨历史人物墓志铭》为“《豁寤部》”，“悟”作“寤”，误。刘仙姑有经凡八部传世，其中即有《豁悟部》。

[48]《三教评义部》《青岛历代方志集成·李寅宾撰〈马鞍山志〉》《青岛历代方志集成·黄肇颚撰〈崂山艺文志〉卷十六》为“三教评议部”，“评义”作“评议”。李寅宾著《马山志》为“三教评仪部”，“评义”作“评仪”。

[49]《无欲修证部》 李寅宾著《马山志》、《青岛历代方志集成·李寅宾撰〈马鞍山志〉》为“无欲循证部”，“修证”作“循证”。

[50]《宏范部》 李寅宾著《马山志》、《即墨历史人物墓志铭》为“洪范部”，“宏范”作“洪范”。

[51]《叹世部》 《青岛历代方志集成·黄肇颚撰〈崂山艺文志〉卷十六》缺漏《叹世部》。仙姑述经八部，此仅记七部。

[52] 出家则尼如金、尼如喜、尼宏建等 李寅宾著《马山志》为“出家则尼，如金尼、宏建等”，标点误而意误。《即墨历史人物墓志铭》为“出家则尼如金尼、如喜尼、宏建等”，标点有误，或重复，均读不通，误。《青岛历代方志集成·李寅宾撰〈马鞍山志〉》为“出家则尼如金、尼宏建等”，中缺“尼如喜”。

[53] 优婆姨 李寅宾著《马山志》、《青岛历代方志集成·李寅宾撰〈马鞍山志〉》为“优婆夷”，是。“优婆夷”，亦作“优婆塞”。优婆夷，此指在家中奉佛的女子。

[54] 皆能 李寅宾著《马山志》、《青岛历代方志集成·李寅宾撰〈马鞍山志〉》《即墨历史人物墓志铭》为“皆铮铮能”，“皆”后有“铮铮”二字。应是。

[55] 瞿姨 李寅宾著《马山志》为“瞿夷”，“姨”作“夷”，是。瞿夷，

梵语。瞿夷者，其父名水光长者。女生之时，日将没，余光照其室，室内皆明，因名瞿夷，亦云明女。

[56] 麻姑 《青岛历代方志集成·李寅宾撰〈马鞍山志〉》为“蔴姑”，“麻”作“蔴”。

[57] 捉来 李寅宾著《马山志》、《青岛历代方志集成·李寅宾撰〈马鞍山志〉》《即墨历史人物墓志铭》为“捉来”，“捉”作“捉”。

[58] 胶西逸民温正春书镌 《即墨历史人物墓志铭》置铭题下。李寅宾《马山志》文末无落款。《青岛历代方志集成·黄肇颚撰〈崂山艺文志〉卷十六》落款有异，原“侄刘诚儒”，“侄”作“姪”；原“弟子陈宏宇”，“宇”作“儒”。

注释：

1. 刘仙姑 乾隆《即墨县志》、同治《即墨县志》有传。是两志卷十二《杂稽·道释》唯一为之立传的道姑。志云：“名贞洁，字恒清，世居马山之东麓。生九岁始言，年十五日未知书，忽面壁断息而坐，遂契道要。搦管摛词，神悟元解兼二门胜义。神宗时，以慈圣太后教乘传诣京师，为镂其《体原》《豁悟》等经凡八部。赐号‘慧觉禅师’。巾袍道装，人亦以仙姑称之。光庙后，知世运将季，归于墨。年愈高，问道者愈众。凡所指授，三教名宿皆叹为希闻焉。年七十一，预示寂期至，候白气起庵中，人以为蜕解之验云。”刘仙姑归于墨，修行是在崂山明霞洞。明崇祯十二年（1639）高弘图游崂山，其《崂山九游记》记及道姑刘贞洁居明霞洞修真：“遂登明霞洞，洞为道姑刘静室。”并作《明霞洞女黄冠》诗，其序曰：“别侍御于青山，遂登上清宫。宫峰分为二，女黄冠得其绝顶曰‘明霞洞’者，居之。”此道姑、女黄冠，即刘仙姑。《马山志》引于《体原部》：万历九年（1581）九月二十三日……诞生即墨县西新安村刘氏。后受业马鞍山西王门于氏，号慧兴，二十一年（1593）六月二十八日辰时，始悟禅宗。”刘仙姑从始悟禅宗入门，实是释道双修。

2. 慧觉禅师刘仙姑塔 塔居马鞍山东麓。仙姑初居明霞洞，圆寂后归藏于此。

3.《慧觉禅师刘仙姑塔碣》 文录自黄肇颚《崂山续志》卷九。《青岛历代方志集成·黄肇颚撰〈崂山艺文志〉卷十六》、江志礼主编《即墨历史人物墓志铭》亦录载，其题为《明刘贞洁墓志铭》，原名《即墨明霞洞赐号慧觉禅师刘仙姑塔碣》，收自清嘉庆十二年版《刘氏族谱》。李寅宾著《马山志》、《青岛历代方志集成·李寅宾撰〈马鞍山志〉》录载名为《刘仙姑传》，《刘仙姑传》明确指出“右《仙姑塔碑文》一篇，并偈四句”，所录碑文后乃书对文之肯定：“可谓详明有体，辞亦古雅，予无以易之。”但亦有憾：“独其所谓入定习静”，“传授弟子之道，略之不录，是为缺陷耳。”如此论前人碑记者，世不多见也。

4. 马鞍山　唐称牛脾山，后改称马山。山距邑西二十里。万历《即墨志》：“状如马鞍。县西无山，惟此山东望秀起。”上为玉帝观，曰东华宫。山之北曰西华宫，亦称平安殿，道人李常明所建道场也。

5. 万历癸巳　万历二十一年，1593 年。

6. 惊怛　即惊恐。清黄遵选《三哀诗》：“将头临刃时，定知不惊怛。”

7. 夙构　意事先准备好或构画好。明杨慎《升庵诗话》：“敏若夙构，出语不凡。”夙构，唐孟棨《本事诗·嘲戏》：“元一夙构，贵欲辱臣。”

8. 搦管摛词　搦管，意执笔，也指捉笔写诗作文。唐刘知几《史通·辨识》：“搦管操觚，归其仪的。”摛词，亦作摛辞，意铺陈文辞。晋郭璞《〈方言〉·序》：“类摛词之指韵，明乖途而同致。”

9. 灵根　炼养名词。此指舌根，《黄庭内景经》梁邱子注：“灵根坚固老不衰。”

10. 慈圣太后　即李太后，本名李彩凤，汉族，漷县人。隆庆帝贵妃，万历帝朱翊钧（1573—1619）生母。好佛，崇佛。《青岛市志·崂山志·人物》误记为“慈宁太后”。

11. 典教　意典章教化。汉应瑒《文质论》：“建不利之洪制，显宣尼之典教，探微言之所弊。”

12. 贝叶云签　贝叶，印度贝多罗树的叶子，用水沤后可以代纸，古代印度人多用以写佛经，后因称佛经为“贝叶经”。《大慈恩寺三藏法师传》卷六：“丁卯，法师方操贝叶，开演梵文。”皇甫曾《锡杖歌》诗，有“口翻贝叶古字经”句。云签，道家的典籍。宋李彭老《高阳台·寄题荪壁山房》：“缥简云签，人间一点尘无。绿深门户啼鹃外，看堆牀、宝晋图书。”

13. 何公　即奉万历二十八（1600）年十月神宗敕谕，前往崂山太清宫的道经厂侍经惜薪司左司何堂。

14. 戚畹　犹戚里，借指外戚、亲戚邻里，或帝王外戚聚居的地方。宋俞文豹《吹剑四录》：“汉之天下，弊于戚畹。”《宋史·李处耘传论》：“幸联戚畹之贵，秉旄继世。”

15. 翟茀鱼轩　指车马轿子。翟茀，古代贵族妇女所乘的一种车子。车帘两边或车箱两旁以翟羽为饰。《诗·卫风·硕人》：“翟茀以朝。”毛传：“翟，翟车也，夫人以翟羽饰车。茀，蔽也。”陈奂传疏：“茀即车笭。”鱼轩，亦为古代贵族妇女所乘的一种车子。用鱼皮装饰。《左传·闵公二年》：“归夫人鱼轩。”杜预注：“鱼轩，夫人车，以鱼皮为饰。”

16. 八帙　亦作八秩。意为 80 岁。

17. 光宗皇帝　即朱常洛，在位时间一年不到，年号泰昌，泰昌元年，1620年。

18. 风藻　犹辞藻。明胡应麟《诗薮·古体下》：“而又加以开合，传以神情，宏以风藻，七言之体，至是大备。”

19. 骈蕃　犹繁多。清洪楝园《后南柯·旌召》：“射猎蓝田，一霎时禽兽骈蕃。”

20. 熹宗　天启帝朱由校，在位七年，1621—1627 年。

21. 神庙　借指万历帝。

22. 光庙　借指泰昌帝。

23. 鞶帨　鞶，腰带；帨，佩巾。扬雄《法言·寡见》：“今之字也，非独为华藻也，又从而丢其鞶帨，恶在老不老也。”

24. 轮裳　古代车上的帷裳。代指车子。亦借指车迹所至之处。《梁书·武帝纪上》：“文官盈绅，戎停息警。浃海宇以驰风，罄轮裳而禀朔。”

25. 餐芝　亦作“飡芝”，指修仙、修身养性。唐贾岛《哭张籍》诗：“本欲篷瀛去，餐芝御白云。”

26. 胜流　意为名流。出自《魏书·张纂传》：“纂颇涉经史，雅有气尚，交结胜流。”

27. 丁亥 顺治四年，1647年。

28. 天矫 飞腾的样子。晋郭璞《江赋》：“抚凌波而凫跃，吸翠霞而夭矫。”

29. 蜕解 犹尸解。宋沈辽《零陵先贤赞·澹岩先生》：“人孰不死，富贵何为？秦人征之，蜕解其尸。”

30. 二门胜义 泛指道佛二门深妙的义理。

31. 瞿昙 释迦牟尼的姓。佛的代称，亦借指和尚。宋陆游《苦贫》诗：“此穷正坐清狂尔，莫向瞿昙问宿因。”

32. 帝释 亦称帝释天。佛教护法神之一，天龙八部之一的天众首领，佛家称其为三十三天忉利天之主，居须弥山顶善见顶。

33. 业儒为诸生 业儒指儒学或读书应举之业，亦可指以儒学为业。唐戴叔伦《南野》诗：“家世素业儒，子孙鄙食禄。”诸生，古代经考试录取而进入中央、府、州、县各级学校，包括太学学习的生员的统称，包括增生、附生、廪生、例生等。

34. 麻姑 传说中长生不老的美丽仙女。唐书法大家颜真卿为之撰写千古传奇《麻姑仙坛记》。

35. 冰壶 盛冰的玉壶。比喻洁白纯净。骆宾王《上齐州张司马启》：“加以清规日举，湛虚照于冰壶；玄览露凝，朗机心于水镜。”

36. 顺治十三年岁次丙申 1656年。

37. 逸民 亦作“佚民”。称遁世隐居的人。《论语·微子》：“逸民：伯夷，叔齐，虞仲，夷逸，朱张，柳下惠，少连。”又《论语·尧曰》：“兴灭国，继绝世，举逸民。”

清顺治十三年《建清静庵序》[1]

悟明祖，自大明成化年[2]挂号成名，奉勅建清台寺，于燕京之左，襟山带河[3]，形胜为冀北之最，右勅建祖祠堂，迄今二百余年，法灯[4]奕奕矣。余邑居士周国顺等，悟明祖十七代领法弟子也。众世墨郡，去祖千余里，发虔建庵奉祠，遂得之曹村之东北。北去墨城，南望华峰，问其名，则曰清静庵[5]。因问其地，则曰王公讳育民所施。夫王公何以施地，王公年六旬，无子，施地之后，遂生一子，器格[6]非常，人谓余曰：此祖师之报也。余值庵成，敬述于石。以志庵之所由成，与施地之所以报云。

大清顺治丙申[7]夏至三日　乡进士赵鹏[8]题

注释：

1.《建清静庵序》 碑序录自《青岛历代方志集成·黄肇颚撰〈崂山艺文志〉卷十三》。

2. 成化年 成化，明宪宗年号，成化 1—23 年，1465—1487 年。

3. 襍山带河 襍山，意为杂山。杂山一带，环着河。

4. 法灯 与法光、法炬同义。以灯喻佛法。谓灯能照破世间痴暗，犹如灯火能照亮暗夜。《大方广佛华严经》："如来法旺出世间，能然照世妙法灯。"

5. 清静庵 庵建于顺治初，邑人周国顺为其祖师立祠，藉以养静，苦无地基，后得王育民施地，而庵以成。

6. 器格 意指人的资质。器，指才能；格，指境界。贾平凹《鹤梦不离云》："自知器格简陋，才质单薄"。

7. 顺治丙申 顺治十三年，公元 1656 年。

8. 赵鹏 乾隆《即墨县志》记为："赵鹏，字云子。"丙戌科顺治三年（1646）举人。然，顺治朝即墨成进士的未见其人。

清顺治十五年《马鞍[1]建庙记》[1]

蓝　润[2]

顺治戊戌[2] [3]冬十月，余守制[4]甫毕，日集于[3]蓼，将治装[4]赴京。道人李常明[5]来谒，盖修炼之士也。其形苦，其志厉，先大夫[6]常与之[5]游，余亦侧闻之矣。袖出尺幅示余，自叙其入山之由，营建之劳。其言曰："常明本籍阳信人氏，皈依玄门[6] [7]，苦修三十载。夙慕崂山仙踪，跣足履冰而来，时顺治五年戊子[8]也。行之[7]信村，望马山[8]胜概[9]，众善友接引而上。层峦叠嶂，彷徨四顾，非复人境，遂止焉。昔之庙舍，皆颓垣败壁矣。人言此山，多牛鬼蛇神，妖魔之所聚也。常明兀坐其间，凝神定气，凡旬日，未见有伺之者。于是，立愿募化，相形度势，揆时庀徒[10]，开山筑涧[9]，垒石砌基，创造诸殿[10]，越数年告成事[11]。请为之记。"谮亦难矣[12]！余素拙于文，且一年之中，羁京师者七阅月，兼有应酬[13]之烦。己亥[11]中伏[12]过里门[13]，侵扰多事，又不暇[14]以为。寻远陟岭表[14]，值江南[15]海逆告警，余方有戒心。及逾[16]南昌郡，九月廿五[17]日次吉水[15]，所谓文江也，偶绎前请，乃悠然会于中焉。稽往哲[16]论墨邑之形胜：其东朝也，有盟旺[17]之乔岳[18]；其南对也，溯崂峰以华楼[19]；其西拱也，有牛脾之山，今易马鞍之名；其北据也，有捣练之砧[18]，今改灵山[19]之称。灵山[20]、崂山其主宾也，天井[20]、石塔、马鞍、虎山，其仪导从卫[21]也。大海回环，山川之秀，不下簟席[21]，尽于[22]四瞩，建邦启土，信非偶然。惟兹马鞍山，距县治十五里，金居兑位[22]，日夕返景，紫翠葱茜[23]，曰马鞍覆锦[23]。秦之始皇，望气[24]于此[24]。在唐[25]之世，上建禅林[25]，旁辟[26]龙洞。代远人湮[26]，动吊古[27]之思矣。于戏[28]！李道人之兴斯役也，以财匮民病之际[29]，土坚木好，丹垩[27]辉煌，殚心思而尽人力，群材备焉。今往来[30]于山之阳，见闻所及，不疾而速，不谋而至，四方士女，易其观听。无异乎人，而为人之所甚难，不知其何以然也[31]？上帝鉴观[28]，其应如响。山川出云，有开必先。后之修道于内者念之哉[32]！寅畏[29]是肃[33]，循守罔愆[30]，则李道人不朽之绩[34]也。神道宣灵，人心致和[31]，是余[35]所以记之之意也[36]。

校勘：

[1] 马鞍 《青岛历代方志集成·李寅宾撰〈马鞍山志〉》为"马鞍山"，加一"山"字。

[2] 戊戌 李寅宾著《马山志》为"戊戍"，"戌"作"戍"，误。

[3] 日集于 李寅宾著《马山志》、《青岛历代方志集成·李寅宾撰〈马鞍山

志〉》为“白集子”，“日”作“白”，“于”作“子”。

［4］将治装　李寅宾著《马山志》为“将拜治装”，“将”后多一“拜”字。

［5］常与之　李寅宾著《马山志》、《青岛历代方志集成·李寅宾撰〈马鞍山志〉》《青岛历代方志集成·黄肇颚撰〈崂山艺文志〉卷十六》为“尝与之”，“常”作“尝”。

［6］皈依玄门　“门”之后，李寅宾著《马山志》、《青岛历代方志集成·李寅宾撰〈马鞍山志〉》有“一字金丹法，道院海会，龙门宗派，游青齐白云洞，拜师宋真空，得其口授心传，昼供香火，夜讽皇经”句，为黄肇颚《崂山续志》所无。

［7］行之　李寅宾著《马山志》、《青岛历代方志集成·李寅宾撰〈马鞍山志〉》《青岛历代方志集成·黄肇颚撰〈崂山艺文志〉卷十六》为“行至”，“之”作“至”。

［8］马山　李寅宾著《马山志》、《青岛历代方志集成·李寅宾撰〈马鞍山志〉》为“马鞍山”，中衍一“鞍”字。《青岛历代方志集成·黄肇颚撰〈崂山艺文志〉卷十六》为“马鞍”，“山”作“鞍”。

［9］筑涧　《青岛历代方志集成·李寅宾撰〈马鞍山志〉》为“筑硐”，“涧”作“硐”。

［10］创造诸殿　“殿”字后，李寅宾著《马山志》有：“创修者：玉皇上帝、三元大帝、三圣、救苦、斗母诸殿。重修者：关圣帝君、大王之神，泰山行宫佛祖诸殿。东至牛王庙，南至大路，西至磨石沟，北至姜家阡。”《青岛历代方志集成·李寅宾撰〈马鞍山志〉》基本同，唯“斗母诸殿”后有一“也”字，“佛祖诸殿”后亦有一“也”字。

［11］越数年告成事　李寅宾著《马山志》为“越数年告成”，缺一“事”字。

［12］谮亦难矣　《青岛历代方志集成·黄肇颚撰〈崂山艺文志〉卷十六》同。李寅宾《马山志》为“记亦难矣”，“谮”作“记”。《青岛历代方志集成·李寅宾撰〈马鞍山志〉》为“诚亦难矣”。

［13］应酬　《青岛历代方志集成·李寅宾撰〈马鞍山志〉》为“应酧”。

“酬”“酧”同。

[14] 不暇　《青岛历代方志集成·黄肇颚撰〈崂山艺文志〉卷十六》为“不能暇”，多一“能”字。

[15] 值江南　《青岛历代方志集成·李寅宾撰〈马鞍山志〉》、李寅宾《马山志》为“值大江南北”，前衍一“大”字，后衍一“北”字。

[16] 及逾　《青岛历代方志集成·李寅宾撰〈马鞍山志〉》《青岛历代方志集成·黄肇颚撰〈崂山艺文志〉卷十六》为“及踰”，“逾”作“踰”。

[17] 廿五　《青岛历代方志集成·李寅宾撰〈马鞍山志〉》为“二十五”，“廿”作“二十”。

[18] 乔岳　《青岛历代方志集成·黄肇颚撰〈崂山艺文志〉卷十六》为“高岳”，“乔”作“高”。

[19] 以华楼　李寅宾著《马山志》为“接华楼”，“以”作“接”。

[20] 灵山　《青岛历代方志集成·李寅宾撰〈马鞍山志〉》为“零山”，“灵”作“零”。

[21] 仪导从卫　李寅宾著《马山志》为“仪卫随从”。《青岛历代方志集成·李寅宾撰〈马鞍山志〉》为“仪卫导从”，为是。

[22] 尽于　《青岛历代方志集成·黄肇颚撰〈崂山艺文志〉卷十六》、李寅宾著《马山志》、《青岛历代方志集成·李寅宾撰〈马鞍山志〉》为“而尽于”，前有一“而”字。

[23] 葱茜　《青岛历代方志集成·黄肇颚撰〈崂山艺文志〉卷十六》为“葱倩”，“茜”作“倩”。

[24] 于此　李寅宾著《马山志》为“如在”，“于此”作“如在”。

[25] 在唐　李寅宾著《马山志》为“唐”，前缺一“在”字。

[26] 旁辟　《青岛历代方志集成·黄肇颚〈崂山艺文志〉》为“旁开”，“辟”作“开”。

[27] 吊古　李寅宾著《马山志》为“吊古者”，后衍一“者”字。吊古，凭吊古迹；凭吊往古之事。唐李端《送友人》诗：“闻说湘川路，年年吊古多。”

［28］于戏　李寅宾著《马山志》、《青岛历代方志集成·李寅宾撰〈马鞍山志〉》为“呜呼”，“于戏”作“呜呼”。

［29］财匮民病之际　李寅宾著《马山志》、《青岛历代方志集成·李寅宾撰〈马鞍山志〉》为“财匮民病之秋”，“际”作“秋”。《青岛历代方志集成·黄肇颚撰〈崂山艺文志〉卷十六》为“则□民病之际”，“匮”阙如。

［30］今往来　李寅宾著《马山志》、《青岛历代方志集成·李寅宾撰〈马鞍山志〉》为“余往来”，“今”作“余”。

［31］然也　李寅宾著《马山志》、《青岛历代方志集成·李寅宾撰〈马鞍山志〉》为“言也”，“然”作“言”。

［32］之哉　李寅宾著《马山志》、《青岛历代方志集成·李寅宾撰〈马鞍山志〉》无“之哉”两字。“之哉”属衍出。

［33］是肃　李寅宾著《马山志》为“罡肃”，“是”作“罡”。《青岛历代方志集成·黄肇颚撰〈崂山艺文志〉卷十六》为“是甬”，“肃”作“甬”。

［34］之绩　李寅宾著《马山志》、《青岛历代方志集成·李寅宾撰〈马鞍山志〉》为“之迹”，“绩”作“迹”。

［35］是余　李寅宾著《马山志》仅为“余”，前缺一“是”字。

［36］意也　李寅宾著《马山志》、《青岛历代方志集成·李寅宾撰〈马鞍山志〉》仅为“意”，后无一“也”字。“意也”后李寅宾著《马山志》、《青岛历代方志集成·李寅宾撰〈马鞍山志〉》有落款，即：“广东布政司左参政前翰林院侍读蓝润撰”。

注释：

1.《马鞍建庙记》　庙记录自黄肇颚《崂山续志》卷九。李寅宾《马山志》、《青岛历代方志集成·李寅宾撰〈马鞍山志〉》题为《马鞍山建庙碑记》。《青岛历代方志集成·黄肇颚撰〈崂山艺文志〉卷十六》亦录载。

2. 蓝润　即墨蓝氏，闻人辈出，进入清代，蓝润为著。初名滋，奉旨改蓝润，字海重，号凫渚，晚年称农叟。室名聿修堂。顺治三年丙戌（1646）进士，改庶吉士，授编修，督学江南，务拔寒唆，绝请托，士风文体为之一变。

历官福建右参政、广东左参政、江西按察使、山西及湖广布政使。传载通志《熙朝新语》。著作颇丰，其《聿修堂集》入载《四库全书》集部存目。

3. 顺治戊戌 顺治十五年，1658年。

4. 守制 遵行居丧的制度。儿子在父母死后，在家守孝二十七个月，在守制期内谢绝一切应酬，不得应考、婚嫁，在职官员必须离职。清李渔《奈何天·虑婚》："后来守制三年，不便婚娶。如今孝服已满，目下就迎娶过门。"

5. 先大夫 即先父。蓝润先父蓝再茂。

6. 李常明 萧英斋《马山志》："原名凤，武定阳信人。"顺治五年戊子至马山定居。马山旧有石庙，凤"拟建道场"。凤解决了资金问题，又得"东山古佛刹青山长老"赠山地，并偈曰："青山本是青山山，送与真仙筑鹤关。劈破白云修玉局，算来不如老僧闲。"凤"诘旦鸠工，起茅屋五间，大玉帝上下二宫，工匠以百计，观者如堵。"凤克服了重重困难，收徒三十余人，自立号"泥丸"，字常明。自时，"垂二十余年而告竣"。黄肇颚《崂山续志》有《泥丸师傅传》，详为："济南府阳信县美化乡红门李家庄人也。少慕玄虚，当明之末，弃家远游，至青州白云洞，遇异人宋真空而师事之，遂入道，尽得其术。"后"至即墨，羽流接引到马山。山中旧有玉皇、真武、金山大王等诸殿宇，岁久荒芜，断瓦颓垣，没于寒烟衰草间。"师乃"考寻旧址""凿山筑路，堙涧开基，结构三重，规模井井，四辈莫不叹服。"师"性好经典，所刻《皇经》《三元功课》等板，皆亲手校订，端楷详密，绝胜他家。闻颜神任氏有抄录《藏书》千余卷，不惮烦费，尽购至山。"康熙二十年（1681）三月三日"端坐而化"。

7. 玄门 指道教。《道德经》："玄之又玄，众妙之门。"《魏书·礼志》："世宗优游在上，致意玄门，儒业文风，顾有未洽，坠礼沦声，因之而往。"五代蜀杜光庭有《玄门枢要》一卷（见《通志·艺文志，道家类》）。

8. 顺治五年戊子 1648年。

9. 胜概 亦作胎檗。指美景，美好的境界。清魏源《武夷九曲诗》之三："精舍第五曲，亦复少胜概。"

10. 揆时庀徒 揆时，审时。庀徒：聚集工匠、役夫。宋曾巩《广德军重修鼓角楼记》："揆时庀徒，以畚以筑，以绳以削。"

11. 己亥　顺治十六年，1659 年。

12. 中伏，夏至后的第四个庚日，是三伏的第二伏，一般为 10 天，有的年份为 20 天。此时是一年中最炎热的一段时光。

13. 里门　乡里之门。古制，聚族里居，比户相连，里中有门，称之"里门"。《墨子·号令》："里正与有守者，宿里门。"

14. 岭表　即岭外。南朝宋陆徽《荐朱万嗣表》："搏岭表之清风，负宇冰之洁望。"

15. 吉水　吉水县，地处江西省中部的吉泰平原，因赣江和恩江合行洲渚间，形如"吉"字，由此得名。该县是江西十大文化古县之一。

16. 往哲　先哲；前贤。南朝梁丘迟《与陈伯之书》："夫迷途知反，往哲是与。"

17. 盟旺　盟旺山，"山距邑东十里，为邑左辅。"雄峙秀拔，星峰相连。山脉自莲花山迤逦西南行，冈岭起伏，中为卦布岭，传为吕洞宾布卦处，不宜掘石，其地旧产蓍草。黄体中《盟旺山》诗："起伏冈峦势忽平，全开生面入山城。千家烟火屯云黑，一壑霜秋布月明。狮吼峰头朝日上，龙归并底晚潮生。凭栏屈指谁形胜，负郭山光独有情。"

18. 捣练之砧　古代传说中神女水边捣衣的石砧。当然民间捣衣很平常，欧阳玄即诗及此："家家捣练砧声乱"。砧，亦作"碪"。

19. 灵山　在即墨北四十里，山上有碧霞行祠。四月八日及端阳、重阳日，四方登谒，男妇如市。万历《即墨志》记为八景之六，即"灵山虎卫"，并有述赞："墨之主山也，巍然孤峙，雄视诸峰，如虎之踞，浓荫岭对，怒风谷应，鬓竖股栗，谈之色变，不足言也。诗：'孤山如虎踞严城，一啸潇索万壑鸣。应是童君训扰后，至今谈笑不伊惊。'"

20. 天井　天井山。同治《即墨县志·黄埍〈天井山记〉》："墨邑东十里，有山突起而圆。山之巅有石井，东西广三四步，南北倍之。四隅廉峻方以削，若人工修剔，而无斧凿痕，故曰天井。其深可数十丈，于山之高下且相倍焉。其水清冽渟注，以物投之，纵然有声。" 即墨八景之五，万历《即墨志》记为：

“天井龙霖”。详为：“山巅有潭，峻直千百仞许，水深不涸，探之渊深莫测其际，如有神物窟其中，遇旱祷雨多应。”黄肇颚《崂山续志》：天井山有龙池铜碑二方。“高约八寸，横七寸，厚一分。铸偈语四行。其文曰：‘杀人偷盗脑血开，狂言恶语压尘埃。吃酒吃肉一时死，手接铜钱天降灾。’次铸‘大明嘉靖十五年（1536）三月十五日，僧人大成谨识。’左曰：‘迦蓝监察’，右曰‘韦驮护法’。光绪间，加铸铜牌十方。文曰：‘天井山龙神行雨灵牌’。左‘光绪三年（1877）某月某日’，右‘知即墨县摹官本昂监造’。以十干分次第，每方各铸一字。”周至元《崂山志》：“在即墨县东十里，巅有龙池。”范炼金有《登天井山诗》：“寻春萧散过龙山，杖扪苍苔四眺闲。石液倒衔星斗入，云根常带雨雷还；西连雉堞屯霞色，东接鲸溟近曙颜。一自幽人泼墨后，蛟珠错落起苔斑。”

21. 簟席　竹席。

22. 金居兑位　是指金星融结的兑卦。得金的正义，是为佳构。

23. 马鞍覆锦　马鞍，马鞍山。万历《即墨志》记为即墨八景之七。“马鞍覆锦”条记：“山在石城之西，独与大劳诸峰远相揖让，状如马鞍。每夕阳西映，苔藓生光，薜萝照翠，蜀锦越縠不啻也。”黄肇颚《崂山续志》卷九：“山旧名牛脾，后易今名。每当夕阳返日照，紫翠灿烂，所谓马鞍覆锦也。上有将军峰、鼓山、旗山、长蛇岭、马鬃溪、白云井诸胜。”

24. 望气　风水学术语。指术数中认为穴中有气，高明的大师可望见穴气。《史记·孝武本纪》：“入海求蓬莱者，言蓬莱不远，而不能至者，殆不见其气。上乃遣望气佐候其气云。”

25. 禅林　初指僧人的陵地，后借指寺院。一般常指佛家修行的寺院，僧徒聚居之处。北周庾信《陕州弘农郡五张寺藏经碑》：“春园柳路，变入禅林；蚕月桑津，迴定成水。”倪璠注：“言本住宅，改为佛寺。”

26. 代远人湮　意年代久远，人迹湮灭。

27. 丹垩　指油漆粉刷；丹，朱漆；垩，白土。涂红刷白，焕然一新。明袁可立《甲子仲夏登署中楼观海市》：“访观之，飞檐列栋，丹垩粉黛，莫不具焉。”

28. 鉴观　即视察。《后汉书·翟酺传》:“心存亡国所以失之，鉴观兴王所以得之。”

29. 寅畏　敬畏；恭敬戒惧。《书经·无逸》:“严恭寅畏，天命自度。”

30. 罔愆　意无失误。汉刘向《九叹》:“躬纯粹而罔愆兮，承皇考之妙仪。”

31. 致和　谓人事极其和顺。唐严维《奉和皇甫大夫祈雨应时雨降》:“致和知必感，岁旱未书灾。”

清康熙十年《重修修真庵[1]碑记》[2]

余结庐牢桑[1]，历多年所，非特于世也脱之，即于身也亦若遗之。甲戌[2]春，修真庵玄默道人杨绍慎遣[3]弟子刘守玉暨[4]善众王嘉宝[5]等，因地震[3]大变，庙宇倾圮，遍募绅士居民，重行[6]修葺玉帝[7]殿、三清殿以及东庑之文昌、迤西之王母殿并山门[8]，黝之，垩之，丹之，青之，神像俨然，如见其形，如闻其声[4]。又来[9]问记于余。余何记？记牢桑乎？记修真庵乎？修真特牢桑东偏之一庵耳，牢桑周回数百里，大海环之。余进山[10]时，曾读书赵氏白雪轩。背黄石[11]，面华楼，参差拱揖，指点西莲台[12][5]诸名胜[13]，青碧万岩，杳不可攀，珊瑚堕之。其前人力[14]不胜，每坐卧偃息[6]其下且久，不忍遽去，若弗究终身事者。北上而南，距墨邑五十里为修真庵。清初来时[15]偶憩处。以地近市廛嚣甚，避于牢之太清宫。前万顷波涛，茫无津涯。向海东[16]不数十里，八仙墩得于海际。光彩陆离，五色迸现[17]。开圭影外之星辰，洪蒙[7]前之天地。疑古女娲氏所炼以补天者，偶遗于此与？相隔修真庵数百□□，逆转而上，历太清[18]宫、那罗延窟[8]、太平宫，左右趾相错，□有棋盘石[9]，□□□□□，幽折奇险，四望蔚然，如骤陟阆苑[10]。赤白水分背竞流，振衣乘云，瞬息靡涯[11]，□寓尽在我□□。足力竭则目之，目力竭则耳之，力与耳目会则心思之。□□□□，愈入愈曲，上十八滩，一上一叹已矣！今前后牢桑，阅五十载牢之木[19]、之花、之果、之菜[20]、之药材、之虫鱼鹿豕[21]，樵者樵，渔者渔，猎者猎，采者采，佃者佃，取不尽，用不竭。近则□有禁，□有禁，樵亦无可樵，采亦无可采，佃亦无可佃。旦旦伐之，丁丁之声，日浑[22]于耳，山竟为童山[12]矣！余亦惟与烟云出没，鸥鸟往还，□□已耳！记修真庵，因□记[23]牢桑，并复记牢桑之陵谷变迁，蓬莱清浅，不胜今昔之感也。修真庵肇于道人李真玄[24]建，□□马常寿助成之。后李亡，日以□□。□清朝[25]定鼎，□隐[26]道人边永清、玄默道人杨绍慎、募武勇董大用等，鸠工储偫[27]，殿宇改观。□□兵哗叛，瞻庙[28]房地入官。边、杨二道人，复沿门持钵。□□□□□亩，变价房九处，盖此时边道人又逝，而杨道人衰矣。求诸李、边、杨其人者，戛戛乎其难之。但得一有道之士长子孙其中，幸也。不然，本□绅衿人□公钜□居之[29]，诸道众勿视[30]，此庵，为长子孙之计，作永世不拔之业也。□记此以垂后云。

赐进士通议大夫通政使司通政使、前太仆寺卿、太常寺卿、大理寺少卿、顺天府府丞管府尹事、光禄寺少卿、管兵部职方司郎中张若麒[13]撰

大清康熙十年[14]壬□[31]□月十六日住持道人杨绍慎立石

校勘：

[1] 牢桑　周至元《崂山志》、《青岛市志·崂山志》、新编《崂山志》、《崂山道教史·碑刻史料》为“崂桑”，“牢”作“崂”。下同。

[2] 甲戌　周至元《崂山志》按：“甲戌为康熙三十三年，与题中康熙十年不符，存疑。”《崂山道教史·碑刻史料》《道教寻踪·崂山道教碑记》亦有是说，语同。据《中国历史纪年表》，前甲戌为明崇祯七年，亦不符。疑为“戊申”，康熙七年（1668）。同治《即墨县志》卷十一《大事·灾祥》：“康熙七年六月，地震，荡如漂舟，声如殷雷，城郭屋宇崩颓无算。”康熙元年至六年，无灾祥记载。此后，可见时、事与碑文所记符。而康熙“十一年五月，地震。”则于时不合了。

[3] 遣　周至元《崂山志》、《崂山道教史·碑刻史料》缺此字。

[4] 暨　周至元《崂山志》为“既”，误。《崂山道教史·碑刻史料》亦为“既”，然备注“疑为暨”。

[5] 王嘉宝　《青岛历代方志集成·黄肇颚撰〈崂山艺文志〉卷十四》、周

至元《崂山志》、《青岛市志·崂山志》、新编《崂山志》、《崂山道教史·碑刻史料》为“王嘉宾”，“宝”作“宾”。

[6] 重行　周至元《崂山志》、《崂山道教史·碑刻史料》为“修行”，“重”作“修”，误。

[7] 玉帝　周至元《崂山志》、《崂山道教史·碑刻史料》《道教寻踪·崂山道教碑记》为“玉皇”，“帝”作“皇”。

[8] 迤西之王母殿并山门　《青岛历代方志集成·黄肇颚撰〈崂山艺文志〉卷十四》前为“迄西”，“迤”作“迄”。《青岛市志·崂山志》、新编《崂山志》后为“并开山门”，衍一“开”字。

[9] 又来　《青岛历代方志集成·黄肇颚撰〈崂山艺文志〉卷十四》《青岛市志·崂山志》、新编《崂山志》、《崂山道教史·碑刻史料》《道教寻踪·崂山道教碑记》为“□来”，“又”字阙如。

[10] 余进山　《青岛历代方志集成·黄肇颚撰〈崂山艺文志〉卷十四》《青岛市志·崂山志》、新编《崂山志》、《崂山道教史·碑刻史料》为“余□山”，“进”字阙如。

[11] 背黄石　《青岛历代方志集成·黄肇颚撰〈崂山艺文志〉卷十四》为“□黄石”，“背”字阙如。《青岛市志·崂山志》、新编《崂山志》、《崂山道教史·碑刻史料》为“□背黄石”，衍一“□”。

[12] 指点西莲台　《青岛历代方志集成·黄肇颚撰〈崂山艺文志〉卷十四》《青岛市志·崂山志》、新编《崂山志》、《崂山道教史·碑刻史料》为“□□西莲台”，“指点”两字阙如。

[13] 诸名胜　《青岛市志·崂山志》、新编《崂山志》、《崂山道教史·碑刻史料》《道教寻踪·崂山道教碑记》仅为“名胜”，前缺一“诸”字。

[14] 人力　《青岛历代方志集成·黄肇颚撰〈崂山艺文志〉卷十四》《青岛市志·崂山志》《崂山道教史·碑刻史料》为“人兮”，“力”作“兮”。

[15] 清初来时　《青岛历代方志集成·黄肇颚撰〈崂山艺文志〉卷十四》《青岛市志·崂山志》、新编《崂山志》、《崂山道教史·碑刻史料》为“清初时”，缺“来”字。意异。

［16］向海东 《青岛历代方志集成·黄肇颚撰〈崂山艺文志〉卷十四》《青岛市志·崂山志》《崂山道教史·碑刻史料》为“□海东”，“向”字阙如。

［17］迸现 《青岛历代方志集成·黄肇颚撰〈崂山艺文志〉卷十四》《青岛市志·崂山志》《崂山道教史·碑刻史料》为“并现”，“迸”作“并”。

［18］历太清 《青岛历代方志集成·黄肇颚撰〈崂山艺文志〉卷十四》《青岛市志·崂山志》、新编《崂山志》、《崂山道教史·碑刻史料》《道教寻踪·崂山道教碑记》为“历上清”，“太清”作“上清”。

［19］牢之木 《青岛历代方志集成·黄肇颚撰〈崂山艺文志〉卷十四》为“之木”，无一“牢”字。为是。《青岛市志·崂山志》、新编《崂山志》、《崂山道教史·碑刻史料》为“崂之木”，“牢”作“崂”。

［20］之菜 《青岛市志·崂山志》、新编《崂山志》、《崂山道教史·碑刻史料》缺“之菜”二字。

［21］鹿豕《青岛市志·崂山志》、新编《崂山志》、《崂山道教史·碑刻史料》为“鹿□”，“豕”字阙如。

［22］，日浑 《青岛历代方志集成·黄肇颚撰〈崂山艺文志〉卷十四》为“日挥”，“浑”作“挥”。

［23］因□记 《青岛市志·崂山志》、新编《崂山志》、《崂山道教史·碑刻史料》为“因记”，缺“□”。

［24］李真玄 《青岛市志·崂山志》、新编《崂山志》、《崂山道教史·碑刻史料》为“真元”，前缺一“李”字，“玄”作“元”。

［25］□清朝 《青岛历代方志集成·黄肇颚撰〈崂山艺文志〉卷十四》《青岛市志·崂山志》、新编《崂山志》、《崂山道教史·碑刻史料》为“清朝”，无“□”。

［26］□隐 《青岛市志·崂山志》、新编《崂山志》、《崂山道教史·碑刻史料》为“玄隐”，“□”作“玄”。《道教寻踪·崂山道教碑记》为“(玄)隐”，备考也。

［27］储偫 《青岛市志·崂山志》、新编《崂山志》、《崂山道教史·碑刻史料》为“储□”，“偫”字阙如。

［28］瞻庙　《青岛市志·崂山志》、新编《崂山志》、《崂山道教史·碑刻史料》为“赡亩”，“瞻”作“赡”，“庙”作“亩”，误。

［29］□公钜□居之　《青岛历代方志集成·黄肇颚撰〈崂山艺文志〉卷十四》《青岛市志·崂山志》、新编《崂山志》、《崂山道教史·碑刻史料》为“□公□□□居之”，“钜”字阙如，且整句多一字。

［30］勿视　《青岛历代方志集成·黄肇颚撰〈崂山艺文志〉卷十四》为“毋视”，“勿”作“毋”。

［31］壬□　《青岛市志·崂山志》、新编《崂山志》、《崂山道教史·碑刻史料》为“辛亥”，“壬□”作“辛亥”。康熙辛亥，为康熙十年，1671年。“壬□”，疑为“壬子”。若是，康熙壬子年，则为康熙十一年，即1672年。备考。

注释：

1. 修真庵　庵居即墨城东南五十里太平村（今王哥庄社区）。创建于明代天启二年（1622）。该庵由道人李真玄创建，正殿祀三清，为玉皇阁，东祀文昌，西为王母殿。明鼎革后，熹宗朝提督忠勇营御马监太监弃家入道，居崂之修真庵。该庵于清康熙十年、嘉庆六年和光绪十年三次重修。清末民初有道众20余人，庙产300余亩，每年农历正月十六日为庙会。

2.《重修修真庵碑记》　碑记录自黄肇颚《崂山续志》卷八。《青岛历代方志集成·黄肇颚撰〈崂山艺文志〉卷十四》《青岛市志·崂山志》、新编《崂山志》、《崂山道教史·碑刻史料》《道教寻踪·崂山道教碑记》亦录载。周至元《崂山志》未录全文，仅录起首一段。《青岛市志·崂山志》、新编《崂山志》、《道教寻踪·崂山道教碑记》碑题作《重建修真庵记》。又《道教寻踪·清代道教碑记》文本既录自黄肇颚《崂山续志》卷八，然碑题又异。

3. 地震大变　见诸《青岛历代方志集成·乾隆〈即墨县志·大事〉》：“康熙七年六月地震，荡如漂舟，声如殷雷，城郭屋宇，崩颓无算。”

4. 如闻其声　周至元《崂山志·重建修真庵记》仅录之此。下略。未明何故。

5. 西莲台　在华阴西南。王集钦《崂山古今文史论丛·碑记》载：“南雄太守周方匿先生所建释刹也。台建于顺治间，内供丈八佛木像。张秀栎先生记云：‘莲台禅寺，清旷修洁，新松如栉，土木方兴，佛殿茅茨，绘塑工丽，别院杂植花竹，红翠烂然，自华禅师普同塔在焉。’”

6. 偃息　敛藏退息。《吕氏春秋·顺说》：“说虽未大行，田赞可谓能立其方矣。若夫偃息之义，则未之识也。”

7. 洪蒙　指天地形成前的混沌状态；原始、不发达状态。

8. 那罗延窟　《华严经》载：“东海有处，名那罗延窟”，即此。梵语“那罗延”，是金刚坚牢之意。唐代清凉国师曾解之曰：“梵语那罗延，此云坚牢，即东海之牢山也。”此窟由花岗岩天成，与梵文相符，僧侣岛称此窟为“世界第二大窟”，载之宗教典籍而后盛。《崂山续志》：“那罗延窟距华严庵五里。窟西有大石可数亩。”曹臣《劳山周游记》：“窟当散花峰东绝壁之上，凿壁而登，崆崆峒峒，内通天阙，俨乎名胜之景。惜前临深壑，柱础无施，故憨师舍此他求。”周至元《崂山志》：“在望海岭北麓。由华严西上约两里许，梯石攀葛始得登。门向北，中宽豁如厦屋，高深各数丈，穹窿磅礴，一气结成。最深处，有圆窦直通岩巅。”

9. 棋盘石　周至元《崂山志》载：“在明道观南二里。巨石矗起岩巅，高数丈，向北探出者三分之二，状如灵芝。”“其巅平如台”，“平眺群峰，东瞰大海，西北临大壑，深且不测，引首俯视，栗然心悸。”“其西有卦形刻划，乃羽客礼北斗之所。世传为棋盘者非是。”

10. 阆苑　古诗词中常以之泛指神仙住处，时亦借指帝王宫苑。

11. 靡涯　靡，一般指无；涯，泛指边际。靡涯，指无边无际。

12. 童山　童山一词，出自清陈康祺《郎潜纪闻》卷一：“凡所过，童山沙碛，不生草木之区。”即童山为上无草木的山。

13. 张若麒　字天石，胶州人。崇祯四年（1631）进士。初任北直隶保定府清苑县知县。崇祯十年（1637）选任刑部主事。次年任兵部职方司郎中，成为明末军事部门的实权人物。明亡后，张若麒降，顺治元年（1644）任顺天府丞，暂管府尹事。顺治九年（1652）官至通政使。

14. 康熙十年　康熙，清圣祖爱新觉罗·玄烨年号。康熙朝共61年，是列朝为时最长的。康熙十年，1671年。

清康熙十二年《玉皇殿碑记》[1]

崂山延袤[2]百余里，势皆自北而南者也[1]。导峡口突兀而起者，为三标山[3]，导三标迤东，南至于上苑[4]，又东并海，南至于上清。上清西上[2]为明霞洞，南下为下清宫。下清，憨山上人海印遗址也。导三标以西至于不其，又西北伏为大埠，至于大庙[5]。大庙盖不其之支麓也，当邑巽位[6]，一峰孤耸，南对石门[7]，西控马鞍，天柱[8]环其东，灵山[9]拱其北，近邑胜地也。余昔尝游下清，喟然叹上人之无成。因登上清，益以[3]荒颓滋慨。及探明霞，则得羽士号冲阳者，块然[10]独处其中，气专而容寂，遗物而天游，初不意其能转法轮[11]成诸胜迹也。今也归经大庙，拜盛水夫人祠下，一二庙祝[12]，无足语者。益思地虽胜[4]，无人焉居之，其遗憾于山灵者，可胜[5]道哉！无何，冲阳出洞，远近之服其教者踵相接也，遂重修整上清，金碧增丽。又应大庙土人之请，卓锡[13]兹山，乃度[6]旧庙之左，划石[7]辟土，创建四楹，以祀玉帝。台柱墙墉皆石也，如矢如翚[14]，庙貌孔固，遂成大观焉。嗟夫，虽有[8]胜地，待人而兴。每恨海印弗终，谓二崂之不幸。今观冲阳之所成就，方新未艾，又何不幸于昔而幸于今也？兴废固有时哉！冲阳亦自不偶[9]矣！顾天下之事，作者不难善始，而其后常易怠废。使后之人皆如作始者心，讵有兴废之感乎？予愿[10]冲阳之弟子，皆世守师法，慎勿遗憾于二崂也。爰勒贞珉，以告后之人。铭曰：

山不在高，有仙则名，惟兹大庙，冲阳是成。

来者继之，勿陨厥声[11][15]。庙貌翼翼，千载弗倾[12]！

康熙十二年[16]岁次癸丑正月之吉

壬子拔贡[17]黄宗崇[18]撰文

校勘：

[1] 南者也 王集钦《崂山古今文史论丛·碑记》为“南出”，“者也”作

“出”。

[2] 西上 王集钦《崂山古今文史论丛·碑记》为“东上”,“西”作“东”。

[3] 益以 《青岛历代方志集成·黄肇颚撰〈崂山艺文志〉卷十六》、王集钦《崂山古今文史论丛·碑记》为“盖以”,“益”作“盖”。

[4] 虽胜 《青岛历代方志集成·黄肇颚撰〈崂山艺文志〉卷十六》为“险胜”,“虽”作“险”。

[5] 可胜 王集钦《崂山古今文史论丛·碑记》“可胜”后,缺“道哉!无何,冲阳出洞,远近之服其教者踵相接也,遂重修整上清,金碧增丽。又应大庙土人之请,卓锡兹山。”

[6] 乃度 《青岛历代方志集成·黄肇颚撰〈崂山艺文志〉卷十六》为“及度”,“乃”作“及”。

[7] 刬石 《道教寻踪·崂山道教碑记》为“□石”,“刬”字阙如。

[8] 虽有 《青岛历代方志集成·黄肇颚撰〈崂山艺文志〉卷十六》为“险有”,“虽”作“险”。

[9] 自不偶 王集钦《崂山古今文史论丛·碑记》为“自偶”,中缺一“不”字。其意亦异。

[10] 予愿 《青岛历代方志集成·黄肇颚撰〈崂山艺文志〉卷十六》、王集钦《崂山古今文史论丛·碑记》为“余愿”,“予”作“余”。

[11] 勿陨厥声 《青岛历代方志集成·黄肇颚撰〈崂山艺文志〉卷十六》、王集钦《崂山古今文史论丛·碑记》为“勿损庙声”,“陨”作“损”,“厥”作“庙”。

[12] 倾 《道教寻踪·崂山道教碑记》“倾”后无落款。《青岛历代方志集成·黄肇颚撰〈崂山艺文志〉卷十六》、王集钦《崂山古今文史论丛·碑记》落款有不同,为“康熙十二年岁次癸丑正月之吉 康熙壬子拔贡黄宗崇撰。”示为壬子(1672)撰,癸丑(1673)立石。

注释:

1.《玉皇殿碑记》 碑记录自黄肇颚《崂山续志》卷九。《青岛历代方志集成·黄肇颚撰〈崂山艺文志〉卷十六》《道教寻踪·崂山道教碑记》、王集钦《崂山古今文史论丛·碑记》亦录载。

2. 延袤　绵亘；绵延伸展。《史记·蒙恬传》：“筑长城，因地形，用制险塞，起临兆，至辽东，延袤万余里。”

3. 三标山　黄肇颚《崂山续志》卷六：“山有五峰，三峰矗立，上凑青冥，故曰三标。旧有圣水庵在山前。今圮。”三标山在不其山东，三峰之中北两峰，峭拔不可登；南峰上有很多岩洞，洞窟之内，大者可容百人。三标山北麓有白榕庵，南麓旧有圣水庵。王集钦《崂山古今文史论丛·碑记》：圣水“庵之侧有潭如卓剑，孙燕鷊篆刻‘剑潭’字于壁间。山之阴有涧，名字儿涧。”

4. 上苑　上苑山。同治《即墨县志》：“上有太平宫、狮子峰、仙人桥、老君洞、白龙洞、龙眠洞诸胜。”

5. 大庙　大庙山，即大妙山。黄肇颚《崂山续志》卷九：“山距邑东南十里，山巅有庙，祀玉帝及盛水夫人，曰大妙山。迤北二里为粥敷城，世传唐征高丽时驻军所筑。而以老妪以盂饭饷军，顷刻遍敷为名，而封妪为盛水夫人，至今庙祀之。大妙亦作大庙。”

6. 当邑巽位　即位于即墨县之东南。

7. 石门　石门山，山居华楼前，两峰对峙如门，中为中心崮，天将雨，云每从石门中出。旁有皇姑洞、仙人桥、千花顶诸胜。庙居山半，曰石门庵。中祀观音，左三清，右准提，盖所称皇姑也。西南之山，无出其右者。南数里，有寺曰竹子庵，以郑板桥画竹得名。

8. 天柱　天柱山。万历《即墨志》：“脉自三标山来，耸立插空，形势如柱。”是志《八景》云：“东海之第一高山也。挺然上插碧汉，顾二劳、三标，若儿孙之列其下。生云吐雾，奠海维东，称雄镇焉。”

9. 灵山　万历《即墨志》：“上有碧霞行祠。四月八日及端阳、重阳日，四方登谒，男妇如市。”志录杨采诗：“灵山诸佛幻金身，色色空空了不尘。莫道寸田非净土，由来万象总成新。鼎中日月飞银海，定里乾坤运紫宸。始信东方亦极乐，何须西域问前因。”

10. 块然　孤独貌；独处貌。唐李德裕《题奇石》诗：“块然天地间，自是孤生者。”

11. 转法轮　法轮，佛教常用的一种法器。轮上的八条梁象征着八条正道，是引导众生达到至善的八条道路。佛说法，度众生，谓之转法轮。

12. 庙祝　庙宇中管香火的人。

13. 卓锡　卓，直立；锡，锣仗，僧人外出所用。因此说僧人居留为卓锡。元 张伯淳《楞伽古木》：“道林卓锡旧种此，髣髴于今八百年。”

14. 如矢如翚　矢者，箭也。如矢，像箭杆一样笔直，像箭镞一样一往无前。《诗·大雅·大东》：“周道如砥，其直如矢。”翚者，郑玄语：“鸟之奇异者也。”五彩山雉，锦鸡。《诗·小雅·斯干》：“如鸟斯革，如翚斯飞。”

15. 勿陨厥声　厥，第三人称，为“其”。其声，其者，冲阳道人也。不要陨损冲阳道人的声望。

16. 康熙十二年　1673 年。

17. 拔贡　科举制度中由地方贡入国子监的生员的一种。清朝制度，初定六年一次，乾隆中改为十二年考一次。经朝考合格，可以充任京官、知县或教职。

18. 黄宗崇　字岳宗，明尚书黄嘉善侄。康熙十一年（1672）贡生，能诗善古文，字画尤佳，字仿松雪，画摹思白，文章一变以古意作新声。曾两中乡试副榜，知有命而罢，以春秋教授。著有《石语亭诗草》文稿。

清康熙十二年《圣母行祠记》1

即墨甲东齐，二崂 2 甲即墨。齐记云：“太山高，不如东海崂”。奇峰绝嶂，上矗天心。大小崂雄表[1] 东海，千古称胜矣。予夙耽 3 幽异，一卷[2] 邱壑 4，未免多情。乃儆售以后，日从王事，即境内诸胜[3]，未得一恣杖履焉[4]。然梦游天姥 5，徒慕青莲佳句，亦甚无谓。去冬请假还里，谓明年青山可望。方拟命[5] 笋舆 6，著木屐，问知己于山灵。适大庙黄冠王冲阳不远数百里，为求大人添寿祝。大庙即二崂麓也，距城十里许，环墨水 7，抱青峦，岿然为邑中名胜。

上有盛水夫人庙，建自唐贞观间[8]，榱栋[9]皆石，故历千余年不圮。相传唐太宗东征，军士渴甚，有妇人担瓶水饮之，六军皆足。太宗神异，遂封为夫人云。兹得之父老传闻，于志无考。想亦聪明正直，有功民社者。岁时伏腊[10]，土人胥尸祝之。昔狄梁公[6][11]下江南，焚淫祠[12]千七百所，独留泰伯[13]、伍员[14]诸祠。亦以正直有功可当祀典者，故特存之。名山大川，仙灵神鬼所居。今庙远亘千古，祈求报赛[15]，响应如桴[16]。固一方福神，有功民社，非诸淫祠者比，讵不与二崂即墨之胜，同表东海于不朽哉。予故以悉之黄冠者，寿诸贞珉云。

康熙十二年[17]岁次癸丑正月吉日

吏部稽勋司主事张志禧[18]撰文

校勘：

［1］雄表　《青岛历代方志集成·黄肇颚撰〈崂山艺文志〉卷十六》为“□表”，“雄”字阙如。

［2］一卷　《青岛历代方志集成·黄肇颚撰〈崂山艺文志〉卷十六》为“一拳”，“卷”作“拳”，误。

［3］诸胜　《青岛历代方志集成·黄肇颚撰〈崂山艺文志〉卷十六》为“□胜”，“诸”字阙如。

［4］杖履焉　《青岛历代方志集成·黄肇颚撰〈崂山艺文志〉卷十六》为“杖履□”，“焉”字阙如。

［5］方拟命　《青岛历代方志集成·黄肇颚撰〈崂山艺文志〉卷十六》为“方□命”，“拟”字阙如。

［6］昔狄梁公　《青岛历代方志集成·黄肇颚撰〈崂山艺文志〉卷十六》为“昔秋梁公”，“狄”作“秋”，误。

注释：

1.《圣母行祠记》　祠记录自黄肇颚《崂山续志》卷九。《青岛历代方志集成·黄肇颚撰〈崂山艺文志〉卷十六》亦录载。

2. 二崂　即大崂山、小崂山。《县志》：“大劳山，县南四十五里。小劳山，县南八十里，形如覆盆，群山耸峙，而此独小。”《郡志》：“高大者，曰大劳；差小者，曰小劳。”蓝田《太清宫》诗：“大劳小劳压三齐，泰岳虽高犹觉低。”

3. 夙耽 意沉溺。清《太恨生传》：“吾夙耽清净，苦厌凡缘。”

4. 邱壑 深山与幽壑。多借指隐者所居。宋李祖谦《卧游录》：“顾长康画谢幼舆在岩石里。人问其所以，顾曰：‘谢云—邱—壑’，自谓过之。此子宜置邱壑中。”

5. 天佬 天佬山。位于会稽域，东接天台山。属于道家七十二福地之第十六。唐李白《梦游天佬留别吟》：“海客谈瀛洲，烟涛微茫信难求；越人语天姥，云霞明灭或可睹。天姥连天向天横，势拔五岳掩赤城。”

6. 笋舆 一称竹舆，舆泛指马车，笋舆即指竹轿子。出自宋王安石《台城寺侧独行》诗：“独往独来山下路，笋舆看得绿荫成。”后陆游亦有“天风吹笋舆，快若凌空游”句。

7. 墨水 墨水河。乾隆《即墨县志·山川》：“发原（应为源）马兰岭，西流转北，入淮涉河。”万历《即墨志》记异。“发源马阑岭。旧城墨水发源平度州东墨山下，旧即墨‘以地临墨水故名’。今墨水因邑而名。”今即墨建置于隋朝，和古即墨无涉。古即墨是因墨山、墨水而名即墨。隋置即墨，则以县名名河，得墨水。

8. 唐贞观间 唐太宗贞观元年至二十三年，627—649年。

9. 榱栋 屋椽及栋梁。《荀子·哀公》：“君入庙门而右，登自胙阶，仰视榱栋。”胙阶，胙通“阼”。胙阶，意为大堂前东边的台阶。

10. 岁时伏腊 成语。岁时：一年四季；伏腊：伏日和腊日。指四季时节更换之时。《旧唐书·张九龄传》：“九臬为岭南刺史，岭岁时伏腊，皆得宁觐。”

11. 狄梁公 唐代名臣。即狄仁杰，字怀英，并州太原人，唐代武周时期政治家，被阎立本誉为“海曲之明珠，东南之遗宝。”武则天天授二年（691）升任宰相。宋范仲淹拜祭狄梁公祠，为之撰《唐狄梁公碑记》

12. 淫祠 不合礼义而设置的祠庙，滥建的祠庙，邪祠。洪武三年（1370），明太祖诏曰：“天下神祠，无功于民，不应祀典者，即淫祠也，有司无得致祭。”

13. 泰伯　吴太伯。吴国第一代君主，东吴文化的宗祖。孔子《论语·泰伯》："子曰：'泰伯，可谓至德也已矣。三以天下让，民无得而称焉'。"杨伯峻注："周朝祖先古公亶父的长子。古公有三子，太伯、仲雍、季历。季历的儿子就是姬昌（周文王）。据传说，古公预见到昌的圣德，因此想打破惯例，把君位不传长子太伯，而传给幼子季历，从而传给昌。太伯为着实现父亲的意愿，便偕同仲雍出走至勾吴，终于把君位传给季历和昌。"

14. 伍员　字子胥（前559—前484），楚国人。楚平王七年（前522）其父被杀，他转徙而入吴国。后助阖闾夺取王位，整军经武，吴国日盛。以功封于申，也称申胥。为春秋末期吴国大夫、军事家。吴王夫差时，因政见不合，逐渐疏远，后被夫差赐剑自杀。

15. 报赛　报赛即祈庙。唐王建《赛神曲》："但愿牛羊满家宅，十月报赛南山神。"

16. 如桴　意同桴鼓之效。桴，鼓槌也。桴鼓者，鼓槌打鼓也。《吕氏春秋·季秋纪·知士》："良工之与马也相得则然后成。譬之若桴之与鼓。"

17. 康熙十二年　1673年。

18. 张志禧　生卒年月不详。莱州府平度州昌邑人氏。顺治十五年（1658）戊戌科中进士，知高阳县事。

清康熙二十六年《康公祠 1 碑》2

康公 3 吾邑之贤集[1] 也。讳霖生，河南人，登乙亥 4 进士。庚戌 5 秋，来知即墨，墨时疲弊，历年逋赋债千万，官坐废 6 相接踵，民乏生意。公之来，毅然以民生为任，拔本塞流[2] 7，至今十有五年，而邑不受钱粮之害[3]。尝以民事过华阴[4]，来止于此。既公卒，民之过其地者，莫不悲泣流连，如见公焉，因立祠以祀之。迨其后历年既久，风雨浸淋，不免有漂摇之叹也。而里人思公终不能忘。丁卯 8 春乃重新其祠，祠广三间。饰以瓦，葺以茅，周以石墙，取其坚也，像仍旧，容维肖也。事成而问记于余，曰：呜呼，德之于民微矣哉，甘棠 9

遗爱，出自小民之口，岘山陨泪 10，何必学士大夫之所为，自后世建碑颂美，抵没世[5] 而不能忘者，未数年而或去或留，恣为狎侮，有心者见而感伤。虽任事者之不卒，亦治民者德不足传奕禩 11，功不足启后贤也。若公者，德既洽于民心，功[6] 亦溥于四境，民之思之 12，甘棠岘山。又奚以加哉，后之治即墨者，其亦有感于斯也夫。

康熙二十六年 13 岁次丁亥季春

谷旦 14 后学晚生[7] 黄埍 15 顿首拜撰。

校勘：

[1] 贤集 《青岛市志·崂山志》、新编《崂山志》、《崂山道教史·碑刻史料》《道教寻踪·崂山道教碑记》为“贤侯”，“集”作“侯”。

[2] 拔本塞流 《青岛市志·崂山志》、新编《崂山志》、《崂山道教史·碑刻史料》《道教寻踪·崂山道教碑记》、王集钦《崂山王古今文史论丛·碑记》为“拨本塞流”，“拔”作“拨”。

[3] 之害 王集钦《崂山古今文史论丛·碑记》为“之窖”，“害”作“窖”。

[4] 华阴 《青岛市志·崂山志》、新编《崂山志》、《崂山道教史·碑刻史料》《道教寻踪·崂山道教碑记》为“华□”，“阴”阙如。

[5] 没世 《青岛市志·崂山志》、新编《崂山志》、《崂山道教史·碑刻史料》《道教寻踪·崂山道教碑记》为“没革”，“世”作“革”。

[6] 功亦 王集钦《崂山古今文史论丛·碑记》为“动亦”，“功”作“动”。

[7] 晚生 王集钦《崂山古今文史论丛·碑记》为“旬生”，“晚”作“旬”。误。

注释：

1. 康公祠 康公祠有二，一在北斗庵，一在华阴集东；此记在华阴。黄肇颚《崂山续志》卷八：“华阴旧有康公祠。背负峭壁，面对华楼诸峰，极旷如奥如之观。间有修葺，皆不日而成。问诸老者，崂山本硗确地，居民苦之，公至周回审视，相其土脉，惟椒为宜。命人归里，运椒至墨并详教以种植栽培之法。至今受公之利二百余年矣。公讳霖生，磁州人，顺治己亥进士，康熙间来为令。”杨还吉《题康公祠》诗：“康公祠屋华楼东，伏腊年年走野翁。堂上一盘脱粟饭，里中十限自投封。桐乡自古恋召父，国士知君赖武公。后有华阳前姑蔑，千年遗爱将无同！”《即墨历史人物墓志铭·杜咸升墓志铭》：康公祠附北斗庵，一日道姑取围屏障其像，迁所雕无名祖师居之。先府君（杜咸升）闻之大怒，持一绳往，曰：“此名宦俎豆地，何物妖像敢尔居停？不急移，吾锁其项出矣！”道姑惭谢，遂立迁出，康公像祠如故。周铭旗等《即墨县乡土志》卷下《地理》（手抄本）：康公祠“坛庙正祀及奉旨特建与名宦专祠，皆春秋行香之所，划列在先，用昭郑重。”

2.《康公祠碑》 碑记录自《青岛历代方志集成·黄肇颚撰〈崂山艺文志〉卷十三》。《青岛市志·崂山志》、新编《崂山志》、《崂山道教史·碑刻史料》《道教寻踪·崂山道教碑记》、王集钦《崂山古今文史论丛·碑记》亦录载。

3. 康公 康霖生，乾隆《即墨县志》卷六：康熙“九年任，有传。”其传，列乾隆《即墨县志》卷八《名宦》清朝第一人。记曰：“康霖生 磁州人，顺治己亥进士。康熙间来为令。初下车，故不晓事，判决听于吏胥。一日，忽曰：‘昨视事日，支干不利，明日与尔更始。’黎明起，拜印升堂，发吏胥奸状，痛予杖，取旧案尽反之，事事如坐照焉。邑宿弊：田归大户，赋责贫民，民重困，官亦坐累。霖生立清丈法，约地主各以木牌署名，标于地，讳之，则没入官。地浮于粮者，以积欠征之，不责耗。凡二年，而害除。性强项，不喜媚上官。有宪差，横于墨，径捕之。未竟所施而卒。”

4. 乙亥 崇祯八年，1635 年。

5. 庚戌 康熙九年，1670 年。

6. 坐废 获罪罢职。宋苏轼《陈公弼传》：“杀此贼者独我耳，遂自引罪坐废。”

7. 拔本塞流 本，树根。塞，阻塞。流，源流。铲除、阻塞事物发生的源流。

8. 丁卯 康熙二十六年，1687 年。

9. 甘棠 植物名，俗称“杜梨”，亦称“棠梨”。《史记》记载，召公曾在甘棠树下办公理政。《甘棠》，《诗经·召南》的一篇，为先秦时代华夏族民歌。

10. 岘山陨泪 岘山，位于河南省汝州，为汝州众山之冠。唐太宗李世民、女皇武则天等均曾至岘山游历赏光。史上有百姓至岘山凭吊羊祜而流泪的典故，后人喻之岘山泪。此处感悟墨民感念故知县康公为民之德政，凭吊之而流下感伤叹惋之泪。唐杜甫《随章留后新亭会送诸君》：“已堕岘山泪，因题零雨诗。”

11. 奕禩 亦作“奕祀”。清胡鸣玉《订讹杂录·奕禩》：“禩同祀，商谓年为祀。奕禩，犹奕世也。”

12. 民之思之 不仅是时，尚之后世。离是时23年后，民思其功而举之入名宦祠。黄鸿中为此撰《邑侯康公入名宦记》：“故邑侯康公，抚墨二载，死于官。至今凡四十年，墨人感公之德不能忘，具以公政上之宪台，得以崇祀名宦。择于康熙四十九年夏四月吉旦，置主于庙。墨之人，闻是举也，欢舞在道，庙门外设戏乐三日，庆典礼之成也。入庙之辰，大夫士庶各有祭，浮峰、郑疃两社又有专祭。公之遗爱，无乎不在，而安集之功，在两社尤巨也。万民具有祭章，永公泽也。”

13. 康熙二十六年 1687年

14. 季春谷旦 春季末月即三月吉日。

15. 黄洎 乾隆《即墨县志》：“字子厚，号潄庵，宗庠第四子。康熙癸卯(1663)举人，恬淡不慕荣利，坐卧图史中以自娱。书法出入晋唐，诗、古文、词，雄深雅健，下逮宋元词曲，无弗赡也。主骚坛数十年，为同邑诗人之冠。著有《白鹤峪集》及《书法辑略》数十卷。”其《白鹤峪集》收入《续修四库全书总目提要》，评价甚高：“谨心守古，确不可拔，多病嗜学，博通四库书……其古乐府取致汉魏，五七言古本李青莲，近体入唐人及空同大复堂奥。”

清康熙三十一年《重修神清宫碑记》1

二崂之胜，自华阴迤东[1]，山势盘郁2，蔚然深秀。至东南一峰，翠烟攒簇3，有殿阁突兀其中，而层峦[2]古木，互相映带，望之若在曾城4仇池5间，眼界为之顿异。问其处，则所谓神清宫者[3]在焉。考庙由来：盖自元延祐间6长春邱子创建[4]之后，历元、明以迄于今[5]，重修者屡矣[6]。且中经前代敕建[7]，拟之金茎7白鹤，道箓[8]神清，其崇异实相当也。岁月变迁，东崂宫观，半非畴昔8。而神清宫连年缮制，独焕然维新。则人力[9]之修持，而亦山灵[10]之呵护也[11]。其中，殿宇森列，墙垣周密，无少缺陷。特前殿之西，兑宫9未备。风伯10嘘寒，岂非藩篱11之脱漏乎？道人辈勇于精进，亟吁[12]同心，庀材[13]而踵成之。为立救苦殿一区，则甍12如鹏飞[14]，栋似[15]龙骧13，其雄峙之势，宏整非常。其剋日[16]完成，非道人募众之苦心，筑基之巨，力不及此。余蜡屐14过其地，览眺徘徊，瞻礼再四[17]，不胜感慕焉；则屡建之后，又复增修之，使祥霓葱茜[18]，佳气峥嵘15，而刻铭勒碣，以纪盛事，固其宜也。然而名山结构，必得李青莲16、蔡少霞17其人，为书丹握椠[19]18而后可。夫岂易致之耶！余不揣固陋，而志以质言，虽不必增重[20]仙宫，聊陈其大略，亦庶几[21]与浩劫相终始尔[22]！

康熙三十一年19十月　东莱泉石老人撰

校勘：

[1] 迤东　《青岛历代方志集成·黄肇颚撰〈崂山艺文志〉卷十三》为“迄东”，“迤”作“迄”。周至元《崂山志》、《崂山道教史·碑刻史料》《道教寻踪·崂山道教碑记》为“以东”，“迤”作“以”。

[2] 而层峦　周至元《崂山志》、《崂山道教史·碑刻史料》为“层峦”，前缺一“而”字。

[3] 神清宫者　周至元《崂山志》、《崂山道教史·碑刻史料》《道教寻踪·崂山道教碑记》为“神清宫”，缺一“者”字。

[4] 元延祐间长春邱子创建 《青岛市志·崂山志》记时为“宋延佑”、《青岛历代方志集成·黄肇颚撰〈崂山艺文志〉卷十三》、王集钦《崂山古今文史论丛·碑记》记为“宋延祐间”，显与“元延祐”大异。首先原碑应存疑。据新编《崂山志·人物》记载：“南宋宝庆三年、金正大四年、蒙古成吉思汗二十二年(1227年)农历七月九日，邱处机逝世。”即使至元延祐元年(1314)，邱已离世85年，无可能创建是宫。其次，宋金无“延祐”“延佑”之年号。可见，不仅是两者文字记误，且史实也需研究考证。创建，《青岛历代方志集成·黄肇颚撰〈崂山艺文志〉卷十三》、王集钦《崂山古今文史论丛·碑记》为“刱建”，“创”作“刱”，通。

[5] 以迄于今 《青岛历代方志集成·黄肇颚撰〈崂山艺文志〉卷十三》为“以至于今”，“迄”作“至”。《青岛市志·崂山志》、新编《崂山志》、《崂山道教史·碑刻史料》为“以迄今”，中缺一“于”字。

[6] 屡矣 《青岛历代方志集成·黄肇颚撰〈崂山艺文志〉卷十三》为“数矣”，“屡”作“数”。

[7] 敕建 《青岛历代方志集成·黄肇颚撰〈崂山艺文志〉卷十三》为“勅建”，“敕”作“勅”。

[8] 道箓 《青岛市志·崂山志》、新编《崂山志》为“道□”，“箓”字阙如。

[9] 则人力 周至元《崂山志》、《崂山道教史·碑刻史料》《道教寻踪·崂山道教碑记》为“虽缘人力”，“则”作“虽缘”。

[10] 而亦山灵 周至元《崂山志》、《崂山道教史·碑刻史料》《道教寻踪·崂山道教碑记》为“亦山灵”，缺一“而”字。

[11] 之呵护也 周至元《崂山志》、《崂山道教史·碑刻史料》《道教寻踪·崂山道教碑记》为“有以呵护之也”，前衍“有以”二字，“之”应前置。语亦大不同。

[12] 亟吁 《青岛市志·崂山志》、新编《崂山志》为“亟合”，“吁”作“合”。王集钦《崂山古今文史论丛·碑记》为“丞吁”，“亟”作“丞”，误。

[13] 庀材 周至元《崂山志》为“庀村”，“材”作“村”。王集钦《崂山

古今文史论丛·碑记》为“庙材”，“庬”作“庙”。均误。

[14] 则甍如鹏飞　《青岛历代方志集成·黄肇颚撰〈崂山艺文志〉卷十三》、周至元《崂山志》、《青岛市志·崂山志》、新编《崂山志》、《崂山道教史·碑刻史料》《道教寻踪·崂山道教碑记》为“则甍如鹏运”，“飞”作“运”。王集钦《崂山古今文史论丛·碑记》为“而甍如鹏运”，“则”作“而”，“飞”作“运”。

[15] 栋似　《青岛市志·崂山志》、新编《崂山志》、王集钦《崂山古今文史论丛·碑记》、《崂山道教史·碑刻史料》为“栋以”，“似”作“以”。

[16] 剋日　周至元《崂山志》、《青岛市志·崂山志》、新编《崂山志》、《道教寻踪·崂山道教碑记》为“终克”，“剋日”作“终克”，误甚。《青岛历代方志集成·黄肇颚撰〈崂山艺文志〉卷十三》、王集钦《崂山古今文史论丛·碑记》为“□□”，两字阙如。

[17] 再四　周至元《崂山志》、《青岛市志·崂山志》、新编《崂山志》、《崂山道教史·碑刻史料》《道教寻踪·崂山道教碑记》为“三四”，“再”作“三”。

[18] 葱茜　《青岛历代方志集成·黄肇颚撰〈崂山艺文志〉卷十三》为“葱蒨”，“茜”作“蒨”。“茜”“蒨”略同。周至元《崂山志》、《青岛市志·崂山志》、新编《崂山志》、《崂山道教史·碑刻史料》《道教寻踪·崂山道教碑记》为“葱倩”，“茜”作“倩”。王集钦《崂山古今文史论丛·碑记》为“葱蓓”，“茜”作“蓓”。

[19] 书丹握椠　周至元《崂山志》、《崂山道教史·碑刻史料》《道教寻踪·崂山道教碑记》仅为“书丹楹”，“握椠”作“楹”。书丹，指刻碑前用朱笔书写碑上的文字，亦泛指书写碑上的文字。“握椠”，另有成语即“握椠怀铅”。

[20] 不必增重　周至元《崂山志》为“不能曾重”，“必”作“能”，“增”作“曾”。《崂山道教史·碑刻史料》《道教寻踪·崂山道教碑记》为“不能增重”，“必”作“能”。

[21] 亦庶几　周至元《崂山志》为“庶几”，缺一“亦”字。

[22] 尔　周至元《崂山志》“尔”后无落款。

注释：

1.《重修神清宫碑记》 碑记录自黄肇颚《崂山续志》卷八。《青岛历代方志集成·黄肇颚撰〈崂山艺文志〉卷十三》、周至元《崂山志》、《青岛市志·崂山志》、新编《崂山志》、王集钦《崂山古今文史论丛·碑记》、《崂山道教史·碑刻史料》《道教寻踪·崂山道教碑记》亦录载。

2. 盘郁 盘曲美盛貌。清沈复《浮生六记·浪游记快》："园依山而无石，老树多极纡回盘郁之势。"

3. 攒簇 集在一处；簇聚；簇拥。元徐再思《小桃红·花篮髻髻》："东风攒簇一筐春，吹在秋蝉鬓"，

4. 曾城 传说中的地名，亦泛指仙乡。汉张衡《思玄赋》："登阆风之城兮，构不死为床。"李贤注引："昆仑山有曾城九重，高万一千里，上有不死树在西。"

5. 仇池 山名。有山由仇池而得名；又因山上有平地百顷，亦称百顷山。在甘肃西和西南西汉水北岸。山形如覆壶，四面陡绝。山上可以引泉灌溉，煮土成盐。仇池山，远看如浮在波涛间的一艘巨轮，气势非凡，近看悬崖百丈，动人心魄。魏晋南北朝时氐族杨氏累世居此。

6. 元延祐间 延祐，元仁宗的第二个年号。延祐间，1314—1320年。

7. 金茎 用以擎承露盘的铜柱。所谓"抗仙掌以承露，擢双立之金茎，轶埃壒之混浊，鲜颢气之清英。"唐李善注："金茎，铜柱也。"

8. 畴昔 意为以前、从前、往日、昔日等。魏晋左思《咏史诗八首》之一："虽非甲胄士，畴昔览穰苴。"

9. 兑宫 九宫之一，出自周易六十四卦中第五十八卦。又通称为"兑为泽"。序卦传云：兑者，悦也。代表喜悦之意。

10. 风伯 又称风师、箕伯，司风之神。风神信仰起源很早，有的民族以神鸟为风神，有的却以山谷为风神。汉代又以天上的星宿为风神。唐宋以后，传说风神是女神，称为"风姨"或"风婆"或"风后"；但认定风神是男神的比较普遍，并占了主导地位，故一般称为"风伯"。

11. 藩篱 篱笆。喻门户或屏障。汉贾谊《过秦论下》："楚师深入，战于鸿

门，曾无藩篱之难。”

12. 甍 意为房屋、屋脊。郦道元《水经注·渐江水》：“山中有五精舍，高甍凌虚，垂帘带空。”

13. 龙骧 比喻气概威武。后以龙骧泛指英勇的军队。明徐渭《上督府公生日诗》：“初捧兵符分虎竹，再衔使命驭龙骧。”

14. 蜡屐 以蜡涂木屐。语出南朝宋刘义庆《世说新语·雅量》：“或有诣阮，见自吹火蜡屐，因叹曰：‘未知一生当著几量屐！’神色闲畅。”

15. 峥嵘 此处指神清宫所处山的高峻突兀。

16. 李青莲 是谪仙人李白的号。李白祖籍陇西成纪，唐代伟大的浪漫主义诗人，被后世尊为“诗仙”，与杜甫合称“李杜”。

17. 蔡少霞 唐代陈留县人，泗水县丞。幼年信奉道教。早年科举考试，以明经得第，选蕲州参军。任满后寄寓江淮，访名山大川，和名士谈玄论道。再授职为兖州泗水县丞。晚年于兖州泗水三十里买山筑室，深僻而居，养成晨炼吐故纳新之习。一日梦中遇仙入仙境，醒后用纸笔录之，从此更重视修道。

18. 握椠 椠，古代书写用的木板，握椠，意即拿着书写的用具。组成的成语有：“怀觚握椠”“怀铅握椠”等。

19. 康熙三十一年 1695 年。

清康熙三十四年《义烈双美记》[1]

刘谦吉[2]

莱州[1] 雄崖守御所[3]，屯民陈三义，幼聘同里女王氏。已而，氏病，目失明。氏父谓：吾女瞽，不可妻陈氏子，固辞婚。三义执不可，卒娶瞽女归，伉俪笃甚。一日，氏晨起，讶目中有光，渐辨物，久之，炯炯如初时。初，三义娶瞽女，里中或义之，或以为非人情，有匿笑者。至是咸惊叹，谓天实怜其义，而使之明也。无何，三义家日落，负贩转徙，滞京师十年所[2]。氏揵户[3]纫缄，恃十指自活。岁甲戌[4] [4]八月八日，三义客死。氏闻，长号绝食，请其新党[5]，易所居室，鬻棺二，作三义木主纳一棺，其一自殓，分室中敝衣物，以酬瘗其丧者。亲党惊怪，且劝阻百端。氏哽咽曰："吾夫义，不瞽弃我，我何忍独活！"闻者皆泣下。九月十九日[6]，自缢死。死时年三十有二，三义年三十有八。呜乎！自昔娶瞽女者有之，未闻天有怜其义而明之者，天不难取已瞽之目使复明，独不能使三义有中人产[7]，夫妇白首[8] 牖下耶！虽然，三义不穷，则不客死，三义不客死，则王氏不必以[9] 烈见。天或者使义夫、烈妇，相报若影响，以历世而磨钝 5，未可知也。近例，殉夫者不得旌，所以抑贤知之过，毋以死伤生耳。夫三义[10] 王氏之义烈，与寻常殉节者不同，天且赐之明而示神异焉，而可格以例乎？旌与不旌，犹有待也，独是王氏且死，且作空棺纳夫主，与其棺并纳圹中，岂非虑南北相距千余里，同穴之愿[11]，势不能遂，凭主悽怆冥通 6，而魂气或无不之[12] 也哉！余怜其意，檄司是土者，转三义榇归，而改葬焉，而识以石[13]。庶贞魂义魄，不随澌灭 7，重逢于地下[14]，一散其轮囷郁结之气矣夫。是为记[15]。

校勘：

[1] 莱州　黄肇颚《崂山续志》卷九"莱州"前衍一"清"字。

[2] 十年所　黄肇颚《崂山续志》卷九为"十年"，无"所"字。

[3] 揵户　黄肇颚《崂山续志》卷九为"键户下"，"揵"作"键"，为是。

[4] 甲戌　黄肇颚《崂山续志》卷九为"甲戍下"，"戌"作"戍"，误。

[5] 新党　乾隆《莱州府志》、黄肇颚《崂山续志》卷九、《青岛历代方志集成·乾隆〈即墨县志〉卷十》为"亲党"，"新"作"亲"。据后句"亲党惊怪"，应为"亲"。同治《即墨县志》录同。疑为两点校本编校之误。

[6] 十九日　同治《即墨县志》录同。黄肇颚《崂山续志》卷九为"十八日"。

[7] 中人产　黄肇颚《崂山续志》卷九为"中人之产"，多一"之"字。

[8] 白首　黄肇颚《崂山续志》卷九为"白头下"，"首"作"头"，并多一"下"字。

[9] 不必以　黄肇颚《崂山续志》卷九为"必不以下"，"不""必"错位。

［10］夫三义　黄肇颚《崂山续志》卷九为“三义”，前无“夫”字。

［11］同穴之愿　黄肇颚《崂山续志》卷九为“同穴之约下”，“愿”作“约”，衍一“下”字。

［12］或无不之　黄肇颚《崂山续志》卷九为“无不之”，前无“或”字。

［13］而识以石　黄肇颚《崂山续志》卷九为“而志诸石下”，“识以”为“志诸”。

［14］重逢于地下　乾隆《莱州府志》为“重逢于地下”，“逢”作“逄”。黄肇颚《崂山续志》为“重逢于地”，后缺一“下”字。

［15］是为记　黄肇颚《崂山续志》卷九“是为记”未完，下尚有“康熙甲戍山东督学道刘谦吉撰”句。“甲戍”，如前，误。应正为“甲戌”。康熙甲戌，康熙三十三年，1694 年。

注释：

1.《义烈双美记》　本记录自乾隆《即墨县志》卷十。乾隆《莱州府志》、同治《即墨县志》亦载。黄肇颚《崂山续志》卷九题作《义烈记》。

2. 刘谦吉　字讱庵，一字六皆，号雪作老人。康熙三年（1664）进士，康熙三十二年（1693）为山东提学使。次年义烈事发，即记之。

3. 雄崖守御所　黄肇颚《崂山续志》卷九：所距邑东北九十里，明洪武三十五年（1402）设。清雍正十二年（1734）裁并入县，所设把总一。其所属者，王家山、公平山、望山、青山、栗米山、陷牛山、白马岛诸墩。

4. 甲戌　即康熙三十三年，1694 年。

5. 磨钝　磨砺顽钝。汉班固《答宾戏》：“搦朽磨钝，铅刀皆能一断。”磨钝，《青岛历代方志集成·乾隆〈即墨县志〉卷十》作“摩钝”，意同。“砺世摩钝”，亦可作“砺世磨钝。”

6. 冥通　感通神明。《陈书·徐陵传》：“夫一言所感，凝晖照于鲁阳；一志冥通，飞泉涌于疏勒。”

7. 澌灭　消亡，消失。元刘壎《隐居通义·杂录》：“往时古迹，销磨澌灭，后生小子，天复能之。”

清康熙三十七年《东崂山傲阳洞[1]鼎建玉虚殿记》[2]

寓内名岳五，岱宗特峙东，维峻极非群方所俪。盖其挺钟[1]齐鲁之邦，负太行，临沧海，笃生[3]至圣，万代师表。迤南为崂山，崇窿未足方驾[4]，而亘延[5]幽窅[6]殆复过之。溯其著名，由汉逢公萌[7]。仕哀平之季[8]，见新莽[9]与宇父子屠戕，喟兴于三纲[10]之绝，惧祸及而遁迹是山。有宋丘长春真人栖兹宏教，九宫八观，次第建立，称綦盛云。余以乙未[11]客颖川[12]，张徐二子托世谊，共晨夕。一日偕步西郊，遘道者甚异。叩之，则以“同侣约崂山访道，明日当至，求之当胜我。”其人髯垂过膝，囊挂肘间可征也。语毕，收具径去，追之莫及。比明晨，趋赴询逆旅，果有其人，适去此。二子怅归以述，余时方有崂山在寤寐[13]中。今年迨老，厌尘俗嚣，涉江渡黄，来究斯愿。届止于东山神清宫，搜讨岩阿[14]，兼旬未遇。安丘刘友文若驱卫[15]登徂，信宿晤语，则以群从，介轩同为阁学公诸孙，以失意文战，愤激舍家去，为黄冠于兹山之熟阳洞[16]者业三年。今欲开导俾归，未数日，厥弟随至，其志确不可回。复悃切叩余以性命宗奥，且述其师信常构造玉皇宝殿垂成，致师旨求文勒石，以表章乎久远。余愧以江东樗散[17]，韬光[18]戢彩，安能重效人世文字应酬？更复深念其师若弟，约处荒陬[19]，力耕作以就口食，乃能拓基累址，感助檀越[20]，成宏钜[21]于寒崖僻坞之中，与宫观并美而齐称，其心力洵伟卓矣！闻中州[22]有道王君礼武当[23]，遍历南天诸名胜，止于此峪，不语不蹑者已三稔[24]。其师徒祇事，迄今无倦色。吾闻黄老之学，旨无为而怀无我[25]。今日师明友悫，相与穷虚极静之蕴，而以观其复，将邱祖之教，会见嗣兴于斯时。老人廿载殷勤结想，颖川二子交臂而旋失者，惝恍[2][26]长髯导师，手提而面命，其旨趣将无同！爰泚笔而纪之，以副其请[3]。

时康熙三十七年[27]岁在壬午仲秋[28]，

江左黄海学人陈维垓撰并书

校勘：

［1］挺钟 《道教寻踪·崂山道教碑记》为“铤钟”，“挺”作“铤”。

［2］惝恍 《道教寻踪·崂山道教碑记》为“惝怅”，“恍”作“怅”。

［3］请 《道教寻踪·崂山道教碑记》“请”后缺落款。

注释：

1. 敖阳洞 即熟阳洞。洞居三标山东北，刘道人信常习静于此，熟阳其自号也。额镌“熟阳洞，康熙己巳道人刘题”。玉虚殿居洞之左，祀玉皇，道人所创建也。殿后峭壁下有泉，石上镌“神水”二字。

2.《东崂山敖阳洞鼎建玉虚殿记》 碑记录自黄肇颚《崂山续志》卷八。《道教寻踪·崂山道教碑记》录载。据《崂山续志·丛谈》：“崂山石刻亦无甚佳者。其佳者，惟《熟阳洞玉虚殿记》陈维垓书。”即此碑。

3. 笃生 谓生而得天独厚。严复《原强》：“至国朝龙兴辽沈，圣哲笃生。”

4. 方驾 两车并行；并车而行。《后汉书·马援传》：“临洮道险，车骑不得方驾。”

5. 亘延 延绵伸展之意。或作“延亘”，《西京杂记》卷二：“其诸宫观相连，延亘数十里。”

6. 幽窅 幽窈，幽深。清龚自珍《桂殿秋》词：“明月外，净红尘，蓬莱幽窅四无邻”。

7. 逢公萌 即逢萌，字子康。万历《即墨志》：“北海都昌人。家贫。幼为亭长，掷楯叹曰：‘丈夫安能为人役哉！’遂去之。时王莽杀其子宇，萌谓人曰：‘三纲绝矣，不去，祸将及人。’即解冠挂东都城门，携其家属，浮海客于辽东。光武即位乃还琅玡之劳山，养志修道，人化其德。后累征皆不起。昌乐《隐逸志》亦载。”

8. 汉哀平之季 哀平，汉哀帝和平帝之并称。全句犹西汉哀帝（前6—1）、平帝（1—5）之岁月。

9. 新莽 公元8年12月，外戚王莽废西汉最后一位君主孺子婴为安定公，改国号为“新”，建都长安。因新朝（8—23）为王莽所建，故世称新莽。

10. 三纲　汉班固《白虎通·三纲六纪》：“三纲者、何谓也？君臣、父子、夫妇也。”即所谓君为臣纲、父为子纲、夫为妻纲。

11. 乙未　顺治十二年，1655年。

12. 颖川　颖川郡。秦王政十七年（前230）置。

13. 寤寐　意为醒和睡，指日夜。

14. 岩阿　山的曲折处。汉王粲《七哀诗》：“山岗有余映，岩阿增重阴。”

15. 驱卫　驱赶守御。《周礼·秋官·掌戮》：“刖者使守囿。”郑玄注：“断足驱卫禽兽，无急行。”

16. 熟阳洞　即俶阳洞。周至元《崂山志》：“在凝真观西北，三标山之东麓。清康熙间，刘信常曾习静其中。”

17. 樗散　或作“散樗”。典故名，典出《庄子集释》卷一《内篇·逍遥游》《内篇·人间世》。散樗，指栎树和樗木，古人以为此两种树的质地都不好，不能成材。后遂以此喻无用之人。常用作自谦之辞。

18. 韬光　敛藏光采。汉孔融《离合作郡姓名字诗》：“玟璇隐曜，美玉韬光。”

19. 荒陬　荒远的角落。是词出于晋左思《吴都赋》：“其荒陬谲诡，则有龙穴内蒸。”

20. 檀越　佛教用语，指施主。梵汉兼举称作檀越施主、檀越主等。即施于僧众衣食，或出资举行法会等之信众。

21. 宏钜　宏大；重大。明胡应磷《诗薮·古体上》：“骚以含蓄深婉为尚，赋以夸张宏矩为工。”

22. 中州　古豫州，位居九州之正中，故称为“中州”。

23. 武当　武当山，又名太和山、仙室山等。中国道教名山。方圆八百余里，高险幽深，气势磅礴，标奇孕秀，飞云荡雾，素有天下第一仙山之誉。山中有72峰、24涧、11洞、3潭、9泉、10池、9井、10石、9台等众多胜迹。相传真武大帝曾在山中修炼42年，后功德圆满，得道飞升。世人以为非玄武不能当此，故名武当。《云笈七签·洞天福地》所载：武当山为道教72福地之一，是历代方士、道人隐居修炼之胜地。周之尹喜、汉之阴长生、晋之谢允、唐之吕洞宾、五代之陈抟、宋之寂然之、元之张守清、明之张三丰等诸多著名隐逸道士均曾在此山修炼。

24. 三稔　稔，是指庄稼成熟，如丰稔、稔年。也指年，古代以稻谷一熟为年。三稔，即三年。

25. 无我　是佛发现五取蕴的共相之一。最好的方式是让自己突破现状，即打破自我观念对自己的束缚和局限。放下该放下的，改过应改过的，追求并进入新的完美的境界，即无我境界。

26. 惝恍　惆怅、失意、伤感。

27. 康熙三十七年　1698 年。

28. 仲秋　意为秋季的第二个月，即农历八月。

清康熙四十七年《泥丸道人李老师碑序》1

世之称道士者何多耶！或借三宝 2 以求生；或假修养以偷闲。否则云游避患，否则遁踪[1] 3 沽名。奔走权门，结交豪富，种种薄行，指不胜屈 4。谁是抛却尘俗，至诚动物，补造化 5 所不及[2]，创不朽之弘基，如泥丸李老师者乎！师阳信人，皈依王师 6，得其秘旨，迁居马山，焚修石崖，朝真礼斗 7，倾动十方，米粟银钱，须臾 8 山积于山，凿山劈石，修玉皇、天成 9 诸殿，栋宇巍峨，楼谢[3] 10 参差。登览朝谒者，莫不叹为神工，称为绝业焉。嗣是修滨都宫[4] 11 于栖霞，造端阳于莱阳，起崇德 12 于平度，建龙宫[5] 于新河、店口二处，且除道成梁 13，所在多有。而其巨焉者，惟辟蹬[6] 于文登福仙岭，立桥于五舟[7] 诸津，变峭岩[8] 为坦途，视汪洋若沟洫 14。不世之功，计日而成。信非凡夫俗子[9] 所能胜任愉快者也。厥后功愈大而效愈神，司道 15 乐引以为友，士夫 16 愿得以为师，其善男信女望座拜叩者，又不知几千万人。荣何如乎！所更奇者，捏土为丸，百病立痊。因自号为泥丸道人。不且与肘后青囊 17，春前红杏，共垂千古哉！及其功满德就，隔岁而定归期 18，果及其时，端坐而逝。是日也，祥云紫气，霭霭遥空。道书有尸解羽化之言，是可谓信而有征矣。爰卜阴宅于山溪之间，北望芝罘[10]，南瞻灵岛，云山苍苍，海水洋洋；先生之风，山高水长。迄于今，徒子法孙，流派实繁，虽五祖七真[19]之世系，岂有过于是屿？噫！人生几何，譬若朝露。每见争名者接踵，网利者纷纷，当时则荣，没则已焉。兹独不求名而名随，不计利而利溥[20]。后之来游者，夫亦可以稍悟焉。

康熙四十七年[21]戊子十月日 邑人宋腠[11]序

校堪：

[1] 遁踪 《青岛历代方志集成·李寅宾撰〈马鞍山志〉》为“遁迹”，“踪”作“迹”。

[2] 不及 《青岛历代方志集成·李寅宾撰〈马鞍山志〉》为“不逮”，“及”作“逮”。

[3] 楼谢 《青岛历代方志集成·李寅宾撰〈马鞍山志〉》为“楼榭”，“谢”作“榭”，是。

[4] 滨都宫 《青岛历代方志集成·李寅宾撰〈马鞍山志〉》为“滨都”，无“宫”字。

[5] 龙宫 《青岛历代方志集成·李寅宾撰〈马鞍山志〉》为“龙神宫”，有一“神”字。

[6] 辟蹬 《青岛历代方志集成·李寅宾撰〈马鞍山志〉》为“辟路”，“蹬”作“路”。

[7] 五舟 《青岛历代方志集成·李寅宾撰〈马鞍山志〉》为“五龙”，“舟”作“龙”。

[8] 峭岩 《青岛历代方志集成·李寅宾撰〈马鞍山志〉》为“巉岩”，“峭”作“巉”。

[9] 俗子 《青岛历代方志集成·李寅宾撰〈马鞍山志〉》为“俗手”，“子”作“手”。

[10] 芝罘 《青岛历代方志集成·李寅宾撰〈马鞍山志〉》为“芝芣”，“罘”作“芣”。

[11] 宋腠 《青岛历代方志集成·李寅宾撰〈马鞍山志〉》为“宋暕”，“腠”作“暕”，为是。

注释：

1.《泥丸道人李老师碑序》 碑序录自李寅宾著《马山志》。《青岛历代方志集成·李寅宾撰〈马鞍山志〉》亦录之。

2. 三宝 道家术语，指治理国家之三种宝贵经验。《老子》第六十七章："我有三宝，持而保之，一曰慈，二曰俭，三曰不敢为天下先。"显示道家无为而治的政治理想。

3. 遁踪 即隐居。

4. 指不胜屈 形容数量多至不可胜数，扳着指头也数不过来。

5. 造化 是意创造化育。《汉书·董仲舒传》："今子大夫明于阴阳所以造化，习于先圣之道业，然而文采未极，岂惑虖当世之务哉？"

6. 王师 邱长春龙门派王真成也。李寅宾《马山志》、黄肇颚《崂山续志》均有《王仙师传》记之：王仙师者，讳真成，南宋时人。其修行事迹在七真之时，世远无所考。国初，寓于墨，李师东游，闻而谒之，以宗派相同，遂以师礼事之。后羽化于平度州。李曰："王师别无弟子，仙蜕之藏，我之事也。"迎其柩瘗于院中，建塔其上，而刻石像于其中，以张师配焉。又镌石以记之，其文曰：邱祖龙门派王真成，山东济南府禹城碱场店人，修真养性，即墨县兵部尚书黄嘉善供养四世，后莱州道杨奇烈、平度州知州李世昌供给成道。

7. 朝真礼斗 礼斗意是道教谓礼拜北斗星君。亦称拜斗、顺星。道教传统独有的科仪，即"朝真礼斗"或"本命元辰斗"。为世人对星宿的崇拜而产生的信仰，传与人的生死祸福有关。

8. 须臾 极短的时间；片刻。

9. 玉皇、天成诸殿 玉皇殿，供奉玉皇大帝之宫殿。玉皇大帝，道号自然，上界神皇。天成殿，《泥丸仙师传》记：创建于山后，"以奉道母元君。上巳、重阳，士女祈祷，游赏者数千人，岁以为常，至今犹然。"

10. 楼榭 指高台上的房屋。亦泛指楼房。北魏郦道元《水经注·济水二》："虽楼榭泯灭，然广基似于山谷。"唐陈子昂《春日登金华观》诗："山川乱云日，楼榭入云烟。"

11. 滨都宫 一般指太虚宫，坐落于山东栖霞。该宫为全真教邱长春以故居为观主持修建，因宫在滨都里，当人称之为滨都宫。金章宗皇帝御赐名为“太虚观”。

12. 崇德宫　辽朝宫帐名，元代名德真观。俗称老子庙，又称老君庙。位于平度城关，素有“胶东魁观”之誉。

13. 除道成梁　除道，开辟、修建道路。成梁，指修建桥梁。清曾国藩《新宁刘君墓碑铭》：“乡里除道成梁，捐金钱惟恐不赡，药疗病，惟恐不周。”

14. 沟洫　《周礼·考工记·匠人》：“匠人为沟洫……九夫为井，井间广四尺，深四尺，谓之沟。方十里为成，成间广八尺，深八尺，为之洫。”郑玄注：“主通利田间之水道。”

15. 司道　属于巡抚的专属机构。处于省和府之间，归巡抚管辖。

16. 士夫　通称男子。金元好问《聂孝女墓铭》：“以子则孝，以妇则义。以断则勇，以守则智。于今之人，麟凤之端。莫靳者名，天下美器。不于士夫，一女之畀。铭以表之，并志予媿。”

17. 青囊　据说，名医华佗被杀前，为报一狱吏侍奉之恩，将所有医书装满青囊送之。华佗死后，狱吏改行行医，使华佗的部分医术得以传承。因此，后人借“青囊”指为中医、医术。唐刘禹锡《闲坐忆乐天以诗问酒熟未》：“案头开缥帙，肘后检青囊。唯有达生理，应无治老方。”

18. 隔岁而定归期　据《泥丸先师传》记载：“康熙十九年，师在新河，每谓弟子曰：‘明年三月三日，将与二三子别矣。’至期果端坐而化。”

19. 五祖七真　五祖：阳帝君，全真北五祖之首。姓王名玄甫，汉代人。钟离权，号正阳子，五代京兆咸阳人，又云燕台人。吕洞宾，号纯阳子，《吕祖本传》说他生于唐贞元十四年（798）戊寅。刘海蟾，号海蟾子，五代燕人。王重阳，号重阳子，京兆咸阳人，宋徽宗政和两年（1112）生。七真：邱长春，姓邱名处机，号长春子，登州栖霞人，生于金皇统八年（1148）。马丹阳，姓马名钰，号丹阳子，山东宁海人，生于金太宗天会元年（1123）。谭长真，姓谭名处瑞，号长真子，山东宁海人，生于金太宗天会元年（1123）。刘处玄，号长生子，山东东莱人，生于金皇统七年（1147）。王玉阳，姓王名处一，号伞阳子，又号华阳子，山东宁海人，生于金熙宗皇统二年（1142）。郝大通，号广宁，山东宁海人，生于金熙宗天眷三年（1140）。孙不二，姓孙名富春，号清静散人，山东宁海人，宋徽宗宣和元年（1119）生。

20. 利溥　有成语“仁言利溥”，意为有德行的人说的话益处很大。清王夫之《读通鉴论·后汉光武二十》：“仁人之言，其利溥如此哉！”

21. 康熙四十七年　1678 年。

清康熙四十七年《刘道人自叙碑》[1]

混沌[2]凿而有天地，阴阳交而有万物。物有生死，天有循环，维仙[1]不灭，浩劫长存。道人历来行脚[3]自著，世居高密邑西，武兰庄人也。父刘姓讳□，筑室南溪，乐水观书，号曰小渠公[2]。母尹氏，素性好善，救济乡邻，人谓大慈母。母生子有五，曰显忠、显魁、显登、显宇、显常。后显常因入道改信常，字调元，号熟阳。业学孔孟，志好庄老。幼时晨起赴学，母视之[3]笑曰：“子生之时，梦道人投宿。观子性灵，成必入道。”彼时母言[4]入肺，道渐留心。越南窗，隐东海，入崂山，访明人，拜师刘长眉，交友宋水一。松间求道，月下参玄。同居四月，师驾回天[5]，师壳葬于登高，自身迁于洞所。洞原曰[6]消息石室，因号改洞熟阳。同护法高君宠，登巅四顾，海山一览，山势回龙顾祖，洞水玉带缠天。蛾眉抱岸，狮峰[7][4]怀阳，石屏障汉[8]，星宿[5]罗堂。东岭松梢挂月，西山涧底流琴，面朝五老[6]，背负一鹤。其间白云紫电[9]，玉竹青林[10]，结草庐[11]而诵经，开石室而坐静，松荫萝月[12][7]，梅影横窗，皇经祝国，施药救民。感神降庚子[13][8]之年，凿山出壬寅[9]之岁。是年，殿基始创，福场新开，门人接踵阶下，善士丛集坛中。钱粮雾聚，匠作雷声，大殿起于辛巳[10]，洪钟来于庚辰[11]。始得[14]玉帝显像，金色流辉。回想金阙[12]瑶台[13]，诚非一日之功；冒雪冲风，受尽十年之苦。十方捐滴滴之血汗，道人抱兢兢[15]之良心，岂敢一朝辜负，惟愿千古常存。是故铭碑[16]，永垂[17]后世。

时康熙四十七年[14]孟夏[15]谷旦道人刘信常自叙

烟霞散人蒋清山[16]篆额[17]并书

校勘：

［1］维仙 《青岛市志·崂山志》、新编《崂山志》、王集钦《崂山古今文史论丛·碑记》、《崂山道教史·碑刻史料》《道教寻踪·崂山道教碑记》为“惟仙”，“维”作“惟”。

［2］小渠公 《青岛市志·崂山志》、新编《崂山志》、王集钦《崂山古今文史论丛·碑记》、《崂山道教史·碑刻史料》《道教寻踪·崂山道教碑记》为“小梁公”，“渠”作“梁”。

［3］母视之 《青岛市志·崂山志》、新编《崂山志》、《崂山道教史·碑刻史料》《道教寻踪·崂山道教碑记》仅为“母视”，缺“之”字。

［4］母言 《青岛市志·崂山志》、新编《崂山志》、《崂山道教史·碑刻史料》《道教寻踪·崂山道教碑记》为“母说”，“言”作“说”。

［5］回天 《青岛市志·崂山志》、新编《崂山志》、王集钦《崂山古今文史论丛·碑记》、《崂山道教史·碑刻史料》《道教寻踪·崂山道教碑记》为“归天”，“回”作“归”。

［6］原曰 《青岛市志·崂山志》、新编《崂山志》、王集钦《崂山古今文史论丛·碑记》、《崂山道教史·碑刻史料》《道教寻踪·崂山道教碑记》为“原名”，“曰”作“名”。

［7］狮峰 王集钦《崂山古今文史论丛·碑记》为“狮岸”，“峰”作“岸”。误。

［8］障汉 王集钦《崂山古今文史论丛·碑记》为“嶂汉”，“障”作“嶂”。误。

［9］紫电 《青岛市志·崂山志》、新编《崂山志》、《崂山道教史·碑刻史料》《道教寻踪·崂山道教碑记》为“紫画”，“电”作“画”。

［10］青林 《青岛历代方志集成·黄肇颚撰〈崂山艺文志〉卷十四》为“青松”，“林”作“松”。

［11］草庐 《青岛市志·崂山志》、新编《崂山志》、王集钦《崂山古今文史论丛·碑记》、《崂山道教史·碑刻史料》《道教寻踪·崂山道教碑记》为“草庵”，“庐”作“庵”。

［12］萝月　《青岛市志·崂山志》、新编《崂山志》、王集钦《崂山古今文史论丛·碑记》、《崂山道教史·碑刻史料》《道教寻踪·崂山道教碑记》为“罗月”，“萝”作“罗”。

［13］庚子　《青岛市志·崂山志》、新编《崂山志》、《崂山道教史·碑刻史料》《道教寻踪·崂山道教碑记》为“庚□”，“子”字阙如。

［14］始得　《青岛历代方志集成·黄肇颚撰〈崂山艺文志〉卷十四》、王集钦《崂山古今文史论丛·碑记》为“始将”，“得”作“将”。

［15］兢兢　《青岛市志·崂山志》、新编《崂山志》、《崂山道教史·碑刻史料》《道教寻踪·崂山道教碑记》为“竞竞”。王集钦《崂山古今文史论丛·碑记》为“竟竟”，“兢”作“竟”。

［16］铭碑　《青岛市志·崂山志》、新编《崂山志》、《崂山道教史·碑刻史料》《道教寻踪·崂山道教碑记》为“铬碑”，“铭”作“铬”，误。

［17］永垂　《青岛市志·崂山志》、新编《崂山志》、《崂山道教史·碑刻史料》《道教寻踪·崂山道教碑记》为“以垂”，“永”作“以”。王集钦《崂山古今文史论丛·碑记》为“以重”，“永”作“以”，“垂”作“重”。

注释：

1.《刘道人自叙碑》　碑记录自黄肇颚《崂山续志》卷八。《青岛历代方志集成·黄肇颚撰〈崂山艺文志〉卷十四》《青岛市志·崂山志》、新编《崂山志》、王集钦《崂山古今文史论丛·碑记》、《崂山道教史·碑刻史料》《道教寻踪·崂山道教碑记》亦录载，碑题为《熟阳洞刘道人自叙碑》。据记，蒋清山康熙四十五年（1706）撰、康熙四十七年（1708）篆额并书，与刘交非泛泛也。

2. 混沌　也作混沦。指宇宙形成前气、形、质三者浑然一体而未分离的迷蒙状态，是远古时空观中的初始阶段，处于太易、太初、太始、太素、太极“先天五太”中第四太“太素”之后。汉班固《白疙适·天地》：“混沌相连，视之不见，听之不闻，然后剖判。”《列子·天瑞篇》：“混沌者，言万物相混沌而未相离也。”

3. 行脚　又作游方、游行。谓僧、道或为寻访名师，或为修持，或为教化宏道而游四方。所谓游方之僧即为行脚僧。

4. 狮峰　即狮子峰。周铭旗《即墨乡土志》:“在太平宫东，深秀独出，高数百仞，岩侧有三石结架如户，万松处其上，松杪石出路，登而进，数回乃造其巅，海波冲激直至峰下，岩上大书‘山海奇观’四字。”

5. 星宿　泛称二十八宿，亦称“二十八舍”，或“二十八星”，古代称星座为星宿。道教崇奉的星神，正是“四象”和“二十八宿。”

6. 五老　神话传说中的五星之精。《竹书纪年》卷上:“率舜等升首山，遵河渚，有五老游焉，盖五星之精也。”五老是早期道教尊奉的东方、南方、中央、西方、北方之五位天神，即青灵始老苍帝君、丹灵真老赤帝君、元灵元老黄帝君、皓灵皇老白帝君、五灵玄老黑帝君。此五位天神，盖源于古之“五帝”的传说。《河图》详为东方，木帝；南方，火帝；中央，土帝；西方，金帝；北方，水帝。

7. 萝月　萝，一种水边生的植物。萝月，意为藤萝间的明月。唐李白《秋夕抒怀》:“鬅鬙萝月光，缤纷篁雾阴。”

8. 庚子　顺治十七年，1660 年。

9. 壬寅　康熙元年，1662 年。

10. 辛巳　康熙四十年，1701 年。

11. 庚辰　康熙三十九年，1700 年。

12. 金阙　道家谓天上有黄金阙，为仙人和天帝所居。唐杨炯《盂兰盆赋》:“晃兮瑶台之帝室，艳兮金阙之仙家。”

13. 瑶台　美玉砌的楼台，亦泛指雕饰华丽的楼台。此指汉族神话中神仙所居的地方。唐汪遵有《瑶台》诗:“仙梦香魂不久留，满川云雨满宫愁。直须待得荆王死，始向瑶台一处游。”

14. 康熙四十七年　1708 年。

15. 孟夏　初夏，指农历四月。

16. 蒋清山　同治《即墨县志》:“字云石，江南人。自幼出家，住劳山百福庵，号烟霞散人。好读书，工书能文，修真养性，行谊高洁。胡峄阳引为友，及老无病，沐浴更衣而化。”周至元《崂山志》记略不同。“河南祥符县人。

明进士。后感沧桑之变，云游至崂，栖百福庵中，黄冠道衣，自号烟霞散人。”新编《崂山志》：“蒋清山一生致力于重建百福庵，据自述谓：‘余幼住此山，古迹仅存，余荒地耳，因发愿力修整殿庵……’明亡后，养艳姬、蔺婉玉等四名宫，女随边永清逃至崂山，得蒋清山之助，得以到百福庵出家静修，精心研究道乐。蒋清山酷爱书籍，于百福庵中藏有大量经典书籍，时称‘蒋迪南书院’。蒋清山于年84岁时无病而终。”一说，蒋清山为江南进士，曾任河南祥符县知县，明亡后不愿继续为官，于顺治二年（1645）至崂山百佛庵隐居，遂改百佛庵为道家之百福庵，着黄冠道袍以终。存疑备考。

17. 篆额　意为用篆字书写碑额。《旧唐书·文苑传·李华》：“华尝为《鲁山令元德秀墓碑》，颜真卿书，李阳冰篆额。”

清康熙五十六年《重修百福庵1记》[1]

二崂居墨水之阳，旧多仙迹，如邱长春、徐复阳辈，皆得道此地。窃意当吾之世，必有其人，每以未见为憾。曩者2，吾师赵世五3先生寻胜崂山，留馆吾家，常称百福庵蒋云石志远大，年尚壮，寻日成就，庶能振道绪者。吾师登进士，喜与方外人游，尤慎许可，固知其言不妄。越今三十余年，而云石居然古德耆宿4，东方士大夫雅重之，而吾师之言大验。一日，叩吾门请曰：“百福庵远自宋宣和5为崂门户，远方访仙迹习静业6者[2]往往于此问津，顾道人栖身外，无他屋宇，于何托处？斋粮不具，于何糊口？余幼住此山7，古迹仅存，余荒地耳。因发愿力，修整殿庑，外葺房屋若干，养赡地若干，俾修炼者得一心玄微8，异日上朝帝阙9，云鹤逍遥，是吾屋破壁飞升10者也。餐沆瀣11而饮琼浆[3]，是尝食此山粟者也，不为崂山留一佳话乎？吾老矣，恐后人分人我见，不识此意，将勒之石，永垂久远，公其为我记之。”余闻之，不觉肃然起立，曰：“大哉愿乎！”自夫道之不明，仙凡永隔，□美其朽，私己而不知有人，此误三千年后人，吕祖12一言，可当功行圆满，立证仙果也，云石而念及此乎！一人之力，公诸道众，—时之急，庇及后人，吾世五师，所谓成就远大克振道绪者，今果然矣。斯为崂山之光，不亦大乎！故，备记云石语，与吾师所期许者，告其徒众，节节相守[4]。百福庵，不可朽也！则云石之愿，不可磨也。

康熙[5] 五十六年 13 丁酉四月黄鸿中 14 撰

校勘：

[1]《重修百福庵记》 碑记录自黄肇颚《崂山续志》卷八。《青岛历代方志集成·黄肇颚撰〈崂山艺文志〉卷十四》《青岛市志·崂山志》、新编《崂山志》、《崂山道教史·碑刻史料》《道教寻踪·崂山道教碑记》题同。周至元《崂山志·金石志·碑》未详。仅记有“庵系释刹，自蒋云石居之，始为道观也。”

[2] 习静业者 《青岛市志·崂山志》、新编《崂山志》、《崂山道教史·碑刻史料》为“□静业者”，“习”字阙如。

[3] 琼浆 《青岛历代方志集成·黄肇颚撰〈崂山艺文志〉卷十四》为“琼液”，“浆”作“液”。

[4] 节节相守 《青岛历代方志集成·黄肇颚撰〈崂山艺文志〉卷十四》《青岛市志·崂山志》、新编《崂山志》、《崂山道教史·碑刻史料》为“世世相守”，“节节”作“世世”。

[5] 康熙 《青岛历代方志集成·黄肇颚撰〈崂山艺文志〉卷十四》《青岛市志·崂山志》、新编《崂山志》、《崂山道教史·碑刻史料》为“大清康熙”，有“大清”二字。《道教寻踪·崂山道教碑记》无落款。

注释：

1. 百福庵 庵居不其山西麓，背山面涧，松竹清幽，相传旧为释刹，两个尼姑初创时，居于洞中（后取名“萃元洞”），缘之建简陋之屋。时奉佛教，内祀菩萨、罗汉百尊，取名“百佛庵”。道居之自清初蒋清山始。庵祀玉皇，前三清，再南观音。左为书舍，右客舍。室宇修洁，规模肃清。

2. 曩者 从前、过往。者为虚词。

3. 赵世五 即赵其昌。同治《即墨县志》：“青州颜神镇人，康熙己未（1679）进士。设帐黄计部贞麟家，时墨沿明季陋习，务为冗烂浮油之文，其昌划除积套，力归清真，邑士翕然宗之。侍御周祚显、学士黄鸿中，皆其高弟也。后除县令，赴任去。”

4. 耆宿　指社会上年高而素有德望的老年人。《后汉书·樊儵传》：“上言郡国举孝廉，率取年少能报恩者，耆宿大贤，多见废弃。”又《后汉书·邓禹传》：“时宫人出入，多能有所毁誉，其中耆宿皆称中大人。”

5. 宣和　北宋徽宗第六个年号。1119—1125年。

6. 静业　佛教用语。清静的善业。唐骆宾王《和王记室从赵王春日游陁山寺》：“四祥禅静业，三空广胜因。”

7. 此山　指不其山。山居三标山西，山巅岩石，自然排列如城堞。不其山西南麓，坐落有著名的百福庵。顾炎武曾至不其，寻访康成书院。作《不其山》诗云：“荒山书院有人耕，不记山名与县名。为问黄巾满天下，可能容得郑康成。”

8. 玄微　是一个汉语词语，意为深远微妙的理义。晋袁宏《后汉书·明帝纪下》：佛“有经数千万……世俗之人以为虚诞，然归于玄微深远，难得而测。”

9. 帝阙　宫门。《宋史·乐志十四》：“帝阙肃开，天阶坦履。”

10. 飞升　指得道上天。盖以修道之人，功完行满，得道成真，飞登天界也。

11. 沆瀣　夜间的水气，露水。司马相如《大人赋》：“呼吸沆瀣分餐朝露。”

12. 吕祖　即吕洞宾。王重阳创立全真教后，被奉为“北五祖”之一，故道教尊称之为“吕祖”。吕洞宾为唐代道士，后道教奉为神仙，是八仙中传闻最广、深得青睐的仙人。姓李，名岩，字洞宾。一说为唐朝宗室，姓李，武则天时屠杀唐室子孙，于是携妻隐居碧水丹山之间，改为吕姓，因常居岩石之下，故名岩。又常洞栖，故号洞宾。也有传说他是唐朝礼部侍郎吕渭之孙，因感仕途多蹇，转而学道。《宋史·陈抟传》：吕岩，“关西逸人，有剑术，年百余岁。步履轻捷，顷刻数百里，数来抟斋中。”是位修道有术的高道。《全唐诗》收有其诗作二百余首。据说著述甚丰，有《吕祖全书》《九真上书》《孚佑上帝文集》等，然多为托名之作。后世道教和民间称其为剑仙、酒仙、诗仙。

13. 康熙五十六年 1717年。

14. 黄鸿中 字仲宣，号海群。《即墨历史人物年谱》：康熙戊子恩贡，辛卯乡试、戊戌会试皆经元，钦点翰林院庶吉士，累赠中宪大夫，例授通议大夫。历任翰林院编修，国子监司业，翰林院侍讲、侍读、侍讲学士，日讲官、起居注、侍读学士。癸卯山西正主考，甲辰会试同考官，提督湖南学政、都察院左副都御史。一生视书如命，勤奋不息，功底扎实，晚成大器。在康熙、雍正两朝中，因知识渊博倍受器重。任湖南学政期间，不负重望，深入各地，整顿荒废多年的科举业，成效斐然。最终积劳成疾。著有《两朝恩荣录》《容堂文稿》《华萼馆诗稿》《燕游日记》《湖南日记》。

清乾隆《重修童府君庙记》1

周毓正[1] 2（衷恺）

墨，古不其[2]旧封也，自汉来[3]，以循良[4]著者称童3、吴4，然吴为胶东相[5]，墨半属之[6]；童为不其令，其于墨为专，故民之思之也亦[7]最深。城南十里有山岿然[8] 5，世所传府君[9]驯虎处也。复东南[10]十余里，府君墓在焉。庙立其侧，秋菊春兰6，奉旨[11]甚虔。邑有水旱螟螣[12] 7之灾，悉住祷焉。余尝南行，拜其墓于路左，父老为余言府君事甚诞妄，然无不欷歔[13] 8泣下，若目见其事，而[14]恨不以身遇之者。会其前楹倾圮[15]，将理新之，因求文以记。考之史，府君名恢，字汉宗，琅邪[16]姑幕人。政成，迁丹阳太守。卒不言归葬不其。史阙文与[17]？衣冠之所藏与[18]？后人之封土以寄其思与[19]？余于是有感焉。汉及今千六百年矣。向所谓不其者，易而墨，又[20]千余年矣。公子孙之居于其乡者，其存亡不可知。幸而存，其转徙[21]流离，又不知几何世、几何地矣。即使当日者，衣锦[22]而归，埋魂故里，异代之后，城市变迁[23]，有欲求断碣残垅[24]之，仿佛而不可得者。而墨水一邱，累然千古[25]，岂非朱司农[26]所云："后世子孙之奉我，不若桐乡"者耶。盖古之人，其政入民之深，而古之民，久不[27]忘其上，类如此。又史称府君以礼化民，囹圄[28] 9空虚，其美政[29]

当不可尽记。而世[30]多传其驯虎一事，谓有神术焉。不知古之吏，有虎渡河[10]者，有蝗不入境者，有驯鳄鱼之暴者，积诚[31]所格，蠢无不孚是区区者，固物感之常，不足为府君异也。或曰：昔有封使君者，化虎食人。识者呼其名，则惭而去。虎之暴，盖酷吏所化也。闻府君之风，其惭而去也。固宜是说也，余未敢信为然。然记有之，苛政猛于虎。今天下之为封使君者不少矣。安得如府君[32]数十辈，参错[33] [11]天下，而使耽耽[34]者，无为吾民毒也[35]，悲夫！

校勘：

[1] 周毓正 乾隆《即墨县志》、同治《即墨县志》、《青岛市志·崂山志》、新编《崂山志》、《崂山道教史·碑刻史料》《道教寻踪·崂山道教碑记》用此名。《青岛历代方志集成·黄肇颚撰〈崂山艺文志〉卷五》、黄肇颚《崂山续志》卷四作“周毓真”，“正”作“真”。周至元《崂山志》作“周育真”。

[2] 古不其 《青岛市志·崂山志》、新编《崂山志》、《崂山道教史·碑刻史料》为“故不其”，“古”作“故”，误。

[3] 汉来 《青岛历代方志集成·黄肇颚撰〈崂山艺文志〉卷五》、黄肇颚《崂山续志》卷四、《道教寻踪·崂山道教碑记》为“汉以来”，“汉来”间多一“以”字。

[4] 以循良 《青岛历代方志集成·黄肇颚撰〈崂山艺文志〉卷五》、黄肇颚《崂山续志》卷四、《道教寻踪·崂山道教碑记》为“循良”，前无一“以”字。

[5] 胶东相 王集钦《崂山古今文史论丛·碑记》为“胶州南乡”，“东相”作“州南乡”，大误。

[6] 墨半属之 黄肇颚《崂山续志》卷四为“吾墨半属之”，衍一“吾”字。《青岛历代方志集成·黄肇颚撰〈崂山艺文志〉卷五》为“墨半属之”。县志为是。

[7] 之也亦 周至元《崂山志》、《崂山道教史·碑刻史料》《道教寻踪·崂山道教碑记》无“亦”字。《青岛市志·崂山志》、新编《崂山志》无“之”“亦”。

[8] 岿然 《青岛历代方志集成·黄肇颚撰〈崂山艺文志〉卷五》、黄肇颚

《崂山续志》卷四、《道教寻踪·崂山道教碑记》为“巍然”，“岿”作“巍”。

[9] 府君　《青岛历代方志集成·黄肇颚撰〈崂山艺文志〉卷五》、黄肇颚《崂山续志》卷四、《道教寻踪·崂山道教碑记》为“童公”，“府君”作“童公”。

[10] 东南　周至元《崂山志》、新编《崂山志》、《崂山道教史·碑刻史料》为“东南又”，衍一“又”字。

[11] 奉旨　黄肇颚《崂山续志》卷四、《青岛历代方志集成·乾隆〈即墨县志〉卷十》、贵文草堂《东汉不其县令童恢历朝碑记》为“奉者”，“旨”作“者”。

[12] 螟螣　《青岛市志·崂山志》、新编《崂山志》、《崂山道教史·碑刻史料》为“螟□”，“螣”阙如。王集钦《崂山古今文史论丛·碑记》为“螟虫”，“螣”作“虫”。贵文草堂《东汉不其县令童恢历朝碑记》为“螟虺”，“螣”作“虺”。螟螣，两种食苗的害虫，惯喻为害民者。

[13] 欷歔　《青岛市志·崂山志》、新编《崂山志》“歔”阙如。王集钦《崂山古今文史论丛·碑记》为“欷虚”，“歔”作“虚”。贵文草堂《东汉不其县令童恢历朝碑记》缺“欷”，“歔”作“觑”。

[14] 而　周至元《崂山志》、《青岛市志·崂山志》、新编《崂山志》、《崂山道教史·碑刻史料》《道教寻踪·崂山道教碑记》缺“而”字。

[15] 倾圮　乾隆《莱州府志》、贵文草堂《东汉不其县令童恢历朝碑记》为“倾圯”，误。

[16] 琅邪　黄肇颚《崂山续志》卷四为“琅玡”。“玡”“邪”通。周至元《崂山志》、《青岛市志·崂山志》、新编《崂山志》、《崂山道教史·碑刻史料》《道教寻踪·崂山道教碑记》、贵文草堂《东汉不其县令童恢历朝碑记》均作“琊”，时尚不称“琅琊”。

[17] 与　《青岛历代方志集成·黄肇颚撰〈崂山艺文志〉卷五》、黄肇颚《崂山续志》卷四为“欤”。

[18] 与　《青岛历代方志集成·黄肇颚撰〈崂山艺文志〉卷五》、黄肇颚《崂山续志》卷四为“欤”。

［19］与 《青岛历代方志集成·黄肇颚撰〈崂山艺文志〉卷五》、黄肇颚《崂山续志》卷四为“欤”。

［20］又 周至元《崂山志》、新编《崂山志》、《崂山道教史·碑刻史料》《道教寻踪·崂山道教碑记》作“亦”，误。

［21］徙 黄肇颚《崂山续志》卷四作“从”。贵文草堂《东汉不其县令童恢历朝碑记》作“徒”。均误。

［22］衣锦 贵文草堂《东汉不其县令童恢历朝碑记》为“衣襟”，“锦”作“襟”，误。衣锦，锦绣衣裳，谓显贵。《吕氏春秋·用众》：“辩议而不可为，是被褐而去，衣锦而入。”

［23］变迁 周至元《崂山志》、《青岛市志·崂山志》、新编《崂山志》、《崂山道教史·碑刻史料》《道教寻踪·崂山道教碑记》为“迹迁”。

［24］断碣残垅 《青岛历代方志集成·黄肇颚撰〈崂山艺文志〉卷五》为“断碑残垅”，“碣”作“碑”。

［25］千古 周至元《崂山志》、《青岛市志·崂山志》、新编《崂山志》、《崂山道教史·碑刻史料》《道教寻踪·崂山道教碑记》为“千里”，“古”作“里”。

［26］朱司农 周至元《崂山志》、《青岛市志·崂山志》、新编《崂山志》、《崂山道教史·碑刻史料》《道教寻踪·崂山道教碑记》、王集钦《崂山古今文史论丛·碑记》为“郑司农”，“朱”作“郑”，备考。

［27］久不 黄肇颚《崂山续志》卷四、《青岛历代方志集成·乾隆〈即墨县志〉》、周至元《崂山志》、《青岛市志·崂山志》、新编《崂山志》、《崂山道教史·碑刻史料》《道教寻踪·崂山道教碑记》、贵文草堂《东汉不其县令童恢历朝碑记》为“久而不”，有一“而”字。

［28］囹圄 王集钦《崂山古今文史论丛·碑记》为“囵圄”，“囹”作“囵”。

［29］美政 《青岛历代方志集成·黄肇颚撰〈崂山艺文志〉卷五》为“政美”，两字颠倒。黄肇颚《崂山续志》卷四为“善政”，“美”作“善”。

［30］而世 贵文草堂《东汉不其县令童恢历朝碑记》为“而事”，“世”作“事”。

[31] 积诚　《青岛市志·崂山志》、新编《崂山志》为“积庆”，“诚”作“庆”。

[32] 府君　周至元《崂山志》、《青岛市志·崂山志》、新编《崂山志》、《崂山道教史·碑刻史料》《道教寻踪·崂山道教碑记》、黄肇颚《崂山续志》卷四、《青岛历代方志集成·黄肇颚撰〈崂山艺文志〉卷五》为“府君者”，多一“者”字。

[33] 参错　王集钦《崂山古今文史论丛·碑记》为“参错于”，“错”后衍一“于”字。

[34] 耽耽　周至元《崂山志》、《道教寻踪·崂山道教碑记》作“眈眈”。耽、眈通用。

[35] 毒也　《青岛历代方志集成·黄肇颚撰〈崂山艺文志〉卷五》、黄肇颚《崂山续志》卷四为“害也”，“毒”作“害”。

注释：

1.《重修童府君庙记》　庙记录自乾隆《即墨县志》卷十。乾隆《莱州府志》、同治《即墨县志》、黄肇颚《崂山续志》卷四、《青岛历代方志集成·黄肇颚撰〈崂山艺文志〉卷五》《青岛历代方志集成·乾隆〈即墨县志〉、同治〈即墨县志〉》、周至元《崂山志》、《青岛市志·崂山志》、新编《崂山志》、王集钦《崂山古今文史论丛·碑记》、《崂山道教史·碑刻史料》《道教寻踪·崂山道教碑记》、贵文草堂《东汉不其县令童恢历朝碑记》等亦录载。据《青岛市志·崂山志》考：“从碑文撰者年龄考证，此碑约在康熙中后期所立”。然《崂山道教史·碑刻史料》虽记为《清康熙重修童府君庙碑》，页下注释则“疑碑文撰于乾隆年间。”而记《清乾隆重修华楼宫碑》，则以《青岛市志·崂山志》所云证之，即“关于此碑的撰著时间，由于碑文中没有明确指明，故存在着一些分歧。《青岛市志·崂山志·人物》“周毓正”条，载其为清代即墨人，康熙六十年（1721）进士，授山西浮山县知县，后罢归故里。周毓正游崂山时，有《山居》一诗，还写有《书带草赋》，乾隆年间他为崂山撰写了《重修童府君庙碑记》和《重修华楼庙碑记》。由作者的仕宦履历及碑文中对华楼宫变迁的记载来推测，该碑文当撰于乾隆年间。特别是，《崂山区志·游山人物》明确记载："乾隆年间撰写《重修童府君庙碑记》和《重修华楼庙碑记》，尚存全文。"故权从"乾隆"说。

2. 周毓正　字衷恺，号心雪。少聪颖，读书面广，才名冠时，清康熙六十年（1721）进士，授山西浮山县知县。罢官归里后，建先祠，置义田，睦姻任恤，尤喜陶冶后进，执经问学者盈门，远近师尊之。著有《中溪集》《心雪斋集》二卷。

3. 童　童恢。万历《即墨志》："琅玡姑幕人。为郡吏，司徒杨赐闻其执法廉平，拜为掾，升不其令。吏民有犯，随方晓谕。有服虎异政。迁丹阳太守。民作歌谣，立庙祀之。"

4. 吴　吴祐。万历《即墨志》尚简，后志详之。乾隆《即墨县志》卷八："字季英，陈留长垣人。桓帝时，为胶东相。政尚仁简，以身率物。""祐在胶东九年，迁长史。"

5. 岿然　形容高大独立的样子。常见成语有"岿然独存""岿然不动"。

6. 秋菊春兰　喻各有值得称道的地方。屈原《九歌·礼魂》："春兰兮秋菊，长无绝兮终古。"

7. 螟螣　均为昆虫名，害虫。《诗经·小雅·大田》："去其螟螣，及其蟊贼，无害我田稚。"

8. 欷歔　叹息抽噎。茅坤《青霞先生文集》之《序》："数呜咽欷歔。"

9. 囹圄　监狱。《史记·汲郑列传》："安国富民，使囹圄空虚。"

10. 虎渡河　《后汉书·儒林传》："刘昆……教授于江陵。光武闻之，即除为江陵令……征拜议郎，稍迁侍中、弘农太守。先是崤、黾驿道多虎灾，行旅不通。昆为政三年，仁化大行，虎皆伏子渡河。"

11. 参错　参差交错。郦道元《水经注·温水》："藤盘笙秀，参错天际。"杜甫《青阳峡》诗："冈峦相经亘，云水气参错。"

清乾隆《重修华楼庙碑记》1

周毓正[1]

墨之名胜以百数，惟华楼最著。盖劳[2]环大海，回峦[3]绝壑，蜿蜒二百里，非墨客骚人，闲而无事者不暇[4]游，即暇矣，或乏[5]济胜之具，猿牵蚁渡，亦往往心悸胆栗，自崖而返，贵游者惮之。而华楼为劳山外屏，去城仅五十里，又，径稍平坦，可容篮舆2，以是，郡长吏有事于墨，及列邦缙绅[6]先生假道于兹者，率载酒焉。谈劳者遂为首屈指[7]。然登其上，则峭壁穿云，孤松刺天，东南诸峰，环侍如螺，而俯视西北，长河如带，烟火万家，雉堞3参差，罗列[8]足下，神洞[9]心骇，不复知有尘世4。旧碑称为"海上名山第一"[10] 5，亦不诬也。山巅[11]有庙，自庙而后出为翠屏岩6，岩之下为金液泉[12] 7。其最高者，曰五华崮，曰高架崮8，又曰凌烟崮9。崮之半，深而黑者为洞，洞内有仙人壳[13]，传为元刘使君遗蜕[14]也。稍东[15]大石横列，望之若重檐，曰梳洗楼10，山所由名[16]也。折而南为南天门11，有大石可坐，游者倦，则卧而眺焉。旁树两石屏，文漫灭不可读。他若玉液泉[17] 12、玉女盆13，皆昔人品题，以足八景者，视之平平耳。庙祀老子，夙号庄严。近以岁之不时，主守匪人，日就摧败。己丑[18]秋，余偕同人至其地，则丰草出，人不见，垣端[19]外柱将倾，别以一木扶之。坐檐石[20]小憩，凛乎其不可留也！旁有关帝祠，侍者衣敝席[21]，立风日中，雨痕被面。盘桓移时，索茶不可得，因相顾叹息。谓兹地擅二劳之胜，为仙窟宅[22]，邱真人诸咏载在邑乘可考。一旦若此[23]，山灵不有[24]余恫耶！今年夏，有羽士叩门曰：华楼庙[25]毁于风雨久矣，今易而新之，愿记以文。余坐而询焉，则前所见者皆焕然矣。且曰："昨有京师衔命而过者，实捐资[26]为助，且为后期。今之役，非徒记成事而已，将携之都门，更谋所以广之者。"余壮其志，因为之词[27]，使勒于石，以纪兹山之由衰而盛[28]，且幸其后之将未有艾也。俟其毕，请更约诸君子寻旧游[29]，为山灵贺。

校勘：

［1］周毓正　黄肇颚《崂山续志》卷四、《青岛历代方志集成·黄肇颚撰〈崂山艺文志〉卷六》为“周毓真”。周至元《崂山志》为“周育真”。

［2］劳　黄肇颚《崂山续志》卷四、周至元《崂山志》等多作“崂”。“劳”“崂”通。因时而异，因人而异，等等。然万历《即墨志》和乾隆《即墨县志》、同治《即墨县志》均作“劳”。时人之著，以尊时人之习性为宜也。

［3］回峦　《青岛历代方志集成·乾隆〈即墨县志〉》、周至元《崂山志》、《青岛市志·崂山志》、新编《崂山志》、王集钦《崂山古今文史论丛·碑记》、《崂山道教史·碑刻史料》《道教寻踪·崂山道教碑记》为“迴峦”，“回”作“迴”。

［4］不暇　周至元《崂山志》、《崂山道教史·碑刻史料》《道教寻踪·崂山道教碑记》为“不遐”，“暇”作“遐”。

［5］或乏　黄肇颚《崂山续志》卷四、《青岛历代方志集成·黄肇颚撰〈崂山艺文志〉卷六》为“或无”，“乏”作“无”。王集钦《崂山古今文史论丛·碑记》为“或令”，“乏”作“令”。

［6］缙绅　黄肇颚《崂山续志》卷四、《青岛历代方志集成·黄肇颚撰〈崂山艺文志〉卷六》为“搢绅”。“缙”作“搢”。

［7］首屈指　《青岛历代方志集成·乾隆〈即墨县志〉》、王集钦《崂山古今文史论丛·碑记》为“屈首指”，前二字前后颠倒，义异。

［8］罗列　黄肇颚《崂山续志》卷四、《青岛历代方志集成·黄肇颚撰〈崂山艺文志〉卷六》为“环列”，“罗”作“环”。

［9］神洞　黄肇颚《崂山续志》卷四、周至元《崂山志》、《青岛市志·崂山志》、新编《崂山志》、《崂山道教史·碑刻史料》《道教寻踪·崂山道教碑记》为“神恫”，“洞”作“恫”。

［10］旧碑称为“海上名山第一”　周至元《崂山志》、《青岛市志·崂山志》、新编《崂山志》、《崂山道教史·碑刻史料》为“旧碑称：‘为海上名山第一’”。由于疏于标点，则意韵大变矣。

［11］山巅　《青岛历代方志集成·黄肇颚撰〈崂山艺文志〉卷六》为“山

颠”，“巅”作“颠”。

[12] 金液泉　万历《即墨志》：“在碧落岩下。”黄肇颚《崂山续志》：“岩为宫后石壁，上镌‘碧落岩’大字三，故宫称碧落宫。其东镌‘灵峰道院’四字，草书之。”岩半有一泉流出，下砌方池，水落池中，味极甘美。一说在翠屏岩下，误。周至元《崂山志》、《青岛市志·崂山志》、新编《崂山志》、《崂山道教史·碑刻史料》均按云：“泉在碧落岩下，今作翠屏岩者误。”

[13] 洞内有仙人壳　周至元《崂山志》、《青岛市志·崂山志》、新编《崂山志》、《崂山道教史·碑刻史料》、王集钦《崂山古今文史论丛·碑记》为“洞有”，无一“内”字。黄肇颚《崂山续志》卷四“仙人壳”为“仙人蜕”，“壳”作“蜕”。《青岛历代方志集成·黄肇颚〈崂山艺文志〉卷六》为“洞有仙人蜕”，前无“内”字，后“壳”作“蜕”。

[14] 遗蜕　周至元《崂山志》、《青岛市志·崂山志》、新编《崂山志》、《崂山道教史·碑刻史料》《道教寻踪·崂山道教碑记》为“遗壳”，“蜕”作“壳”。

[15] 稍东　周至元《崂山志》、《青岛市志·崂山志》、新编《崂山志》、《崂山道教史·碑刻史料》《道教寻踪·崂山道教碑记》为“稍有”，“东”作“有”，误。

[16] 山所由名　《青岛历代方志集成·黄肇颚撰〈崂山艺文志〉卷六》、黄肇颚《崂山续志》卷四为“山所名”，缺一“由”字。

[17] 玉液泉　《青岛历代方志集成·黄肇颚撰〈崂山艺文志〉卷六》、黄肇颚《崂山续志》卷四为“金液泉”，“玉”作“金”。

[18] 己丑　周至元《崂山志》、《青岛市志·崂山志》、新编《崂山志》、《崂山道教史·碑刻史料》《道教寻踪·崂山道教碑记》为“乙丑”。己丑，康熙四十八年，1709 年；乙丑，则为康熙二十四年，1685 年。前后差二纪。据周毓正生平事迹，当以“己丑”为是。王集钦《崂山古今文史论丛·碑记》为“已丑”，“己”作“已”，亦误。

[19] 则丰草出，人不见，垣端　《青岛历代方志集成·黄肇颚撰〈崂山艺文志〉卷六》为“则丰草出入，不见垣端”，“人”作“入”，句子应从原排。

[20] 檐石　周至元《崂山志》、《青岛市志·崂山志》、新编《崂山志》、《崂

山道教史·碑刻史料》《道教寻踪·崂山道教碑记》为“岩石”，“檐”作“岩”，应是。

［21］敞席　王集钦《崂山古今文史论丛·碑记》为“敝席”，“敞”作“敝”。

［22］为仙窟宅　黄肇颚《崂山续志》卷四、《青岛历代方志集成·黄肇颚撰〈崂山艺文志〉卷六》为“为仙灵窟宅”，有一“灵”字。

［23］若此　《青岛市志·崂山志》、新编《崂山志》、《崂山道教史·碑刻史料》《道教寻踪·崂山道教碑记》为“若引”，“此”作“引”，误。

［24］不有　《青岛历代方志集成·黄肇颚撰〈崂山艺文志〉卷六》为“则有”，“不”作“则”。

［25］华楼庙　黄肇颚《崂山续志》卷四为“华楼”，缺一“庙”字。

［26］捐资　黄肇颚《崂山续志》卷四、《青岛历代方志集成·黄肇颚撰〈崂山艺文志〉卷六》为“捐赀”，“资”作“赀”。

［27］之词　黄肇颚《崂山续志》卷四为“之辞”，“词”作“辞”。

［28］由衰而盛　周至元《崂山志》、《青岛市志·崂山志》、新编《崂山志》、《崂山道教史·碑刻史料》《道教寻踪·崂山道教碑记》为“由盛而衰”。所由何来，匪解也。

［29］旧游　《青岛历代方志集成·黄肇颚撰〈崂山艺文志〉卷六》为“旧游焉”，多一“焉”字。

注释：

1.《重修华楼庙碑记》　本碑记录自乾隆《即墨县志》卷十。同治《即墨县志》、《青岛历代方志集成·乾隆〈即墨县志〉、同治〈即墨县志〉》、黄肇颚《崂山续志》卷四、《青岛历代方志集成·黄肇颚撰〈崂山艺文志〉卷六》、周至元《崂山志》、《青岛市志·崂山志》、新编《崂山志》、王集钦《崂山古今文史论丛·碑记》、《崂山道教史·碑刻史料》《道教寻踪·崂山道教碑记》等亦载录。

2. 篮舆　古代供人乘坐的交通工具，形制不一，一般由人抬着行走，类似后世的轿子。唐王维《酬严少尹徐舍人见过不遇》：“偶值乘篮舆，非关避白衣。”

3. 雉堞 指城墙。杜甫《晚登瀼上堂》诗：“雉堞粉似云，山田麦无陇。”

4. 尘世 指人间、俗世。唐元稹《度门寺》诗：“行色怜初月，归程待晓钟。心源虽了了，尘世苦憧憧。”杜牧《九日齐安登高》诗：“尘世难逢开口笑，菊花须插满头归。”

5. 海上名山第一 万历《即墨志》：“抚台汝南赵公问俗即墨，取道劳山，题石华楼之右，置碑，大书‘海上名山第一’。”

6. 翠屏岩 石壁秀削，如张屏风。其上苍条绿筱，蒙翳连缀，苍翠可爱。下即玉皇洞。周至元《崂山志》：“额镌翠屏三字，系赵守道题。”万历《即墨志》：“在华楼之右，玉皇洞之上，天生白石如屏。”元王思诚《翠屏岩》诗：“翠屏百尺郁嵯峨，苍藓斑斑挂紫萝。谁凿烟霞开石府，龛中仙子亦何多。”

7. 金液泉 黄肇颚《崂山续志》卷四：“泉居岩下，作石方池，其水清冽。”王思诚《金液泉》诗：“金液泉生碧落岩，津津下注石方龛。瓦瓶日汲仙家用，酿酒烹茶味转甘。”

8. 高架崮 一作高霞崮。崮有二：曰大高架崮，小高架崮。周至元《崂山志》：“为华楼最高峰。但登其上以望华表峰，犹不见其顶。”

9. 凌烟崮 在高架崮西。磊砢如堆阜，自峰阴援壁始得上。一不慎即坠深涧。巅平衍可列屋宇。

10. 梳洗楼 一名华表峰。周至元《崂山志》：“叠石矗立，四无所倚。周百围，高二十丈。端整方削，不可攀登。巅平如台，传其上有洞，自上望之，隐隐有碧桃虬松生洞口，真奇观也。”王思诚诗：“华楼山顶石崔嵬，石上松生长绿苔。犹有琉璃仙子在，坐看尘世几尘埃。”

11. 南天门 在华楼之南。平台如掌，松石错立。抚台赵公于此置石，题曰“华楼胜览”，盖至此东向观之，乃见绝胜。邹善诗云：“仙倚空山劳远行，幕天席地坐群英。酒阑四座高瀚起，万壑松涛相映清。”

12. 玉液泉 万历《即墨志》：“在县南三十里黄石宫。其色莹白，遇旱不竭。庵居者引流自入于釜。”周至元《崂山志》：“在黄石宫赤松洞旁，滃然出绝壁下。不溢不流，惟自宫圮后荒废，不可饮，”

13. 玉女盆　万历《即墨志》:“在凌烟崮东。海道蔡公大书‘玉女盆’三字凿盆上。”

清乾隆十九年《盘石犹存碑记》[1] 1

郭廷翕 2

故骁骑将军天一尤公讳三省[2] 3。去鳌山之[3] 八十六年，吾邑侯过亭公 4 来治即墨，侯，盖其冢孙 5 也。仁明莅民，民德侯，乃益思将军不能忘。将军家世京师，以韬钤 6 举进士。世祖亲入锁闱 7，命题校试，选侍禁卫。而侯拔成均 8，旋复膺荐举，召试内廷，授经朱邸 9，历任今职。两世躬逢异数，识擢 10 有真，其树立迥绝 11 寻常也，固宜。当将军驻备海上时，锄豪恶，清讼狱，固守圉 12，兴学校。而于暇日，登天柱最高峰，据盘石上，朗吟长啸，声振林樾[4] 13。至今，选胜家行憩石侧，闻父老[5] 犹啧啧道故实。匪石 14 系民，将军必将有以系民者[6]。民德侯，即益以信将军之流长[7]，而侯之克懋，蹈前烈者矣！爰勒青珉 14，庶永怀思，百千万年，比伦岘首 15。

校勘：

［1］《盘石犹存碑记》 黄肇颚《崂山续志》卷九为《盘石犹存记》，缺一“碑”字。周至元《崂山志》作《盘石犹存碑》，缺一“记”字。

［2］三省　黄肇颚《崂山续志》卷九为“三省者”，后多一“者”字。

［3］鳌山之　黄肇颚《崂山续志》卷九为“鳌之”，缺“山”字。周至元《崂山志》、《青岛市志·崂山志》、新编《崂山志》为“鳌山”，缺“之”字。

［4］林樾　周至元《崂山志》、《青岛市志·崂山志》、新编《崂山志》为“森樾”，“林”作“森”。

［5］父老　《青岛市志·崂山志》为“你老”，“父”作“你”，误。

［6］民者 黄肇颚《崂山续志》卷九为“民者矣”，后多“矣”字。

［7］流长　黄肇颚《崂山续志》卷九为“泽长”，“流”作“泽”。

注释：

1.《盘石犹存碑记》 本碑文录自乾隆《即墨县志》卷十。同治《即墨县志》卷十、黄肇颚《崂山续志》卷九、周至元《崂山志》、《青岛市志·崂山志》、新编《崂山志》等均录载。此碑为乾隆十九年（1754）尤三省之孙尤淑孝知即墨后撰立。

2. 郭廷翕 字虞受，号冷亭，又号根庵、琇季子。乾隆辛酉（1742）举人，工诗善书，精篆刻。历官江西南城县知县、嘉兴知府，至湖广巡抚。告归，与诸名士江梅岑如瑛等结社，赋诗酌酒，考书画古帖。著有《二劳遗文》十二卷、《根庵诗集》二卷、《西南行诗草》二卷。《根庵诗集》录入《续修四库全书总目提要》，评价甚高云："一时雅集，为东国之胜。"

3. 三省 尤三省。乾隆《即墨县志》："字克敬，号天一，大兴人，顺治戊戌（1658）进士。以御前侍卫出为鳌山卫守备。"鳌山卫守备，虽系武职，实司民事，其官绩亦与武功不伦。在任期间，爱民重士，兴利除弊。后于七之叛，尤三省保障卫城功尤多。其孙辈知即墨尤淑孝亦忆及："莅任十年，刑政清简，境内安堵，升去数十载后，犹以鳌为念。"周泽晋《又记》："顺治十五年（1658），将军来守是卫。"则记将军至卫时间。

4. 过亭公 即尤淑孝，号过亭。乾隆《即墨县志》卷八《名宦·吏治》："字孟仁，大兴人，拔贡，举孝廉方正。乾隆十九年（1754），授即墨知县，历任十余年。"

5. 冢孙 嫡长孙。宋叶适《送王通判》："左原冢孙产巴东，山灵地秀兼长雄。"

6. 韬钤 古代兵书《六韬》《玉钤篇》的并称，后因以泛指兵书；借指用兵谋略；借指武将。宋孙光宪《北梦锁言》卷五："赵蕤者，梓州盐亭县人也，博学韬钤，长于经世。"

7. 锁闱 犹锁院。宋李心传《建炎以来系年要录·建年二年六月》："而况锁闱，典司封校，倘或隐情患失，缄默不言，则负陛下委任之恩。"

8. 成均 泛称官办的最高学府。古之大学。《礼记·文王世子》："三而一有焉，乃进其等，以其序，谓之郊人，远之，于成均，以及取爵于上尊也。"郑玄注："董仲书曰：五帝名大学曰成均。"

9. 朱邸　泛指贵官府第。汉朝诸侯王第宅，以朱红漆门，故称之朱邸。亦泛指豪门之家。《文选·谢眺》："朱邸方开，效蓬心于秋食。"李善注引《史记》："诸侯朝天子，于天子之所立舍曰邸；诸侯朱户，故曰朱邸。"

10. 识擢　意为赏识并加以提拔。《宣和书谱·唐宣宗》："其所以黜陟臣下，皆出于己，至于手写诏敕，而人一被识擢，则为时之荣遇。"

11. 迥绝　亦作迵绝。犹连绵；不绝貌。南朝宋鲍照《和王丞》："秋心日迵绝，春思坐连绵。"钱振伦注："春思秋心，相续不绝，所谓'长意无已年'也。"

12. 守圉　同守御。《管子·小匡》："君有征战之事，则小国诸侯之臣，有守圉之备矣。"

13. 林樾　林木；林间隙地。唐皮日休《桃花坞》诗："夤缘度岭南，尽日穿林樾。"

14. 匪石　非石，不象石头那样可以转动。形容坚定不移。《诗·邶风·柏舟》："我心匪石，不可转也。"孔颖达疏："言我心非如石然，石虽坚尚可转，我心坚，不可转也。"

15. 青珉　青玉般的美石。汉郭宪《洞冥记》卷四："帝傍有青珉唾壶。"

16. 岘首　山名。即湖北襄阳县南之岘山。此指"岘山碑"，喻对逝者的怀念。

清乾隆十九年《又记》[1]

周泽晋[2]　卫人

胜国[3]建立各卫所，悉以指挥、千百户递相[1]世守之。本朝定鼎初，裁指挥等职，设流官[4]，司民社与州县等。顺治十五年[5]，将军来守是卫，始咸慑其威，继则怀服其德化，至御寇、轻徭数大端，至今百年[6]，犹啧啧不去人口。雍正十二年[7]，并卫于县。乾隆十九年[8]，我侯复宰即邑，兴除皆绳武将军，县卫之民，共立石于卫之旧署，以纪将军与我侯祖孙媲美之盛。谨赘数言，用识巅末。

校勘：

[1] 递相 《青岛历代方志集成·乾隆〈即墨县志〉卷十》为“遁相”，“递”作“遁”。

注释：

1.《又记》碑 录自乾隆《即墨县志》卷十。同治《即墨县志》卷十亦录之。

2. 周泽晋 鳌山卫籍。

3. 胜国 亡国；改朝换代。灭人之国曰胜国，言为我所胜之国也。张岱《夜航船》：“相对于下一个朝代，则曰昭代，即本朝也。殷商是胜国，则周朝是昭代；明朝是胜国，则清朝是昭代。诸如此类。”

4. 流官 明清时期朝廷派遣到川滇黔等少数民族地区的地方官。因其有一定任期，非世袭，非土著，有流动性，故称。

5. 顺治十五年 1658 年。

6. 至今百年 顺治十五年（1658）至乾隆十九年（1754），说是百年亦不为过。

7. 雍正十二年 1734 年。

8. 乾隆十九年 1754 年。

清乾隆二十六年《重立窑头村龙王庙碑记》1

崂山太清宫旧有窑头庄[1] 龙王庙一处，其中山场地亩原系道人赡养供奉香火之资。昔有道人贾性全蒙万历三十四年 2 敕谕，曾立碑于其上，至清乾隆二十五年 3 忽为匪人所毁。又鸣之邑侯，复蒙正堂尤公 4 仍照康熙时县案查明，册注四至：东至鲍鱼岛 5 海，西至太湖石海，南至福岛 6 地土二十五亩，北至聚仙台[2] 前小港，照旧至断归本宫管业。恐后无证，又立石为记。

清乾隆二十六年 7 六月

住持道人姜义会同立石

校勘：

［1］窑头庄　庄，疑为“村”之误，或通用。见碑名：《重立窑头村龙王庙碑记》。王集钦《崂山古今文史论丛·碑记》亦记为《窑头村龙王庙碑》。备考。

［2］聚仙台　《窑头村窑石庵记》记为：“北至聚仙宫前小港”，“聚仙台”作“聚仙宫”。

注释：

1.《重立窑头村龙王庙碑记》　碑记录自周宗颐《崂山太清宫志》卷七。

2. 万历三十四年　1605 年。

3. 乾隆二十五年　1760 年。

4. 正堂尤公　正堂，明清时期称府县的首长。县府正堂，知县。尤公，尤淑孝。同治《即墨县志》卷八：“字孟仁，大兴人，拔贡，举孝廉方正。乾隆十九年（1754），授即墨知县。历任十余年，洁己爱人，兴利除弊。开泉庄河，民享其利；修坝、修城，相继举行。邑志自前明许公铤修后已百六十年，采辑旧闻，重修为十二卷，体例精详。邑民肖像祀之。”

5. 鲍鱼岛　民国《胶澳志》：“在大福岛东一海里有半，北距麦窑海岸……形如鲍鱼，故名。”周至元《崂山志》：“在徐福岛东。”《崂山区志》：“岛上遍植黑松，茂密蓊郁。因附近海域盛产鲍鱼，加之岛形如覆盖之鲍鱼，故名。”

6. 福岛　即徐福岛。同治《即墨县志·杂稽·海程》：“自唐岛至此一百二十里。岛中地方圆三十里，可客船二百余只，地阔滩平，可泊多船。”乾隆《莱州府志》记不同：“此岛周围二十里，西南有泥滩二里半，可客船六十只。”又记：“是岛背东面西，悬处海中，周围二十余里，有地七十余亩，皆傍山下。登窑口之民渡水来耕，收获即返，上无居民。”民国《胶澳志》：“在董家湾之东南，北距南窑半岛约半海里，高出海面九十公尺，俗称徐福求仙于此，故名。”

7. 乾隆二十六年　1761 年。

清乾隆四十五年《重修灵山圣母殿碑记》[1]

即墨为山海名邦，琳宫[2]璇宇，所在多有，而自两崂而外，则灵山为最。灵山之脉，自青山蜿蜒而来，矗起三峰，作墨北之水星，邑志所谓峰峰秀拔朵云孤，屹立中州作壮图是也。山树之上，大石壁立，灵山圣母，得道于此，其始末源流，载在邑志，详而可考，无庸缕悉。土人感圣母之灵应，前建正殿，后备梯室，盖自后五代之周时始也。历周至元，勅封圣母为天仙玉女、清霄元君[3]，增以观音院落，以及十王诸殿，香火之盛，几与泰岱比隆，然历年既久，虽时经重修，而至乾隆十三年[4]，饥馑频仍，圣像剥落，几于蓬蒿满目矣。幸于乾隆廿五年[5]，僧人普福者，往时卓锡[6]于此，一旦归自海外，得国公九均者，以为领袖，因而大兴土木，恢复旧宇。于是十方之善男信女、贵官檀越[7]，无不人人乐施，知其人之必能相与以有成也。至诚所感，又有邑侯崔公[8]、参戎海公，大发菩提之心，不惜金钱之施，加以天人交应，时和年丰，十余年间，缺者补，坏者修，更于正殿之东，建立大业庙宇一所，焕然一新，而灵山宝刹，不减当年之盛矣。兹于落成之日，焚黄告庙，汇集领袖施主姓名，勒诸贞珉，以志盛事之共成云。

邑庠生[9]杨方正撰　邑庠生杨方绪书

乾隆四十五年[10]四月谷旦　僧人普福同弟子某某

注释：

1.《重修灵山圣母殿碑记》 碑记录自《青岛历代方志集成·黄肇颚撰〈崂山艺文志〉卷十六》。

2. 琳宫　道观殿堂的美称。

3. 清元君　亦即灵山老母、灵山圣母。是中国民间信仰的女仙之一，作为中国道教高级别女神之一，全称为福慧圆满大慈大悲灵山老母，俗称灵山娘娘、灵山老母菩萨。其信仰远至美国、东南亚等国家和地方。

4. 乾隆十三年　1748 年。

5. 乾隆廿五年 1760年。

6. 卓锡 卓，植立；锡，锡仗，僧人外出所用。因谓僧人居留为“住锡”或“卓锡”。元张伯淳《楞伽古木》诗：“道林卓锡旧种此，髣髴于今八百年。”

7. 檀越 指“施主”。即施与僧众衣食，或出资举行法会等之信众。梵汉兼举称作：檀越施主、檀越主、檀那主、檀主。

8. 邑侯崔公 同治《即墨县志》卷六：崔云骍，乾隆三十三年（1768）任，霸州人，举人。

9. 庠生 为明清时期科举制度中府、州、县学生员的别称。庠生意即秀才，亦称茂才。秀才向官署呈文时则自称庠生、生员等。

10. 乾隆四十五年 1780年。

清乾隆五十二年《莱府护持庙林碑》[1] 1

特授山东分守登莱青 2、整饬海防兵备道、兼管驿传水利事务加三级，纪录[2]、何，为禁止骚扰以安香火事，照得崂山为东郡名胜之区，树木尤关风水，庙地乃[3] 僧道衣食之本，官差岂可常摊！今访混徒[4] 书役，每视崂山林木众多[5]，任意砍伐，以致道士刘信桂、邹西元[6] 等屡屡控告，批行察禁[7]，仍阳奉阴违。书役 3 则借欠使[8] 为名，作践僧道，逼索银钱，彼茕茕 4 僧道，十方布施。而欲夺填贪壑，不惟佛前香火无资，亦且人心刻薄可恨。合再严行禁示[9]，仰[10] 一切军民、书役及僧道人等知悉。嗣后凡有山场[11]，经僧道完纳国课 5 者，该处所有[12] 树木，应归本庙管理，官民不得势压擅伐。该僧道亦互相觉察，凡有不肖僧道人民，欲私行[13] 烧卖，许即禀官究治。如本庙应加修葺，需用材木，亦共同察明[14]，方准砍伐，如违重处。其庙田一项，寺庙不宜多置。税赋与人民同一办理[15]。至于一应杂役[16]，概与[17] 优免。各该僧道等，务宜[18] 各守清规，不许轻自下山，涉讼干咎 6。各宜凛遵勿违[19]。特示[20]。

校勘：

[1]《莱府护持庙林碑》《青岛市志·崂山志》、新编《崂山志》、《崂山道教史·碑刻史料》《道教寻踪·崂山道教碑记》为《莱州府护持庙林碑》。“莱府”作“莱州府”，似应以“莱州府”为是。

[2] 纪录 据拓片考原碑为“纪录八次”，缺“八次”二字。

[3] 乃 据拓片考原碑为“为”，“乃”作“为”。

[4] 混徒 据拓片考原碑为“棍徒”，“混”作“棍”。棍徒，即恶棍、无赖汉。

[5] 林木众多 据拓片考原碑为“树木利薮”，“林”作“树”。

[6] 邹西元 据拓片考原碑为“邹正元”，“西”作“正”。

[7] 察禁 据拓片考原碑为“查禁”，“察”作“查”。

[8] 借欠使 据拓片考原碑为“藉差使”，“借”为“藉”，“欠”为“差”。

[9] 禁示 据拓片考原碑为“示禁”，前后错位。

[10] 仰 据拓片考原碑“仰”前有“为此示”三字。

[11] 山场 据拓片考原碑为“山地”，“场”作“地”。

[12] 所有 据拓片考原碑为“所产”，“有”作“产”。

[13] 欲私行 据拓片考原碑为“私欲”，前二字左右互换，“行”字系衍出。

[14] 亦共同察明 据拓片考原碑为“本庙亦应公同查明”，异甚。

[15] 税赋与人民同一办理 据拓片考原碑文甚异，原碑为“除天差钦工系应尽子来之义。捕蝗，各有田禾，均应与民人一体办理。”

[16] 至于一应杂役 据拓片考原碑为“其余一应杂泛差徭”，“至于”作“其余”，“杂役”，作“杂泛差徭”。杂泛 亦作“杂氾”。明代徭役之一种。《明史·食货志二》：“役曰里甲，曰均徭、杂氾三种。”

[17] 概与 据拓片考原碑为“饬以”，“概”作“饬”，“与”作“以”。

[18] 务宜 据拓片考原碑为“务须”，“宜”作“须”。

[19] 勿违 据拓片考原碑为“毋违”，“勿”作“毋”。

[20] 特示 之下尚有“乾隆四十八年行 乾隆五十二年六月日立”是为乾

隆四十八年（1783）行文，乾隆五十二年（1787）立碑。

注释：

1. 莱府护持庙林碑 碑文录自周至元《崂山志》卷六。《青岛市志·崂山志》、新编《崂山志》、《崂山道教史·碑刻史料》《道教寻踪·崂山道教碑记》亦录载，似均据周至元《崂山志》。关于是碑，周至元《崂山志》云："清乾隆四十八年""置明道观"。《青岛市志·崂山志》、新编《崂山志》则云："此碑置放在崂山明道观内。现碑已不存。"此说有误。据记载，该碑"曾一度消失，上世纪八十年代用水泥粘后重新竖起。"经过李继伟先生拓印和长达半年的反复辨认，将拓片文字加以整理。本碑文校勘据其拓片。

2. 登莱青 登州府、莱州府、青州府，不同时期均管辖过崂山。

3. 书役 犹书办。清王士禛《池北偶谈·谈异五》"今名庄启盛，现为庄浪厅书役。"

4. 茕茕 忧思、孤独无依的样子。喻孤苦伶仃，无依无靠。出自《诗经·小雅·正月》："独茕茕而南行兮，思彭咸之故也。"

5. 国课 犹国赋，国家的税课、税收。

6. 干咎 意犹自取罪咎。

清乾隆五十三年《慧觉禅师庵碑偈》[1]

余视篆[2]墨邑，取邑志[3]读之，知明季有马鞍山东麓比邱尼慧觉禅师神悟元解，毓自灵根，心异而诚之，至禅师示寂之后，衣钵所在，殊未遑深考，吏刘人恺一日进曰：慧觉禅师，故姓刘氏，恺禅师之族七世姪孙也，慧觉遗像在县潘家庄，供奉香火祖地，向称极盛，现仅存若干亩，及今不为之所。惧异日供奉无资，而禅师之灵，且靡所凭也。遂出禅师塔偈，并所釐正香火地记，乞为文以纪其事。余览之，塔偈视邑志所载为倍详，而香火一记，又见人恺笃于本源之祖不忍废，仅其先绪[4]，是可嘉也。先民有言，吾有后弗弃基。又曰有其举之莫敢废。自禅师涅槃以来，建庵奉像者，百有余年，宵小觊觎，弗事究诘，一旦住持或旷于招提[5]，遗躅[6]渐沦于澌灭。莅斯土者，亦与有责焉耳。爰造印册，俾以庵地逐登之。摭其事而重为之偈，曰崂海□偏，灵气蜿蜒，笃生[7]异人，女中金仙，弱龄面壁，屏息悟禅，了微真如[8]，神解超玄，声闻九重，锡飞幽燕，慧觉赐号，礼数崇焉，留发既艾，故乡言旋，冠裳辐辏，鞶帨[9]云连，年迈化身，白虹烛天，兰若风清[10]，塔高影悬，梵呗供香，奕此绵延，视彼山麓，于万斯年。

乾隆戊申[11]嘉平[12]月署知即墨县事渑池刘无息[13]凤冈甫撰

注释：

1.《慧觉禅师庵碑偈》 碑文录自《青岛历代方志集成·黄肇颚撰〈崂山艺文志〉卷十六》。

2. 视篆 意掌印视事，官印例用篆文，故称。

3. 邑志 指乾隆《即墨县志》，慧觉禅师是志卷十二《杂稽》有记。

4. 先绪 意为祖先的功业。《晋书·复侯湛传》："以熙柔我家道，丕隆我先绪。"

5. 招提 其义为"四方"。四方之僧称招提僧，四方僧之住处为招提僧坊。一说民间私造的寺院。宋应麟《杂识》："私造者为招提、若兰，杜牧所谓山台野邑是也。"

6. 遗躅 犹遗迹。唐何儒亮《亚父碎玉斗》诗："赢女昔解网，楚王有遗躅。"

7. 笃生 谓生而得天独厚。《诗·大雅·大明》："笃生武王，保右命尔。"郑玄笺："天降气于大姒，厚生圣子武王。"

8. 真如 佛教语。谓永恒存在的实体，实性，亦即宇宙万有的本体。与实相、法界等同义。范文澜《唐代佛教·佛教各派》："事物生灭变化，都不离真如。故真如即万法（事物），真如与万法，无碍融通。"

9. 鞶帨 腰带和佩巾。汉扬雄《法言·寡见》："今之学也，非独为之华藻也，而从而绣其鞶帨，恶在《老》不《老》也。"李轨注："鞶，大带；帨，佩巾也。衣有华藻文绣，书有经传训解也。文绣之衣，分明易察；训解之书，灼然易晓。”

10. 兰若风清 意即使山台野邑，处在清平的环境中，是作者所称道的。清张春华《沪城岁时衢歌》：“兰若风清僧舍闲，上斋正午扣松关。轻舟恰受人三两，帆指龙华十八湾。”诗虽说的是“沪城”，时马山一带何尝不如此。

11. 乾隆戊申 戊申，五十三年。1788年。

12. 嘉平 腊月的别称。《史记·秦始皇本纪》：“三十一年十二月，更名为腊月。”

13. 刘无息 同治《即墨县志》卷六《职官》：“刘无息 五十二年任，河南渑池县人，举人。”

清嘉庆六年《县令欧阳[1]公判》[2]

查八水河[3]以西山场一处，西至天门山[4]，实系太清宫印贴山场。从前，刘成杰不知系太清宫山场，赴彼砍伐树木烧炭，姑免查究。应断令太清宫道人照旧管业，乃以天门山为西至。王廷翻等与该处居民，嗣后再不许赴天门山以东砍伐树株，致滋讼端。各出具甘结，遵依立案。住持曹信裕印贴一纸，当堂发还。

清嘉庆六年[5]二月二十日同立[6]

注释：

1. 县令欧阳 县令，即墨知县。欧阳为姓，名大勋。同治《即墨县志》卷六：嘉庆“六年任”。同治《即墨县志》卷八：“字约斋，彭泽人，举人。嘉庆八年之任，性仁慈，重士劝学，以息事宁人为务。勤于听断，凡细事委曲劝导，不轻用刑，命案更绝牵累。邑人于其去，肖像祀之。”显见，任职年，县志卷六与卷八异，据本《县令欧阳公判》纪时，以嘉庆六年为是，可见欧阳当年到任不久之行政、作风可知。

2.《县令欧阳公判》 碑文录自周宗颐《崂山太清宫志》卷七。

3. 八水河 周至元《崂山志》：“八水河，源出天茶山，上游为海门涧，至玉龙瀑泻为瀑布，更合上清、明霞诸水，南去归海。”《崂山区志》：“发源于上清宫后的天门后、洞西岐和上清宫东山三支南流之水至龙潭瀑汇流跌而南下，流入黄海……八水河是季节性河流，水质甘冽。因该河汇流八条涧水，故名。”

4. 天门山　黄宗昌《崂山志》载陈沂《劳山记》：“由宝珠山、分水河，十五里登天门山，极峻险，峰多奇状，如仙释拥出山口。”周至元《崂山志》：“在会仙山东，天门、跃龙诸峰之总称也。”周宗颐《崂山太清宫志》：“天门峰居本宫西北十里许，有两大奇峰，南北对峙，高插云霄。二峰之间，曰‘天门’。遥望之，逾形高拔。石壁篆刻有邱长春真人仙笔题咏。

5. 嘉庆六年　1801 年。

6. 同立　无立者名。似应为官方、道方和民间三方代表同立。

清嘉庆八年《童公庙碑》1

为令而不能为民兴利，无赖有此令[1] 也。为吏而不能为民除害[2]，更无赖有此令[3] 也。利兴矣，害除矣，虽令之职分所宜[4]，而民之感戴永矢弗谖 2，当时荣之，后世仰之，其立祠墓[5] 以祀之，如汉循吏童公者[6] 是也。公名恢，字汉宗，琅邪[7] 姑幕人，和帝时 3 除不其令，廉明严肃，境内清静，不但民受其福，即物亦感其诚。境有虎，叱之伏罪，迄今山名、社名，并以“驯虎”称之。而遗像凛然，孤冢犹新，凡有水旱螟螣[8] 之灾，往祷即应，其佑我即民者，千载[9] 一日，而民之被其惠者，不异汉时[10] 当年矣。夫集诚所格，蠢无不孚 4，蝗避鳄迁，物感之常。余承墨乏邑[11] 二年矣，化民善俗之方，于公诚无能为役，而廉平自矢，区区之心，窃幸得以私淑，乃数年以来[12]，崂山之狼，无异不其之虎，方之古人，行自愧己。去岁秋，余尝躬拜墓下，虔祷者再，幸邀神惠，患为少息，而当道者未能永绝也。今余且倦游矣，已达之上宪，将去兹土；□神之惠我者，既不可忘[13]，而余之所奢望于神者，亦未能遽已也[14]。夫虎可驯，是贪残者[15]，必不令其终为民患，又可知矣。是为记。

乾隆年月日[16] 彭泽欧阳大勋 5 敬撰

校勘：

[1] 此令　王集钦《崂山古今文史论丛·碑记》为“此吏”，“令”作“吏”。

[2] 为民除害　《青岛市志·崂山志》、新编《崂山志》、王集钦《崂山古今文史论丛·碑记》、《崂山道教史·碑刻史料》《道教寻踪·崂山道教碑记》为“除害”，缺“为民”二字。

[3] 此令　王集钦《崂山古今文史论丛·碑记》为“此吏”，“令”作“吏”。

[4] 所宜　《青岛市志·崂山志》、新编《崂山志》、王集钦《崂山古今文史论丛·碑记》、《崂山道教史·碑刻史料》《道教寻踪·崂山道教碑记》、贵文草堂《东汉不其县令童恢历朝碑记》为“所置”，“宜”作“置”。

[5] 立祠墓　《青岛市志·崂山志》、新编《崂山志》、王集钦《崂山古今文史论丛·碑记》、《崂山道教史·碑刻史料》《道教寻踪·崂山道教碑记》、贵文草堂《东汉不其县令童恢历朝碑记》为“立墓”，少一“祠”字。

[6] 汉循吏童公者　《青岛市志·崂山志》、新编《崂山志》、王集钦《崂山古今文史论丛·碑记》、《崂山道教史·碑刻史料》《道教寻踪·崂山道教碑记》、贵文草堂《东汉不其县令童恢历朝碑记》为“汉之循吏童公”，前衍一“之”字，后缺一“者”字。

[7] 琅邪　王集钦《崂山古今文史论丛·碑记》、贵文草堂《东汉不其县令童恢历朝碑记》为“琅琊”，古时以“邪”或“玡”为宜。

[8] 螟螣　《青岛市志·崂山志》、新编《崂山志》、王集钦《崂山古今文史论丛·碑记》、《崂山道教史·碑刻史料》《道教寻踪·崂山道教碑记》为“螟□”，“螣”厥如。贵文草堂《东汉不其县令童恢历朝碑记》为“螟虺”，“螣”作“虺”。

[9] 千载　王集钦《崂山古今文史论丛·碑记》为“千戴”，“载”作“戴”，误。

[10] 不异汉时　《青岛市志·崂山志》、新编《崂山志》、《崂山道教史·碑刻史料》《道教寻踪·崂山道教碑记》为“不异时”，缺一“汉”字。

[11] 承墨乏邑　《青岛市志·崂山志》、新编《崂山志》、王集钦《崂山古今文史论丛·碑记》、《崂山道教史·碑刻史料》《道教寻踪·崂山道教碑记》、贵

文草堂《东汉不其县令童恢历朝碑记》为“承乏墨邑”，“墨”作“乏”，“乏”作“墨”。

［12］数年以来 《青岛市志·崂山志》、新编《崂山志》、王集钦《崂山古今文史论丛·碑记》、《崂山道教史·碑刻史料》《道教寻踪·崂山道教碑记》、贵文草堂《东汉不其县令童恢历朝碑记》为“数年来”，缺一“以”字。

［13］既不可忘 《青岛市志·崂山志》、新编《崂山志》、《崂山道教史·碑刻史料》《道教寻踪·崂山道教碑记》为“即之可忘”，“既不”作“即之”。贵文草堂《东汉不其县令童恢历朝碑记》为“即不可忘”，“既”作“即”。

［14］已也 《青岛市志·崂山志》、新编《崂山志》、王集钦《崂山古今文史论丛·碑记》、《崂山道教史·碑刻史料》《道教寻踪·崂山道教碑记》为“已也”，“已”作“已”。

［15］是贪残者 《青岛市志·崂山志》、新编《崂山志》、《崂山道教史·碑刻史料》《道教寻踪·崂山道教碑记》、贵文草堂《东汉不其县令童恢历朝碑记》为“是奕残者”，“贪”作“奕”。

［16］乾隆年月日 疑误。此碑，《青岛市志·崂山志》、新编《崂山志》、《崂山道教史·碑刻史料》《道教寻踪·崂山道教碑记》等，均作“嘉庆”撰碑，主因如《青岛市志·崂山志》云：“文中曾言及他已到任二年，欧阳大勋是于嘉庆六年（1801）就任即墨知县的，故此碑文应撰于嘉庆八年。”

注释：

1.《童公庙碑记》 录自《青岛历代方志集成·黄肇颚撰〈崂山艺文志〉卷五》。《青岛市志·崂山志》、新编《崂山志》、王集钦《崂山古今文史论丛·碑记》、《崂山道教史·碑刻史料》《道教寻踪·崂山道教碑记》、贵文草堂《东汉不其县令童恢历朝碑记》均录载。

2. 永矢弗谖 意决心永远牢记。《诗经·卫风·考盘》：“独寐寤言，永矢弗谖。”

3. 和帝时 东汉永元元年至十六年，即89—104年。

4. 不孚 不能使人信服。

5. 欧阳大勋　同治《即墨县志》卷八："性仁慈，重士劝学，以息事守人为务。勤于听断，凡细事委曲劝导，不轻用刑，命案更绝牵累。邑人于其去，肖像祀之。"

清嘉庆《重修蔚竹庵记》[1]

蔚儿铺是吾先老太师宋真人购于马万者，时在万历十七年[2]。其次年远畚拓壤[3]，创三宫殿一座，予屋三间。炊□栖息于其中，游人骚士[4]登临亦于此客榻。

□□[5]庵主杨印嘉庆□年

注释：

1. 嘉庆《重修蔚竹庵记》　庵记录自王集钦《崂山古今文史论丛·碑记》，系 1980 年 11 月 26 日王集钦偕王祖荣、刘泰功进崂山刻石勘察时录之，原记为《嘉庆刻记》。

2. 万历十七年　1589 年。

3. 其次年远畚拓壤　此意拓展是在万历十八年。万历十八年，1590 年。

4. 骚士　犹文士。清陈确《黄山道士韩养元师弟传》："豁诸子元愁思，展骚士之逸兴。"

5. □□　疑为"蔚竹"。

清道光十九年《重修蔚竹庵庙记》[1]

蔚竹庵[2]是吾先师祖 [1] 宋真人养静之处，始于万历四十三年创建者 [2] 也。山□无此地，自[3] 师祖宋真人羽化后[3]，其间主持者迭为颠沛，嘉庆十七年[4]，饥□荐□住持□□土者，用度无计，赴外西去。其时庙宇倾圮，神像凋残，道人李孔[4] 亦因庵先祖师之壬□香火□□虽不能兴胜，亦宜守残。是年秋，遂率徒住[5]，勤□□□种植树木，蓄积其中，一十余年，始得润业，其地势重修[6]，此地基因□□兴，爰立碑以志不朽。

住持道人李扎秀、仉智远、康信成。道光十九年 5 四月

校勘：

[1] 师祖 王集钦《崂山古今文史论丛·碑记》为“祖师”，“师祖”与“祖师”有别。祖师乃创始人，师祖则为师父的师父。

[2] 万历四十三年创建者 见嘉庆《重修蔚竹庵碑记》，为明万历十七年创建。周至元《崂山志》亦云：“明万历十七年，道人宋冲儒结庐居之，至二十一年始增修之。”显与《庙记》所撰“万历四十三年”，时间要提前二十六年。又，周至元《崂山志》：“结庐居之”。而《崂山餐霞录》记为：“建成一座道观；更移栽翠竹，环绕成衣，取名为‘蔚竹庵’。”

[3] 自 王集钦《崂山古今文史论丛·碑记》为“自余”，“自”后衍一“余”字。

[4] 道人李孔 《庙记》：“嘉庆十七年……道人李孔”。黄肇颚《崂山续志》：“李道人嘉庆二十三年纪其巅末迁改之由，而刻石焉。”周至元《崂山志》卷三：“至嘉庆间，道人李礼秀又重新之。东庑为客舍，房宇雅洁。迤东有清风塔，再东有路可达棋盘石。”这个李孔、李道人、道人李礼秀，是何种关系？备考。

[5] 率徒住 王集钦《崂山古今文史论丛·碑记》、《崂山文化通览·碑刻碑记》为“玄徒住”，“率”作“玄”，误。

[6] 重修 王集钦《崂山古今文史论丛·碑记》为“生修”，“重”作“生”。

注释：

1.《重修蔚竹庵庙记》 庙记录自《崂山区志》。《道教寻踪·崂山道教碑记》《崂山文化通览·碑刻碑记》、王集钦《崂山古今文史论丛·碑记》亦载之。据《崂山餐霞录》：“蔚竹庵现有三块石碑：一为位于正殿东壁的《蔚竹庵记》

碑，立于明万历二十一年三月，碑身五十五公分见方，记载该庵占地四至。二为正殿墙外的清嘉庆刻石，记载着蔚竹庵始建年代。三为正殿西壁下的《重修蔚竹庵庙记》碑，系清道光十九年四月立，碑身一米见方，记载蔚竹庵修建之经过。

2. 蔚竹庵　在凤凰崮下，地名蔚儿铺，西北峭壁紧抱。东南峰峦环耸，有涧水一道，从门前流过，环境极为幽静。庵建于明万历十七年（1589）。清嘉庆年间重修。正殿三间，中有真武和观音木刻雕像，很是古雅。另有铜三官像一座，铸制精良。殿后峭壁上，巨石奇松，重叠分布，绿荫沉沉，院宇生寒。庵东路旁，筑有五级石塔一座，是于姓道士藏骨处。在凤凰崮上还有相公、太子、鹰嘴等象形石景。孙凤云诗："古庙结云巅，谁知何代传。无名花满树，是处路通天。乱石杂修竹，双峰挂瀑泉。千岩万壑里，到此即仙缘。"

3. 宋真人羽化后　《庙记》没明确交代，而黄肇颚《崂山续志》卷八："乾隆间松栗参天，江道人住持四十余年，松栗荡然。"

4. 万历四十三年　1615 年。

5. 嘉庆十七年　1812 年。

6. 道光十九年　1893 年。

清道光二十年《童公庙碑记》1

余尝读[1]《汉书·循吏传》[2]，窃神往童公驯虎一事，以为德政之感被，何若是之神也。嗣余承乏 2 兹土，其父老犹能称轶事于弗衰。孟子曰：亲亲而仁民，仁民而爱物，言施之有序[3] 也。夫虎，猛兽耳，眈眈者其性成，犹不敢肆咆哮之威，则夫民之身被德泽，从欲以治者，不知凡几，且集骜难驯[4] 3 之夫，其回心向化，薰德 4 而善良者又不知凡几矣。邑人建祠而祀，□田为赡[5]，千载如一日也，固宜。乃日久渐衰，住持是庙者，田经[6] 荡废几尽。庚子 5 秋，绅民等阖呈恳请，追回庙地，并请立碑出示，以垂诸久远。案庙在城南二十五里，庙之大门，为马殿[7] 三间，中为童公正殿[8] 三间，后庑[9] 三间，则童公之寝室是也。东为道院三层，计十二间，又东为镇武殿三间，后为娘娘殿五间，西为空园一处，庙地若干亩，注册存案，勿使荡废，庶几遗泽永留，香火不绝，邑之人[10]望风怀想，感戴[11]无穷。即宰是邑者，亦有所取法，使化民成俗[12]之方，凛凛[13]乎勿敢陨越6焉。因允其请，用勒诸石，并以告后之住持是庙者。

道光廿年[14]岁次庚子

知即墨县事桂林秦锡九7撰

校勘：

[1] 尝读 《青岛市志·崂山志》、新编《崂山志》、《崂山道教史·碑刻史料》为“曾读”，“尝”作“曾”。

[2]《汉书·循吏传》《青岛市志·崂山志》、新编《崂山志》、《崂山道教史·碑刻史料》《道教寻踪·崂山道教碑记》为“《后汉书》循吏传”，多一“后”字，循吏传不在括号内。然童恢事确记于《后汉书·循吏传》。

[3] 有序 王集钦《崂山古今文史论丛·碑记》为“有亭”，“序”作“亭”。

[4] 集鹜难驯 《青岛市志·崂山志》、新编《崂山志》、《崂山道教史·碑刻史料》《道教寻踪·崂山道教碑记》为“桀鹜骓驯”，“集”作“桀”，“难”作“骓”。王集钦《崂山古今文史论丛·碑记》为“桀鹜难训”，“集”作“桀”，“驯”作“训”。贵文草堂《东汉不其县令童恢历朝碑记》为“桀鹜难驯”，“集”作“桀”。

[5] □田为赡 《青岛市志·崂山志》、新编《崂山志》、《崂山道教史·碑刻史料》《道教寻踪·崂山道教碑记》、贵文草堂《东汉不其县令童恢历朝碑记》为“田为瞻”，前阙如无示，“赡”作“瞻”，误。□田为赡，即置田为供祠庙用资。

[6] 田经 《青岛市志·崂山志》、新编《崂山志》、王集钦《崂山古今文史论丛·碑记》、《崂山道教史·碑刻史料》《道教寻踪·崂山道教碑记》为“田径”，“经”作“径”。

[7] 马殿 《青岛市志·崂山志》、新编《崂山志》、王集钦《崂山古今文史论丛·碑记》、《崂山道教史·碑刻史料》《道教寻踪·崂山道教碑记》为“□殿”，

“马”字阙如。

[8] 童公正殿　《青岛市志·崂山志》、新编《崂山志》、王集钦《崂山古今文史论丛·碑记》、《崂山道教史·碑刻史料》《道教寻踪·崂山道教碑记》为“童公殿”，缺一“正”字。

[9] 后庑　王集钦《崂山古今文史论丛·碑记》为“后屋”，“庑”作“屋”。

[10] 邑之人　《青岛市志·崂山志》、新编《崂山志》、《崂山道教史·碑刻史料》《道教寻踪·崂山道教碑记》为“邑人之”，“之”“人”左右换位。

[11] 感戴　《青岛市志·崂山志》、新编《崂山志》、《崂山道教史·碑刻史料》《道教寻踪·崂山道教碑记》为“感载”，“戴”作“载”，误。

[12] 化名成俗　王集钦《崂山古今文史论丛·碑记》为“化名俗”，缺一“成”字。

[13] 凛凛　《青岛市志·崂山志》、新编《崂山志》、《崂山道教史·碑刻史料》《道教寻踪·崂山道教碑记》为“凛□”，后“凛”阙如。

[14] 道光廿年　1840年。

注释：

1.《童公庙碑记》　碑记录自《青岛历代方志集成·黄肇颚撰〈崂山艺文志〉卷五》。《青岛市志·崂山志》、新编《崂山志》、王集钦《崂山古今文史论丛·碑记》、《崂山道教史·碑刻史料》《道教寻踪·崂山道教碑记》等亦录载。

2. 承乏　谦辞。《左传·成公二年》：“敢告不敏，摄官承乏。”杜预注：“言欲以己不敏，摄承空乏。”

3. 集骜难驯　应为桀骜难驯，指凶悍倔强，难以驯服。《清史稿·土司传六·甘肃》：“故土官易制，绝不类蜀黔诸土司桀骜难驯也。”

4. 薰德　薰，《说文》：“薰，香草也。”也引申为感化、熏陶。唐韩愈《争臣论》：“晋之鄙人薰其德而然良者几千人”。薰然有德。粤官府赞扬朱次琦：“讲明正学，身体力行，比阅族党，薰德善良”，为士人楷模。薰德，乾隆即位后曾说：“自古帝王受命保邦，遐迩向风，非仁无以得其心，而非宽无以安其身，二者名虽为二其理一也。”

5. 庚子　道光二十年，1840 年。

6. 陨越　喻败迹，失职。《左传·僖公九年》："恐陨越于下，以遗天子羞。"

7. 秦锡九　同治《即墨县志·知县》：道光"十六年（1836）任，广西灵川县人，进士。"清道光二十年（1840），撰《童公庙碑记》。道光二十一年（1841），撰《即墨诗乘序》。

清咸丰元年《大方禅师碑记》1

匡源 2

师姓王氏，胶州人，名广住 3，号大方[1]。父讳纪新，母法氏。生于乾隆丁亥 4 二月初七日子时。幼多疾，施灵应庵为尼。性喜静，与侪辈居[2]，泊如也。嘉庆己未[3] 5 游京师，受戒西山，遂如南海[4] 礼大士，归，誓志清修。戊寅 6 九月[5]，振锡 7 入崂山。初居摩日岭前真武殿，复徙[6] 一气石 8。石，敻绝[7] 无人迹[8]，师独居洞中，了无恐怖。冬夏一衲，日惟瞑目趺坐[9] 9 而已。时胶州[10] 邓太夫人深通佛理，甚敬师，岁给饩粟。山中诸寺观，亦乐供养[11]。阎道人空虚者，常往来为护法 [12]。居十八年，预示寂期。以道光乙未 10 三月十九日戌时，沐浴端坐[13] 而化。白云洞道人[14] 为置龛，葬之石侧。阅十余载[15]，咸丰元年辛亥[16] 11，余偕张君锡福、邓君和度、高君兰成、徽钿[17] 游山访其墓，念师苦行坚卓，渐就湮没，欲为表之。其族人王君亘[18] 等，欣然[19] 为之立石，而张君始终经纪其事[20]，皆不易得也。东海居士[21] 赞曰：

海山苍苍，宇宙茫茫，一点真如 12，无显无藏。

倏尔厌世，抛此[22] 皮囊，来也何自？去也何乡？

广住不住，是名大方，大方大方，山高水长。

校勘：

[1] 师姓王氏，胶州人，名广住，号大方　此起首一句，他载与之迥异。周至元《崂山志》、《青岛市志·崂山志》、新编《崂山志》均为"师名广住，号

大方，胶西王氏女也”。

［2］与侪辈居　《青岛市志·崂山志》、新编《崂山志》为“与侪辈成”，“居”作“成”，误。侪辈，同辈、朋辈也。

［3］己未　周至元《崂山志》、《青岛市志·崂山志》、新编《崂山志》为“乙未”，“己”作“乙”，误。嘉庆己未，公元1799年。干支乙未，前个“乙未”在乾隆，是为1775年，后之“乙未”则在道光，为1835年。

［4］南海　周至元《崂山志》、《青岛市志·崂山志》、新编《崂山志》仅为“南”，缺一“海”字。

［5］九月　周至元《崂山志》、《青岛市志·崂山志》、新编《崂山志》为“四月”，“九”作“四”。

［6］复徙　周至元《崂山志》、《青岛市志·崂山志》、新编《崂山志》为“后徙”，“复”作“后”。

［7］敻绝　《青岛市志·崂山志》、新编《崂山志》为“□绝”，“敻”字阙如。敻绝，意绝远、绝高。南朝梁陶弘景《吴太极左仙公葛公之碑》：“九垓敻绝，七度虚悬，分空置境，聚气构天”。

［8］无人迹　周至元《崂山志》、《青岛市志·崂山志》、新编《崂山志》为“人迹”，缺一“无”字。

［9］瞑目趺坐　周至元《崂山志》、《青岛市志·崂山志》、新编《崂山志》为“正襟危坐”。“瞑目”作“正襟”，“趺坐”作“危坐”。

［10］胶州　周至元《崂山志》、《青岛市志·崂山志》、新编《崂山志》为“胶西”。时无“胶西县”行政单位。

［11］亦乐供养　周至元《崂山志》、《青岛市志·崂山志》、新编《崂山志》为“亦乐为供养”，衍一“为”字。

［12］常往来为护法　周至元《崂山志》、《青岛市志·崂山志》、新编《崂山志》为“往来为之护法”，前缺一“常”字，中衍一“之”字。

［13］沐浴端坐　周至元《崂山志》、《青岛市志·崂山志》、新编《崂山志》为“合十趺坐”，“沐浴”作“合十”，“端坐”作“趺坐”。

［14］道人　周至元《崂山志》、《青岛市志·崂山志》、新编《崂山志》缺

“道人”两字。

[15] 阅十余载　周至元《崂山志》、《青岛市志·崂山志》、新编《崂山志》“阅十余载”后，衍“鲜有知者”四字。道光乙未（1835）至咸丰元年（1851），“阅十余载”无差。

[16] 咸丰元年辛亥　周至元《崂山志》、《青岛市志·崂山志》、新编《崂山志》为“咸丰建元春三月”，“元年辛亥”作“建元”，且多出“春三月”。

[17] 徽钿　周至元《崂山志》、《青岛市志·崂山志》、新编《崂山志》缺“徽钿”。疑游山者四人，徽钿亦姓高。

[18] 王君亘　周至元《崂山志》、《青岛市志·崂山志》、新编《崂山志》为“王君旦”，“亘”作“旦”。

[19] 欣然　周至元《崂山志》、《青岛市志·崂山志》、新编《崂山志》为“忻然”，“欣”作“忻”。

[20] 而张君始终经纪其事　周至元《崂山志》、《青岛市志·崂山志》、新编《崂山志》为“而张君与高君梓业始终经纪其事者”，中衍“与高君梓业”，句末又衍一“者”字。

[21] 东海居士　周至元《崂山志》、《青岛市志·崂山志》、新编《崂山志》为“张锡福”，“东海居士”作“张锡福”。

[22] 抛此　周至元《崂山志》为“舍此”，“抛”作“舍”。《青岛市志·崂山志》、新编《崂山志》为“舍引”，“抛”作“舍”，“此”作“引”。

注释：

1. 匡源　字本如，号鹤泉，生于嘉庆二十年（1815），胶州城关郭家庄人。自幼勤学，13岁入邑庠，道光十九年（1839）举人，翌年中进士，选为翰林院庶吉士，授翰林院编修。道光二十四年（1844）起，出任江西、山西乡考官。道光二十八年（1848），成为皇子奕䜣的讲经师傅。咸丰朝，匡源先后任兵部右侍郎、吏部左侍郎；咸丰八年（1858），入直军机处。咸丰十一（1861），代理吏部尚书军机大臣上行走、赞襄政务大臣。帝病危，为顾命八大臣之一。同治朝，慈禧“垂帘听政”，罢匡源官，匡源移居济南，被聘为泺源书院山长，以治学严谨著称。历时 17 年，弟子达 3000 多人。匡源于咸丰元年（1851）三月游崂山，下榻太清宫，留有许多游山诗文。如《劳山赋》《游八仙墩赋》。是时，为出家崂山的胶州王氏女大方禅师撰写了《大方禅师碑记》。

2.《大方禅师碑记》 碑记录自黄肇颚《崂山续志》卷八。周至元《崂山志》、《青岛市志·崂山志》、新编《崂山志》等亦载录。碑立于清咸丰元年，原碑在崂山雕龙嘴路旁。姚峻德《游崂纪略》记为《比邱尼大方禅师碑》。

3. 广住 《青岛市志·崂山志》："父名王纪新，母法氏，生于乾隆三十二年（1767 年）农历二月初七。幼对因多病舍身出家为尼，嘉庆四年（1799）诣京受戒后，去浙江普陀山参拜南海观音的现灵说法道场。嘉庆二十三年（1818 年）入崂山，暂居于白云洞西之没日岭，后受胶州邓夫人与白云洞道人的资助，在崂山黄山村西北日起石之清风洞居住。清风洞又名高石屋，洞前为弥罗庵故墟。广住在此苦修 18 年，死后葬于洞下，白云洞道人为之筑石塔。曾任军机大臣的胶州人匡源为其立碑于刁龙嘴。"蓝水《崂山古今谈》记广住甚简，然至要在。其和市志均记及"没日岭"，碑记则撰为"摩石岭"，显然不同，可堪研考。

4. 乾隆丁亥 乾隆三十二年，1767 年。

5. 嘉庆己未 嘉庆四年，1799 年。

6. 戊寅 嘉庆二十三年，1818 年。

7. 振锡 指僧人的锡杖。杖头饰环，拄杖行则振动有声。

8. 一气石 即日起石。黄肇颚《崂山续志》卷八《日起石》："日起石亦作一气石。"周至元《崂山志》："在天茶山东北"，"以其巅巨石环聚，成一气也。前阿为高石屋，大方禅士遗蜕在焉。"

9. 趺坐 佛教用语。佛教众盘腿端坐的姿势，左脚放在右腿上，右脚放在左腿上。

10. 道光乙未 道光十五年，1835 年。

11. 咸丰元年辛亥 1851 年。

12. 真如 佛教名词。梵文意译过来，一般释为不变的最高真理或本体。《成唯识论》卷九："真为真实，显非虚妄；如为如常，表无变易。谓此真实，于一切位，常如其性，故曰真如。”

清同治三年《沙子口[1]海庙[2]碑》[3]

立碑记自乾隆五十三年[4]十月十四日□□□□□功□有典去之地，及到同治二年[5]十一月十四日，新住持宋新维将□□出□□□□不许□行典去，如有此事□□留地立道人□，不可一概而逐，谁典□□首□兄望水龙宫而以□不朽。

会首曲守升 曲守意 曲士彦 曲□□ 王□本 王公元

同治三年[6]二月十四日同立

注释：

1. 沙子口 位于崂山巨峰西南，为进出崂山的南大门。崂山南九水河流经汉河入海，在海口处形成细软的大沙滩，故称沙子口。海口的两侧皆有小山向海内延伸，形成海湾，时为一处天然良港。据记载，清同治间，沙子口港由于渔商并举，时有南方的商船云集、北地周边的渔船竞至的景象。

2. 海庙 海神庙。我国古代有东南西北四大海神。主要有东海神庙、南海神庙。东海神庙设于莱州掖县，宋太祖开宝六年（963）开始，在前代海水祠的基础上，大修海庙，并立碑。青岛地区记较详的应是北宋板桥镇海神庙。《胶州志》载：“元丰六年（1084），起注郎杨景略使高丽还，请立海神庙于板桥镇。”宋以后，妈祖信仰在东南沿海兴起，蔚然成风。妈祖庙乃至“天妃宫”“天后宫”一时勃兴。崂山区政协编《崂山村落》：沙子口天后宫在沙子口村北，由商家建于光绪年间，宫由三殿组成，正殿供天后，东殿供龙王，西殿供财神。宫院有两厢，东厢会客，西厢居住。

3.《沙子口海庙碑》 碑名系注者拟。碑文采自《崂山区志》。备考。

4. 乾隆五十三年 1788 年。

5. 同治二年 1863 年。

6. 同治三年 1864年。

清同治四年青岛口《重修天后宫1碑记》2

窃闻青岛开创[1]以来，百有余年矣。迄今旅客商人鳞集[2]而至，于湖下者实难救□□曰：人力全赖神明之默佑，爰有天后3圣母慈悲普渡，风婆4不能肆其权；神灵广护，水伯5莫能逞其凶；波涛顿息，咸庆□之稳，狂澜不扬，悉泯滔溺之惊。第天后殿前旧有戏楼6遗址[3]，而栋宇全无，不堪适观，一时游玩其间者，莫不指为缺限。曰以答神明于万一也，故旧春诸公捐资胜举，募建戏楼一座，虽无巍焕7之观，而乐子弟演于其上者，庶几8可免吞风饮雨之患耳。今将南北客商捐金者并董事诸悉勒于石，永垂不朽。

领袖9

纪寿同 王禄仕 张殿科 陈作孔 周泰文

大清同治肆年10六月谷旦11

校勘：

[1] 开创 《青岛明清海防遗存调查研究》为“开埠”，“创”作“埠”。

[2] 鳞集 《青岛明清海防遗存调查研究》为“云集”，“鳞”作“云”。

[3] 遗址 《青岛明清海防遗存调查研究》无“遗址”二字。

注释：

1. 天后宫 宋代起，我国沿海均有建筑。妈祖庙、顺济庙、圣妃庙，后为天妃宫、天后宫或天后圣母宫等。崂山周边口岸金家口、沙子口、青岛口、女姑口、沧口、田横岛、栲栳岛及胶州湾西北岸的塔埠头等，均有天后宫或天后殿的建筑。青岛口天后宫创始于明成化三年（1467），时建天后殿及龙王、财神两配殿，及东西住室、门楼、院墙。建庙后，据胡存约《海云堂随记》记载：“年除日、正月十五、三月十五，口上商家循例至天后庙上香。叩拜财神、天后、观音、吕祖诸神佛，此时庙中香火最盛，四乡村镇民妇人等来者亦多。”

2.《重修天后宫碑记》 原碑记无碑题，碑记录自青岛口天后宫存碑。碑顶载一方块，正面镌刻“天后圣母”四字，背面镌刻“万善同归”四字。

3. 天后 据传天后姓林名默娘，其父为五代时期闽国都巡检，一个负地方治安的低品级武官，福建莆田湄洲屿人。默娘生于北宋建隆元年（960）三月二十三日，卒于雍熙四年（987）九月九日。人们怀念她，同年在岛上建庙纪念，岁时祭祀，是为妈祖庙。早年在故乡莆田妈祖是作为女巫被膜拜的。其成为航海保护神，则因路允迪奉使高丽时的黄水洋遇险。最早记载此事的是绍兴二十年（1150）廖鹏飞《圣墩祖庙重建顺济庙记》。妈祖不仅为朝廷认可，且封号不断加码，从灵惠夫人至天妃至天后等。南宋绍定三年（1230），莆田人丁伯桂《顺济圣妃庙记》中，已称妈祖为圣妃了。《胶澳志》载：“天后之祀，不见于正史，然渔航业奉祀维谨，故海岸恒有是庙。”青岛地区宋朝起航海发展到一个新水平，对航海之神天后的崇拜是必然的。

4. 风婆 还有风伯，均为古代中国神话中的风神。民间认为风神主风，不少地方建有风神庙。

5. 水伯 古代中国神话中的水神。《山海经·海外东经》：“朝阳之谷，神曰天吴，是为水伯。”

6. 旧有戏楼 指明崇祯十七年（1644），天后宫住持道人会同青岛村胡姓庙董，广为募捐，对天后宫进行整修和扩建，增建戏楼等。青岛口天后宫建戏楼后，就不只是朝拜了。胡存约《海云堂随记》记载：“每届新正，群集天后庙，焚香祝祷，年复一年，代代如此。自元旦至元宵，日日人群络绎，杂耍、小场、大书、兆姑、梆柳、秧歌、江湖把式无所不有。”

7. 巍焕 亦作巍奂。犹盛大光明；高大辉煌。刘师培《文说》：“浑噩之风既革，巍焕之运斯开。”

8. 庶几 或许可以，表示希望。《史记·淮阴侯列传》：“假令韩信学道谦让，不伐己功，不矜其能，则庶几哉。”

9. 领袖 能提挈他人或为人表率的人。《晋书·魏舒传》：“文帝深器重之，每朝会坐罢，目送之曰：‘魏舒堂堂，人之领袖也。’”

10. 同治肆年 1865年。

11. 谷旦 良辰；好日子。碑碣中用为吉日的代称。

清同治五年《大清圆寂陈处女塔[1]铭》[2]

处女姓陈氏，胶州利涉乡八里庄社中间埠[3]人。未出家剃度，无法名。俗以其灵异，辄呼之为“仙姑”。父讳杞，母韩氏。幼曾许自朱氏，父早殁，依其母兄存活。兄行方，故业农。仙姑女红之余，辄随母樵苏[4]于野。一日，遇有数瞿昙[5]指仙姑不知作何语。回家后遂惘惘若失，针黹操作若所未娴，虽遭母氏谯诃[6]，亦如不闻者。咸丰辛酉[7]秋，南贼[8]窜扰东府，所过焚掠无遗，村人咸奔避，仙姑独与其族之嫠妇[9]郭氏居未去，贼乃不入其村，人皆奇之。同治元年壬戌[10]，仙姑年及笄[11]，朱氏议行婚礼。迎亲有日矣，仙姑乃不言不食，举家骇怪，唯郭氏知其行将化去。夫家闻之，为绝婚焉。郭有一间室与仙姑邻，遂凿壁迎入。日夜枯坐，偶有所语，非郭氏无得闻者。乙丑[12]秋东乡大水，庐舍淹没，比邻皆颓垣败壁，仙姑之室屹然独存。九月内，郭氏颇知其示化之期，邑人闻者，争以释氏之法为之制瑰色衣、香木龛，果于二十四日申时圆寂。距生于道光二十四年[13]正月二十一日申时，俗寿二十有二岁。入龛之先。趺坐十日，远近瞻仰，面色如生。其兄谋诸乡邻，醵金四方，于同治五年[14]二月二十二日申时建斯塔于村南之新原，藏其灵骨焉。有与行方居同里闬[15]者，见闻既确，爰因其请，为摭其灵迹而为之铭曰：

《法华经》[16]读烂是汝前身，农家有积善种此夙因[17]，历红羊小劫[18]彗性犹存，青莲花[19]出土记取舌根[20]。

同治五年[21]四月二十二日公立

注释：

1. 陈处女塔 《即墨市志·文物古迹》：建于同治五年。“连同基座共9层，高15.4米，基座系八角台体，周长13米，高24米，砖石结构，平台八边均略伸出如檐状的石板，正面嵌有额为‘大清圆寂陈处女塔铭’的石碑。台四周密闭，内葬陈处女轿式坐棺。自第二层以上都是八角锥体，每层的高度与周长依次递减。第二层高2.5米，正面嵌有篆书‘一心普度’的矩形石额；左右两边各嵌一石碑，上镌捐资修塔者名录，其余五面均嵌有花卉鸟兽形浮雕……”

2.《大清圆寂陈处女塔铭》录自江志礼主编《即墨历史人物墓志铭》，亦作《清陈处女墓志铭》。

3. 中间埠 俗称神仙庄。原属胶州。后划归即墨，属移风店镇。

4. 樵苏 意为采薪与取草，比喻生计。

5. 瞿昙 释迦牟尼的姓，借指僧人。

6. 谯诃 亦作谯呵。喝骂、申斥意。清周在浚《行述》：“时先大夫方对簿伏堂下，堂上谯诃声如虎。”

7. 咸丰辛酉 咸丰十一年，1861年。

8. 南贼 此指捻军。

9. 嫠妇 寡妇。《左传·昭公十九年》：“初，莒有妇人，莒子杀其夫，已为嫠妇。”宋苏轼《赤壁赋》：“舞幽壑之潜蛟，泣孤舟之嫠妇。”

10. 同治元年 1862年。

11. 及笄 笄，束发用的簪子。古女子年满十五岁为及笄之年。

12. 乙丑 同治四年，1865年。

13. 道光二十四年 1844年。

14. 同治五年 1866年。

15. 里闬 指里门。《后汉书·成武孝侯顺传》：“顺与光武同里闬，少相厚。”

16. 法华经 详为《妙法莲华经》。《妙法莲华经》是佛陀释迦牟尼晚年在王舍城灵鹫山所说，为大乘佛教初期经典之一。其要在于：明示不分贫富贵贱、人人皆可成佛。《法华经》关键在于：法，“妙法”，指的是一乘法、不二法；华，“莲华”，喻示妙在：第一是花果同时；第二是出淤泥而不染；第三是内敛不露。

17. 夙因 前世因缘；前世根源。明杨珽《龙膏记·错媾》：“有缘千里能相见，这期间夙因不浅，看锦帐流香度百年。”

18. 红羊小劫　即红羊劫，乃是一种历史谶纬之说。指国难。古人以为丙午、丁未两年为国家发生灾祸的年份。丙午为火，红色；未属羊，故称红羊。是年国家大乱即称为“红羊劫年”。民间亦把“红羊劫”作为灾祸的代称。

19. 青莲花　青色莲花。以其青白分明，佛书多以为眼目之喻。《维摩诘所说经》卷上：“目净修广如青莲。”也借指僧、寺等。唐宋之问《宿云门寺》诗：“云门若邪里，泛鷁路才通。夤缘绿篆岸，逐得莲花宫。”

20. 舌根　佛说，舌根修行。所谓“三寸不烂之舌”，嚼舌根，最易坏事、造罪。当然事情有两方面，有时“舌灿莲花”，透过舌头说法，那是无上的布施；或者通过舌头说赞美、鼓舞、激励的话，对人而言是好事，自己也是很好的修行。

21. 同治五年　1866 年。

清同治十年女姑口《重整旧规》碑文[1] 1

盖闻懋迁有无 2，蒸民乃粒 3。阜通货贿 4，利源斯开，关市 5 既设，便于国亦便于商，斗衡攸同，不病农并不病贾。惟五尺之童莫欺，斯四海之客交至。陶朱公 6 之经营，飞蚨遥集，沈犹氏之贪诈，饮羊何为 7？故市开日中，须守用中之训，而秤舆星准，允协平准之书。我即邑自前明许公奏[2] 青岛、女姑 8 等口准行海运 9，于是百物鳞集，千艘云屯，南北之货既通[3]，农商之利益普，洪纤之度 10，盖至今赖之云。惟是历年已久，旧章渐湮，货物交易，或失公平之心，钧石 11 重轻[4]，不无出入之异。傥复因循不革，谲诡 12 盛行，则贪人之败类实多，孰复交以道而接以礼，远客之疑我滋甚，安望近者悦而远者来。今公议重整旧例，并创新规，条列于左，永垂于后。如有循私[5] 等弊，定为鸣鼓之攻；倘不奉公而行，各受爰金 13 之罚。庶几轻重无铢两 14 之爽，勿诈勿虞，远近昭画一之规，可大可久。爰志石以示准，比铸鼎 15 之象奸。

沈煦譔[6]　纪齐茂书

同治十年 16 六月吉旦　女姑口 17 众行铺同立

校勘：

[1] 女姑口《重整旧规》碑文 《青岛海港史》(古代部分) 为《重正旧规碑》。

[2] 奏 青岛市文物局《青岛明清时期海防遗存》作“奏请”，多一“请”字。

[3] 既通 青岛市文物局《青岛明清时期海防遗存》为“即通”，“既”作“即”。

[4] 重轻 青岛市博物馆等编《德国侵占胶州湾史料选编》为“轻重”，左右换位。

[5] 循私 青岛市博物馆等编《德国侵占胶州湾史料选编》为“私循”，左右换位。

[6] 譔 基础释义同“撰”。譔，本义为专心教育。《说文》：“譔，专教也。”《广雅》：“譔，教也。”

注释：

1.《重整旧规》碑文 碑在女姑山天后宫前，碑的后面，刻有新规条数十则。1966年秋，天后宫与这座石碑同时被毁。《重整旧规》碑文，据青岛市博物馆原碑馆藏拓片。青岛市博物馆等编《德国侵占胶州湾史料选编》(1897—1898) 亦录载。

2. 懋迁有无 意为买卖货物，互通有无。《尚书·益稷》：“懋迁有无，化居。”

3. 蒸民乃粒 《书经》：“蒸民乃粒，万邦作义。”蒸民释为民众、百姓，乃粒指为谷物。民以食为天。民众百姓都有粮食吃，天下才会安定。

4. 阜通货贿 郑玄注：“阜，盛也。”货贿，“金玉曰货，布帛曰贿。”唐贾公彦疏：“货贿者，谓商贾之家所为事业，使之阜盛。”

5. 关市 官署名，掌关与市税收事务的衙署。《韩非子·内储说上》：“卫嗣公使人为客过关市，关市苛难之，因事关市以金，关吏乃舍之。”

6. 陶朱公 一般指范蠡，春秋末期政治家、经济学家、道家。司马迁《史记》记载，范蠡辅佐越王灭吴后，功成身退，“乃装其轻宝珠玉，自与其私徒属乘舟浮海以行，终不反。”他到了山东陶，自称陶朱公，经商致富，最终老死陶地。亦有说亡吴后，其和西施“同泛五湖（太湖）而去。”先于司马迁的文学家贾谊《新书·耳痹》，则明确记载：“事济功成，范蠡负石而蹈五湖，大夫种系领谢室，渠如处车裂回泉。”。辅佐勾践灭吴的功臣俱不得好死。范蠡是被捆上石头，投到太湖淹死的。西施的命运和范蠡一样，随之投入水中，被活活淹死。如此，则陶朱公另有其人。

7. 沈犹氏之贪诈，饮羊何为　典出《孔子家语·相鲁第一》：“鲁之贩羊有沈犹氏者，常朝饮其羊，以诈市人……及孔子之为政也，则沈犹氏不敢朝饮其羊。”

8. 女姑　此指女姑山。万历《即墨志》：“有明堂遗址，乃女姑祠，相传汉武帝所建。”《崂山续志》有“女姑山”条。其记：“《汉书注》：‘女姑祠在女姑山上。女姑，事神者之名也。’”《寰宇记》：“天宝山、中祠山，在女姑山东，皆有神祠遗址。”女姑“山有龙神庙、娘娘庙。其西则天妃宫。”《青岛历代方志集成·黄肇颚撰〈崂山艺文志〉卷八》详之：“女姑山现存龙王庙及娘娘庙，山西旧为口岸，渔筏商舶、居民行户，丛集其间，庙则天妃宫也。”清杨士钫《女姑山》诗：“女姑山北海重围，一带清寒压板扉。人坐空堂然柏子，打窗风雨夜来归。”

9. 前明许公奏青岛、女姑等口准行海运　万历初知县许铤曾以《地方事宜议》奏上。关于通商，其云：“今淮海通舟，天所以为登莱赤子开一线生路，乃自闭其咽喉，则本县所未解也。本县淮子口、董家湾诸海口，系淮舟必由之路；而阴岛、会海等社，则海口切近之乡。”尽管有倭祸，乃有海禁，但胶州和即墨政策不一。胶州，“隆庆壬申（1572）议行海运，胶之民因而造舟达淮安，淮商之舟亦因而入胶，胶之民以腌腊米豆往博淮之货，而淮之商亦以其货往易胶之腌腊米豆，胶西由此稍称殷富。每船输桩木银三两，于州以为常。今虽有防海之禁，而船之往来固自若也。”即墨“县则拘守厉禁而无敢通商……本县地方不得停泊，而本州地方则任其交易，何防海之禁行于墨而不于胶耶？即不敢为国家争桩木微芒之利，生民之咽喉固不可开，而坐视其闭塞耶？”也许，许铤的奏议确起了作用，如碑文记载，后女姑亦成为海贸重镇。

10. 洪纤之度　洪纤，释为大小巨细。《文选·班固〈典引〉》：“铺观二代洪纤之度，其颐可探也。”

11. 钧石 古代重量单位。三十斤为一钧，一百二十斤为一石。《礼记·月令》：“日夜分，则同度量，平权衡，正钧石，角斗甬。”钧石，分开用时，钧用以显示力量。《孟子·梁惠王上》：“吾力足以举百钧，而不足以举一羽。”《史记·仲尼弟子列传》：“王者不绝世，霸者无强敌，千钧之重加铢两而移。”

12. 谲诡 意为变化多端。楚宋玉《高唐赋》：“状似走兽，或象飞禽，谲诡奇伟，不可究陈。”

13. 爰金 亦称“金爰”“印子金”“饼金”“金版”“金饼”等。中国是世界上最早使用黄金的国家，战国时黄金已成为重要的货币之一。如楚国有一种有铭文的金钣，其多呈方形，少数为圆形，上面用铜印印为若干个小方块，看形似龟壳，完整的重约一斤，含金量在百分之九十以上。金钣上的铭文有“郢爰”“陈爰”“专爰”“颖”“覃金”“隔爰”及“卢金”等。这些带“爰”字的金钣，习惯上被称为“爰金”或“印子金”。“爰金”有形制、铭文、重量，是楚国的一种称量货币。

14. 铢两 是我国隋以前铸行的货币重量单位。重量为钱名的货币，如半两、五铢等。铢两，一铢一两，引申为极轻的分量。

15. 铸鼎 此词出处《史记·封禅书》。早先铸鼎应是很神圣的，后似有检测之效。北周庾信《燕射歌辞·商调典三》：“神奸不若，观铸鼎之形。”

16. 同治十年 1871 年。

17. 女姑口 位于白沙河口，女姑山下。许铤奏后，情况大为改观。如碑文所记外，黄肇颚《崂山续志》亦载：女姑口，清代情况大为改观。“(女姑) 山之前大海环之，今为口岸，渔筏商舶，丛集其间。”“今女姑山有龙神庙、娘娘庙。其西则天妃宫。”

清同治十一年《重修文庙碑记》[1]

林溥[2] 甘泉进士

语云：有志者事竟成。毋畏难，毋中辍而已。教化之兴，工役之作，胥是道也。墨邑文庙，创自元至正[3]间，至明中叶规模始具，我朝因之屡修，焕然称大备。顾乾隆五十年[4]复修后，今又将百年矣。风雨漫漶[5]，浸以颓剥，圣贤绘像，咸不如礼。戊辰[6]春，余莅斯邑视事之明日，行谒庙礼，周览殿庑，慨然曰："是恶足肃观瞻而昭诚敬耶！化本[7]所在，庸可缓乎？"又明日，将会僚佐[8]议其事，适举人黄君肇颐[9]、进士周君铭旗[10]来谒，首以是为请，因谓之曰："胡若是缓也？"曰："筹之有年矣，始以军兴事，城工因议缓，继而檄团防[11]，又议缓，前年集议矣。而寇突至，修战备，公资[1]耗其半，遂又议缓。今其时矣，顾工巨费繁，且奈何？"余曰："毋畏难，有志者事竟成也，盍图之！"佥曰："诺！"于是，遴绅耆之谙于会计者董其事，遍募邑之富而好义者，得钱若干缗，僦工[12]市材，涓吉[13]经始，召匠氏曰："庳者崇之，隘者广之，位置概因其旧，去腐撤坏，咸易以新。"匠氏受命。瓴甋[14]甫卸，朽败毕露，栋桡[15]柱腐，势若将倾。计所筹费，仅及其半，众为束手，工几停辍。因复来告曰："且奈何？"余曰："毋中辍，盍再图之。"佥曰："诺。"顾兵燹[16]方靖，民疲于力，因榜于涂曰："乐者输之，毋定数，毋刻期，力弗及者勿强也。"于是，庠序[17]之士及农贾之急公者，咸踊跃乐助，又得钱若干缗。阅两稔，工停而复作，至是匠氏告蒇事[18]矣。既落成，余偕同人展谒[19]，见殿宇巍峻，丹雘[20]灿赫，既坚既好，朴而不华，自大成殿而庑，而戟门，而棂星门[21]，以及崇圣、忠义、名宦、乡贤等祠，举称其度。于圣像之塑、神主之位尤加谨焉。曩之漫漶颓剥者，于焉改观。欣然曰："是可肃观瞻，昭诚敬，先圣灵爽其式凭之矣。有志竟成，其谓是乎！维我国家，文教覃敷[22]，崇儒重道，自成均、辟雍[23]，下及党庠、州序[24]，莫不崇祀孔子。凡升礼殿者，对越有虔，咸知戢其邪侈[25]之心。而蜚英[26]之士，拔萃之儒，涵育其中。居则崇孝弟、说诗书，出则行节义、著勋名。禀承正学，风励[27]百世，于以荐馨香[28]、修释奠[29]，岂唯是鼓箧肄雅祀事孔明云尔乎？亦以示斯民具瞻，动其高山仰止之思，使出入礼门[30]义路，以自勉为圣人之徒也。然则庙学之制，顾不重哉。墨邑环山滨海，灵秀所钟，代产瑰奇卓荦之士。而文章科目，尤蝉联鹊起，若踵相接，谓非淬厉于儒门者深欤？虽后起之隽，不逮于昔，是岂古今人不相及哉？抑亦时有盛衰，观摩者鲜，上无以振拔，下遂无由兴起之耳！今者，庙貌聿新，礼仪既备，都人士咸属耳目，凡我士林度亦争自濯磨[31]，如庙之易颓剥而坚好，去漫漶而粲然，日新月易，经明行修，安见不可继轨前贤哉？亦唯有志竟成，毋畏难、毋中辍而已。"佥曰："敬闻命。"余遂援笔记其事。是役也，费不资公帑，事不假吏胥，人皆乐输，工无旷费。经始于同治七年[32]某月某日，工竣于九年某月某日。计用工料钱一万几千几百几十几缗，皆出自民捐。捐者为在籍道员李培焯等一百几十几人，皆题名于碑阴。首事者，为山长黄念昀[33]、在籍训导黄肇颐、在籍陕西即用知县周铭旗。先后司事者，为举人韩丕耀、拔贡周贞椝、廪贡江宪先、郡恩贡郭由章等。维时，教谕则新城王茂德[34]，署训导则博兴李道修[35]，典史直隶诸葛澍[36]，皆有事于庙工者也。并记之。

同治壬申[37]夏四月

校勘：

[1] 资 《青岛历代方志集成·同治〈即墨县志〉》为"赀"，"赀"通"资"，非同。"赀"是计算、估量的意思，形近于"资"，"资"有本钱、费用、禀赋等意思。

注释：

1.《重修文庙碑记》 碑记录自同治《即墨县志》卷十。并见《青岛历代方志集成·同治〈即墨县志〉》。

2. 林溥 字少紫，江苏甘泉县（今扬州）人。咸丰二年（1852）进士，咸丰七年（1857）任即墨知县。工墨梅，丰神洒落，气韵古秀。后卒于任。著有《扬州画苑录》。

3. 元至正间 元末，即 1341—1368 年。

4. 乾隆五十年　1785年。

5. 风雨漫漶　此指文庙经百年风霜雨雪之侵袭、剥蚀。

6. 戊辰　同治七年，1868年。

7. 化本　意为教化三本。唐夏方庆《凤过箫赋》：“知化本之有朕，见天籁之在斯。”

8. 僚佐　时官署中协助办事的官吏。

9. 黄君肇颉　咸丰二年（1853）举人，濮州学正。

10. 周君铭旗　铭旗，亦作铭旂。同治《即墨县志》卷七：同治四年崇绮榜进士，“卫籍，大荔知县。”《即墨县乡土志》：周铭旗，字懋臣，号海鹤，城东大留村人。清同治乙丑（1865）科进士。历任陕西礼泉县、大荔县知县、乾州知州、西安凤翔同州府知府等，于庚子（1900）、辛丑（1901）两次任会试内监试。其著述有《乾州志稿》《遂闲诗集》等。光绪《即墨县乡土志》主编。

11. 团防　时可解为人数多，通常是一个团队、军队，集体镇守一个地方。

12. 饬工　意为饬功。明文征明《长洲县重修儒学记》：“(贺侯）视学弗葺且蔽，慨然以起废为任，节用制财，乘时饬工。爰相厥攸，亟请于监司于郡守，既议克协，悉撤其故而新之。”

13. 涓吉　选择吉祥的日子。左思《魏都赋》：“量寸旬，涓吉日，陟中坛，即帝位。”

14. 瓴甋　砖块。汉蔡邕《吊屈原文》：“啄碎琬琰，宝其瓴甋。”

15. 栋桡　亦作“栋挠”。意屋梁脆弱曲折。《易·大过》：“栋桡，本末弱也。”高亨注：“造屋者用本末弱之木材为屋栋，乃大事上之错误，其屋将坏矣。”

16. 兵燹　因战乱而造成的焚毁、破坏。

17. 庠序　西周时指地方办的乡学。古代泛指学校。《孟子·梁惠王上》：“谨庠序之教，申之以孝弟之义。”

18. 蒇事　谓事情办理完成。《宋史·乐志九》：“新庙肃肃，蒇事以时。”

19. 展谒　敬词。犹拜见，拜谒。宋苏轼《贺正启》：“某官守所系，展谒无阶。”

20. 丹雘　可供涂饰的红色颜料。《书·梓材》：“若作梓材，既勤朴斲，惟其涂丹雘。”

21. 棂星门　古时学宫孔庙的外门，原名棂星门。传说棂星为天上文星，以此命名意味着孔子为天上星宿下凡。象征着孔子与天上施行教化、广育英才的天镇星相比。

22. 覃敷　意为广布。清蒋士铨《桂林霜·议恤》：“推恩赏功，弃瑕录用，圣朝膏泽覃敷，不遗微末如此”

23. 成均、辟雍　成均，古之大学。《周礼·春官·宗伯》：“大乐掌成均之法，以治建国之学政，而合国之子弟焉。”注：“郑玄谓董仲舒云：‘成均五帝之学。’”后为官设学校的泛称。辟雍，周王朝为教育贵族子弟设立的大学。取四周有水，形如璧环为名。其大学有五，南为成均，北为上庠，东为东序，西为瞽宗，中为辟雍。以辟雍最为尊。文庙应亦若是。《礼·王制》：“大学在郊，天子曰辟雍，诸侯曰泮宫。”

24. 党庠、州序　前指古代之乡学，语出《礼记·学记》：“古之教者，家有塾，党有庠。”州序指州学、州校。《周礼·地官·州长》：“春秋以礼会民，而射于州序。”郑玄注：“序，州党之学也。”贾公彦疏：“州长因春秋二时皆以礼会聚其民，而行射礼于州之序学中。”

25. 邪侈　亦作“邪哆”。指放佚不正的行为。《孟子·梁惠王上》：“苟无恒心，放辟邪侈，无不为已。”

26. 蜚英　扬名；驰名。明李东阳《癸陆鼎仪文》：“振响乎文艺之场，蜚英乎霄汉之上。”

27. 风励　指用委婉的言辞鼓励、劝勉。

28. 馨香　意为散发很远的芳香、香气；指用作祭品的黍稷；比喻可流芳后世的好名声。

29. 释奠　古代学校设置酒食以奠祭先圣先师的一种典礼。

30. 礼门　为君子循行的礼仪之道。语本《孟子·万章下》：“夫义，路也；礼，门也。惟君子能由是路，出入是门也。”

31. 濯磨　亦作“濯摩”。洗涤磨炼。宋叶适《题贾偭不忘室》诗：“子先法曹椽，仁义躬濯磨。”

32. 同治七年 1868年

33. 黄念昀 即墨人。道光二十年（1840）举人，经史子集，无不通晓。加候选知州、拣选知县，坚辞不就。从道光六年（1826）起即设帐授课，从此终身执教。道光二十八年（1848）在崂山“青峪书院”执教。咸丰八年（1858）起掌教劳山书院。同治十三年（1874）辞去劳山书院山长席。

34. 王茂德 同治《即墨县志》卷六：“新城人，恩贡。咸丰三年（1853）任教谕。”

35. 李道修 同治《即墨县志》卷六：“博兴人，举人。时为训导。”

36. 诸葛澍 同治《即墨县志》卷六：“武清人，监生。时为典史。”

37. 同治壬申 同治十一年，1872年。

清同治十一年《修劳山书院[1]记》[2]

邑令 林溥 甘泉进士

凡事无巨细，贵得天时，固也。然而人事岂可不讲哉？融和晴霁[3]，天也，经营撙节[4]，则人矣。人定胜天，一不至，功且不成，事欲成[1]之速且坚且省，未易言也。吾于修[2]劳山书院益信。

书院创于乾隆间[5]，至是垂百年[3]，倾颓过半，屡议修，迄不果，筹费艰[4]，司事者且畏沮[5]也。今年余集绅董[6]议[6]，锐意捐修[7]，余首倡，绅富量力，捐得成数。山长黄孝廉[8][7]举江君方镠，谙练明会计，俾董厥事，涓吉鸠工，两月而毕，坚好如式，不可谓不速矣。初计工需三千滑[9]，及竣事，工溢于所估，而费不加增，且赢五百滑[10]，既速且省，何道而能然哉？或曰天也，盖谓冬雪将辍工，忽融和晴霁，工复作也。不知[11]虽有天时[12]，而督责不勤，必旷日持久，而工仍迟。勾稽[8]不当，必支销縻费，而用不节。不节且迟，当此严冬，费且告竭，融和晴霁能久恃乎？乃董事者悉心经画，并日而营，且锱铢[13][9]程量，如家常之计米盐，督操作者然，又得天时以助之。夫是以成之速且坚且省也。是天时半，人力全也。时余已瓜代[10]，方谓不及视成，既蒇事来告实，始愿不及此，欣然喜且叹，成事非难，得人难，知人尤难。苟得其人，斯无难矣。矧书院关一邑文教，嗣是师生以时讲习，观摩砥砺，是盖文风将兴，殆有默相之俾。余锐意[14] 修举 11，又得人[15] 力任其事，以至不日观厥成 12 也。虽曰人事，其实天也。计修先大门、次讲堂、堂后楼、后室、后厨[16] 皆五楹，堂有厢，楼有耳房，悉新之。工始于九月某日，竣于十一月某日，共用京钱二千五百缗。总理者山长黄孝廉念昀，监工会计始终其事者贡生江方镠，副之者州同[17] 衔任宗岳、廪生郭由章 13、监生江思先也[18]。

同治十一年 14 岁次壬申嘉平月既望 15

升任东平州知即墨县事扬州林溥并识

校勘：

[1] 事欲成 《青岛历代方志集成·同治〈即墨县志〉》为“而欲成”，“事”作“而”。为是。

[2] 吾于修《青岛市志·崂山志》、新编《崂山志》为“吾修”，缺一“于”字。

[3] 垂百年 《青岛市志·崂山志》、新编《崂山志》为“百年”，缺“垂”字。

[4] 筹费艰 《青岛市志·崂山志》、新编《崂山志》为“筹费限”，“艰”作“限”。

[5] 畏沮《青岛市志·崂山志》、新编《崂山志》为“畏阻”，“沮”作“阻”。

[6] 董议《青岛市志·崂山志》、新编《崂山志》为“董广义”，“议”作“广义”。大误。

[7] 捐修 新编《崂山志》为“捎修”，“捐”作“捎”。

[8] 孝廉 《青岛市志·崂山志》、新编《崂山志》为“存廉”，“孝”作“存”。

[9] 三千湣 《青岛历代方志集成·同治〈即墨县志〉》《青岛市志·崂山志》、新编《崂山志》为“三千缗”，“湣”作“缗”。

[10] 五百湣 《青岛历代方志集成·同治〈即墨县志〉》《青岛市志·崂山

志》、新编《崂山志》为“五百缗”，“湣”作“缗”。

［11］不知 《青岛市志·崂山志》、新编《崂山志》为“中知”，“不”作“中”。

［12］天时《青岛市志·崂山志》、新编《崂山志》为“人时”，“天”作“人”。

［13］锱铢 《青岛市志·崂山志》、新编《崂山志》为“锱珠”，“铢”作“珠”。

［14］锐意 《青岛市志·崂山志》、新编《崂山志》为“锐相”，“意”作“相”。

［15］得人 《青岛市志·崂山志》、新编《崂山志》为“得大”，“人”作“大”。

［16］后厨 《青岛市志·崂山志》、新编《崂山志》为“后橱”，“厨”作“橱”，误。

［17］州同 《青岛市志·崂山志》、新编《崂山志》仅为“同”，缺一“州”字，误。

［18］先也 其后，《青岛市志·崂山志》、新编《崂山志》缺时间、落款。

注释：

1. 崂山书院 崂山古代唯一著名官办书院。乾隆五十二年（1787），即墨知县叶栖凤创建。时，大门居中，东西夹以房，直北讲堂三间，堂右耳房，左为夹道，堂后楼，楼后台，房均五间，堂、楼、房俱有两厢。道光二十五年（1845），知县王九兰倡捐，置地六百八十亩，邑人黄凤翔、凤文又捐荒田二百五十余亩以为膏火。同治十一年（1872），知县林溥重修。

2.《修劳山书院记》 院记录自同治《即墨县志》卷十《艺文》。《青岛历代方志集成·同治〈即墨县志〉》《青岛市志·崂山志》、新编《崂山志》亦录载。《青岛市志·崂山志》录入第九章第四节《文记》，未入第十章第四节《碑记》，新编《崂山志》略同。不仅此，前之文献书刊似尚未见以碑记载之者，然其确为碑记。江志礼主编《即墨历史人物年谱·黄念昀年谱》记载：同治十一年

(1872)，“书院倾圮过半，屡次议修不果。门堂楼厅，补葺新之。嵌卧碑堂侧以记事。”是为证。

3. 晴霁　晴朗。霁，雨止。宋陶佃《王君仪》：“云开雾散却晴霁，清风淅淅无纤尘。”

4. 撙节　节制；节约；调节。节制。《礼记·曲礼上》：“是以君子恭敬、撙节、退让以明礼。”孙希旦集解：“有所抑而不敢肆为之撙，有仍制而不敢过谓之节。”节约。《新唐书·柳公绰传》：“遭岁恶，撙节用度。”调节。《醒世姻缘传》：“饮食不知饥饱，都是别人与他撙节。”

5. 乾隆间　同治《即墨县志》确记为：“乾隆五十二年（1787）”。

6. 绅董　为绅士和董事的合称。泛指地方上有身份、有名声和势力的人。

7. 黄孝廉　即黄念昀。崂山书院山长，即院长（58岁起掌教崂山书院，执掌17年，74岁辞职，75岁逝世）。

8. 勾稽　查考核算。元赵孟頫《题耕织图奉懿旨撰》：“勾稽数多寡，必假布数清。”

9. 锱铢　旧制1两等于4锱，1两等于24铢，比喻极其微小的数量。《庄子·达生》：“累丸二而不坠，则失者锱铢。”

10. 瓜代　任职期满，由别人接任。《左传·庄公八年》：“齐侯使连称、管至父戍葵丘，瓜时而往。曰：‘及瓜而代’。”

11. 修举　兴复；恢复。《明史·叶异传》：“在镇六年，边备修举。”

12. 厥成　释意为其成、乃成；其成就、其功成。出自先秦《周颂·有瞽》：“我客戾止，永观厥成。”

13. 郭由章　同治《即墨县志》卷七：“癸酉府学恩贡”。癸酉，即同治十二年（1873）。

14. 同治十一年　公元1872年。

15. 嘉平月既望　嘉平月为农历十二月之别称。望，指农历每月十五日，既望是指小月农历十六，大月农历十七日。嘉平月既望，即农历十二月十七日。

清同治十三年《重修天后宫碑记》[1]

盖闻天后以孝成神，以慈爱民，仁护海国，泽洽波臣[2]，而旅客商人云集于此者，尤赖其鸿波不扬，惊涛顿息，故无不念以酧[1][3]圣德焉。墨邑[4]青岛口旧有天后行宫，以妥神灵，不过粗具规模，而未足以壮观□耳[2]。迩来[5]仗圣母宝筏，济之思慈航普渡[6]之力，宏舸连轴，巨舰接舻，乃增其旧制，敞之以庭堂，峻之以陛级[3][7]，节棁[4][8]耀彩，金碧腾辉，可谓威镇四海，庙崇千古也已矣。今将众商捐赀、诸船施助并督理之□□[5]勒于石，以垂永远。以望后之首善者。

领袖

福泰 晋昌 永豫 东海关[9]意诚

隆盛县局 聚和诚 益兴 和丰大

监修

陈作孔[10]江存仁 薛岳甫

住持 □□□

大清同治拾叁年[11]岁次甲戌叁月

校勘：

[1] 酧仁德 《青岛文物志·天后宫》为“酬仁德”，“酧”作“酬”。酬、酧，通。

[2] 而未足以壮观□耳 《青岛文物志·天后宫》为“未足以壮观耳”，前缺一“而”字，“耳”前无“□”。

[3] 陛级 《青岛文物志·天后宫》为“阶级”，“陛”作“阶”。

[4] 节棁 《青岛文物志·天后宫》为“节焯”，“棁”作“焯”。

[5] 督理之□□ 《青岛文物志·天后宫》为“督理之人”，“□□”补阙作“人”。

注释：

1.《重修天后宫碑记》 录自青岛口天后宫存碑。原碑无题，题系辑者加。《青岛文物志》记为《修庙碑记》。碑顶一方块正面是图，背面刻有“永垂不朽”四字。

2. 波臣 指水族。古人设想江海的水族也有君臣，其被统治的臣隶称为波臣。

3. 以酧 酧，义同“酬”。以酧，亦同“以酬”。

4. 墨邑 指即墨县，时青岛口属即墨县仁化乡。

5. 迩来 释义为“近来”。宋欧阳修《归田录》卷二：“迩来数十年，未有继者。”

6. 慈航普渡 佛、菩萨以尘世为苦海，故以慈悲救渡众生，出离生死海，犹如以舟航渡人。俗语引慈航普渡说，乃形容善心人士慈悲为怀，能普遍救助大众。

7. 陛级 意台阶，阶级。汉贾谊《新书·阶级》：“若堂无陛级者，堂高殆不过尺矣。”

8. 节棁 节和棁。节，屋柱上端顶住横梁的方木；棁，梁上的短柱。唐柳宗元《邕州柳中丞作马退山茅亭记》：“冬十月，作新亭于马退山之阳，因高丘之阻以面势，以欂栌节棁之华也。”集注：“节者，栭也，刻镂为山；棁者，梁上楹，画为藻文。”

9. 东海关 清代税关之一，清咸丰九年（1859）设于烟台。初称税局。同治二年（1863）移登莱青道驻扎监督，聘外国人为税务司。《清史稿·食货志六》：“（宣统）三年，更定东海关各口税则为值可百抽二五。”

10. 陈作孔 时列名为重修天后宫工程的监修，同治四年（1865）则为捐资施助众商船家的领袖。十年间，二度为重修天后宫効力，实堪赞叹。

11. 同治拾叁年 1874年。

清光绪十年《重修修真庵碑》1

修真庵2乃崂之别区也。殿居山阴，实为咽喉之虞；地当平旷，尤称名胜之境。左邻东海，蓬莱可望。右倚西山，崂崮堪登。南面巨峰，碧岫远峙。北枕柱顶，青岩遥连。极天地之钟育，名推福地；穷山川之灵秀，品推洞天。凡来此地者，靡不戾止于斯焉。惟玉皇大殿肇始于大明天启二年3，有全真子道人李真立既徒众[1] 边常清等，创建于前；逮至大清康熙十年4，道人杨常悟立碑，迄至今历年久远，屡经前人之修节，以壮后人之观瞻。试观其庙宇规模，未觉其高大；睹其庙貌形象，未呈其辉煌。是以涵祖道人吴教真有志重修。量力不足，谋之道众。鸠工庀材，不数月而告厥成。向之隘狭，今见其[2] 高大；向之寂寞，今睹其辉煌。由是观之，殿宇森然，神像俨然。前后有次，左右有序，焕然—新。非为长子孙之计，聊以志后先之弗替耳[3]。

光绪十年5崂山修真庵住持周兴教立

校勘：

［1］既徒众　《青岛市志·崂山志》、新编《崂山志》、《崂山道教史·碑刻史料》《道教寻踪·崂山道教碑记》均为“既徒众”，存疑。“既”，基本释义为已经；既然；完了；等。显与文意不合。疑为“暨”，是“和，与，及”的意思。

［2］见其　《青岛市志·崂山志》、新编《崂山志》、《崂山道教史·碑刻史料》《道教寻踪·崂山道教碑记》为“风其”。“见”作“风”，误。

［3］耳　《青岛市志·崂山志》、新编《崂山志》、《道教寻踪·崂山道教碑记》“耳”后无落款。

注释：

1.《重修修真庵碑》　碑记录自周至元《崂山志》卷六《金石志》。《青岛市志·崂山志》、新编《崂山志》、《崂山道教史·碑刻史料》《道教寻踪·崂山道教碑记》亦录载。

2. 修真庵 该庵正殿祀三清，后为玉皇阁，东祀文昌，西为王母殿。据载，天启二年（1622）全真子道人李真立等创建于前，康熙十年（1671）道人杨常悟立碑于后；嘉庆六年（1801）修真庵住持刘阳明复立《重修修真庵碑》，而光绪十年住持周兴教再立《重修修真庵碑》。

3. 天启二年 1622年。

4. 康熙十年 1671年。

5. 光绪十年 1884年。

五、民国崂山碑记

民国十二年《重修神清宫碑》[1]

昌黎[2]有言曰："莫为之前，虽美而不彰；莫为之后，虽盛而不传。"盖善作必有善继，始可垂永远焉。元长春邱真人初隐姑余[3]，作《西游记》；继觅幽谷藏真所。卒栖东崂北麓，峰峦嵯峨，林壑邃幻间，脱其尘。凡斯亦名山之胜也。真人已往，遗迹邱墟[4]，讵堪任其湮没也乎？明嘉靖[5]时，全志道人感奋出而筑三清、玉皇、救苦[1]三殿于石洞右偏，为主持者炼心地。嗣是而起山门，起钟鼓楼、震兑两宫，库仓厩厨，环列完美，无少缺陷。万历己丑[6]落成，神清宫所由来也。岁月变迁，创必有承。清康嘉[7]间，屡为督修，继述绵绵。兹何幸有挺身坚任复旧观而焕然一新，如子善道人，如张宇宝其人者。吁！前前者肇造，后后者葺饰。前乃伊始，后愿其终，终复如何，与天地久，与日月长。黄老之术，彪炳天壤。神圣荫庇，山灵呵护。流寇扰乱庸何伤。惟是引而无替，斯垂千古休光也[8]。

民国十二年[9]即墨刘显初[10]撰

校勘：

[1] 救苦　《青岛市志·崂山志》、新编《崂山志》、《崂山道教史·碑刻史料》为"救若"，"苦"作"若"，误。

释注：

1.《重修神清宫碑》 录自周至元《崂山志》卷六《金石志》。《青岛市志·崂山志》、新编《崂山志》、《崂山道教史·碑刻史料》《道教寻踪·崂山道教碑记》亦录载。

2. 昌黎 即韩愈，字退之，河南河阳人。韩愈大历三年（768）出生在昌黎郡，祖辈都曾在朝或地方作官。韩愈因其诗文磅礴隽永而名扬于世，是唐代文学家、哲学家，唐宋八大家之一。

3. 姑余 山名，即昆嵛山。

4. 邱墟 亦作邱虚。废址，荒地。白居易《寒食夜望吟》“邱墟郭门外，寒食谁家哭？”

5. 明嘉靖 嘉靖朝计 45 年，1522—1566 年。

6. 万历己丑 万历十七年，1589 年。

7. 清康嘉间 即康熙嘉庆间，历雍正、乾隆朝，1662—1820 年，凡 158 年。

8. 也 后之落款原无，系校注时据文意整补。

9. 民国十二年 1923 年。

10. 刘显初 本名刘国枋（1859—1928），字显初，又字稚遂，号铎峰，清光绪十七年举人，以课徒为业。

六、附录

崂山碑记文佚情况表

(582—1921 年)

序号	碑 名	撰立时间	撰立人	备 注
1	慧炬院仆碑	隋开皇二年(582)		慧炬院,又名石竹庵,亦名惠炬院。碑在崂山之凤凰山下慧炬院,字迹模糊,卒不可读。唯余“开皇二年重修”等字。创建年已不可考。似为崂山最古老的碑。据蓝章撰写之《明成化丁未重修慧炬院佛殿碑文》记载,此仆碑之碑额上镌有“重修”二字。
2	华盖先生碑记	金明昌六年(1195)		1933 年尚在太平宫,全泐。
3	重建太平碑	金明昌年间(1190—1195)		碑原立太平宫三清殿前。碑毁,碑文亦佚。《胶澳志·金石》作《上苑山碑》,“三清殿前有金明昌年碑”。
4	重修遇真庵老君殿碑记	元至元二十年(1283)		庵奉玉帝像,南有老君殿,再南镇武殿。碑“述长春子邱处机曾栖于是,又云旧有三殿故址”。

续表

序号	碑 名	撰立时间	撰立人	备 注
5	重修凝真观碑	元大德十年（1306）		《崂山续志》：凝真观“观居标山东北，面对九水诸山，内祀三清、真武，建置无考。其重修碑已漫漶不可读。时则大德十年（1306）三月初九日也。”一说初名迎真观。
6	重修法海寺碑	元延祐二年（1315）		重修碑载：“本寺住持信公至此，请淮涉寺寿公住持法海，于是重修。”
7	重修上清宫碑记	元延祐四年（1317）		
8	重修童真宫碑	元延祐年间（1314—1320）	达鲁花赤普颜不花撰	童真宫又名通真宫，或童公祠。“童真宫，位于傅家埠村南。东汉末始建，名为‘童公祠’，元皇庆二年（1313 年），全真道华山派道士进住成为道教庙宇，改名‘通真宫’，正殿主祀仍为童恢像。”碑文佚。
10	重修鹤山遇真庵碑	元至正二十年（1360）		碑文已佚，内容记述邱处机曾栖于此，并言前有三清殿。陈沂《崂山记》：遇真庵，后有洞，洞旁巨石，镌道人邱长春大书“鹤山洞”。
11	重修老君殿碑记			据姚峻德游记，碑记有云旧有三殿故址，是庵之创不自元始也。
12	刱建太徽观碑记	元代（1271—1368）		1933 年尚在仙家寨太微观，碑记漫灭。
13	圣水庵碑记	明洪武年间（1368—1398）		曹臣《游崂山记》：“有碑漶漫不能句，依稀识其洪武年字。”碑文佚。

续表

序号	碑 名	撰立时间	撰立人	备 注
14	重修鹤山遇真庵碑	明正统六年（1441）	道士陈玉成撰	据《崂山古今文史论丛》：庵创自元始，至元重修碑，永乐复修碑，正统再修碑，后尚有万历撰碑。除万历碑文存，余均佚。
15	重修灵峰庵碑	明天顺元年（1457）	住持李一胜及施主孙福其立	碑文佚。1933 年尚在下华楼，碑残字漫。《崂山续志》：“岩为宫后石壁，上镌‘碧落岩’大字三，故宫称碧落宫。其东镌‘灵峰道院’四字。”
16	重修天仙观碑	明天顺四年（1460）		在天柱山西，亦称天仙宫，创于北宋末，此为其重修碑。碑文已佚。
17	重修华楼宫碑	明天顺八年（1464）	道人秦志瑄立，朱源、孙鉴周撰	碑文佚。华楼宫 又称万寿宫，属全真教华山派。在华楼山王乔崮下，后为碧落岩，前临南天门，西南拥石门诸山。
18	重修九水庙碑记			据《崂山县志》：“九水庙即太和观，建于明代天顺二年。”九水庙刻石，嵌于大殿东壁。
19	重修凝真观碑	明弘治二年（1489）		碑文佚。旧住比丘尼，时道士居。
20	海上名山第一碑		明山东巡抚汝南人赵体明立	清代即墨知县清尤淑孝更建《名山第一碑》在华楼清风岭。
21	重修关帝庙碑	明嘉靖年间（1522—1566）		碑文佚。《胶澳志·金石》：“庙在上苑里许”。
22	重修塘子观玄帝庙碑记	明万历八年（1580）		1933 年尚在塘子观，字多漫漶。塘子观，“相传建于宋，明万历八年重修。”
23	重修清凉院碑记			1933 年尚在李村南清凉院间。

续表

序号	碑 名	撰立时间	撰立人	备 注
24	新建海印寺碑	明万历十六年（1588）	莱州知府薛承范撰	文已漫漶，多不可读。述慈圣皇后施建之由及憨山经营之始末。
25	重修午山庙碑记	明万历十六年（1588）		午山，亦称悟山。据憨山撰碑。
26	牢山海印禅寺藏经记残碑	明万历十九年（1591）		
27	重修太微延寿宫碑记			1933年尚在太微观，碑刻漫甚。
28	重修三官庙碑记	明万历三十六年（1608）		1933年尚在李村北三官庙，全文漫灭。
29	重修石佛寺碑	明万历年间（1573—1619）		石佛寺创建于南北朝，又名石佛庵、潮海院、潮音院、白佛寺。
30	重修潮海院碑			《胶澳志·金石》：“碑院在登窑西南三四里，古石佛寺也。”
31	重修玉清宫碑记			玉清宫，即上庵也。
32	重修潮海院碑记			潮海院，旧称石佛寺。“院奉如来佛像，西为碧霞元君殿。万历间重修庙碑。”
33	玉皇庙碑记	明崇祯元年（1628）		1933年尚在天门后先天庵。先天庵，在天门峰下，海门涧上。白道人所建，齐道人成道之所。先天庵，又名天门后，传建于元至正间，明天启重修。
	玉皇殿碑记	明崇祯十五年（1642）		
35	重修华表峰玄武祠记	明代（1368—1644）		1933年尚在华楼宫，字多漫漶。华表峰，明人曹臣《劳山周游记》：“华表峰居宫左，前如台立不可上。云旧有黄冠梯登之，得仙人遗物焉。”
36	重修三官庙碑记	清顺治七年（1650）		1933年尚在李村北三官庙，文漫甚。

续表

序号	碑 名	撰立时间	撰立人	备 注
37	寿阳庵三官庙四至碑记	清顺治十八年（1661）		寿阳庵，祀三官，殿东一室，贮铜像甚伙，称自巨峰诸庙圮后，悉移于此。殿后为玉皇阁，圮。又名云阳庵，系旧时铁瓦殿下院。
38	重修女姑山龙王庙碑记	清康熙十二年（1673）		原在女姑山龙王庙，后佚。
39	重建东华宫碑	清康熙二十六年（1678）	即墨周日灿撰	碑文佚。宫祀东华帝君。旧有钟鼓楼。
40	常在庵置产碑记	清康熙四十六年（1707）		在张村常在庵，系太清宫脚庵。
41	神清宫断碑	清康熙五十年（1711）		据《崂山县志》文仅“即墨县正堂加一级陈照德神清宫山岚乃□□”。陈照德，王集钦录为“陈照得”。
42	重修法海寺碑记	清康熙五十二年（1713）		1933 年尚在法海寺，漫漶已甚。
43	刘猛将军庙碑记	清乾隆年间（1736—1795）	即墨知县尤淑孝撰	同治《即墨县志》：“雍正三年（1725）建。知县尤淑孝重修，并勒将军封爵纪实于石。”道光十九年（1839），知县秦锡九重修。同治九年（1870），知县林溥重修。
44	金家口天后行宫庙田碑记	清乾隆年间（1736—1795）		《庙田碑记》有云：“即邑金家口为商船停泊之区，于乾隆三十三年（1768）南北客商捐资建造天后圣母宫。”庙田举足轻重，嘉庆元年（1796）南北客商增置庙田 62 亩，为赡养之资。
45	重修三官庙碑记	清乾隆三十年（1765）		1933 年尚在李村北三官庙，字多漫甚。

续表

序号	碑 名	撰立时间	撰立人	备 注
46	白云洞历代碑	清乾隆三十五年(1770)	崂山白云洞道士王生本所立	述其开山师田白云之功果及其祖师海岳真人。碑文已佚。谓“历代碑”不妥,以“重修白云洞碑”为宜。
47	重修寿阳庵碑记	清乾隆四十年(1775)		
48	重修雄崖所玉皇庙碑记	清嘉庆元年(1796)	雄崖所巡检金鼎撰	庙位于玉皇山顶。创建于洪武二十二年(1389),经康熙、嘉庆、咸丰、民国四次重修。
49	重修修真庵碑	清嘉庆六年(1801)	崂山修真庵住持刘阳明立	文后载该庙各处林产的界至。碑文已佚。
50	重修迎真宫碑记	清嘉庆十五年(1810)		1933年尚在月子口迎真宫。
51	重修太平宫碑记	清嘉庆二十三年(1818)		
52	重修大崂观碑记	清道光七年(1827)		大崂观,一名镇武庙,又说真武庙。同治《即墨县志》:“在县南五十里。”《崂山续志》:“观祀真武, 左右祀老君和王母。居大崂山下, 背负大龙湾,面对芙蓉峰。虽处平原,四围群山缭绕,尽收树石之胜。自此而进为一水。”1933年尚在大崂观,完整。
53	延寿宫置产碑记	清道光九年(1829)		1933年尚在太微观。
54	清凉院退地题名碑记	清道光十五年(1835)		1933年尚在李村南清凉院。
55	龙泉观揭基重修碑记	清道光十五年(1835)		1933年尚在玄阳观。

续表

序号	碑 名	撰立时间	撰立人	备 注
56	重修大劳观碑记	清道光二十三年（1843）		1933年尚在大崂观，完整。
57	重修太清宫碑记	清道光二十八年（1848）		
58	重修康公祠碑	清咸丰元年（1851）		据王集钦《崂山古今文史论丛·碑记》。
59	龙泉观山地四至碑	清咸丰六年（1856）		碑立九水龙泉观。
60	法海寺村禁售庙产碑记	清同治四年（1865）		1933年尚在法海寺。
61	重修午山庙碑记	清同治十年（1871）		
62	重修玉清宫碑记	清同治十年后（1872—1874）		
63	重修九水庵碑记	清光绪十八年（1892）		碑立太和观。
64	创建沙子口天后宫碑记	清光绪年间（1875—1908）		一说建于民国辛酉(1921)。1933年尚在天后宫，完整。
65	重修太清宫置产碑记			
66	重立午山宫院碑记	清代（1644—1911）		在午山庙间。
67	重修太微延寿宫碑记			1933年尚在太微观。
68	修伍圣庙碑记			1933年尚在显化庵，文已漫漶。

续表

<table>
<tr><th>序号</th><th>碑 名</th><th>撰立时间</th><th>撰立人</th><th>备 注</th></tr>
<tr><td>69</td><td>重修潮海院碑记</td><td rowspan="3">年代不可考</td><td rowspan="3"></td><td rowspan="2">1933 年尚在栲栳岛潮海院。</td></tr>
<tr><td>70</td><td>重修石佛寺碑记</td></tr>
<tr><td>71</td><td>重修朝阳庵碑记</td><td>1933 年尚在浮山朝阳庵。</td></tr>
<tr><td>72</td><td>重修法海寺碑</td><td>年代不可考</td><td>王进吉</td><td></td></tr>
<tr><td>73</td><td>周道人德山捐款兴学碑记</td><td>民国七年
(1918)</td><td></td><td>1933 年尚在太清宫。</td></tr>
<tr><td>74</td><td>重修太平宫碑记</td><td rowspan="2">民国十二年
(1923)</td><td></td><td>1933 年在太平宫。施主题名石刻。</td></tr>
<tr><td>75</td><td>募修玄阳观碑记</td><td></td><td>1933 年尚在玄阳观。</td></tr>
<tr><td>76</td><td>重修玄阳观碑记</td><td>民国十四年
(1925)</td><td></td><td rowspan="6">1933 年均尚在玄阳观。</td></tr>
<tr><td>77</td><td>张道人塔记</td><td rowspan="3">民国十六年
(1927)</td><td></td></tr>
<tr><td>78</td><td>椿林法师浮历厝碑记</td><td></td></tr>
<tr><td>79</td><td>助建张椿林塔记</td><td></td></tr>
<tr><td>80</td><td>重修玄阳观碑记</td><td>民国十七年
(1928)</td><td></td></tr>
<tr><td>81</td><td>募修玄阳观碑记</td><td>民国十八年
(1929)</td><td></td></tr>
</table>

资料来源：

《胶澳志·金石志》(多录自胶州王葆崇所纂《崂山金石目录》)、周至元《崂山志·金石志》、《青岛市志·崂山志》、新编《崂山志》、《崂山道教史·碑刻史料》《道教寻踪·崂山道教碑记》、王集钦《崂山古今文史论丛》等。其中，王集钦《崂山古今文史论丛》所载尤为难得，如其关于《碑碣》之后记："此碑碣编目共242条，原为袁容叟（二十年代山东省府教育厅长）著民国《胶澳志》后，再拟著《崂山志》未成，大部份底稿交黄公渚教授，暂成此续崂山卷六碑碣。1957年，博物馆张诤夫先生抄录自黄公渚先生……1980年8月，编者据1957年春张诤夫抄稿再录，冀传于世。现张抄稿亦不复寻，张老亦已过世，此事几近40年，现予收录。庶几可免愧于袁、唐（按：疑为黄）二先生之初衷也。"

说明：

［1］慧炬院仆碑条下，有云："此为崂山最古老的碑"。存疑。崂山有碑时间似应更早。同治《即墨县志》卷十二《杂稽·拾遗》："灵山清霄元君祠，不知起于何时。万历年重修，掘得元君遗蜕并一石碑。乃周元王五年（前472）建。碑载：元君招远王氏，许配墨邑金门，貌陋甚，十八岁尚未婚。孝事翁姑。一日出汲于山之东，遇一白马素袍者曰：'吾奉帝命取尔上升，三月十五日其期也。'乃以巾搽元君面，容貌顿改。及期，果音乐远播，紫云罩山，遂登顶坐石而化。后，一小牧儿被雷死，寻苏，言见云中羽扇鹤驾，顶冠翡翠曰：'吾清霄元君也，救尔传语，惟孝当钦。'土人遂建祠于山巅云。"黄肇颚《崂山续志》载同，如石碑载："周元王五年创建山祠"。（据《玉辉堂随笔》）

［2］原诸书多录有《宋代李侍郎墓碑》："乾隆《即墨县志》记载：'李侍郎墓，县南七十里郑疃，碑志模糊，仅存元祐字。相传为李侍郎墓，天禄辟邪之属犹存。'"本表不录，即墨崂山墓碑众矣，难以概全。江志礼主编《即墨历史人物墓志铭》(2015年版)，即收有明清时期墓志铭近80篇，多是一时闻人。本书仅收录其事佛道者。

参考文献

1. ［乾隆］莱州府志. 乾隆刻本.

2. ［道光］重修胶州志. 道光刻本.

3. ［明］黄宗昌. 崂山志. 民国刻本.

4. 周至元. 崂山志［M］. 济南：齐鲁书社，1993.

5. 山东省崂山县志编纂委员会编. 崂山县志［M］. 青岛：青岛出版社，1990.

6. 青岛市崂山区志编纂委员会编. 崂山区志［M］. 北京：方志出版社，2008.

7. ［雍正］李寅宾著. 马山志［M］. 青岛市新闻出版局准印（青新出字96—0718）.

8. 青岛市史志办公室编. 青岛市志·民族宗教志［M］. 北京：新华出版社，1997.

9. 青岛市史志办公室编. 青岛市志·崂山志［M］. 北京：新华出版社，1999.

10. 青岛市史志办公室编. 崂山志［M］. 北京：五洲传播出版社，2003.

11. 青岛市史志办公室、青岛市文物局编. 青岛文物志［M］. 北京：中国出版社，2004.

12. ［明］即墨志（校点本）［M］. 北京：中国和平出版社，2005.

13. ［乾隆］即墨县志（校点本）［M］. 北京：中国和平出版社，2005.

14. ［同治］即墨县志（校点本）［M］. 北京：中国和平出版社，2005.

15. 青岛市崂山区志编纂委员会. 崂山区志［M］. 北京：方志出版社，2008.

16. 黄肇颚. 崂山续志［M］. 济南：山东省地图出版社，2008.

17. 崂山区史志办公室编. 周宗颐撰. 崂山太清宫志［M］. 北京：方志出版社，2008.

18. 任颖卮著. 崂山道教史［M］. 北京：中央编译出版社，2009.

19. 王桂云. 游览崂山闻人志［M］. 北京：方志出版社，2010.

20. 即墨市史志办公室编. 鹤山志［M］. 济南：黄河出版社，2012.

21. 邢学敏、任颖卮著. 道教寻踪［M］. 济南：黄河出版社，2015.

22. 江志礼主编. 即墨历史人物墓志铭（点校本）［M］. 香港：中国博学出版社，2015.

23. 青岛市文物局编著. 青岛明清海防遗存调查研究［M］. 青岛：中国海洋大学出版社，2017.

24. 中共青岛市委党史研究院（青岛市地方史志研究院）. 青岛历代方志集成［M］. 北京：线装书局，2020.

崂山方志文化系列丛书及辑注者简介

崂山方志文化系列丛书是青岛市崂山区档案馆（中共青岛市崂山区委党史研究中心、青岛市崂山区地方史志研究中心）本着“挖掘崂山文化内涵、传承崂山文化精髓、发扬崂山文化精神”的原则编纂出版的一套反映崂山历史文化的系列丛书。该丛书自2011年开始编纂，目前已出版《沧桑纪事》《文化经纬》《乡情民俗》《崂山志校注》《游崂闻人补录》《道教寻踪》《崂山渔民口述史》《崂山太清宫志校注》《史迹觅踪》《崂山儒学源流》《崂山碑记辑注》等11卷，从历史、文化、民俗、古籍、人物等多角度展示了崂山博大璀璨、独具特色的地域文化。

寿杨宾，原名寿逸根，笔名杨宾、草舒、丰寸、木易等。祖籍浙江省诸暨县。1943年7月出生于上海。1961年考入上海海运学院中专部，1966年12月就职于青岛港务局。1975年7月加入中国共产党。1980年为山东作家协会会员，1989年为出版系列副编审。1993年7月，供职于青岛市史志办公室。曾为中国航海史研究会委员、大连海运学院航海史特约研究员，《中国水运史研究》杂志副主编、《青岛市志》副总编。2001年后，曾任《中国儒学年鉴》副总编、《孔子研究》责任编辑、《中国和学年鉴》副总编。创作以散文、散文诗、报告文学为主。编著、合著、校注、主编的作品有《帝国主义和青岛港》、《青岛海港史》（古代部分）、《青岛海港史》（近代部分）、《登州古港史》《中国古代交通》《青岛市志·海港志》《说和·说儒》《崂山志校注》《崂山太清宫志校注》《崂山儒学源流》等。